Der geschädigte Arbeitnehmer

Schriften zum Arbeitsrecht und Wirtschaftsrecht

Herausgegeben von Abbo Junker

Band 40

PETER LANG

Frankfurt am Main · Berlin · Bern · Bruxelles · New York · Oxford · Wien

Michael Fuhlrott

Der geschädigte Arbeitnehmer

Zur Verfassungsmäßigkeit des Ausschlusses von Schmerzensgeld in der Unfallversicherung sowie zur Herleitung der Haftung bei Eigenschäden im Hinblick auf das Verschuldensprinzip

PETER LANG
Europäischer Verlag der Wissenschaften

Bibliografische Information Der Deutschen Bibliothek
Die Deutsche Bibliothek verzeichnet diese Publikation in der Deutschen Nationalbibliografie; detaillierte bibliografische Daten sind im Internet über <http://dnb.ddb.de> abrufbar.

Zugl.: Bonn, Univ., Diss., 2006

D 5
ISSN 1433-4666
ISBN 3-631-55568-7

www.peterlang.de

Meinen lieben Eltern

Danksagung

Mein besonderer und herzlicher Dank für die intensive und stets freundliche Betreuung gilt meinem Doktorvater, Herrn Prof. Dr. Raimund Waltermann, der mir während der Anfertigung der Arbeit jederzeit als Ansprechpartner für Fragen und Diskussionen zur Seite stand, was bei der gedanklichen Durchdringung der Materie für mich von großer Hilfe war. Gleichfalls habe ich meinem Zweitgutachter, Herrn Prof. Dr. Gregor Thüsing, LL.M., zu danken, nicht nur für die zügige Anfertigung des Zweitgutachtens, sondern auch für die inhaltlichen Anregungen bereits im Zeitraum der Bearbeitung. Ein kompetenter und freundlicher Ansprechpartner war zudem Herr Prof. Dr. Oliver Ricken, der sich stets Zeit für meine Fragen nahm und mir mit zahlreichen wertvollen Hinweisen weiterhalf. Weiterer Dank gebührt Herrn Prof. Dr. Abbo Junker, zum einen für die Aufnahme der Arbeit in seine Schriftenreihe, zum anderen für das Bestärken meines arbeitsrechtlichen Interesses durch seine ansprechenden Vorlesungen, Übungen und Kolloquien während meiner Studienzeit in Göttingen. Gleichfalls danke ich meiner Institutskollegin, Fr. Ass. iur. Daniela Jamann-Fink, die mir während meiner Zeit als Wiss. Mitarbeiter am Institut für Arbeitsrecht und Recht der Sozialen Sicherheit der Universität zu Bonn, Lehrstuhl Prof. Dr. Thüsing, jederzeit hilfreich als Diskussionspartnerin zur Seite stand und durch die ich vielfältige Unterstützung erfuhr.

Last – aber keineswegs at least – bin ich meinen ehem. Kommilitonen aus Göttinger Examenszeiten und nun gleichfalls mehr oder weniger „frisch gekürten" Rechtsreferendaren und Doktores zu herzlichem Dank verpflichtet: Antje, Thomas und Hendrik haben unzählige Male meine Arbeit gelesen und damit nicht nur die anstrengenden Mühen des Korrekturlesens auf sich genommen, sondern darüber hinaus die sich mir auftuenden und teilweise auf den ersten Blick bisweilen unlösbaren Fragen diskutiert und mir dadurch viele kritische und wertvolle Denkanstöße gegeben. Zwar in der Aufzählung nun an allerletzter Stelle stehend, meinem Herze aber am nächsten, danke ich meiner lieben Almuth, die v.a. in der Endphase der Bearbeitung dafür Sorge trug, meine Schaffenskraft, Lust und Motivation am juristischen Wirken zu erhalten bzw. zu bestärken. Danke!

Inhaltsverzeichnis

A. Einleitung und Gang der Untersuchung

Haftungsfragen sind im Recht gemeinhin, vor allem aber im Arbeits- und Sozialrecht seit jeher von großer Bedeutung. Diese herausragende Bedeutung resultiert zum einen daraus, dass in der Praxis alljährlich durch Schadensfälle immens hohe volks- und betriebswirtschaftliche Unkosten verursacht werden[1] und lässt sich andererseits damit erklären, dass vor allem bei hohen Schadensposten durch die Möglichkeit persönlicher Inanspruchnahme existenzielle Ängste und Sorgen berührt werden.[2] Dies gilt in besonderem Maße im Arbeitsrecht, da aufgrund der Dauer und Intensität des Schuldverhältnisses die beiderseitigen Rechtsgüter der Vertragsparteien in fortwährenden Kontakt stehen und daher ein hohes Maß an Rücksichtnahme einfordern – und zugleich nach eindeutigen Regelungen für etwaige Schadensfälle verlangen, da sich Rechtsgutverletzungen selbst bei größtmöglicher Rücksichtsnahme aufgrund der bekannten menschlichen Unzulänglichkeiten[3] nie ganz ausschließen lassen werden. Zudem weist insbesondere das Sozialrecht mit der Unfallversicherung als öffentlich-rechtlichem Entschädigungssystem im Vergleich zum allgemeinen Haftungsrecht des Bürgerlichen Gesetzbuches gewisse Modifikationen und Besonderheiten auf, die auch in das Zivilrecht ausstrahlen und dort ihre Wirkung zeitigen.[4] Schlussendlich zeichnet sich an Haftungsfragen, die letztlich Ausfluss einer als gerecht empfundenen Zuweisung von Schadensrisiken sind, zum Teil das dem jeweiligen Rechtssystem zugrunde liegende Gesellschaftsbild und dessen Wirtschaftsverfassung ab, da über die Frage des Eingreifens und Bestehens einer Haftung auch die unternehmerische Betätigungs- und Handlungsfreiheit des Einzelnen abgesteckt wird; eine Fragestellung, deren

---

1 Allein im Jahr 2003 ereigneten sich nach den Angaben der Berufsgenossenschaften rund eine Million meldepflichtige Arbeitsunfälle, von denen über 1000 tödlich endeten, siehe hierzu nur die statistische Auswertung der Zahlen vom Hauptverband der gewerblichen Berufsgenossenschaften, abgedruckt und bewertet von *Rister-Mende*, BG 2004, S. 231. Auch wenn die Anzahl der Unfälle in den letzten Jahren leicht gesunken ist, so sind die absoluten Zahlen dennoch alarmierend, zumal der zwar positive Entwicklungstrend bei den Unfallzahlen der Arbeitsunfälle nicht ausschließlich die Folge erhöhter Arbeitssicherheitsmaßnahmen darstellt, sondern gleichfalls vom Maß der Beschäftigung in der gewerblichen Wirtschaft abhängt, welche bspw. im verletzungsintensiven Baugewerbe um 7,5 % gesunken ist. S. hierzu abermals *Rister-Mende*, BG 2004, S. 231.

2 Vgl. nur *Sandmann*, Die Haftung von Arbeitnehmern, Geschäftsführern und leitenden Angestellten, S. V.

3 Einen Überblick über diese These belegende Untersuchungen und deren Auswirkungen am Arbeitsplatz gibt bspw. *Reinhardt*, Die dogmatische Begründung der Haftungsbeschränkung des Arbeitnehmers, § 10, S. 134 ff.

4 S. hierzu ausführlich *Waltermann*, in: Festschrift 50 Jahre Bundessozialgericht, S. 571 (571 ff.).

Beantwortung im modernen Wirtschafts- und Arbeitsleben mit immer fortschreitender Technisierung von essentieller Bedeutung ist.

Unter dem Titel „Der geschädigte Arbeitnehmer" werden im Rahmen dieser Arbeit Fallgestaltungen aus dem Gebiet des Sozial- und Arbeitsrechts wissenschaftlicher Betrachtung und Erörterung zugeführt, in denen es um die Beeinträchtigung von Rechtsgütern des Arbeitnehmers und diesem durch die Verletzungshandlung etwaig zustehender Ersatzansprüche geht. Allerdings umfasst die mit den Worten „Der geschädigte Arbeitnehmer" bezeichnete Thematik ein weites und daher recht unüberschaubares Feld. So lassen sich sowohl Fälle von Personen- als auch von Sach- und Vermögensschäden des Arbeitnehmers als Teil dieser Thematik begreifen, was eine nähere Eingrenzung unabdingbar macht. Von den vielen Fragestellungen und Einzelproblemen, die sich im Zusammenhang mit dem Schlagwort „Der geschädigte Arbeitnehmer" aufwerfen und mit diesem verbinden ließen, beschränkt sich die Darstellung daher auf die zwei derzeit – sowohl rechtspraktisch als auch rechtstheoretisch – bedeutsamsten Problemkonstellationen.

Dies ist zum einen im Bereich des Unfallversicherungsrechts die Frage nach der Verfassungsmäßigkeit des Ausschlusses von Schmerzensgeldansprüchen für den Arbeitnehmer durch § 104 Abs. 1 SGB VII, insbesondere im Hinblick auf den Gleichheitssatz bei einem Vergleich mit sonstigen Geschädigten. Zwar hat sich das Verfassungsgericht bereits in einem Urteil im Jahre 1972 dieser Problematik angenommen und die bestehenden Regelungen zum damaligen Zeitpunkt für verfassungskonform erachtet, angesichts der durch das Schuldrechtsmodernisierungsgesetz erfolgten Änderungen und den Entwicklungen der letzten Jahre und Jahrzehnte bzgl. der nunmehr ausgeurteilten Schmerzensgeldsummen ist die Aufrechterhaltung dieses Ergebnisses aber mehr als fraglich. Die folgende Untersuchung soll daher nach einer kurzen Darstellung des Leistungskatalogs, der Rechtsnatur und Funktionen des Schmerzensgeldes zunächst die im Jahr 1972 ergangene Entscheidung des Bundesverfassungsgerichts[5] kritisch würdigen, sowie daran anschließend unter Berücksichtigung der erfolgten rechtlichen Änderungen eine Beurteilung der Verfassungsmäßigkeit zum derzeitigen Zeitpunkt vornehmen.

Als zweitem Aspekt widmet sich die Arbeit der arbeitsrechtlichen Eigenschadensproblematik des Arbeitnehmers. Während im Arbeitsrecht bei Fragen mit haftungsrechtlichem Zusammenhang oftmals lediglich die Arbeitnehmerhaftung mit der hierzu entwikkelten eingängigen und richterrechtlich verfestigten Verschuldenstrias[6] im Vordergrund steht, setzt sich die vorliegende Bearbeitung mit den Fragen der Haftung des Arbeitgebers auseinander, welcher bis dato nicht die gleiche Aufmerksamkeit und Bedeutung wie der schon im Schrifttum vielfach diskutierten beschränkten Arbeitnehmerhaftung zu Teil geworden ist.[7] Zwar gibt es durchaus auch in den Konstellationen der Eigenschadensfälle

5 BVerfG v. 7.11.1972 = E 34, S. 118 ff., ausführlich hierzu s. sogleich.

6 So prägnant bezeichnet von *Junker*, Arbeitsrecht, Rn. 299. Ebenso MüKo-*Henssler*, BGB, § 619 a, Rn. 25 und *Becker*, Die Außenhaftung des Arbeitnehmers, S. 47 ff.

7 Deren große Bedeutung wird bereits daran erkennbar, dass das „Standardwerk" von *Otto/ Schwarze*, Die Haftung des Arbeitnehmers, mittlerweile in dritter Auflage erschienen ist. Eben-

des Arbeitnehmers höchstrichterliche Rechtsprechung (vgl. als Ausgangspunkt die berühmte als „Ameisensäure- oder Korbflaschenfall“[8] bekannt gewordene Entscheidung des BAG) und vereinzeltes Schrifttum,[9] allerdings ist im Hinblick auf die dogmatische Grundlage einer solchen arbeitgeberseitigen Haftung, ihrem Umfang und insbesondere ihrer methodologischen Herleitung noch vieles streitig. Erhebliche Relevanz hat diese Fragestellung auch für die Rechtspraxis, da mit der Wahl der Anspruchsgrundlage auch die Weichen bzgl. weiterer Folgeprobleme, bspw. im Hinblick auf Anspruchshöhe, Berücksichtigung von Mitverschulden oder Dispositivität der Haftungsgrundsätze gestellt werden. Rechts- theoretisch ist das Gebiet der verschuldensunabhängigen Arbeitgeberhaftung ohnehin von immenser Bedeutung, da hier ein Lösungsweg zu suchen ist, der sowohl unter Berücksichtigung der arbeitsrechtlichen Besonderheiten zu überzeugen vermag, als auch im Einklang mit den bürgerlich-rechtlichen Zurechnungsprinzipien stehen muss. Dies gilt umso mehr, als hier möglicherweise ohne gesetzliche Anordnung eine (gewohnheitsrechtlich entwickelte) Gefährdungshaftung des Arbeitgebers postuliert wird, was mit dem durch das von Verschulden geprägte Haftungssystem des Bürgerlichen Rechts mit enumerativ aufgezählten Gefährdungshaftungstatbeständen zunächst schwerlich vereinbar erschiene. Folglich rankt sich um die Schaffung einer dogmatisch einwandfreien Anspruchsbegründung ein weites Dickicht und Theoriengeflecht, welches es zunächst zu durchdringen gilt. Hierbei gilt es weiterhin zu beachten, dass nicht im Sinne einer rein ergebnisorientierten Beliebigkeits- oder Billigkeitsrechtsprechung eine Lösung gesucht werden darf, die aus lediglich normativen und wertungsmäßig als zwingend und richtig empfundenen Überlegungen eine Schadenszuweisung an den Arbeitgeber ermöglicht. Zwar dient das Haftungsrecht einem gerechten Interessenausgleich, allerdings zeichnet sich ein modernes Rechtssystem nicht durch ein undifferenziertes und generalklauselartiges Regelungswerk bzw. durch eine ebensolche Rechtsanwendung aus, die überdies noch das notwendige juristisch-konstruktive Fundament außer Acht lässt.[10] Auch diese Klippe gilt es daher zu umschiffen, die gewonnen Erkenntnisse sind folglich vor allem im Hinblick auf ihre Vereinbarkeit mit Rechtssystematik, grundlegenden zivilrechtlichen Prinzipien und verfassungsrechtlichen Vorgaben zu prüfen. Im Rahmen dieser Arbeit erfolgt

---

falls lassen sich zahlreiche weitere Abhandlungen finden, die sich ausschließlich Fragen der Arbeitnehmerhaftung widmen, vgl. nur aus den letzten Jahren die Werke von *Taube*, Die Haftung des Arbeitnehmers nach der Schuldrechtsreform (2005); *Sandmann*, Die Haftung von Arbeitnehmern, Geschäftsführern und leitenden Angestellten (2001); *Busemann*, Die Haftung des Arbeitnehmers gegenüber Arbeitgeber und Dritten (1999); *Annuß*, Die Haftung des Arbeitnehmers (1998); *Horbach*, Die Haftung des Arbeitnehmers gegenüber dem Arbeitgeber (1996); *Becker*, Die Außenhaftung des Arbeitnehmers (1995) und *Altemann*, Die Arbeitnehmerhaftung im Vergleich (1994).

8 BAG (GS) Beschl. v. 10.11.1961 = E 12, S. 15 ff. Zum Sachverhalt und den Einzelheiten s. sogleich.

9 Vgl. bspw. aus dem jüngeren Schrifttum die Darstellung von *Müller-Glöge*, Die Gefährdungshaftung des Arbeitgebers, in: Richterliches Arbeitsrecht, Festschrift für Thomas Dieterich, S. 387 ff. aus dem Jahr 1999.

10 So treffend *Picker*, ZfA 1981, S. 1 (63).

somit eine Darstellung der unterschiedlichen vertretenen Auffassungen und Lösungswege zum Ersatz von verschuldens-unabhängig entstandenen Arbeitnehmereigenschäden mit ihren Vorzügen und (dogmatischen) Schwächen. Schlussendlich wird diskutiert, ob eine Haftung des Arbeitgebers ohne Verschulden *de lege lata* vereinbar ist, oder aber die Kodifikation eines arbeitsrechtlichen Haftungsgesetzes wünschenswert bzw. unumgänglich ist. Stets im Blickwinkel zu behalten sind dabei ebenfalls die Regelungen und Prinzipien der beschränkten Arbeitnehmerhaftung. Dies gilt nicht nur, da es sich sowohl bei Arbeitnehmer- als auch Arbeitgeberhaftung gleichermaßen um Konstruktionen zur Enthaftung des Arbeitnehmers handelt, welche nur im Zusammenwirken den innerbetrieblichen Schadensausgleich in seiner Gesamtheit ausmachen, sondern vor allem angesichts der Tatsache, dass beide Konstellationen der gleiche Gedanke der gerechten Zuweisung von Betriebsrisikogefahren eint, der eine Gleichbehandlung zwingend erforderlich machen könnte.

Gegliedert sind die folgenden Ausführungen in vier Abschnitte. Den Rahmen bilden die vorangegangene Einleitung (Teil A) und als Schlußstein ein Resümee mit Darlegung der Erkenntnisse der Arbeit in Thesenform (Teil D), welche die beiden Hauptteile (Teil B und C) einfassen. Der erste Hauptteil (Teil B) behandelt hierbei die Frage der Verfassungsmäßigkeit des Schmerzensgeldausschlusses, während sich die darauffolgenden Ausführungen (Teil C) den soeben bereits kurz aufgeworfenen Fragestellungen der Arbeitnehmereigenschadensproblematik widmen. Schlussendlich befindet sich am Ende der Arbeit noch ein tabellarischer Anhang (Teil E) mit ausgewählten Schmerzensgeldsummen, auf den in der sozialrechtlichen Fragestellung zur Stützung der dort gewonnenen Erkenntnisse verwiesen wird.

B. Die Verfassungsmäßigkeit der Versagung immateriellen Schadenersatzes bei Personenschäden des Arbeitnehmers im System der gesetzlichen Unfallversicherung

I. Überblick: Das Modell der gesetzlichen Unfallversicherung in seiner heutigen Form[11]

Die Haftung des Arbeitgebers für Personenschäden wird von der Sozialversicherung in Form der gesetzlichen Unfallversicherung geregelt. Deren Aufgabe ist ausweislich des Wortlauts von § 1 des siebten Sozialgesetzbuches (SGB VII) die Verhütung von Arbeitsunfällen, Berufskrankheiten und arbeitsbedingten Gesundheitsgefahren sowie nach Eintritt eines solchen Versicherungsfalls die Wiederherstellung der Gesundheit und Leistungsfähigkeit des Versicherten unter Zuhilfenahme aller geeigneten Mitteln bzw. die Entschädigung des Versicherten und seiner Hinterbliebenen mittels Geldleistungen.

Dem nach § 2 Abs. 1 Nr. 1 SGB VII zwangsversicherten Arbeitnehmer stehen damit bei Eintritt eines Versicherungsfalles[12] Ausgleichsansprüche gegen die gesetzliche Unfallversicherung zu, wenn dieser eine Einbuße an seiner Gesundheit oder körperlichen Unversehrtheit erleidet. Damit erfährt der Arbeitnehmer einen besonderen Schutz vor den existenziellen Gefahren, die durch Unfallfolgen bei abhängiger Beschäftigung entstehen können.[13] Gleichfalls tritt durch das sozialrechtliche Modell der Unfallversicherung eine „Haftungsersetzung durch Versicherung"[14] ein, denn darüber hinaus gehende (zivilrechtliche) Ansprüche des Arbeitnehmers gegen den Arbeitgeber sind weitestgehend ausgeschlossen,[15] § 104 SGB VII.

---

11 Ausführlich zur Entwicklung der gesetzlichen Unfallversicherung vgl. bspw. die Darstellungen bei *Gitter*, Der Weg zur Unfallversicherung aus rechtswissenschaftlicher Sicht, S. 22 ff. oder die Ausführungen bei *Lepa*, Haftungsbeschränkungen bei Personenschäden nach dem Unfallversicherungsrecht, S. 19 ff. sowie bei *Schulin/Breuer*, Unfallversicherungsrecht, § 1.

12 Siehe zum Begriff des Versicherungsfalles die Darstellungen bei *Holtmann*, Arbeitsunfall und Haftungsrisiken, Rn. 7, 50 ff. sowie *Schmitt*, SGB VII, § 7, Rn. 1 ff. Ebenso *Petri/Voelzke/Wagner*, SGB VII, § 7, Rn. 1 ff.

13 *Muckel*, Sozialrecht, § 10, Rn. 1; *Waltermann*, RdA 1998, S. 330 (336).

14 Grundlegend hierzu *Sieg*, ZHR 113 (1950), S. 95 (104), der das Modell der Haftungsersetzung durch Versicherungsschutz gebietsübergreifend diskutiert. Speziell zum unfallversicherungsrechtlichen Modell der Haftungsersetzung: *Waltermann*, RdA 1998, S. 330 (330). Ebenso: BVerfG v. 7.11.1972 = E 34, S. 118 (130) und BHG Urt. v. 10.12.1974 = BGHZ 63, S. 313 (315); s. auch BGH Urt. v. 19.05.1969 = BHGZ 52, S. 115 (122).

15 *Junker*, Arbeitsrecht, Rn. 314; *Wagner*, in: Gedächtnisschrift Heinze, S. 969 (976 u. 981 f.); *Hacks/Ring/Böhm*, Schmerzensgeldbeträge, S. 18; Zum Sinn und Zweck der Haftungsersetzung s. auch die detaillierte Auseinandersetzung von *Rolfs* in AR-Blattei SD 860.2, Rn. 4 – 29.

Das Unfallversicherungsrecht ist Teil des Sozialrechts und damit rechtssystematisch besonderes Verwaltungsrecht, folglich dem Öffentlichen Recht zugehörig.[16] Beim Unfallversicherungsrecht handelt es sich in weiten Teilen um Schadensersatzrecht, was zunächst einen Vergleich mit den privatrechtlichen Schadensersatzsystem, geregelt in den §§ 249 ff. BGB, nahe legt. Zwar sind sowohl öffentliches Unfallversicherungsrecht als auch zivilrechtliches Schadensersatzsystem beides Teilgebiete, die erst gemeinsam das Schadensersatzrecht in seiner Gesamtheit ausmachen, allerdings liegen dem öffentlich-rechtlichen Unfallversicherungs-recht andere Prinzipien als dem Schadensersatzrecht des Bürgerlichen Rechts zu Grunde,[17] so dass es sich um eigenständige, grundsätzlich unabhängig nebeneinander stehende Formen der Schadensberechnung handelt. Bspw. hebt sich das öffentlich-rechtliche System des Schadensausgleiches mit einer abstrakten Schadensberechnung und der generellen Versagung von Schmerzensgeld[18] gegenüber dem Schadensersatzrechtssystem des Bürgerlichen Gesetzbuches ab,[19] womit es einer klaren Grenzziehung zwischen beiden Ausgleichssystemen bedarf, um „Kollisionen"[20] zwischen bürgerlich-rechtlichen und öffentlich rechtlichen Schadensersatzvorschriften zu vermeiden. Da im Falle von Arbeitsunfällen, in denen das Unfallversicherungs-recht Anwendung findet, oftmals auch die Tatbestandsvoraussetzungen zivilrechtlicher Schadensersatzansprüche erfüllt sind, kommt dieser Abgrenzung besondere Bedeutung zu und hat nicht zuletzt auch in der Vergangenheit dazu beigetragen, dass sich zwei unterschiedliche Schadensausgleichssysteme entwickelt haben, die jedoch untereinander viele Querverbindungen aufweisen und gleichfalls dadurch geeint sind, dass der als gerecht verstandene Ausgleich des Geschädigten erklärtes beiderseitiges und damit gemeinsames Ziel ist.[21]

Wie kam es jedoch überhaupt zu dieser Verselbständigung des unfallversicherungsrechtlichen Schadensausgleichssystems? Aufschluss bieten die historischen und gesellschaftlichen Entwicklungen im Zeitalter des späten 19. Jahrhunderts, die im folgenden teleskopisch aufgezeigt werden. Letztlich wurzelt die Schaffung der gesetzlichen Unfallversicherung in der fortschreitenden Industrialisierung. Durch den verstärkten Einsatz maschineller Fertigungsmethoden häuften sich die Arbeitsunfälle in den Fabriken und führten zudem zu weitaus schwereren Folgen als Arbeitsunfälle in handwerklichen oder

---

16 Diese Erkenntnis ist allgemeingültig und unwidersprochen, vgl. nur *Gitter/Jochem*, Sozialrecht, § 3, Rn. 35 f.; *Waltermann*, Sozialrecht, § 1, Rn. 20; *Bley/Kreikebohm/Marschner*, Sozialrecht, Rn. 5 f.

17 So bereits *Gitter* , Schadensausgleich im Arbeitsunfallrecht, S. 2 ff. Ausführlich *Waltermann*, in: Festschrift 50 Jahre Bundessozialgericht, S. 571 (571 ff.).

18 Wenn auch fortlaufend im Text die Rede von Schmerzensgeld ist, ist zu beachten, dass es begrifflich korrekter wäre, stattdessen allgemein vom Ersatz immaterieller Schäden zu sprechen. Die Verwendung des Begriffes „Schmerzensgeld" erfolgt daher nur aufgrund der Prägnanz dieses Begriffes und seiner allgemeinen Verwendung auch in der Jurisprudenz.

19 Siehe hierzu im Einzelnen später unter S. 25 ff.

20 *Nehls* in Hauck/Noftz, SGB VII, § 104, Rn. 1; ähnlich: *Seewald*, BG 1990, S. 146 (147),

21 Vgl. zum Schadensausgleich als Ziel des Haftungsrechts: *Kötz*, Ziele des Haftungsrechts, S. 643 (643 f.).

landwirtschaftlichen Betrieben.[22] Durch die Anonymisierung der Fabrikarbeit und den Wegfall einer direkten, teils persönlich-familiären Bindung zwischen Arbeiter und Handwerksmeister gab es für den Geschädigten kein soziales Auffangbecken, bspw. in Form der fortdauernden Fürsorge des Handwerksmeisters, mehr.[23] Eine Verletzung bei der Arbeit, möglicherweise noch verbunden mit völliger Invalidität, bedeutete durch den Ausfall des Hauptverdieners den Verlust der Existenzgrundlage für ganze Familien und infolgedessen den Abstieg in die Armut.

Da sich diese Missstände mit der fortschreitenden Dynamisierung des Industrialisierungsprozesses kontinuierlich ausweiteten und zu immer stärkeren gesellschaftlichen Spannungen führten, entschloss sich der Gesetzgeber zum Handeln. 1871 wurde das Reichshaftpflichtgesetz (RHG)[24] erlassen, um den Interessen der Arbeiterschaft gerecht zu werden und letztlich so einen gesellschaftlichen Konflikt bzw. dessen Eskalation zu vermeiden. Das RHG sah eine privatrechtliche Lösung der Haftungsproblematik vor. Schadensersatz bei Arbeitsunfällen sollte bereits dann durch den Unternehmer gewährleistet werden, wenn das Verschulden bei einer anderen, dem Unternehmer aber zurechenbaren Person, lag. *De facto* bedeutete dies die Schaffung einer mit dem heutigen § 831 Abs. 1 BGB vergleichbaren Norm, die die Unternehmer bestimmter Betriebe dann zum Schadensersatz verpflichtete „wenn ein Bevollmächtigter oder ein Repräsentant oder eine zur Leitung oder Beaufsichtigung des Betriebs oder der Arbeiter angenommene Person durch ein Verschulden in Ausführung der Dienstverrichtung den Tod oder die Körperverletzung eines Menschen herbeigeführt hat(te)".[25] Nach wie vor war jedoch *von Iherings* These „Nicht der Schaden verpflichtet zum Schadensersatz, sondern die Schuld"[26] in der rechtswissenschaftlichen Dogmatik von nahezu naturgesetzlichem Bestand und Unumstößlichkeit, so dass das Verschuldenselement prägender Bestandteil des Reichshaftpflichtgesetzes war. Demnach war das RHG aufgrund des immer noch erforderlichen Verschuldensnachweises und der damit fehlenden Ersatzfähigkeit für selbstverschuldete Unfälle ebenfalls nicht in der Lage, die gesellschaftliche Situation in entscheidendem Maße zu verbessern.

Erst durch das *Bismarck*'sche Unfallversicherungsgesetz[27] (UVG) von 1884 wurde wenig später der Grundstein für die gesetzliche Unfallversicherung in ihrer heutigen Form gelegt, in dem ein öffentlich-rechtliches System des Versicherungsschutzes zur Abfede-

---

22 *Waltermann*, BG 1997, S. 310 (311) mit Verweis auf *Gitter*, Schadensausgleich im Arbeitsunfallrecht, S. 11 f.

23 Siehe hierzu die grundlegenden Ausführungen in *Wannagat*, Lehrbuch zum Sozialversicherungsrecht, S. 44 ff.

24 RHG v. 7. Juni 1871, RGBl. 1871, S. 207.

25 So der Wortlaut des RHG. Ausführlich zur Entstehungsgeschichte des RHG s. auch die Ausführungen bei *Kohte*, Arbeitnehmerhaftung und Arbeitgeberrisiko, S. 251 ff.

26 *Von Ihering*, Das Schuldmoment im Römischen Privatrecht, S. 199. Zum Verschuldensdogma *von Iherings* und dessen prägender Bedeutung für die Entstehung des deutschen Privatrechts siehe auch die späteren Ausführungen unter S. 131 ff. und 146 ff.

27 UVG v. 6. Juli 1884, RGBl. 1884, S. 69.

rung der Folgen von Arbeitsunfällen eingeführt wurde. Bezeichnend an diesem System war die erstmalige Einführung eines (Versicherungs-) Anspruches ohne Rücksicht auf die privatrechtliche Haftungslage und etwaiges arbeitnehmereigenes Verschulden. Als weitere Folge sah das Unfallversicherungsgesetz eine Freistellung der Unternehmer von jeglichen sonstigen Ansprüchen des Arbeiters vor, womit die Unfallversicherung für die Unternehmer zugleich die Funktion einer Haftpflichtversicherung übernahm.[28] Das Unfallversicherungsgesetz kann daher für sich zurecht in Anspruch nehmen, den Wechsel von der zivilrechtlichen zur sozialversicherungsrechtlichen Lösung der Problematik eingeläutet zu haben.[29] Um das Gesetzesziel, den Schutz des Arbeitnehmers und die umfassende Freistellung der Arbeitgeber von jeglichen Ansprüchen zu gewährleisten, wurden die Arbeitgeber zur Mitgliedschaft in einer genossenschaftlich organisierten öffentlich-rechtlichen Unternehmergemeinschaft zwangsverpflichtet; diese gegründeten und bis heute als Berufsgenossenschaften der Unternehmer bezeichneten Vereinigungen übernahmen die Versicherung gegen einzelne Arbeitsunfälle.

Obwohl die Schaffung des Unfallversicherungsgesetzes nunmehr schon weit über 100 Jahre zurückliegt, gab es seitdem nur geringere Modifikationen und Reformen,[30] die am Kern des Unfallversicherungswesens keine wesentlichen Änderungen vornahmen: Durch die Reichsversicherungsordnung[31] (RVO) von 1911 wurden zwar die gesamten bestehenden Vorschriften des Sozialversicherungswesens zusammengefasst und zuletzt durch das Unfallversicherungs-Einordnungsgesetz vom 7. August 1996 in Form einer „begrenzten Sachreform“[32] in das heutige SGB VII überführt, allerdings wurde durch keine der erfolgten Reformen der Wesensgehalt der 1884 geschaffenen öffentlich-rechtlichen Unfallversicherung angetastet.

---

28 Zum früheren Streit der rechtlichen Einordnung der Unfallversicherung entweder als Institut der Fürsorge oder aber als echte Versicherung s. die Ausführungen bei *Gitter*, Schadensausgleich im Arbeitsunfallrecht, S. 51 ff. Mittlerweile ist die Unfallversicherung als „echte“ Versicherung zugunsten der Arbeitnehmer auf Rechnung der der Unternehmer aber anerkannt, s. statt aller *Schulin/Igl*, Sozialrecht, Rn. 401; *Seewald*, BG 1990, S. 146 (146).

29 *Muckel*, Sozialrecht, § 10, Rn. 2; s. auch Schulin/*Breuer*, Unfallversicherungsrecht, § 1, Rn. 49 ff., insb. 62 ff. Ausführlich zur Entstehungsgeschichte s. auch Kohte, Arbeitnehmerhaftung und Arbeitgeberrisiko, S. 265 ff.

30 Zu den erfolgten Einzeländerungen s. bspw. *Waltermann*, BG 1997, S. 310 ff.

31 RVO v. 19. Juli 1911, RGBl. 1911, S. 509.

32 Die Charakterisierung der Reform mit diesem Wort entspricht allgemeiner Üblichkeit, vgl. etwa *Waltermann*, BG 1997, S. 310 (310); ähnlich auch: *Erlenkämper/Fichte*, Sozialrecht, S. 506, 7.2 und *Zacharias*, BB 2000, S. 2411 (2411). S. zur jüngsten Reform der Unfallversicherung, mit der allerdings lediglich eine Neuordnung von Zuständigkeiten ohne grundlegende Änderungen vorgenommen wurde: *Waltermann*, SGb 2005, S. 257 ff.

II. Die Regelungen der Unfallversicherung zum Ersatz immaterieller Schäden

Wie bereits erwähnt, sperrt die Unfallversicherung durch die Regelung des § 104 Abs.1 S. 1 SGB VII die Geltendmachung etwaig bestehender zivilrechtlicher Ansprüche gegen den Arbeitgeber. Insofern ist der Geschädigte im Regelfall[33] auf die Ansprüche beschränkt, die ihm die gesetzliche Unfallversicherung gewährt. Bei der Form des Schadensausgleichs unterscheiden sich die Regelungen des SGB VII deutlich vom zivilrechtlichen Schadenersatzsystem: Im Gegensatz zu diesem basiert die gesetzliche Unfallversicherung generell auf einem Prinzip der abstrakten Schadensberechnung.[34] Das bedeutet, dass kein Ausgleich der im konkreten Einzelfall entstandenen Schäden erfolgt, sondern die Unfallversicherung im Wege eines pauschalierten Systems[35] eine festgelegte Entschädigungssumme auskehrt. Deutlich wird dies insbesondere anhand der Regelung des § 56 Abs. 2 SGB VII, nach der die Berechnung der Arbeitsminderung nach Prozentzahlen zu erfolgen hat und unabhängig von der konkreten Auswirkung der Minderung auf das Erwerbsleben ein pauschaliertes Entgelt festzusetzen ist.

Sinn dieser Berechnungsmethode ist die verwaltungsmäßige Vereinfachung der Entschädigungsfestsetzung für den zu beurteilenden Einzelfall. Zudem erübrigen sich nach dem Eintritt eines Schadensfalles und der einmalig vorgenommenen Festsetzung der Erwerbsminderung weitere Nachforschungen über Folgeentwicklungen, beispielsweise darüber, ob die gewährte Rente auch tatsächlich den eingetretenen Schaden kompensiert. Der Verzicht auf Nachuntersuchungen soll das Verhältnis zwischen Geschädigtem und Berufsgenossenschaft verbessern sowie dazu beitragen, dass der Arbeitswille des Geschädigten nicht beeinträchtigt wird. Diese Befürchtung ist begründet: Könnte bei Durchführung weiterer Nachforschungen eine Herabsetzung oder gar Rückforderung der ausgekehrten Entschädigungssumme erfolgen, so würde für den Geschädigten kein Anreiz bestehen, möglichst schnell und umfassend wieder –zumindest im Lichte ärztlicher Befunde- als gesundheitlich voll rehabilitiert zu gelten. Allerdings kommt die abstrakte Schadensberechung auch dem Geschädigten zugute: Dessen Vorteil ist in der schnellen Auskehrung der Leistungen der Unfallversicherung ohne langes Prozessieren und in der Vermeidung umständlicher und kostenintensiver Beweisaufnahmen zu erblicken.[36]

---

33 Die Regelungen der sog. Ausnahme- oder Entsperrungstatbestände in den Fällen der vorsätzlichen Schadenszufügung oder der Bereich des Wegeunfalls sollen im Rahmen dieser Darstellung vernachlässigt werden. Zur Ersatzfähigkeit von Sachschäden s. die späteren Ausführungen im Teil C, vgl. S. 101 ff.

34 *Gitter*, Schadensausgleich im Arbeitsunfallrecht, S. 159 ff.; Kasseler Kommentar/*Ricke*, § 56 SGB VII, Rn. 2 mit weiteren Nachweisen; ebenso *Gitter/Schmitt*, Sozialrecht, § 19, Rn. 58.

35 Dieses System lässt sich anschaulich durch die sog. Gliedertaxen verdeutlichen, bei denen die pauschale und in der Regel verbindliche abstrakte Entschädigung durch Prozentzahlen dargestellt wird; eine eindrucksvolle Übersicht über diese sog. Gliedertaxen findet sich beispielsweise bei *Kranig* in Hauck/Noftz, SGB VII, K § 56.

36 Zum Ganzen siehe bereits auch *Seidenfaden*, BG 1960, S. 241 (241 ff.).

1. Der Leistungskatalog der Unfallversicherung

Im einzelnen gewährt die Unfallversicherung zwei Arten von Versicherungsleistungen: Zu differenzieren ist zwischen den Präventivleistungen[37] einerseits und den Leistungen nach Eintritt eines Arbeitsunfalls andererseits. Zu den Leistungen nach Eintritt des Arbeitsunfalls gehören die Heilbehandlung einschließlich der Leistungen zur Rehabilitation, Leistungen bei Pflegedürftigkeit, Verletztengeld, Sterbegeld, Hinterbliebenenrenten und Rentenabfindungen, vgl. § 22 Abs. 1 SGB I, §§ 26 ff. SGB VII.

Bei schwereren Arbeitsunfällen erhält der Geschädigte nach Maßgabe der §§ 56 ff. SGB VII eine dauerhafte Rente wegen Minderung der Erwerbsfähigkeit (MdE). Unter den Voraussetzungen der §§ 75 ff. SGB VII kann anstelle der Rente auch eine einmalige Abfindung gezahlt werden. Bei einem den Ersatz materieller Schäden betreffenden Gesamtvergleich besteht daher keine wesentliche Diskrepanz zwischen einer Schadensberechnung nach den §§ 249 ff. BGB und dem Entschädigungssystem der gesetzlichen Unfallversicherung, wie Untersuchungen der Berufsgenossenschaften zeigen.[38] Die Kompensation von materiellen Schäden durch die Unfallversicherung in Form der abstrakten Schadensberechnung wird daher allgemein anerkannt und auch von ihrer Höhe her nicht mit Kritik belegt.[39] Selbst wenn es bzgl. vereinzelter Entschädigungssummen für bestimmte Verletzungsmuster Unstimmigkeiten geben mag, so ist zu vergegenwärtigen, dass sich die vorliegende Bearbeitung nicht der abstrakten Schadensberechnung der Unfallversicherung *en détail* widmen soll, sondern ihr Augenmerk auf den Ersatz immaterieller Schäden, insbesondere der Gewährung eines Schmerzensgeldes, gerichtet ist. Einzelheiten der abstrakten Schadensberechnung im Hinblick auf die Ausgleichung materieller Schäden werden daher nur insofern herangezogen, wie es für die Untersuchung der Ersatzfähigkeit immaterieller Schäden vom systematischen Verständnis her erforderlich ist.

2. Ersatz von Schmerzensgeld durch die Unfallversicherung

Bei Durchsicht des Leistungskataloges der Unfallversicherung fällt zunächst auf, dass die Zahlung eines Schmerzensgeldes in der Unfallversicherung nicht explizit geregelt ist. Zumindest findet sich im Gesetz keine derartige Paragraphenüberschrift oder ein Abschnitt mit einer entsprechenden Bezeichnung. Die Gewährung von Schmerzensgeld in Form eines eigens geregelten Anspruches gehört damit unzweifelhaft nicht zu den durch

37 Hierzu gehören vor allem die Unfallverhütungsvorschriften, die die Unfallversicherungsträger als autonomes Recht erlassen können, vgl. § 15 SGB VII. S. hierzu auch *Schmitt*, SGB VII, § 15, Rn. 1 ff.

38 *Rolfs* in AR-Blattei SD 860.2, Rn. 13; *Schiller*, Zur Problematik des Schmerzensgeldausschlusses in der gesetzlichen Unfallversicherung, S. 93; *Otto/Schwarze*, Die Haftung des Arbeitnehmers, Rn. 526; *Gitter*, Schadensausgleich im Arbeitsunfallrecht, S. 189; alle Angaben mit jeweils weiteren Nachweisen.

39 *Otto/Schwarze*, Die Haftung des Arbeitnehmers, Rn. 526; *Rolfs* in AR-Blattei SD 860.2, Rn. 13.

die Unfallversicherung gewährten Leistungen.[40] Dieser schlichten Feststellung allein kommt jedoch noch keine große Aussagekraft über die Ersatzfähigkeit immaterieller Schäden schlechthin zu. Möglicherweise gibt es im System der Unfallversicherung schmerzensgeldähnliche Ansprüche, die mit dem aus dem Zivilrecht her bekannten Ersatz immaterieller Schäden vergleichbar sind oder aber zumindest ein Surrogat hierfür darstellen. Um eine diesbezüglich abschließende Beurteilung vornehmen zu können, bedarf es zunächst jedoch einer grundlegenden Untersuchung der Rechtsnatur des Schmerzensgeldes und seiner Funktionen.

a. Rechtsnatur und Funktionen des Schmerzensgeldes

aa. Grundlegendes

Der Ausgleich von Schäden ist im bürgerlich-rechtlichen Schadensersatzsystem in den §§ 249 ff. BGB geregelt. Gemäß der schadensersatzrechtlichen Grundregel des § 249 S. 1 BGB ist der Zustand wiederherzustellen, der bestehen würde, wenn der zum Ersatz verpflichtende Umstand nicht eingetreten wäre. Somit erfolgt ein Vergleich zweier Zustände, dem zu schaffenden und dem hypothetischen Zustand ohne Eintritt des schädigenden Ereignisses.[41] Diese Form der Schadensausgleichung wird als Naturalrestitution bezeichnet und ist vom Gesetz als der Regelfall vorgesehen.[42] Ein Geldersatz ist nur in den im Gesetz ausdrücklich genannten Fällen geschuldet,[43] wenngleich zuzugeben ist, dass in der Praxis der Schaden in den meisten Fällen durch Geldleistungen ausgeglichen wird und eine „echte" Naturalrestitution damit nur noch in den seltensten Fällen erfolgt.[44]

Die Wiedergutmachung immaterieller Schäden stellt das Prinzip der zivilrechtlichen Naturalrestitution und des Geldersatzes jedoch vor gewisse methodische Schwierigkeiten: Der vorherige Zustand kann aufgrund seines immateriellen Charakters nicht durch eine Ersatzleistung ausgeglichen werden. Wie soll auch ein immaterieller Schaden exakt beziffert werden? Daher ist anerkannt, dass es sich bei Ansprüchen auf Ersatz immaterieller Schäden um eine Kommerzialisierung körperlicher Schmerzen oder seelischer Leiden handelt, die grundsätzlich inkommensurabel sind. Dennoch erfolgt mit der Zusprechung einer Geldsumme ein Ersatz auf materiellem Wege, da andernfalls ein Ausgleich schwerlich möglich wäre.[45]

Aufgrund dieses Dilemmas und den damit verbundenen Schwierigkeiten bei der Bemessung der Anspruchshöhe führte das Schmerzensgeld zunächst ein Schattendasein im

---

40 So die einhellige Meinung, vgl. nur *Holtmann*, Arbeitsunfall und Haftungsrisiken, Rn. 4; *Bley/Kreikebohm/ Marschner*, Sozialrecht, Rn. 899; Schulin/*Gitter/Nunius*, Unfallversicherungsrecht, § 4, Rn. 94.

41 MüKo-*Oetker*, BGB, § 249, Rn. 310 f.; Palandt/*Heinrichs*, BGB, § 249, Rn. 2.

42 MüKo-*Oetker*, BGB, § 249, Rn. 307; Palandt/*Heinrichs*, BGB, § 249, Rn. 2.

43 MüKo-*Oetker*, BGB, § 249, Rn. 307; Erman/*Kuckuk*, BGB, § 249, Rn. 4.

44 MüKo-*Oetker*, BGB, § 249, Rn. 307.

45 Vgl. zum Ganzen *Deutsch/Ahrens*, Deliktsrecht, Rn. 480 ff.

Bürgerlichen Gesetzbuch, da der historische Gesetzgeber immaterielle Werte nur in den ausdrücklich angeordneten Fällen in Geld umrechnen lassen wollte. Es wurde schlechterdings als anstößig betrachtet, sich einen immateriellen Schaden in Geld aufwiegen zu lassen[46] und das Risiko schikanöser Prozesse befürchtet, wenn unehrbare Bürger ihr Leid zu Geld machten.[47]

Mittlerweile hat das Schmerzensgeld aber eine gefestigte Position im Bürgerlichen Recht erlangt – und sich damit die Erkenntnis, dass bei nur immateriell bezifferbaren Rechtsgüter gleichwohl sanktionsbewehrter Schutz wie im Falle materieller Schäden zu gewähren ist, durchgesetzt.[48] Dass der Gesetzgeber gleichfalls diese Ansicht teilt und das Schmerzensgeld als gefestigte Rechtsposition im Gesamtsystem des Schadenersatzrechts anerkennt, zeigt die durch das Zweite Schadensersatzrechtsänderungsgesetz[49] (2. SchadRÄndG) vorgenommene Integration des § 847 BGB a.F. in das allgemeine Schadensrecht.[50] Ungeachtet dessen zeichnet sich ein stetiger Bedeutungsanstieg immaterieller Ausgleichsansprüche ab. Diese Entwicklung ist bereits anhand der immer stärkeren Verfestigung und Bedeutung der sog. Schmerzensgeldtabellen erkennbar; ein weiterer Indikator sind die ständig steigenden Schmerzensgeldsummen: Oftmals sind in zivilrechtlichen Prozessen nicht mehr die materiellen Schadensfolgen Streitpunkt, sondern es wird um die Höhe des auszukehrenden Schmerzensgeldes prozessiert.[51] Die Ursache dieses Bedeutungsanstiegs kann in der allgemein gewonnenen Einsicht erblickt werden, immaterielle Güter stärker dem Schutz der Zivilrechtsordnung unterstellen zu wollen, um den Geschädigten durch die Gewährung eines Schmerzensgeldes nicht schutzlos zu belassen. Ein solches (Schutz-) Bedürfnis besteht insbesondere dann, wenn es am gleichzeitigen Vorliegen eines materiellen Schadens fehlt, so dass der Schädiger ansonsten sank-tionslos bliebe. Die Entwicklung der letzten Jahre hat zudem deutlich gezeigt, dass dieser Schutz in der Rechtspraxis auch unbedingt notwendig ist, da es insbesondere im Bereich der Boulevardpresse zahlreiche Schädiger gibt, die die materiellen Schadensfolgen ihres Handelns zur Umsatzsteigerung in Kauf nehmen und nur durch hohe immaterielle Scha-

---

46 *Katzenmeier*, JZ 2002, S. 1029 (1030); *Steffen*, VersR 2003, S. 201 (202).

47 Protokolle Bd. II, S.1247. Ebenso *Thüsing*, VersR 2001, S. 285 (286). Ausführlich zur Entwicklung des Schmerzensgeldes im 19. Jahrhundert s. auch *Göthel*, AcP 205 (2005), S. 36 (37 ff.).

48 Vgl. OLG Köln Urt. v. 3.03.1995 = VersR 1995, S. 549 (550); *Hacks/Ring/Böhm*, Schmerzensgeldbeträge, S. 15; *Deutsch/Ahrens*, Deliktsrecht, Rn. 495; *Rolfs* in AR-Blattei SD, 860.2, Rn. 177; *Fuchs*, Deliktsrecht, S. 186.

49 Gesetz v. 19. Juli 2002, in Kraft getreten zum 1. August 2002, BGBl. I, S. 2674. Vgl. hierzu auch *Katzenmeier*, JZ 2002, S. 1029 (1030) und *Bollweg/Hellmann*, Das neue Schadensersatzrecht, S. 57 f.

50 Im Einzelnen siehe hierzu später unter S. 77 f., 82 ff.

51 OLG Köln Urt. v. 3.03.1995 = VersR 1995, S. 549 (550) sowie die späteren Ausführungen, S. 71 ff.

densersatzansprüche zur Einhaltung der (Zivil-) Rechtsordnung angehalten werden können.[52]

bb. Funktionen: Ausgleich und Genugtuung

Einhergehend mit der Zunahme der ausgekehrten Schmerzensgeldsummen haben sich gleichfalls die Funktionen des Schmerzensgeldes im Laufe der Zeit verändert. Während der BGH in seinen älteren Entscheidungen den Schwerpunkt maßgeblich auf den „Ausgleich" des immateriellen Schadens legte und insofern die Parallele zum allgemeinen Schadensersatzanspruch betonte,[53] korrigierte der Große Senat[54] in einer grundlegenden Entscheidung aus dem Jahr 1955 die bisherigen Jurisdiktionen dahingehend, dass dem Schmerzensgeld gleichwohl eine Genugtuungsfunktion zukommen müsse und nicht alleine auf die Ausgleichsfunktion abgestellt werden dürfe. Inzwischen ist eine Doppelfunktion[55] des Schmerzensgeldes mit Ausgleichs- und Genugtuungskomponenten weitestgehend anerkannt:[56]

Dass man dem Schmerzensgeld eine Ausgleichsfunktion beimisst, ergibt sich daraus, dass das Schmerzensgeld auch Wiederherstellungscharakter haben kann. Zweifellos nähert sich diese Betrachtung dem Zweck an, der bei der Kompensation materieller Schäden verfolgt wird. Zwar ist eine Kompensation im strengen Sinne der Naturalrestitution bei immateriellen Verletzungen nicht möglich; durch die Zahlung einer Ausgleichsleistung in Form des Schmerzensgeldes sollen aber auf andere Weise nicht kompensierbare immaterielle Unannehmlichkeiten wie Schmerz, Leid, Befürchtungen oder seelische Qualen „irgendwie"[57] ausgeglichen werden. Die absichtliche Verwendung dieser unscharfen Formulierung zeigt, dass auch den Befürwortern einer ausgleichenden Funktion des Schmerzensgeldes die Unmöglichkeit der Durchführung einer Naturalrestitution sehr wohl bewusst ist. Die Zusprechung eines Geldersatzes soll den Geschädigte jedoch in die finanzielle Lage versetzen, sich für seine erlittenen immateriellen Einbußen anderweitige An-

52 Gefestigte Rechtsprechung, vgl. nur die zahlreichen Urteile des BGH unter dem Schlagwort „Caroline von Monaco I-III", s. BGH Urt. v. 15.11.1994 = BGHZ 128, S. 1 (14 ff.); BGH Urt. v. 5.12.1995 = NJW 1996, S. 984 (984 f.) sowie BGH Urt. v. 12.12.1995 = NJW 1996, S. 985 (985 f.). Grundlegend auch die Entscheidungen des BGH zum Schutz des Allg. Persönlichkeitsrechts vgl. BGH Urt. v. 14.02.1958 = BGHZ 26, S. 349 ff. („Herrenreiter-Fall"); BGH Urt. v. 19.09.1961 = BGHZ 35, S. 363 ff. („Ginsengwurzel-Fall") und BVerfG v. 14.02.1973 = E 34, S. 269 ff. („Soraya-Fall").

53 BGH Urt. v. 29.09.1952 = BGHZ 7, S. 223 (226).

54 BGH (GS) Beschl. v. 6.07.1955 = BGHZ 18, S. 149 (157 ff.).

55 S. hierzu auch *Looschelders*, Schuldrecht Allgemeiner Teil, § 49, Rn. 973; *Katzenmeier*, JZ 2002, S. 1029 (1031); *Göthel*, AcP 205 (2005), S. 36 (36 f.).

56 Ständige Rechtsprechung des Bundesgerichtshofes, vgl. nur BGH (GS) Beschl. v. 6.07.1955 = BGHZ 18, S. 149 (154 ff.); BGH Urt. v. 29.11.1994 = BGHZ 128, S. 117 (119 f.); ausführlich hierzu auch *Zeytin*, Zur Problematik des Schmerzensgeldes, S. 101 ff.; *Wussow/Kürschner*, Unfallhaftpflichtrecht, Kap. 54, Rn. 19; *Göthel*, AcP 205 (2005), S. 36 (36 f.).

57 *Deutsch/Ahrens*, Deliksrecht, § 36, Rn. 474.

nehmlichkeiten verschaffen zu können.[58] Wenn man den Begriff des Ausgleiches hier nicht in dem strengen Sinne versteht, wie er bei der Naturalrestitution zugrunde gelegt wird, so lässt er sich in einem weiteren bzw. anderen Verständnis aber auch auf das Schmerzensgeld ummünzen. Angestrebter Ausgleich ist hier dann aber nicht die Herbeiführung des *status quo ante* bzw. präziser des Zustandes, der bestünde, wenn das schädigende Ereignis nicht eingetreten wäre, sondern eben die Versetzung des Geschädigten in die Lage, sich für seine Einbußen andere Annehmlichkeiten erkaufen und so den immateriellen Schaden kompensieren zu können. Hierbei ist zuzugeben, dass sich erfahrenes Leid und erlittene Schmerzen nicht einfach mittels Geldzahlungen „versilbern" bzw. ungeschehen machen lassen und eine Formel wie „Erlittener Schmerz mal Faktor x = Fällige Geldzahlung mal Faktor y" keine Gültigkeit beanspruchen kann. Allerdings ist gleichermaßen zuzugestehen, dass die für den Geschädigten nunmehr bestehende Möglichkeit, sich durch den Erhalt der Schmerzensgeldsumme bspw. einen erholsamen Urlaub leisten zu können, durchaus auch immaterieller Aus-gleich sein kann,[59] was bereits auch *von Gierke*[60] wusste, der zwar die fehlende Vergleichbarkeit von Geld und seelischen Empfinden eingestand, aber gleichfalls zu bedenken gab, dass eine Geldzahlung oftmals „den Schlüssel für ideelle Genüsse" darstelle.

Neben dem soeben erwähnten Ausgleich soll das Schmerzensgeld zudem die Funktion einer gewissen Genugtuung für den Geschädigten entfalten.[61] Die Genugtuung unterscheidet sich von dem Ausgleichsgedanken dadurch, dass sie nicht unmittelbar an den Schaden anknüpft. Anknüpfungspunkt im Rahmen der Genugtuungsfunktion sind primär die Art und die Umstände der Zufügung der Verletzung. Ihr Zweck besteht somit darin, beim Geschädigten eine Besänftigung des verletzten Rechtsgefühls herbeizuführen, womit

58 So auch *Zeytin*, Zur Problematik des Schmerzensgeldes, S. 101 mit weiteren Nachweisen.

59 Hierbei ist zu beachten, dass es sich um ein –keineswegs bloß juristisches, sondern ebenso-ethisch-moralisches Problem handelt. Die aufgestellte Formel „Schmerz mal Faktor x = Fällige Geldsumme mal Faktor y" verdeutlicht dieses ethische Dilemma. Diese Kritik soll aber nicht dahingehend verstanden werden, dass das Schmerzensgeld generell abzulehnen ist, vielmehr soll sie ins Bewusstsein rufen, dass im Umgang mit diesen Fragestellungen besonderes Fingerspitzengefühl erforderlich ist. Keinesfalls soll der Eindruck entstehen, Leid und Schmerzen ließen sich durch eine Geldzahlung kompensieren bzw. das Zivilrecht verfolge die Intention, immateriellen Schaden mittels festgelegter Faktoren in Geldwerte umzurechnen.

60 *Von Gierke*, Deutsches Privatrecht, S. 83.

61 MüKo-*Oetker*, BGB, § 253, Rn. 11; Palandt/*Heinrichs*, BGB, § 253, Rn. 11; Ebenso die grundlegende Entscheidung des BGH (GS) Beschl. v. 6.07.1955 = BGHZ 18, S. 149 (154 ff.). Allerdings gibt es in jüngster Zeit in Folge des Inkrafttretens des 2. SchadRÄndG vereinzelt Stimmen, die die Genugtuungsfunktion des Schmerzensgeldes anzweifeln, vgl. hierzu *Wagner*, Das neue Schadensersatzrecht, Rn. 30. Ohne hier bereits vorweg greifen zu wollen, ist eine derartige „Beschneidung" der Schmerzensgeldfunktionen abzulehnen. Eines jedoch bereits vorab: Für eine weitere Berücksichtigung der Genugtuungsfunktion spricht insbesondere der Wortlaut des § 253 Abs. 2 BGB n.F., der ja die „Billigkeit" der Entschädigungszahlung betont. Eine solche Berücksichtigung von Billigkeitsaspekten kann aber nur unter Berücksichtigung der Einzelfallumstände und hierdurch auch des Genugtuungsaspektes erfolgen. Vgl. im Einzelnen die späteren Ausführungen, S. 78 ff.

die Genugtuungsfunktion ihre größte Bedeutung bei vorsätzlichen Rechtsgutsverletzungen oder grob fahrlässigen Handlungen erlangt:[62] Hier wird der Geschädigte aufgrund der Art der Schadenszufügung, die mittels eines besonders groben Verstoßes gegen die verkehrsübliche Sorgfalt stattfand, forciert nach einem immateriellen Ausgleich verlangen. Dies ist verständlich, ist doch die erlittene Verletzung durch ein grobes Fehlverhalten des Schädigers und nicht etwa mittels eines „alltäglich eingerissenen Schlendrians" erfolgt. Insofern ist die Genugtuungsfunktion durch Buße, Vergeltungs- und Sühnegedanken geformt, auch wenn diese Worte im heutigen modernen Rechtssystem zunächst nicht opportun erscheinen und an dunkle, vergangene mittelalterliche Zeiten erinnern mögen.[63]

In gewisser Weise kommt in derartigen Fällen neben der bzw. als Teil der Genugtuungsfunktion auch noch ein Präventionsaspekt des Schmerzensgeldes zum Vorschein. Zwar sind Präventionsgedanken dem Bürgerlichen Recht grundsätzlich fremd,[64] da es nicht Aufgabe des Zivilrechts ist, die Bestärkung des Rechtsgefühls in die Unverbrüchlichkeit der (Zivil-) Rechtsordnung vorzunehmen. Sinn des Zivilrechts und insbesondere des Schadensersatzrechts ist vorrangig der gerechte Ausgleich und die Zuweisung von Schäden,[65] wobei gewiss nicht zu verleugnen ist, dass dem jedoch allein durch die Auferlegung einer Zahlungspflicht im Sinne einer gewünschten Begleiterscheinung oder eines angenehmen Nebeneffekts rechtstatsächlich auch präventive Funktionen zukommen.[66] Allerdings ist die Wahrnehmung solch präventiver Funktionen vorrangig die Aufgabe anderer Rechtsgebiete, wie bspw. des Ordnungswidrigkeiten- oder Strafrechts. Ungeachtet dessen hat der BGH[67] nun mehrfach betont, dass dem Schadensersatzrecht gleichsam – zumindest partiell – präventive Funktionen zukommen, insbesondere dann, wenn es sich um vorsätzliche Eingriffe in Rechtsgüter des Geschädigten handelt.[68] Dennoch wird die

---

62 *Deutsch/Ahrens*, Deliktsrecht, § 36, Rn. 476.

63 Dass dem deutschen Rechtssystem aber dennoch Gedanken von Vergeltung, Sühne und Buße nicht fremd sind, zeigt auch ein Vergleich zum Strafrecht, das mit den absoluten Strafzwecktheorien ähnliche Zwecke verfolgt. Selbst wenn diese absoluten Strafzwecktheorien in ihrer Reinform nicht mehr vertreten werden, so finden sie dennoch im Rahmen der heutzutage vorherrschenden vereinigten Strafzwecktheorie ihre Berücksichtigung. Vgl. hierzu etwa nur die Ausführungen bei *Otto*, Grundkurs Strafrecht, § 1, Rn. 71 ff. Ablehnend hingegen zur eigenständigen Straffunktion des Schmerzengeldes *Göthel*, AcP 205 (2005), S. 36 (40 ff., 65 f.).

64 S. stellvertretend MüKo-*Oetker*, BGB, § 249, Rn. 9 mit vielen weiteren Nachweisen.

65 S. abermals MüKo-*Oetker*, BGB, § 249, Rn. 8 sowie Palandt/*Heinrichs*, BGB, Vorb. v. § 249, Rn. 4. Vgl. auch *Kötz*, Ziele des Haftungsrechts, S. 643 (643 f.).

66 Vgl. zum Ganzen *Thüsing*, Wertende Schadensberechnung, S. 16 f. Ausführlich zu den präventiven Auswirkungen des Haftungsrechts auch *Kötz*, Ziele des Haftungsrechts, S. 643 (654 ff.).

67 BGH Urt. v. 15.11.1994 = BGHZ 128, S. 1 ff. und BGH Urt. v. 5.12.1995 = NJW 1996, S. 984 ff.

68 BGH Urt. v. 15.11.1994 = BGHZ 128, S. 1 (15f.). Insbesondere in den Fällen der vorsätzlichen Verletzung des Allgemeinen Persönlichkeitsrechts nimmt der BGH somit eine „Gewinnabschöpfung" beim Schädiger vor, was eine klassische Präventionsmethode ist. Dieser Präventionsgedanke eines zivilrechtlichen Anspruchs ist aber nicht unumstritten: Die Kritik geht dahin, dass hierdurch der Privatstrafgedanke in neuem Gewand Wiedereinzug in das BGB hält: Derartige Pönalisierungsgedanken sind jedoch Fremdkörper im Zivilrechtssystem, da das BGB lediglich

Präventionsfunktion nicht als eigenständige Funktion des Schmerzensgeldes neben der Ausgleichs- und Genugtuungsfunktion betrachtet, sondern davon ausgegangen, dass die Genugtuungsfunktion den Präventionsansatz bereits beinhaltet,[69] so dass die Umschreibung der Schmerzensgeldzwecke mit Ausgleich und Genugtuung als Doppelfunktion durchaus eine treffende Charakterisierung darstellt.

cc. Bemessung

Gem. § 847 BGB a.F. war das Schmerzensgeld in Form einer „billigen Entschädigung" zu gewähren, gleichermaßen unbestimmt ist die Formulierung des § 253 Abs. 2 BGB n.F., die ebenfalls von einem „billigem" Ausgleich spricht. Eine zusätzliche Unschärfe entsteht dadurch, dass dem erkennenden Gericht ein großer Gestaltungsspielraum bei der Bemessung verbleibt, da bei der Formulierung des Antrags die genaue Höhe vom Kläger nicht benannt werden muss, sondern die Festsetzung der Höhe nach § 287 ZPO in das billige Ermessen des Gerichts gestellt werden kann, was in der Praxis auch oftmals geschieht.[70]

Hieran wird deutlich, dass die Bemessung des Schmerzensgeldes von den Faktoren des Einzelfalles in großem Maße abhängig ist, so dass sich eine ausgefeilte Kasuistik der Gerichte entwickelt hat. Ungeachtet dessen lassen sich verschiedene Faktoren herausschälen, die bei der Bemessung der Schmerzensgeldsummen von den Gerichten regelmäßig berücksichtigt werden und zumindest einen gewissen Anhaltspunkt geben können: Ausmaß und Höhe des Schmerzensgeldes richten sich dabei zum einen nach der Schwere der Verletzung, zum anderen aber auch nach dem Grad des Verschuldens des Schädigers.[71] Daneben werden weitere Einzelfallumstände wie etwa die Vermögensverhältnisse der Beteiligen berücksichtigt.[72] Ebenfalls können das Lebensalter des Geschädigten, die Dauer etwaig erforderlich gewesener Krankenhausaufenthalte oder mögliche verbleibende Entstellungen in die Bemessung einzubeziehen sein.[73] Mittlerweile anerkannter Bemessungsfaktor ist auch die Berücksichtigung von Versicherungsleistungen: Das Eintreten ei-

---

die Regelung des Schadensausgleichs im Einzelfall bezweckt. Zu den Einzelheiten und weiteren Nachweisen siehe *Fuchs*, Deliktsrecht, S. 180 und *Steffen*, VersR 2003, S. 201 (203). Ablehnend zu einem Präventionsansatz durch Straffunktion des Schmerzensgeldes *Göthel*, AcP 205 (2005), S. 36 (40 ff., 65 f.).

69 *Lange*, VersR 1999, S. 274 (276 f.). Dem ist sicherlich zuzustimmen, als Argument kann auch wieder ein Vergleich zu den soeben kurz angerissenen Strafzwecktheorien dienen: Die Funktion des zivilrechtlichen Schmerzensgeldes überschneidet sich auch in diesem Teilbereich mit dem Sinn und Zweck des Strafens.

70 Ausführlich hierzu *Lepa*, VersR 2001, S. 265 (268 f.); Vgl. auch MüKo-*Oetker*, BGB, § 253, Rn. 36 ff.

71 *Deutsch/Ahrens*, Deliktsrecht, § 37, Rn. 480; *Wussow/Kürschner*, Unfallhaftpflichtrecht, Kapitel 54, Rn. 20 ff.

72 *Deutsch/Ahrens*, Deliktsrecht, § 37, Rn. 480; BGH (GS) Beschl. v. 6.07.1955 = BGHZ 14, S. 149 (159 ff.).

73 *Fuchs*, Deliktsrecht, S. 182 mit weiteren Nachweisen.

ner Haftpflichtversicherung für den Schädiger ist zugunsten des Geschädigten zu bewerten.[74]

Letztlich ist bei der Bemessung des Schmerzensgeldes aber stets zu vergegenwärtigen, dass primär die Billigkeit[75] der Geldzahlung als ein Ausgleich des konkreten Schadens im Vordergrund steht. Dies verwundert nicht angesichts der soeben festgestellten Schwierigkeiten bei der Vornahme eines Ausgleichs der immateriellen Einbußen durch die Zusprechung einer Geldsumme. Um wenigstens eine gewisse Vorhersehbarkeit der anfallenden Schmerzensgeldhöhe zu ermöglichen, haben sich in den letzten Jahren vermehrt Schmerzensgeldtabellen herausgebildet,[76] die unter Zugrundelegung „typischer" Verletzungskonstellationen zumindest einen Rahmen für eine zu erwartende Schmerzensgeldsumme aufzeigen möchten. Nochmals ist dabei allerdings hervorzuheben, dass derartige Tabellen die oben erwähnten Umstände des Einzelfalls nur bedingt berücksichtigen und damit lediglich begrenzte Orientierung in Form eines ungefähren Richtwerts bieten können. Andererseits sind diese Tabellen mittlerweile derart anerkannt, dass ein Abweichen eines Gerichts in einem großen Maße von dem „Durchschnittsschmerzensgeldwert" der besonderen Rechtfertigung durch das Gericht bedarf.[77]

dd. Rechtsnatur und Einordnung in das System der Schadensersatzansprüche

Der Ersatzanspruch für immaterielle Schäden genießt unter den Schadensersatzansprüchen eine besondere Stellung. Diese Sonderstellung ist dadurch bedingt, dass nicht wie bei einem „echten" Schadensersatzanspruch eine an den §§ 249 ff. BGB orientierte konkrete Schadensausgleichung erfolgt, sondern eine Kompensation nach Billigkeitsgesichtspunkten vorgenommen wird. Um diesen Besonderheiten Ausdruck zu verleihen, ist der Schmerzensgeldanspruch nach § 847 BGB a.F. daher vom Bundesgerichtshof stets als Anspruch *sui generis* charakterisiert worden.[78] Die Entwicklungen der folgenden Jahre werden zeigen, ob der Schmerzensgeldanspruch diese Sonderstellung im Bürgerlichen Recht beibehalten oder aber eine Angleichung an die „regulären" Schadensersatzansprüche stattfinden wird. Die verbreitete Verwendung des Terminus „Schmerzensgeldanspruch" darf allerdings nicht missverstanden und rechtstechnisch dahingehend interpretiert werden, dass die Vorschrift des § 253 Abs. 2 BGB einen eigenständigen, von ande-

---

74 *Steffen*, VersR 2003, S. 201 (203); RG Urt. v. 19.01.1944 = DR 1944, S. 290 (290).

75 So ja auch der Wortlaut des § 847 BGB a.F. bzw. des § 253 Abs. 2 BGB n.F.

76 So z.B. die Werke von *Slizyk*, Becksche SchmerzGTabelle oder *Hacks/Ring/Böhm*, Schmerzensgeldbeträge.

77 Zwar ist eine gewisse Skepsis gegenüber Schmerzensgeldtabellen durchaus angebracht, da hier eine Aufweichung des Grundsatzes der konkreten, einzelfallabhängigen Schadensberechnung hin zu einer abstrakten Pauschalierung droht. Andererseits verbleibt dem Tatrichter stets der Spielraum der freien richterlichen Beweiswürdigung und Einzelfallbeurteilung. Zudem bieten die „Richtwerte" der Schmerzensgeldtabellen eine gewisse Rechtssicherheit. Siehe hierzu auch *Wussow/Kürschner*, Unfallhaftpflichtrecht, Kapitel 54, Rn. 36 f.

78 BGH Beschl. des Großen Senates v. 6.07.1955 = BGHZ 18, S. 149 (149 ff.).

ren Normen losgelösten Anspruch gewähre. Zwar wird die Frage, ob der Vorschrift des § 253 Abs. 2 BGB die Qualität einer eigenständigen Anspruchsgrundlage zukomme, nicht einheitlich beurteilt.[79] Allerdings ist unstreitig anerkannt, dass die Geltendmachung von Schmerzensgeld zunächst das Bestehen eines Haftungsgrundes in Form einer Verpflichtung zur Leistung von Schadensersatz schlechthin voraussetzt. Aufgrund der von dem zugrunde liegenden haftungsbegründenden Tatbestand bestehenden Abhängigkeit ist die Regelung des § 253 Abs. 2 BGB daher richtigerweise als bloße Erweiterung des Haftungsumfangs um eine zusätzliche Rechtsfolge zu verstehen. Die Eigenständigkeit des Schmerzensgeldanspruchs ist folglich abzulehnen[80] und die Regelung des § 253 Abs. 2 BGB damit rechtstechnisch nicht als selbständiger Anspruch zu qualifizieren,[81] sondern lediglich als eine Norm, die vor allem auf der Rechtsfolgenseite bei der Gewährung des Schadensersatzes relevant wird.

Ungeachtet dieser dogmatischen Verortung der Rechtsnatur des Schmerzensgeldes ist abschließend festzuhalten, dass der Ersatz immaterieller Schäden zu einem gesicherten Bestandteil des Bürgerlichen Rechts erwachsen ist. Festzuhalten ist weiterhin, dass sich der Schmerzensgeldanspruch gegenüber den materiellen Schadenersatzansprüchen in Bezug auf Berechnung und Funktionen unterscheidet und damit gewisse Besonderheiten aufweist. Unstreitig ist ebenfalls, dass es sich beim Schmerzensgeldanspruch keinesfalls um eine „Privatstrafe“ handelt, sondern um einen bürgerlich-rechtlichen Ersatzanspruch für Schäden.[82]

b. Bestehen vergleichbarer Ansprüche im System der Unfallversicherung

Im Anschluß an die vorgenommene Qualifizierung und Einordnung des Schmerzengeldanspruchs und seiner Funktionen kann nun das Augenmerk auf die Frage gerichtet werden, ob das System der gesetzlichen Unfallversicherung einen Anspruch vorsieht, der mit dem zivilrechtlichen Schmerzensgeld vergleichbar ist und ähnliche Funktionen innehat. Wäre dies der Fall, so ist ein Ausschluss des zivilrechtlichen Schmerzensgeldanspruchs durch das Unfallversicherungsrecht nicht von großer rechtlicher Brisanz, da die Unfallversicherung dann ja ein eigenes rechtliches Äquivalent zum Ausgleich immaterieller Schäden vorsehen würde. Das Bundesverfassungsgericht hat derartige Überlegungen bei

79 Vgl. zum Streitstand MüKo-*Oetker*, BGB, § 253, Rn. 15 f.

80 So auch MüKo-*Oetker*, BGB, § 253, Rn. 16.

81 Diese Erkenntnis ist für die Rechtsanwendung jedoch nur von untergeordneter Bedeutung. Sie macht sich lediglich dadurch bemerkbar, dass bei einem Ersatzbegehren für immaterielle Schäden stets die Norm mitzuzitieren ist, aus der die Schadensersatzpflicht erwächst (also bei vertraglichen Ansprüchen bspw. §§ 280 Abs. 1, 253 Abs. 2 BGB bzw. bei deliktischen Ansprüchen z.B. §§ 823 Abs. 1, 253 Abs. 2 BGB). Daher wird wegen der besseren Lesbarkeit der Begriff des „Schmerzensgeldanspruchs“ auch in den folgenden Ausführungen weiter verwendet. Dieser Begriff ist dann allerdings nicht im rechtstechnischen Sinne zu verstehen.

82 Vgl. nur *Göthel*, AcP 205 (2005), S. 36 (62 ff.) mit Verweis auf die Motive des Gesetzgebers zum allgemeinen Schadensersatzrecht, Motive Bd. II, S. 17 f.

seiner Beschäftigung mit dem Schmerzensgeldausschluss in seiner Entscheidung aus dem Jahr 1972[83] anklingen lassen und die These aufgestellt, die Höhe der Renten und Abfindungen sei praktisch oftmals höher als der konkret ermittelte Schaden und beinhalte daher schmerzensgeldähnliche Elemente bzw. ein Surrogat für die Nichtgewährung eines immateriellen Ausgleichsanspruches.[84]

Als Normen, die dem Geschädigten möglicherweise eine schmerzensgeldähnliche Leistung gewähren könnten, werden vornehmlich die Abfindungsregelungen der § 75, § 76 und § 78 SGB VII diskutiert.[85] Zur Erläuterung dieses Gedankens ist zu vergegenwärtigen: Erleidet der Versicherte eine Schädigung durch einen Arbeitsunfall, geht mit der Verletzung durch die verminderte Arbeitsfähigkeit oftmals eine Herabsenkung der Arbeitsleistung einher. Der Geschädigte ist bspw. nicht mehr in der Lage, täglich acht Stunden zu arbeiten und gezwungen, seine Wochenarbeitszeit zu reduzieren. Die durch die Erwerbsminderung eingetretenen Minderverdienste sollen durch die Entschädigungsleistung der Unfallversicherung abgefedert und möglichst vollständig kompensiert werden. Im Regelfall werden die Leistungen in Form einer monatlichen Rente ausgezahlt, unter den Voraussetzungen der §§ 75 f. SGB VII ist aber auch eine Auszahlung in Form eines Einmalbetrages möglich. Da die bezeichneten Vorschriften die Auskehrung einer einmaligen Abfindung im Falle einer Verletzung regeln und keinen Kostenersatz für eine erforderlich gewordene Heilbehandlung o.ä. darstellen, wird bisweilen aufgrund ihrer teils beträchtlichen Höhe das Argument vorgebracht, es handele sich hierbei neben Ersatzzahlungen für Minderverdienste zusätzlich um einen Ausgleich für erlittene immaterielle Einbußen.[86]

aa. Die Regelung des § 75 SGB VII

Die Regelung des § 75 SGB VII wurde mit Wirkung zum 1. Januar 1997 durch Art. 1 des Unfallversicherungseinordnungsgesetzes[87] (UEVG) eingeführt und stimmt im Wesentlichen mit der Vorgängervorschrift des § 603 RVO überein. Durch die Regelung in § 75 SGB VII erhält der Geschädigte die Möglichkeit, anstelle einer Rente die Auszahlung einer einmaligen Gesamtgeldleistung verlangen zu können. Einschränkend vorwegzunehmen ist aber, dass die Regelung des § 75 SGB VII nur in den Fällen Leichtverletzter anzuwenden ist, bei denen die Zahlung einer vorläufigen Rente bis zur maximalen Dauer

83 BVerfG v. 7. 11.1972 = E 34, S. 118 (118 ff.).

84 BVerfG v. 7.11.1972 = E 34, S. 118 (132 f.); ebenso Teile der Literatur, s. bspw. *Ricke* in KassKomm-SozVersR, § 104 SGB VII, Rn. 2 und § 56 SGB VII, Rn. 2.

85 Einen ähnlichen Gedanken zur Verletztenrente äußerten bereits *Eckelmann*, Schadensersatz bei Verletzung und Tötung, S. 205 und *Gitter*, Schadensausgleich im Arbeitsunfallrecht, S. 167; s. hierzu auch *Kater* in Kater/Leube, Gesetzliche Unfallversicherung SGB VII, § 104, Rn. 36.

86 Diesen Gedanken formuliert etwa *Ricke* in KassKomm-SozVersR, § 104 SGB VII, Rn. 2, § 56 SGB VII, Rn. 2.

87 UEVG v. 7. August 1996, BGBl. I 1996, S. 241.

von drei Jahren nach Eintritt des Versicherungsfalls zu erwarten ist, § 62 S. 1 SGB VII. Insofern beschränkt sich diese Betrachtung nur auf die Fälle der Leichtverletzten.

Sinn und Regelungszweck des § 75 SGB VII ist zum einen die Anstrebung der Verwaltungsvereinfachung, die durch eine Einmalzahlung anstelle einer dauernden Rentengewährung entsteht.[88] Dieser Aspekt ist für den Gesetzgeber ausschlaggebend gewesen, da es enorme Synergieeffekte zur Folge hat, wenn monatliche Überweisungen durch eine einmalige Zahlung erledigt und der Vorgang bilanzbuchhalterisch im laufenden Jahr abgeschlossen werden kann, ohne dass es für die Folgejahre einer weiteren Bildung von Rücklagen bedarf.

Als weiterer Regelungszweck steht die Vermeidung von sog. „Rentenneurosen"[89] im Vordergrund: Der Leichtgeschädigte soll nicht für kurze Zeit an laufende Rentenzahlungen gewöhnt werden, da hieraus Probleme bei der anschließenden Rentenentziehung entstehen können.[90] Diese Sorge ist keineswegs unbegründet. Bei einer länger andauernden Gewährung einer Geldleistung besteht stets die Gefahr, dass der Geschädigte nach Wegfall der Rentenleistung sich so auf diese eingestellt hat, dass er trotz vollständiger Rehabilitierung nicht mehr gewillt ist, die Arbeitsleistung ordnungsgemäß zu erbringen und weiter arbeitsunfähig erkrankt bleibt.[91]

Der dargestellte Sinn und Zweck der Vorschrift lassen erkennen, dass der Regelung des § 75 SGB VII keineswegs die Funktion einer Entschädigungsgewährung für erlittene immaterielle Schäden zugedacht ist oder dies vom Gesetzgeber jemals beabsichtigt war. Die ausgezahlte Summe soll nicht erlittene Schmerzen oder Leid des Geschädigten aufwiegen, sondern stellt ausschließlich die einmalige Zahlung der ansonsten in monatlicher Weise zu gewährenden Rentenleistungen dar. Zweck der Zahlung ist die Kompensation des eingetretenen Mindererwerbs des Geschädigten. Dies wird auch daran deutlich, dass die Höhe der Einmalzahlung auf der ansonsten zu gewährenden Verletztenrente[92] basiert und damit auf dem unfallversicherungsrechtlichen Prinzip der abstrakten Schadensberechnung fußt. Der Ausgleich eines immateriellen Schadens ist durch eine nach der Vorschrift des § 75 SGB VII gewährte Leistung bereits auch deshalb schwerlich möglich, weil durch die in ihrer Summe feststehenden Abfindungszahlungen keinerlei Einzelfall-

---

88 *Sacher* in Lauterbach, UV (SGB VII), § 75, Rn. 2; *Schmitt*, SGB VII, § 75, Rn. 2; *Petri/Voelzke/Wagner*, SGB VII, § 75, Rn. 2; Bereiter-Hahn/*Mehrtens*, SGB VII, § 75, Rn. 2.

89 Zum Begriff der Renten- oder Begehrensneurose: MüKo-*Oetker*, BGB, § 249, Rn. 184.

90 Zum Problem der Gewöhnung des Geschädigten an die Rentenzahlung auch *Sacher* in Lauterbach, UV (SGB VII), § 75, Rn. 2; *Ricke* in KassKomm-SozVersR, § 75 SGB VII, Rn. 2; *Schmitt*, SGB VII, § 75, Rn. 2; *Burchardt* in Brackmann, SGB VII, § 75, Rn. 5; Bereiter-Hahn/*Mehrtens*, SGB VII, § 75, Rn. 2.

91 Hierbei handelt es sich dann um einen psychischen Folgeschaden der Verletzung. Der Geschädigte flüchtet sich in die Vorstellung, die Versicherung des Schädigers müsse weiterhin eine Rente zahlen, so dass es sich nicht lohne, die Schadensfolgen zu überwinden. Durch die Einmalzahlung und damit der Versagung einer fortlaufenden Ersatzzahlung kann verhindert werden, dass bei dem Geschädigten eine solche neurotische Fehlleistung überhaupt erst entsteht. Vgl. hierzu auch BGH Urt. v. 29.02.1956 = BGHZ 20, S. 137 (142).

92 *Schmitt*, SGB VII, § 75, Rn. 8.

betrachtungen möglich sind. Folglich ist eine Berücksichtigung von Ausgleichs- oder Genugtuungsaspekten unmöglich. Gerade diese Intention steht bei dem Schmerzensgeld aber im Vordergrund und zeichnet das Schmerzensgeld gegenüber anderen Geldleistungen und Ansprüchen aus. Hinzu kommt, dass die Leistungen der Unfallversicherung auch bei mitwirkendem Verschulden des Arbeitnehmers ungekürzt ausgezahlt werden. Die Höhe der Leistungen variiert damit also weder in den Fällen, in denen ein besonders vorwerfbares Verhalten des Arbeitgebers zum Eintritt des Personenschadens geführt hat noch in den Fällen, in denen den Arbeitnehmer eigenes Verschulden traf. Dies hieße, dass der Geschädigte – sofern der Anspruch des § 75 SGB VII ein Schmerzensgeldäquivalent darstellen würde – unabhängig von den zugrundeliegenden Verschuldensverhältnissen den gleichen immateriellen Ersatz erhielte. Dass dies insbesondere nach den obigen Ausführungen zum Sinn und Zweck des Schmerzensgeldes so nicht bezweckt sein kann, ist eine sich ohne weiteres auftuende Schlussfolgerung.

Selbst wenn im Einzelfall die Höhe der ausgezahlten Summe den tatsächlichen Minderverdienst voll ausgleicht oder sogar noch übersteigt, kann hierin kein Hinweis auf eine damit zugleich erfolgte Abgeltung immaterieller Einbußen erblickt werden. Dies ist vielmehr eine Folge der Besonderheiten der abstrakten Schadensberechnung, die gegenüber einer Berechnung nach konkreten Schadenspositionen auftreten kann. Letztlich ist zu vergegenwärtigen, dass dieses Ergebnis von Fall zu Fall variieren kann, weshalb es sich verbietet, die Einmalzahlung des § 75 SGB VII pauschal als immateriellen Ersatzanspruch zu qualifizieren. Weiterhin spricht gegen eine Gewährleistung immateriellen Schadensersatzes durch § 75 SGB VII, dass die Vorschrift dem Geschädigten keinen unbedingten Anspruch auf Auszahlung einer Abfindung gewährt, sondern die Entscheidung über die monatliche Rentenzahlung oder eine Einmalzahlung in das pflichtgemäße Ermessen des Unfallversicherungsträgers stellt,[93] was gleichfalls keinen adäquaten Ausgleich zu den zivilrechtlichen Schmerzensgeldansprüchen darstellt, die im Falle des Vorliegens der Tatbestandsvoraussetzungen unbedingt gewährt werden. Abschließend lässt sich damit feststellen, dass die Regelung des § 75 SGB VII keinen schmerzensgeldähnlichen Anspruch oder ein Surrogat für immaterielle Schäden gewährt, sondern ausnahmslos der schnellen und effektiven Abwicklung der Erwerbsminderungen nach Eintritt eines Schadensfalles zu dienen bestimmt ist sowie weiterhin die Gewöhnung des Geschädigten an fortlaufende Rentenzahlungen verhindern möchte.

bb. Die Regelung des § 76 SGB VII

Ebenfalls mit Wirkung zum 1. Januar 1997 durch das UEVG wurde die Regelung des § 76 SGB VII eingeführt, die die bisherigen §§ 604 f. RVO ersetzt. Im Gegensatz zu der Vorschrift des § 75 SGB VII können mittels der Norm des § 76 SGB VII nur Renten auf unbestimmte Zeit abgefunden werden, § 62 Abs. 2 SGB VII. Dies ergibt sich einerseits

93 Vgl. auch Bereiter-Hahn/*Mehrtens*, SGB VII, § 75, Rn. 5.

aus der systematischen Stellung des § 76 SGB VII im Vergleich zum § 75 SGB VII sowie andererseits aus der Intention des Gesetzgebers, der neben der Verwaltungsvereinfachung den Verletzten durch eine großzügige Einmalzahlung wirtschaftlich besser stellen wollte.[94]

Ausgekehrt wird im Falle des § 76 SGB VII auf Antrag des Geschädigten eine kapitalisierte Einmalzahlung, wodurch als Folge der Rentenanspruch auf Lebenszeit entfällt.[95] Die in diesen Rahmen vorzunehmende Berechnung richtet sich ebenfalls nach der zu erwartenden Rente und fußt damit gleichermaßen auf der abstrakten Schadensberechnung der Unfallversicherung. Wie schon bei der Regelung des § 75 SGB VII stehen auch im Rahmen der Vorschrift des § 76 SGB VII lediglich Entschädigungsaspekte in Hinblick auf etwaige Minderverdienste im Vordergrund. Im Einzelfall können die ausgekehrten Zahlungen zwar durchaus über den Summen eines im Wege nach zivilrechtlichen Grundsätzen konkret ermittelten Schadensausgleiches liegen.[96] Allerdings ist zu bedenken, dass Sinn der Abfindungszahlung wiederum der Aspekt der Verwaltungsvereinfachung ist. Eine Genugtuung oder ein Ausgleich des immateriellen Schadens ist auch hier nicht bezweckt und aus den im Rahmen der Ausführungen zu § 75 SGB VII genannten Gründen auch gar nicht möglich. Das Argument, im Einzelfall könne die Rentensumme den konkreten materiellen Schaden übersteigen, vermag nicht zu überzeugen, da etwaige günstige Auswirkungen in Einzelfällen nicht den generellen Ausschluss des Schmerzensgeldes zu rechtfertigen vermögen. Dieses wäre nur dann der Fall, wenn die Summe der Verletztenrente stets höher wäre als der konkret entstandene materielle Schaden, was aber zum einen nicht der Fall ist und zum anderen vom Bundesverfassungsgericht so auch nicht behauptet wurde.[97] Abschließend bleibt damit festzuhalten, dass auch die Vorschrift des § 76 SGB VII, die gleichermaßen wie § 75 SGB VII lediglich eine Ermessensnorm darstellt, keinen Ersatz zum Ausgleich der Folgen immaterieller Schäden gewährt.

c. Zwischenergebnis

Es lassen sich keine weiteren Regelungen im System der gesetzlichen Unfallversicherung ausmachen, die mit einer Schmerzensgeldzahlung vergleichbar wären oder Schadensersatz für erlittene immaterielle Einbußen gewähren.[98] Insofern kann die anfänglich aufge-

---

94 Siehe zum Ganzen: *Sacher* in Lauterbach, UV (SGB VII), § 76, Rn. 5-8; *Burchardt* in Brackmann, SGB VII, § 76, Rn. 5 mit Verweis auf die amtliche Begründung, dort abgedruckt unter Rn. 3 sowie ebenso BSG (GS) Beschl. v. 7.10.1992 = E 71, S. 155 (161).

95 Zu den Einzelheiten und Ausnahmen s. *Sacher* in Lauterbach, UV (SGB VII), § 76, Rn. 25 ff. oder *Burchardt* in Brackmann, SGB VII, § 76, Rn. 9 ff.

96 BVerfG v. 7. 11.1972 = E 34, S. 118 (118 ff.).

97 BVerfG v. 7. 11.1972 = E 34, S. 118 (118 ff.).

98 Zu der Vorschrift des § 78 SGB VII, die in den Fällen der MdE über 40% heranzuziehen ist, gilt im Wesentlichen das auch schon zu den § 75 f. SGB VII Gesagte entsprechend. Auch hierbei handelt es sich um eine Ermessensnorm; zudem liegt in den Fällen der Schwerverletzten durch das erhebliche Ausmaß der Verletzung regelmäßig kein Übersteigen des tatsächli-

stellte Behauptung, dass das SGB VII keine Norm enthält, die dem Verletzten einen Schmerzensgeldanspruch oder sonstigen Ausgleich für immaterielle Schäden zuspricht, als zutreffend angesehen werden.[99]

3. *Möglichkeit der Geltendmachung eines Schmerzensgeldanspruchs aus §§ 280 Abs. 1, 253 Abs. 2 bzw. §§ 823 Abs. 1, 253 Abs. 2 BGB trotz § 104 SGB VII?*

Wenn das Unfallversicherungsrecht nun keinen Schmerzensgeldanspruch gewährt, so kann der Geschädigte womöglich aber einen zivilrechtlichen Schmerzensgeldanspruch geltend machen, ohne dass dieser von der Sperrwirkung der §§ 104 ff. SGB VII umfasst wird. Dass die Unfallversicherung keine Sperrwirkung hinsichtlich aller denkbaren Ansprüche entfaltet, wird vor allem beim Vergleich mit der Situation bezüglich der Ersatzfähigkeit von Sachschäden deutlich. Hier sieht die Unfallversicherung ebenfalls keinen Ersatz vor,[100] diesbezügliche Schadensersatzansprüche können aber dennoch vom Geschädigten direkt gegen den Schädiger geltend gemacht werden, ohne dass hier eine Sperrwirkung der Unfallversicherung eingreift.[101] Allerdings bestehen zwischen den Schadensposten „Sachschadensersatz“ und „Schmerzensgeld“ durchaus Unterschiede, die Anlass für eine verschiedentliche Behandlung sein können: Bei ersterem Posten geht es um den Ersatz von Sachschäden, der immaterielle Schadenersatzanspruch basiert hingegen auf einer Verletzung der Gesundheit und körperlichen Unversehrtheit. Da die Unfallversicherung ausweislich ihres Zweckes nach § 1 SGB VII auf den Schutz vor Gesundheitsgefahren durch Arbeitsunfälle abzielt und im Fall der Verletzung die Wiederherstellung der körperlichen Unversehrtheit und Leistungsfähigkeit gewähren will, können die Regelungen über die Ersatzfähigkeit von Sachschäden hier nicht einfach entsprechend herangezogen werden. Zudem ist nach mittlerweile ständiger und unangefochtener Rechsprechung der obersten Gerichte anerkannt, dass der Haftungsausschluss der §§ 104 ff. SGB VII auch den zivilrechtlichen Schmerzensgeldanspruch umfasst.[102] Dies ergibt sich aus dem

---

chen Schadens durch die Abfindungszahlungen vor, so dass im Rahmen dieser Vorschrift immaterielle Ausgleichsaspekte nicht in dem gleichen Maße wie bei den §§ 75 f. SGB VII vorgetragen wurden. Zu § 78 SGB VII s. auch Bereiter-Hahn/*Mehrtens*, SGB VII, § 78, Rn. 1 ff.

99 Allgemeine Ansicht, vgl. nur BVerfG v. 7.11.1972 = E 34, S. 118 (128); *Hanau*, ZfA 1970, S. 431 (436) oder *Holtmann*, Arbeitsunfall und Haftungsrisiken, Rn. 4. Überzeugend auch *Otto/Schwarze*, Die Haftung des Arbeitnehmers, Rn. 526.

100 Ausnahmen existieren lediglich für sog. Körperersatzstücke und Hilfsmittel, vgl. § 8 Abs. 3 und § 13 SGB VII.

101 Vgl. nur *Schmitt*, SGB VII, § 104, Rn. 15 sowie ausführlich den zweiten Hauptteil dieser Arbeit, der sich dem Ersatz für Sachschäden des Arbeitnehmers widmet, S. 101 ff.

102 Urteile des BAG: BAG Urt. v. 14.03.1967 AP Nr. 1 zu § 636 RVO; BAG Urt. v. 23.09.1969 AP Nr. 3 zu § 636 RVO; BAG Urt. v. 8.12.1970 AP Nr. 4 zu § 636 RVO; Urteile des BGH: BGH Urt. v. 25.10.1951 = BGHZ 3, S. 298 ff.; BGH Urt. v. 12.12.1957 = BGHZ 26, S. 152 ff.; BGH Urt. v. 28.05.1965 = VersR 1965, S. 806.

Sinn und Zweck der Unfallversicherung, nach der ein grundsätzlicher Haftungsausschluss bei Personenschäden für Schadensersatzansprüche aller Art gleich ihrer rechtlichen Anspruchsgrundlage bestehen soll, da nur so der Schädiger von jeglicher Inanspruchnahme durch die Folgen der Verletzung des Arbeitnehmers befreit wird.[103] Der Erkenntnis, dass *de lege lata* der Haftungsausschluss auch für den Schmerzensgeldanspruch gilt, pflichtet das Schrifttum mittlerweile einstimmig bei.[104] Früher vereinzelt vertretene Kritik an dieser Ansicht ist aufgrund der Eindeutigkeit des Wortlauts der Regelungen des SGB VII sowie durch die jahrzehntelang gefestigte höchstrichterliche Rechtsprechung nicht mehr haltbar[105] und wird auch heutzutage nicht mehr ernsthaft vertreten.[106]

Soweit ersichtlich hat sich in jüngerer Zeit einzig das OLG Zweibrücken dieser Ansicht widersetzt und trotz Vorliegen der Tatbestandsvoraussetzungen einer Haftungsablösung nach dem Unfallversicherungsrecht dem Geschädigten ein Schmerzensgeld zugesprochen.[107]

In dem vom Oberlandesgericht entschiedenem Fall war über ein Anspruchsbegehren auf Schmerzensgeld aufgrund einer Amtspflichtverletzung eines Lehrers zu urteilen. Ein Schüler der dritten Klasse wurde durch Fehlverhalten seines Lehrers durch diesen selbst und seine Mitschüler gehänselt und verspottet. In Folge einer heftigen Schikanierung durch das öffentliche Verlesen eines an den geschädigten Schüler gerichteten zutiefst beleidigenden und kränkenden Briefes durch den Lehrer vor der Klasse trug das Opfer Depressionen, eine Traumatisierung, Schlafstörungen und weitere Angstzustände davon, die sich durch eine nach dem schulischen Ereignis plötzlich einsetzende nächtliche Inkontinenz auch physisch auswirkten. Auf diesen im Schulbereich handelnden Fall war die auf die Arbeitswelt zugeschnittene Sperrungsvorschrift des § 636 RVO[108] grundsätzlich sinngemäß anwendbar,[109] was das urteilende Gericht auch richtig erkannte. Auch das Vorliegen eines Unfalls wurde vom Gericht zurecht bejaht: Zwar ist ein solcher nach der Definition des § 8 Abs. 1 S. 2 SGB VII (bzw. dem damals geltenden insoweit inhaltsgleichen § 548 Abs. 1 S. 1 RVO) nur ein zeitlich begrenztes, von außen auf den Körper einwirkendes Ereignis, was hier fraglich sein könnte, da bereits vor dem geschilderten Vorfall Hänseleien stattfanden, mithin also an der zeitlichen Begrenzung des einwirkenden Ereignisses Zweifel bestehen könnten. Allerdings kann auch in einer bestimmten Beleidigung oder

---

103 BAG Urt. v. 14.03.1967 = AP Nr. 1 zu § 636 RVO.

104 Vgl. statt aller *Nehls* in Hauck/Noftzs, SGB VII, § 104, Rn. 14.

105 So aber anfänglich zu § 898 RVO a.F. noch *Rietschel*, JZ 1955, S. 35 (35f.) oder *Sieg*, JZ 1960, S. 436 (437).

106 Dies heißt allerdings keinesfalls, dass die gesetzliche Regelung in ihrer geltenden Form völlig gefeit von Kritik ist, im Einzelnen muss hierzu jedoch abermals auf die späteren Ausführungen verwiesen werden, vgl. S. 11 ff.

107 S. OLG Zweibrücken, Urt. v. 6.05.1997 = NJW 1998, S. 995 (997) m. Anm. *Vahle*, DVP 1998, S. 308. Die Folgerungen des OLG ablehnend: Bereiter-Hahn/*Mehrtens*, SGB VII, § 104, Rn. 15.

108 Heute § 104 SGB VII.

109 OLG Zweibrücken, Urt. v. 6.05.1997 = NJW 1998, S. 995 (996).

Schikanierung eine Unfallursache erblickt werden, sofern diese so intensiv ist, dass sie bei dem Verletzten einen seelischen Schock und als Folge dessen einen Gesundheitsschaden auslöst.[110] Dies war hier der Fall, da der geschädigte Schüler zwar schon vorher vereinzelt das Opfer von Hänseleien war, jedoch erst der vom Gericht zu würdigende Vorfall den traumatischen Schockzustand und dessen gesundheitliche Auswirkungen auslöste. Trotz also von der erkennenden Kammer zurecht festgestellten Anwendbarkeit der unfallversicherungsrechtlichen Normen sprach diese dem Geschädigten ein Schmerzensgeld zu und begründete ihr Urteil damit, dass ein Schmerzensgeldanspruch wegen Verletzung des Persönlichkeitsrechts nicht von der Sperrwirkung umfasst sei, da die Kollektivhaftung der gesetzlichen Versicherung nicht auf derartige Verletzungen zugeschnitten sei.[111]

Diese Schlussfolgerung ist zwar grundsätzlich korrekt, da reine Verletzungen des Allgemeinen Persönlichkeitsrechts bei entsprechender Intensität einen Schmerzensgeldanspruch nach § 823 Abs. 1 BGB i.V.m Art. 1 Abs. 1 und 2 Abs.1 GG auslösen können.[112] Allerdings gilt dies nur für die Fälle einer reinen Persönlichkeitsverletzung. Sobald die Schwelle zur Bejahung eines Gesundheitsschadens überschritten wird und damit rechtstechnisch ein „Unfall" im Sinne des SGB VII vorliegt, tritt die Sperrung sämtlicher Schadensersatzansprüche durch das Unfallversicherungsrecht ein. Ein Ersatzanspruch für immaterielle Schäden wegen Verletzung des Allgemeinen Persönlichkeitsrechts kann nach vorzugswürdiger Ansicht demnach nur dann bejaht werden, wenn die Erheblichkeitsschwelle derart niedrig ist, dass das Vorliegen eines Arbeitsunfalls noch nicht erreicht wird. Dies ist aber nur dann der Fall, wenn keine Gesundheitsverletzung eintritt, die „Verletzung" sich also nur auf das Allgemeine Persönlichkeitsrecht beschränkt.

Damit gelangt man – mit den treffenden Worten *Wagners* ausgedrückt – zu dem paradoxen Ergebnis, dass dem Geschädigten ein Schmerzensgeldanspruch nur dann zusteht, wenn der Eingriff geringfügig ist.[113] Sobald hingegen die Erheblichkeitsschwelle überschritten wird und ein „Unfall" im Sinne der Unfallversicherung vorliegt, greift der Sperrungstatbestand des § 104 SGB VII ein. Dass somit Schmerzensgeld bei leichten „Verletzungen" gewährt, bei schwer-wiegenden Gesundheitsbeeinträchtigungen indes versagt wird, erscheint zwar befremdlich, ist aber geltende gesetzliche Regelung.[114] Der Vollständigkeit halber sei erwähnt, dass bei derartigen Konstellationen, in denen ein Gesundheitsschaden und damit ein Unfall mangels Intensität der Beeinträchtigung nicht vorliegt, der auszuurteilende immaterielle Schadensersatz regelmäßig gering sein wird, da hohe Schmerzensgeldsummen fast nur bei zugleich vorliegenden schweren Gesundheitsschäden

---

110 BSG Urt. v. 18.12.1986 = E 61, 113 (116); *Krasney* in Brackmann, SGB VII, § 8, Rn. 18; Bereiter-Hahn/*Mehrtens*, SGB VII, § 8, Rn. 11.5. S. auch die Anm. zum vorliegenden Fall von *Vahle*, DVP 1998, S. 308.

111 OLG Zweibrücken, a.a.O.

112 *Deutsch/Ahrens*, Deliksrecht, Rn. 470 mit vielen Rechtsprechungsnachweisen; *Bruns*, JZ 2005, S. 428 (430).

113 *Wagner*, in: Gedächtnisschrift Heinze, S. 969 (983).

114 *Wagner*, in: Gedächtnisschrift Heinze, S. 969 (983).

zugesprochen werden.[115] Dies muss aber nicht zwangsläufig so sein: Auch bei geringer Verletzungsintensität ist die Zusprechung größerer Summen vorstellbar, etwa dann, wenn ein präventiver Regelungszweck intendiert ist.[116]

Nichtsdestotrotz: Mag man auch das Urteil des OLG Zweibrückens vom Ergebnis her für begrüßenswert erachten, als hier dem Geschädigten ein Schmerzensgeldanspruch gewährt wird, setzt sich diese Ansicht dennoch in Widerspruch zum Wortlaut, Sinn und Zweck des Gesetzes. Das siebte Sozialgesetzbuch ordnet in § 104 Abs. 1 S. 1 eindeutig an, dass der Unternehmer nur im Fall der dort aufgezählten Ausnahmetatbestände ersatzpflichtig sein soll. Dies entspricht auch der Intention des Gesetzgebers, der vom Sinn und Zweck her durch Schaffung des SGB VII eine umfassende und den Personenunfallschaden abschließende Regelung begründen wollte.[117] Gestützt wird dieses Argument auch durch die bisherigen Ausführungen der mit der Thematik befassten Gerichte, allen voran des Bundesverfassungsgerichts,[118] die einen Ausschluss des Schmerzensgeldanspruchs stets mit der enumerativen Aufzählung der Leistungen der Unfallversicherung und der Gesetzessystematik begründen.

Folglich hätte das erkennende Oberlandesgericht aufgrund der hier unstreitig die Schwelle einer reinen Persönlichkeitsrechtsbeeinträchtigung des Schülers übersteigenden Verletzung eine alleinige Anwendbarkeit des gesetzlichen Unfallversicherungssystems bejahen und damit dem Geschädigten jegliche (Schmerzens-) Geldansprüche versagen müssen. Eine bloße Verletzung des Allgemeinen Persönlichkeitsrechts kann in derartig gravierenden, sich massiv psychisch und sogar physisch auswirkenden Beeinträchtigungen unstreitig nicht mehr erblickt werden. Somit ist festzuhalten, dass die im Urteil getroffenen abstrakten Schlussfolgerungen zwar insoweit korrekt sind, als das Gericht im Rahmen der Anwendbarkeit der Unfallversicherung die Möglichkeit der Schmerzensgeldgewährung bei reinen Persönlichkeitsverletzungen anerkennt und einen immateriellen Ersatz bei Unfällen im Sinne des SGB VII hingegen ablehnt. Allerdings ist der vom Senat mittels Subsumtion gewonnene Schluß rechtsfehlerhaft, da die Zusprechung eines Schmerzensgeldes aufgrund der hier eintretenden Sperrwirkung nicht möglich gewesen wäre.[119]

Im Ergebnis ist damit festzuhalten, dass die Geltendmachung eines Schmerzensgeldanspruchs im Rahmen eines Arbeitsunfalls bedingt durch die Regelung des § 104 SGB VII generell ausgeschlossen ist. Allenfalls bei unwesentlichen Beeinträchtigungen kann ein Anspruch auf immateriellen Schadensersatz wegen Verletzung des Allgemeinen Persönlichkeitsrechts geltend gemacht werden. Dies ist aber nur dann möglich, wenn keine

---

115 S. hierzu noch die späteren Untersuchungen, S. 72 ff. sowie insb. den tabellarischen Anhang, S. 251 ff.

116 Zu den Zwecken und der Funktion des immateriellen Schadensersatzes s. bereits S. 11 ff.

117 S. hierzu den obigen geschichtlichen Abriss der Entstehungsgeschichte der Unfallversicherung, insbesondere auf den Seiten 21 ff. sowie die Ausführungen von Schulin/*Breuer*, Unfallversicherungsrecht, § 1.

118 BVerfG v. 7.11.1972 = E 34, S. 118 (118 ff.).

119 Bereiter-Hahn/*Mehrtens*, SGB VII, § 104, Rn. 15.

Gesundheitsverletzung und damit auch kein Arbeitsunfall im Sinne des SGB VII vorliegt.[120]

4. Verfassungsmäßigkeit der Versagung eines Schmerzensgeldanspruches

Das Urteil des OLG Zweibrücken erweckt den Anschein, als hätte der erkennende Senat dem geschädigten Schüler um jeden Preis ein Schmerzensgeld zusprechen wollen. Jedoch ist der vom OLG zur Zielerreichung beschrittene Weg wenig verdienstvoll; vielmehr hätte sich der mit der Sache befasste Senat – nach Anerkennung, dass *de lege lata* ein Schmerzensgeldanspruch gesperrt ist – mit der Verfassungsmäßigkeit einer derartigen Versagung auseinandersetzen müssen. Man mag dem Gericht nicht unterstellen wollen, dass es dies aufgrund der Aussichtslosigkeit der Erfolgsaussichten eines solchen Vorgehens[121] von vornherein unterließ, da das Verfassungsgericht in gefestigter Rechtsprechung von der Verfassungsmäßigkeit einer derartigen Versagung ausgeht.[122] Eine detailliertere Auseinandersetzung mit der Thematik seitens des Gerichts wäre dennoch angebracht gewesen, zumal in der Literatur seit eh und je Zweifel an dem Ausschluss immaterieller Schäden durch die Unfallversicherung vorgebracht werden und sich überdies in den letzten Jahren rechtliche Änderungen ergeben haben, deren Würdigung bei der Frage der Verfassungsmäßigkeit nicht außer Acht gelassen werden darf.[123]

Bereits vor der ersten Beschäftigung des Bundesverfassungsgerichts mit dieser Thematik im Jahre 1972[124] äußerte sich *Hanau*[125] zur Frage der Verfassungsmäßigkeit des Schmerzensgeldausschlusses und bemängelte hierbei, dass eine Rechtfertigung des Ausschlusses von Schmerzensgeld nur solange gegeben sein könne, wie die Leistungen der Unfallversicherung sich ungefähr mit dem tatsächlichen Schaden decken würden. Dies möge, so *Hanau*, vielleicht für den Ersatz materieller Schäden der Fall sein, in bezug auf die Gewährung von Schmerzensgeld sei ein Ausschluss jedoch höchst bedenklich. Dem wurde von *Rein* beigepflichtet, der in der Versagung eines Schmerzensgeldes bei Arbeitsunfällen ein „unbilliges, unrühmliches und ungerechtes“[126] Ergebnis erblickte und der geltenden Rechtslage bereits im Jahr 1968 ihre Verfassungsmäßigkeit absprach. Weitere Kritik an der Versagung des Schmerzensgeldes durch das System der gesetzlichen Unfall-

---

120 Insoweit auch *Wagner*, in: Gedächtnisschrift Heinze, S. 969 (983).

121 Möglich beispielsweise durch eine Vorlage an das BVerfG im Wege einer konkreten Normenkontrolle nach Art. 100 GG i.V.m. § 13 Nr. 11, §§ 80 ff. BVerfGG.

122 BVerfG v. 7.11.1972 = E 34, S. 118 (134); bestätigt durch BVerfG v. 8.02.1995 = NJW 1995, S. 1607.

123 Hierzu siehe sogleich auf den Seiten 70 ff.

124 BVerfG v. 7.11.1972 = E 34, S. 118 ff.

125 *Hanau*, ZfA 1970, S. 431 (436) mit Verweis auf *Gitter*, Schadensausgleich im Arbeitsunfallrecht.

126 *Rein*, BB 1968, S. 44 (44 f.).

versicherung wurde von *Däubler*[127] geäußert, der die Gewährung eines Schmerzensgeldes für unerlässlich ansah, um den Arbeitnehmer gegenüber sonstigen Geschädigten nicht ungleich zu behandeln und die Einhaltung des verfassungsrechtlichen Gleichheitssatzes zu gewährleisten.

Auch nach wie vor ist dieser Streit – insbesondere angesichts stetig steigender Schmerzensgeldsummen und damit einem weiteren Auseinanderklaffen der Entschädigungssysteme nach SGB VII und Bürgerlichem Recht – hochaktuell.[128]

Die fulminante Kritik an der gesetzlichen Regelung wirft die Frage auf, ob die Entscheidung des Verfassungsgerichtes bereits im Jahre 1972 rechtsfehlerhaft war. Um dem Verfassungsgericht kein Unrecht zu tun, muss diese Diskussion aufgespalten und zunächst die Verfassungsmäßigkeit zum Zeitpunkt des Beschlusses betrachtet werden. Anschließend muss dann der Blickwinkel den Gegebenheiten der heutigen Zeit angepasst und hierbei im Vergleich zum Zeitpunkt vor rund 30 Jahren insbesondere die geänderte Rechtsprechung bei der Höhe und Bedeutung der Schmerzensgelder wie auch die neue Rechtslage durch das Zweite Schadensersatzrechtsänderungsgesetz[129] (2. SchadRÄndG) und die damit verbundene Einfügung des § 253 Abs. 2 BGB n. F. erörtert werden.

a. Zum Zeitpunkt des BVerfG-Beschlusses 1972

In dem Beschluß des Ersten Senats vom 7. November 1972 nahm sich das Bundesverfassungsgericht der Prüfung der Verfassungsmäßigkeit des Schmerzensgeldausschlusses an und wies die gerügte Verletzung des Grundgesetzes zurück.[130] Nach Ansicht des erkennenden ersten Senats war der geltende gesetzliche Zustand nicht verfassungswidrig, der Ausschluss von Schmerzensgeldansprüchen durch die gesetzliche Unfallversicherung also als mit der Verfassung für vereinbar zu erklären. Grund für die Beschäftigung des Verfassungsgerichts mit der Schmerzensgeldproblematik waren zahlreiche Vorlagen verschiedener Gerichte, die ihre Verfahren ausgesetzt und zur Klärung der streitigen Rechtsfrage dem BVerfG zur Entscheidung vorgelegt hatten. Im einzelnen war über Aussetzungs- und Vorlagebeschlüsse des Arbeitsgerichtes Marburg/Lahn,[131] des Landgerichts Hamburg[132]

---

127 *Däubler*, JuS 1986, S. 425 (428 f.).

128 *Lieb*, Arbeitsrecht, Rn. 220; die Verfassungswidrigkeit der geltenden Regelung bejahend: *Richardi*, NZA 2002, S. 1004 (1009); *Fuchs*, Deliktsrecht, S. 289; ablehnend hingegen die vorherrschende Meinung, vgl. etwa: *Muckel*, Sozialrecht, § 10, Rn. 87; *Brox/Rüthers/Henssler*, Arbeitsrecht, Rn. 373; *Dütz*, Arbeitsrecht, Rn. 257; *Lepa*, Haftungsbeschränkungen bei Personenschäden nach dem Unfallversicherungsrecht, S. 37; *Schulin/Igl*, Sozialrecht, Rn. 401; *Boemke*, Studienbuch Arbeitsrecht, § 7, Rn. 64.

129 Zweites Schadensersatzrechtsänderungsgesetz v. 19.07.2002, BGBl. I S. 2647.

130 BVerfG v. 7.11.1972 = E 34, S. 118 ff.

131 Arbeitsgericht Marburg/Lahn, Vorlagebeschluß v. 1.12.1970 (Ca 387/70; 1 BvL 4/71) = BB 1971, S. 619.

132 Landgericht Hamburg, Vorlagebeschluß v. 14.05.1971 (3 O 71/70; 1 BvL 17/71, n.v.).

und des Landesarbeitsgerichts Baden-Württemberg[133] sowie weiterhin über eine Verfassungsbeschwerde eines geschädigten Arbeiters[134] zu entscheiden. In allen zugrundeliegenden Sachverhalten handelte es sich um Arbeitnehmer, die bei Ausübung ihrer beruflichen Tätigkeit einen Arbeitsunfall mit schweren gesundheitlichen Schädigungen erlitten und daraufhin die Zusprechung eines Schmerzensgeldes begehrten.[135]

aa. Die Ansicht des Bundesverfassungsgerichts im Jahr 1972

Das Bundesverfassungsgericht beschäftigte sich bei Würdigung der Verfassungsmäßigkeit der geltenden gesetzlichen Regelung aufgrund der Vorgaben der rügenden Gerichte mit einem etwaigen Verstoß gegen das Sozialstaatsprinzip, dem Allgemeinen Persönlichkeitsrecht (APR) und insbesondere mit einer möglichen Verletzung des Gleichheitssatzes.

aaa. Kein Verstoß gegen Art. 20 Abs. 1 GG (Sozialstaatsprinzip)

Zunächst wurde vom Bundesverfassungsgericht eine Verletzung des in Art. 20 Abs. 1 GG verankerten Sozialstaatsprinzips diskutiert, da dieser Verstoß in einem vor dem Arbeitsgericht Marburg[136] anhängigen Verfahren gerügt und daraufhin durch das Gericht im Wege

---

133 Landesarbeitsgericht Baden-Württemberg, Vorlagebeschluß v. 27.01.1972 (9 Sa 19/71; 1 BvL 10/72, n.v.). Dieser Vorlagebeschluß wurde allerdings vom Verfassungsgericht als insoweit für unzulässig erachtet, wie der Ausschluss weitergehender bürgerlich-rechtlicher Ansprüche des Versicherten auf Ersatz des Vermögensschadens zur verfassungsrechtlichen Prüfung gestellt wurde. Gerügt wurde vom Verfassungsgericht, dass das Gericht das Gelingen des vom Arbeitgeber angebotenen Entlastungsbeweises nach § 831 Abs. 1 S. 2 BGB hätte beurteilen müssen. Solange sich allerdings das Gericht über die Entscheidungserheblichkeit einer Norm noch kein Urteil gebildet habe, ist es zur Vorlage nach Art. 100 GG nicht befugt, vgl. hierzu die Ausführungen des BVerfG, a.a.O., S. 127 unter Verweis auf BVerfG v. 18.12.1962 = E 15, S. 211 (212 f.). Für die hier entscheidende Frage nach der Möglichkeit eines Schmerzensgeldausschlusses ist diese Zulässigkeitsfrage allerdings nicht von Belang.

134 Verfassungsbeschwerde (1 BvR 355/71 = E 34, S. 118 ff.) gegen den Beschluß des Oberlandesgerichtes Hamm v. 16.09.1971 (3 U 174/71, n.v.) und das Urteil des Landgerichts Bielefeld v. 25.06.1971 (5 O 63/71, n.v.) sowie damit mittelbar auch gegen die Vorschriften der Unfallversicherung.

135 Im Einzelnen handelte es sich um einen auf einer Baustelle verunglückten Lastkraftwagenfahrer, der bei einem Unfall bei einem Freischleppversuch seines LKWs ein Bein verlor (so der Sachverhalt im Verfahren vor dem ArbG Marburg/Lahn), um einen jugendlichen Auszubildenden in einer Tischlerwerkstatt, der bei einem Unfall mit einer Kreissäge drei Finger verlor (so der Sachverhalt im Verfahren vor dem LG Hamburg), um einen auf der Rückfahrt von einem Richtfest mit dem PKW verunglückten Handwerker, der als Unfallfolge eine Querschnittslähmung davontrug (Sachverhalt LAG Baden-Württemberg) und im Falle der Verfassungsbeschwerde beim Beschwerdeführer um einen Arbeiter, der bei Anfahrt zur Arbeitsstelle aufgrund widriger Witterungsverhältnisse nach einem Autounfall eine Halswirbelverletzung mit dadurch bedingter dauerhafter Erwerbsminderung erlitt (Sachverhalt zur Verfassungsbeschwerde).

136 Arbeitsgericht Marburg/Lahn, a.a.O.

eines Vorlagebeschlusses zur konkreten Normenkontrolle nach Art. 100 GG zur Prüfung vorgelegt wurde. Das Arbeitsgericht sah in dem Ausschluss von Schmerzensgeld eine Zuwiderhandlung gegen das Gebot der sozialen Gerechtigkeit.[137] Arbeitnehmern, die im Wirtschaftsprozess stünden und damit der Wohlfahrt des gesamten Volkes dienten, werde durch die Versagung von Schmerzensgeld die ihnen aus dem Sozialstaatsprinzip zustehende soziale Fürsorgeleistung versagt.[138]

(1) Darstellung des Sozialstaatsprinzips

Artikel 20 Abs. 1 GG beschreibt die Bundesrepublik Deutschland als einen „sozialen Bundesstaat". Auch in Art. 28 Abs. 1 GG wird erneut auf den Begriff des „sozialen" Staates abgestellt. Das hieraus abgeleitete Sozialstaatsprinzip ist damit eines der tragenden Prinzipien des Grundgesetzes, auch wenn es im Text nur am Rande auftaucht.[139] Bereits bei dem Versuch der Fassung dieses Begriffes wird deutlich, dass es sich hierbei um einen aufgrund der Offenheit des Begriffs bisweilen nur „programmatischen Ansatz"[140] oder mit den Worten *Roelleckes*[141] um ein „schwer zu fassendes Problem" handelt, dessen Textbefund im Grundgesetz selbst „mager" ist. Aufgrund dieser Unbestimmtheit bedarf das Sozialstaatsprinzip in besonderem Maße der Konkretisierung durch den Gesetzgeber und der Rechtsprechung.[142] Unter dem in Art. 20 Abs. 1 GG normierten Sozialstaatsprinzip wird daher zuvorderst die generelle staatliche Verpflichtung der Schaffung einer gerechten Sozialordnung verstanden,[143] die dem Schutz des Schwächeren[144] zu dienen bestimmt ist und ein menschenwürdiges Daseins für alle[145] gewährleisten soll. Wesentliche Elemente des Sozialstaatsprinzips sind damit der Fürsorgegedanke und das Prinzip der Chancengleichheit. Trotz seiner unscharfen Umrisse ist das Sozialstaatsprinzip dennoch

---

137 Arbeitsgericht Marburg/Lahn, a.a.O.

138 Arbeitsgericht Marburg/Lahn, a.a.O.

139 *Jarass/Pieroth*, GG, Art. 20, Rn. 102; s. auch die Äußerung von Maunz/Dürig/*Herzog*, GG, Art. 20, VIII, Rn. 1: "Neben den Fundamentalentscheidungen für die republikanische Staatsform, das demokratische Prinzip und die Bundesstaatlichkeit enthält die Grundsatznorm des Art. 20 Abs. 1 schließlich noch die Entscheidung für den Sozialstaat bzw. die Sozialstaatlichkeit. Mit dieser Entscheidung ist -wie immer man sie im einzelnen auslegen mag- einer der wesentlichsten Aussagen des GG getroffen (...)."

140 So Sachs/*Sachs*, GG, Art. 20, Rn. 47.

141 Vgl. hierzu *Roellecke* in Umbach/Clemens, Mitarbeiterkommentar, GG, Art. 20, Rn. 176; ähnlich: Maunz/Dürig/*Herzog*, GG, Art. 20, VIII, Rn. 2.

142 BVerfG v. 19.10.1983 = E 65, S. 182 (193) und BVerfG v. 22.10.1985 = E 71, S. 66 (80).

143 BVerfG v. 12.03.1996 = E 94, S. 241 (263); BVerfG v. 27.01.1998 = E 97, S. 169 (185) mit zahlreichen weiteren Nachweisen.

144 BVerfG v. 14.05.1969 = E 26, S. 16 (37); BVerfG v. 5.06.1973 = E 35, S. 202 (236); BVerfG v. 22.06.1977 = E 45, S. 376 (387f.).

145 BVerfG v. 29.05.1990 = E 82, S. 60 (80); BVerfG v. 3.04.2001 = E 103, S. 197 (221).

ein für alle Staatsgewalten verbindlicher verfassungsrechtlicher Auftrag,[146] allerdings von solcher Weite, dass sich sein Gehalt nicht zu definitiven Einzelkonsequenzen verdichten lässt[147] und subjektive Rechte sich daher nicht alleine aus dem Sozialstaatsprinzip herauskristallisieren lassen, sondern grundsätzlich der einfachgesetzlichen Ausformung bedürfen.[148] Insofern wird das Sozialstaatsprinzip oft nur Hilfestellung bei der Auslegung von Vorschriften sein.[149] Das Sozialstaatsprinzip richtet sich nicht nur an den Gesetzgeber, die vollziehende Gewalt und Rechtsprechung, sondern strahlt auch in das Privatrecht aus: Als bedeutender und bekannter Fall aus dem Privatrecht kann hier beispielsweise auf den Einfluss des Sozialstaatsgedankens in Hinblick auf die Rechtsprechung des Bundesgerichtshofs in den Entscheidungen der Angehörigenbürgschaft verwiesen werden.[150] Während Gerichte und Exekutive das Sozialstaatsprinzip allerdings in der Regel nur zur Auslegung von Vorschriften heranziehen, ist der Legislative die Konkretisierung des Sozialstaatsprinzips durch einfachgesetzliche Normen als bindende Aufgabe vorgegeben.[151] Derartige zu schaffende, das soziale Grundrecht konkretisierende Normen müssen ihrerseits eine verfassungsmäßige Ausformung des Sozialstaatsprinzips darstellen und werden damit wiederum an diesem gemessen.

(2) Stellungnahme des Bundesverfassungsgerichts

In Bezug auf das Sozialstaatsprinzips verneinte der Senat unter Berufung auf den gesetzgeberischen Gestaltungsspielraum einen Verstoß gegen grundgesetzliche Wertungen. In letzter Konsequenz müsse die Legislative einen weiten Spielraum und die Wahl darüber haben, mit welchen Mitteln sie das Sozialstaatsprinzip wahren und verwirklichen wolle. Dieser Entscheidungsspielraum müsse dem Gesetzgeber auch bereits aufgrund der Antinomie von individueller Freiheit und sozialstaatlicher Ordnung zustehen.[152] Eine Beru-

---

146 Sachs/*Sachs*, GG, Art. 20, Rn. 47. Ebenso Maunz/Dürig/*Herzog*, GG, Art. 20, VIII, Rn. 6, die hier zurecht den Unterschied zu den bloßen unverbindlichen Programmansätzen im Sinne der bekannten Weimarer Lehre herausstreichen, von denen sich das Sozialstaatsprinzip aufgrund seiner Rechtsnatur als bindende Staatsleitlinie unterscheide.

147 BVerfG v. 29.05.1990 = E 82, S. 60 (80); *Waltermann*, Sozialrecht, § 1, Rn. 13.

148 Ähnlich: *Jarass/Pieroth*, GG, Art. 20, Rn. 103; Sachs/*Sachs*, GG, Art. 20, Rn. 50, 54 und Vor. Art. 1, Rn. 47.

149 *Jarass/Pieroth*, GG, Art. 20, Rn. 110; Sachs/*Sachs*, GG, Art. 20, Rn. 54; *Waltermann*, Sozialrecht, § 1, Rn. 13.

150 BGH Urt. v. 23.02.1999 = BGHZ 140, S. 395 (397). In diesen Fällen wurde anerkannt, dass das Sozialstaatsprinzip zur Korrektur ungleichgewichtiger Verträge herangezogen werden kann, wenn ein Vertragsteil strukturell unterlegen ist und durch den Vertrag ungewöhnlich belastet wird.

151 *Jarass/Pieroth*, GG, Art. 20, Rn. 114.

152 *Roellecke* in Umbach/Clemens, Mitarbeiterkommentar, GG, Art. 20, Rn. 185 mit Verweis auf BVerfG v. 26.11.1964 = E 18, S. 257 (267). Anhand dieser Formulierung wird auch deutlich, dass es sich bei der Ausfüllung und Festsetzung der Reichweite des Sozialstaatsprinzips um einen Konflikt mit dem Rechtsstaatsprinzip handelt: Die Rechtsstaatlichkeit gekennzeichnet

fung auf das Sozialstaatsprinzip sei daher nur in allerletzter Konsequenz bei unerträglichen Missständen möglich. Unbilligkeiten im System der Unfallversicherung, die im Einzelfall auch gravierend sein mögen, dürften aber nicht durch eine Berufung auf das Sozialstaatsprinzip abgeändert und modifiziert werden,[153] denn die Regelung von einzelnen Unbilligkeiten sei nicht durch eine pauschale Heranziehung des Sozialstaatsprinzips möglich. Letztlich habe der Gesetzgeber durch die Schaffung der Unfallversicherung den ihm zustehenden Gestaltungsspielraum genutzt und eine Regelung geschaffen, die auch gewisse Vorteile biete, so dass von einem „unerträglichem Missstand" keine Rede sein könne.[154]

bbb. Kein Verstoß gg. Art. 1 Abs. 1 i.V.m. Art. 2 Abs. 1 GG (Allg. Persönlichkeitsrecht)

Weiterhin wurde ein Verstoß gegen das Allgemeine Persönlichkeitsrecht (APR) vom Arbeitsgericht Marburg in seinem Vorlagebeschluss an das Bundesverfassungsgericht gerügt.[155] Der Schmerzensgeldanspruch, so das Arbeitsgericht, habe seine verfassungsrechtliche Grundlage in dem durch Art. 1 i.V.m. Art. 2 Abs. 1 GG normierten Allgemeinen Persönlichkeitsrecht. Ein völliger Ausschluss dieses Anspruchs sei damit verfassungswidrig.

(1) Darstellung des Allgemeinen Persönlichkeitsrechts

Das Allgemeine Persönlichkeitsrecht ist nicht ausdrücklich im Grundgesetz geregelt, dennoch ist seine Existenz als sog. Innominatgrundrecht, also als ein unbenanntes Freiheitsrecht anerkannt.[156] Hergeleitet wird das APR primär aus dem Grundrecht des Art. 2 Abs. 1 GG, beeinflusst durch das Grundrecht des Art. 1 Abs. 1 GG.[157] Seine Aufgabe ist es, im Sinne des obersten Konstitutionsprinzips der „Würde des Menschen" (Art. 1 Abs. 1 GG) die engere persönliche Lebenssphäre und die Erhaltung ihrer Grundbedingungen zu gewährleisten.[158] Das Allgemeine Persönlichkeitsrecht enthält damit ein „Element der freien

---

durch die Grundsätze der Gesetzmäßigkeit, Verhältnismäßigkeit und Fairneß kann von sozialen Prinzipien konterkariert werden, wenn bspw. durch das Sozialstaatsprinzip der Staat berechtigt wird, in subjektive Rechte anderer einzugreifen. Ausführlicher hierzu s. *Roellecke* in Umbach/Clemens, Mitarbeiterkommentar, GG, Art. 20, Rn. 176 – 209; zum Konflikt des Sozialstaatsprinzips mit der freien Marktwirtschaft siehe *Eichenhofer*, Sozialrecht, 5. Aufl., Rn. 57 ff. (60).

153 BVerfG v. 7.11.1972 = E 34, S. 118 (136).

154 BVerfG a.a.O.

155 Arbeitsgericht Marburg/Lahn, a.a.O.

156 Vgl. hierzu auch die Nachweise bei *Hillgruber* in Umbach/Clemens, GG, Mitarbeiterkommentar, Art. 2, Rn. 45.

157 *Jarass/Pieroth*, GG, Art. 2, Rn. 29; ebenso Maunz/Dürig/*Di Fabio*, GG, Art. 2 Abs. 1, Rn. 128 mit einem eindrucksvollen Rechtsprechungsnachweis.

158 BVerfG v. 3.06.1980 = E 54, S. 148 (153); BVerfG v. 13.05.1986 = E 72, S. 155 (170); BVerfG v. 6.05.1997 = E 96, S. 56 (61).

Entfaltung der Persönlichkeit", das sich als das Recht auf Respektierung des geschützten Bereichs von dem „aktiven" Element dieser Entfaltung, der allgemeinen Handlungsfreiheit, abhebt.[159] Sein Schutz erstreckt sich nur auf solche Eingriffe, die geeignet sind, die engere Persönlichkeitssphäre zu beeinträchtigen.[160]

Bei einer schweren Verletzung des Allgemeinen Persönlichkeitsrechts durch Dritte, die ein großes Verschulden trifft, kann daher die Gewährung immateriellen Schadensersatzes in Form eines Schmerzensgeldes unerlässlich sein, um den Schutz des Persönlichkeitsrechts sicherzustellen.[161] Diese Rechtsprechung wurde vor dem Hintergrund teils erfundener spektakulärer Interviews in Boulevardzeitungen entwickelt und gefestigt, mittels derer die Verleger eine Erhöhung des Absatz ihres Produktes anstrebten und für künftige Auflagen weitere Umsatzsteigerungen erreichen wollten.[162] Zu beachten ist allerdings, dass in derartigen Fällen die Rechtsgrundlage eines Schmerzensgeldes nicht mittels rein zivilrechtlicher Anspruchsnormen hergeleitet wird, sondern sich der Anspruch unmittelbar aus einer verfassungskonformen Anwendung des § 823 Abs. 1 BGB in Verbindung mit dem Allgemeinen Persönlichkeitsrecht der Art. 2 Abs. 1 und Art. 1 Abs. 1 GG ergibt.[163]

(2) Stellungnahme des Bundesverfassungsgerichts

Zum Vorwurf, die Regelungen der Unfallversicherung stellten ein Verstoß gegen das grundgesetzlich geschützte Persönlichkeitsrecht dar, wurde vom erkennenden Senat wie folgt Stellung genommen: Bisher habe die Rechtsprechung Schmerzensgeld aufgrund des grundgesetzlich garantierten Persönlichkeitsrechts nur dann ausgeurteilt, wenn kein Schaden an sonstigen Rechtsgütern vorgelegen habe und sich die Beeinträchtigungen ausschließlich auf die Verletzung des APR beschränkt hatten.[164] Um einen wirksamen und effektiven Schutz des Persönlichkeitsrechts zu gewähren, sei nämlich ein Geldersatz aus grundgesetzlichen Wertungen nur dann geboten, wenn der Schädiger ansonsten sank-

---

159 BVerfG v. 16.01.1957 = E 6, S. 32 (36 ff.) und *Hillgruber* in Umbach/Clemens, GG, Mitarbeiterkommentar, Art. 2. Rn. 45.

160 BVerfG v. 3.06.1980 = E 54, S. 148 (153); BVerfG v. 4.05.1982 = E 60, S. 329 (339).

161 BVerfG v. 14.02.1973 = E 34, S. 269 (286).

162 So v.a. die zahlreichen höchstrichterlichen Entscheidungen in den „Caroline von Monaco - Fällen" I-III: BGH Urt. v. 15.11.1994 = BGHZ 128, S. 1 (14 ff.); BGH Urt. v. 5.12.1995 = NJW 1996, S. 984 (984 f.) sowie BGH Urt. v. 12.12.1995 = NJW 1996, S. 985 (985 f.).

163 BGH Urt. v. 14.02.1958 = BGHZ 26, S. 349 (349 ff.); BGH Urt. v. 19.09.1961 = BGHZ 35, S. 363 (369); BGH Urt. v. 1.12.1999 = BGHZ 143, S. 214 (218); BGH Urt. v. 15.11.1994 = BGHZ 128, S. 1 (15). Allg. zum Geldersatz bei Persönlichkeitsverletzung s. auch jüngst *Bruns*, JZ 2005, S. 428 (430) oder ausführlich *Deutsch/Ahrens*, Deliktsrecht, Rn. 470 mit weiteren Nachweisen. Zur Verfassungskonformität dieser Rechtsprechung s. BVerfG v. 14.02.1973 = E 34, S. 269 ff. [„Soraya-Fall"].

164 BVerfG v. 7.11.1972 = E 34, S. 118 (135).

tionslos bliebe.[165] Wenn allerdings bereits ein Körper- oder Gesundheitsschaden vorläge, so müsse ein Schmerzensgeldanspruch nicht zwingend aus dem Grundgesetz hergeleitet werden. In diesem Fall werde der Schädiger ja bereits zum Schadensersatz herangezogen. Dies gelte selbst dann, wenn der Schädiger aufgrund der Übernahme der Kosten durch die Unfallversicherung nicht unmittelbar in eigener Person leisten müsse, sondern lediglich mittelbar durch die Leistung seines Beitrags bzw. eines möglichen Regresses der Berufsgenossenschaft herangezogen werde. Der Beschwerdeführer verkenne diese rechtlichen Gegebenheiten, wenn er sich auf die Rechtsprechung des Bundesgerichtshofes zur Untermauerung seiner Behauptung stütze. Daher sei aufgrund der Besonderheiten im vorliegenden Fall aus den grundgesetzlichen Wertungen der Art. 1 Abs. 1 und 2 Abs. 1 GG nicht zwingend ein Schmerzensgeldanspruch zu begründen, da die zugrundeliegenden Sachverhalte unterschiedlich seien. In sämtlichen Fällen der Haftung der Unfallversicherung liege nämlich ein Personenschaden vor, der bereits durch die Unfallversicherung angemessen entschädigt werde. Daher sei eine weitergehende Entschädigung zu „Abschreckungszwecken“ oder zur Verhinderung der völligen Sanktionslosigkeit von Verfassungs wegen nicht zwingend vorzunehmen, ein Verstoß gegen das APR nicht ersichtlich.[166]

ccc. Kein Verstoß gegen Art. 3 Abs. 1 GG (Gleichheitsgebot)

Den Großteil seiner Urteilsbegründung widmete der erste Senat der Frage, ob durch den Ausschluss von Schmerzensgeld ein Verstoß gegen das Gleichheitsgebot gem. Art. 3 Abs. 1 GG erfolgt sei, wie es das Oberlandesgericht Hamburg[167] und das Arbeitsgericht Marburg[168] in ihren Vorlagebeschlüssen an das Verfassungsgericht gerügt hatten. Die größte Beachtung schenkte das BVerfG hierbei dem Vorwurf, durch die Versagung eines Schmerzensgeldanspruchs läge eine Ungleichbehandlung zwischen Arbeitnehmern und sonstigen durch eine unerlaubte Handlung Geschädigten vor. Letztere erhielten bei Vorliegen der Anspruchs-voraussetzungen ein Schmerzensgeld, während selbiges Arbeitnehmern aufgrund der Besonderheiten der gesetzlichen Unfallversicherung verwehrt bleibe.

(1) Darstellung des Gleichheitsgebots

Das in Art. 3 Abs. 1 GG normierte allgemeine Gleichheitsgebot gebietet es, wesentlich Gleiches gleich und wesentlich Ungleiches ungleich zu behandeln.[169] Eine Ungleichbe-

165 So das BVerfG v. 7.11.1972 = E 34, S. 118 (134) unter Berufung auf den BGH Urt. v. 14.02.1958 = BGHZ 26, S. 349 (356) und BGH Urt. v. 19.09.1961 = BGHZ 35, S. 363 (367f.).

166 BVerfG v. 7.11.1972 = E 34, S. 118 (135 f.).

167 OLG Hamburg, Vorlagebeschluß v. 1.02.1971 (1 W 46/70) = BB 1971, S. 617 (617f.).

168 Arbeitsgericht Marburg, a.a.O.

169 BVerfG v. 24.04.1991 = E 84, S. 133 (158); BVerfG v. 15.07.1998 = E 98, S. 365 (386); BGH Beschl. v. 30.07.1990 = BGHZ 112, S. 163 (171); BSG Urt. v. 25.08.1999 = E 84, S. 235 (238). Bereits an dieser Aussage wird zugleich auch deutlich, dass jede normative

handlung liegt bekanntlich immer dann vor, wenn an zwei vergleichbare Sachverhalte verschiedene Rechtsfolgen geknüpft werden, obgleich zwischen beiden Gruppen keine Unterschiede von solcher Art und solchem Gewicht bestehen, dass sie die ungleiche Behandlung rechtfertigen können.[170] Die Feststellung einer solchen Ungleichbehandlung ist relativ problemlos möglich, da eine Vergleichbarkeit nur in solchen Fällen abgelehnt wird, in denen die verglichenen Sachverhalte unterschiedlichen „rechtlichen Ordnungsbereichen angehören und in anderen systematischen und sozialgeschichtlichen Zusammenhängen stehen."[171] Das Schwergewicht der Prüfung liegt damit regelmäßig in der Erörterung des Vorliegens eines hinreichend gewichtigen Grundes, da nur das Vorliegen eines solchen Grundes eine festgestellte Ungleichbehandlung rechtfertigen kann.[172]

Zur Beurteilung des Vorliegens eines wichtigen, die Ungleichbehandlung rechtfertigenden Grundes wurde vom Bundesverfassungsgericht zunächst die „Willkürformel"[173] herangezogen. Hiernach liegt ein wichtiger Grund dann nicht vor, wenn die erfolgte Differenzierung ohne einleuchtendes oder nachvollziehbares Motiv, also geradezu willkürlich, stattfand. Als Differenzierungsgrund kann dabei jede vernünftige Erwägung in Betracht kommen,[174] wobei insbesondere zu beachten ist, dass der Gleichheitssatz dem Gesetzgeber nicht abverlangt, die zweckmäßigste, vernünftigste oder gerechteste Lösung zu wählen und somit dem Gesetzgeber ein weiter Gestaltungsspielraum zugestanden wird.[175] Diese bisweilen schwierige Abgrenzung zur Rechtspolitik darf daher bei einer Gleichheitsprüfung nach Art. 3 GG nicht verkannt werden und im Wege eines behaupteten Verstoßes gegen das Gleichheitsgebot die Weichen in Richtung einer möglicherweise rechtspolitisch sinnvolleren Lösung gestellt werden – diese Aufgabe unterfällt dem Vorbehaltsbereich der Legislative. Als Prüfungsmaßstab zur Rechtfertigung der Ungleichbehandlung wird mittlerweile neben der Willkürformel teilweise die sog. „Neue Formel"[176] ange-

---

Gleichheitsaussage immer einen Vergleich von Verschiedent-lichkeiten in Bezug auf ein Drittes enthält und somit die sorgfältige Bildung von vergleichbaren Sachverhalten, Personen und sonstigen Gruppen maßgeblich und weichenstellend für die späteren Überlegungen ist. Ausführlich zu den Problemen normativer Betrachtungen bei Gleichheitsüberlegungen Maunz/Dürig/*Dürig*, GG, Art. 3 Abs. 1, Rn. 1 ff.

170 Ständige Rspr., vgl. nur BVerfG v. 7.10.1980 = E 55, S. 72 (88); BVerfG v. 22.10.1981 = E 58, S. 369 (374); BVerfG v. 10.11.1981 = E 59, S. 52 (59); BVerfG v. 16.03.1982 = E 60, S. 123 (133 f.); BVerfG v. 4.05.1982 = E 60, S. 329 (346); BVerfG v. 16.11.1982 = E 62, S. 256 (274); BVerfG v. 13.05.1986 = E 72, S. 141 (150).

171 BVerfG v. 7.11.1972 = E 34, S. 118 (130).

172 *Jarass/Pieroth*, GG, Art. 20, Rn. 14 u. *Jarass*, NJW 1997, S. 2546; Maunz/Dürig/*Herzog*, GG, Anh. Art. 3, Rn. 3.

173 Zur Willkürformel, deren Entstehung und Anwendung siehe beispielsweise die Ausführungen von *Bryde/Kleindiek*, Jura 1999, S. 36 (37 ff.).

174 Sachs/*Osterloh*, GG, Art. 3, Rn. 8 ff. m.w.N.; ebenso: Maunz/Dürig/*Herzog*, GG, Anhang Art. 3, Rn. 3.

175 BVerfG v. 16.03.1955 = E 4, S. 144 (155), seitdem ständige Rspr., siehe auch BVerfG v. 19.02.1991 = E 83, S. 395 (401) und BVerfG v. 8.10.1991 = E 84, S. 348 (359).

176 Grundlegend zur „Neuen Formel" siehe *Sachs*, JuS 1997, S. 124 (125ff.).

wandt, nach der an die Stelle der Willkürprüfung in bestimmten Fallkonstellationen eine strengere Verhältnismäßigkeitsprüfung tritt. Diese strengere Verhältnismäßigkeitsprüfung wendet das Verfassungsgericht bspw. dann an, wenn verschiedene Personengruppen und nicht nur verschiedene Sachverhalte ungleich behandelt werden.[177] Klassischer Fall einer solchen personenbezogenen Differenzierung ist beispielsweise eine unterschiedliche Behandlung von Arbeitern und Angestellten.[178]

Zusammenfassend betrachtet ergibt sich damit ein Prüfungskontinuum von eher großzügigen bis hin zu eher strengeren Maßstäben, zu denen sich eine ausgefeilte und detaillierte Kasuistik entwickelt hat.[179] In Abhängigkeit zu dem anzuwendenden Prüfungsmaßstab steht die gesetzgeberische Gestaltungsfreiheit: Findet eine bloße Willkürprüfung statt, ist der Gestaltungsspielraum groß. Findet hingegen eine strenge Verhältnismäßigkeitsprüfung statt, schrumpft die Gestaltungsfreiheit des Gesetzgebers proportional zur Intensität und zum Gewicht der für die Vornahme einer Verhältnismäßigkeitsprüfung ausschlaggebenden Umstände. Die Gestaltungsfreiheit kann sich sogar soweit reduzieren, dass dem Gesetzgeber gar keine Wahl mehr übrig bleibt und sich seine Handlungsmöglichkeit darauf beschränkt, eine einzige – nämlich die vom Verfassungsgericht für verfassungsmäßig befundene – Möglichkeit gesetzgeberisch zu normieren.[180]

(2) Stellungnahme des Bundesverfassungsgerichts

Das Verfassungsgericht stellt gleich zu Anfang seiner Ausführungen heraus, dass es das Vorliegen einer Ungleichbehandlung im Sinne von Art. 3 Abs. 1 GG anerkenne. Unter dem Oberbegriff der Geschädigten schlechthin ließe sich mit der Gruppe der Arbeiter[181]

---

177 BVerfG v. 20.05.1987 = E 75, S. 348 (357); BVerfG v. 31.05.1998 = E 78, S. 232 (247); BVerfG v. 26.01.1993 = E 88, S. 87 (96f.).

178 *Jarass/Pieroth*, GG, Art. 20, Rn. 19. Insbesondere die Ungleichbehandlung von Arbeitern und Angestellten in Hinblick auf unterschiedliche Kündigungsfristen hat das Verfassungsgericht wiederholt beschäftigt, vgl. hierzu etwa BVerfG v. 22.02.1994 = E 90, S. 46 (56f.) sowie die sogleich folgenden Ausführungen.

179 So die zahlreichen Beispiele bei *Jarass/Pieroth*, GG, Art. 20, Rn. 17 ff.

180 Diese als „Ermessensreduktion auf Null" bezeichnete Konstellation ist insbesondere aus dem allgemeinen Verwaltungsrecht her bekannt: Zwar steht der Verwaltung bei Ermessensnormen grundsätzlich die Wahl zwischen mehreren Verhaltensweisen zu. Im Einzelfall kann sich jedoch die Wahlmöglichkeit auf eine Handlung reduzieren. Insbesondere kann sich eine solche „Ermessensreduktion auf Null" durch die Einwirkung von Grundrechten und sonstigen Verfassungssätzen ergeben, s. auch *Maurer*, Allgemeines Verwaltungsrecht, § 7, Rn. 24 f.

181 Zum Zeitpunkt der Ausführungen des Verfassungsgerichts wurde im Arbeitsrecht noch eine Differenzierung zwischen Arbeitern und Angestellten vorgenommen. Eine derartige wesentliche Differenzierung erfolgt seit den Entscheidungen des Bundesverfassungsgerichts zur Verfassungswidrigkeit unterschiedlicher Kündigungsfristen für Arbeiter und Angestellte (vgl. BVerfG v. 16.11.1982 = E 62, S. 256 ff. u. BVerfG v. 30.05.1980 = E 82, S. 126 ff.) heutzutage nicht mehr, da der Gesetzgeber in den Jahren 1993/1994 im Individualarbeitsrecht durch die Schaffung einheitlicher Kündigungsfristen (§ 622 BGB) und einer einheitlichen Regelung der Entgeltfortzahlung im Krankheitsfall (§ 3 Abs. 1 EFZG) die letzten erheblichen Unter-

einerseits und der Gruppe der sonstigen Geschädigten andererseits ein geeignetes Vergleichspaar bilden. Ein Arbeitnehmer könne im Falle einer Schädigung aufgrund der Regelungen der Unfallversicherung keinen Schmerzensgeldanspruch geltend machen, während dies einem sonstigen Geschädigten nicht verwehrt bleibe. Damit erfolgt, so das Gericht, eine personenbezogene Ungleichbehandlung des geschädigten Arbeiters im Vergleich zu einem sonstigen Geschädigten. Zwischen den Vergleichsgruppen werde eine differenzierende Behandlung in Hinblick auf die Gewährung eines Schmerzensgeldes vorgenommen, die sich ausschließlich aufgrund der persönlichen Zugehörigkeit zu einer bestimmten Gruppe ergebe. Zur Bekräftigung des Vorliegens einer Ungleichbehandlung heben die Verfassungsrichter weiterhin hervor, dass dem geschädigten Arbeitnehmer insbesondere keine Wahlmöglichkeit zustehe, ob er Ersatz von der Unfallversicherung oder durch Geltendmachung bürgerlich-rechtlicher Ansprüche erhalten wolle. Abschließend betont das Verfassungsgericht nochmals ausdrücklich, dass die Ungleichbehandlung auch derart eindeutig sei, dass über ihr Vorliegen nicht gestritten werden brauche und es keiner weiteren detaillierteren Ausführungen hierzu bedürfe.

Sogleich nach dieser Feststellung erinnert das Bundesverfassungsgericht jedoch, dass eine Ungleichbehandlung immer nur dann verfassungswidrig sei, wenn es keine sie rechtfertigenden wichtigen sachlichen Gründe gebe.[182] Allerdings lag nach Ansicht des erkennenden Senates im vorliegenden Fall ein solcher die festgestellte Ungleichbehandlung rechtfertigender Grund vor. Eine willkürliche Ungleichbehandlung sei nicht gegeben, weil das System der Unfallversicherung in seiner Gesamtheit betrachtet werden müsse und die Verfassungsmäßigkeit des Schmerzensgeldausschlusses insofern nicht isoliert diskutiert werden dürfe.[183] Die Ausschlussregelung des Schmerzensgeldes, so die Worte aus Karlsruhe, ist somit mit dem gesamten Leistungssystem der Unfallversicherung zu

---

schiede beseitigt hat. Im Kollektivarbeitsrecht hat sich diese Entwicklung durch die BetrVG-Novelle von 2001 fortgesetzt, so dass nun auch hier keine Differenzierung zwischen Arbeitern und Angestellten mehr erfolgt. Überdies ist die Verwendung des Begriffs „Arbeiter“ in den Ausführungen des Gerichts auch unter Beachtung der damals geltenden Rechtslage nicht korrekt, da anhand der folgenden Ausführungen des Gerichts deutlich wird, dass es nicht auf die Differenzierung zwischen Arbeitern und Angestellten ankommt, das Gericht wohl vielmehr mit dem Begriff des Arbeiters unter Zugrundelegung eines allgemeinen Verständnisses jeden Beschäftigten meint und seine Ausführungen nicht nur auf Arbeiter beschränken möchte. Der Grund für die Verwendung des Begriffes „Arbeiter“ ist darin zu erblicken, dass es sich bei allen Klägern im Ausgangsverfahren vor den vorlegenden Gerichten um Arbeiter handelte sowie möglicherweise auch die Erkenntnis –wobei hierüber nur gemutmaßt werden kann- dass Angestellte aufgrund ihrer vorwiegend zu leistenden geistigen (Büro-)Tätigkeiten keine solchen Verletzungsschäden wie körperliche Tätigkeiten verrichtende Arbeiter erleiden würden. Zur vormaligen Differenzierung zwischen Arbeitern und Angestellten sowie deren Aufgabe aus rechtlichen bzw. gesellschaftlichen Gründen s. *Junker*, Arbeitsrecht, Rn. 109 ff.

182 So die Kriterien nach der bis 1980 vom BVerfG ausschließlich angewandten „Willkürformel“, vgl. BVerfG v. 23.10.1951 = E 1, S. 14 (52); BVerfG v. 19.10.1982 = E 61, S. 138 (147); BVerfG v. 6.11.1984 = E 68, S. 237 (250); ebenso Sachs/*Osterloh*, GG, Art. 3, Rn. 8.

183 BVerfG v. 7.11.1972 = E 34, S. 118 (129).

vergleichen, das an die Stelle der ausgeschlossenen zivilrechtlichen Ersatzansprüche infolge von Personenschäden tritt.[184] Dieses System biete dem Arbeiter viele Vorteile, so dass im Ergebnis eine Rechtfertigung der Ungleichbehandlung unstreitig gegeben sei.[185]

Im Einzelnen begründet und erläutert das Verfassungsgericht seine Ansicht damit, dass das sozialrechtliche System im Gegensatz zum bürgerlich-rechtlichen Deliktsrecht durch einen sozialen Schutzgedanken geprägt sei und damit in seinen Prinzipien vom System des BGB abweiche.[186] Während das Deliktsrecht basierend auf dem Verschuldensprinzip unter Berücksichtigung von Mitverschulden des Geschädigten Regelungen zur Schadenswiedergutmachung vorsehe, verfolge das Unfallversicherungsrecht den Schutz des Arbeiters. Demzufolge seien Zivilrecht und Unfallversicherungsrecht andere rechtliche Ordnungssysteme, die durchaus unterschiedliche Regelungen beinhalten dürften.[187] Der Gesetzgeber sei daher bei Schaffung unfallversicherungsrechtlicher Vorschriften nicht an die Sachgesetzlichkeiten des Bürgerlichen Rechts gebunden.

Gleichfalls kann nach Ansicht des Verfassungsgerichts dahinstehen, ob die Einführung eines Schmerzensgeldanspruchs womöglich sinnvoll ist, denn es sei nicht die Aufgabe des Gerichts zu beurteilen, ob die Unfallversicherung in ihrer jetzigen Form die gerechteste und zweckmäßigste Lösung darstelle. Eine derartige Beurteilung sei Sache des Gesetzgebers und nicht des Verfassungsgerichts – dieses habe nur eine Willkürprüfung in Hinblick auf die Verfassungsmäßigkeit der fraglichen Regelung vorzunehmen.[188] Insofern verbleibe dem Gesetzgeber ein Gestaltungsspielraum, dessen Ausgestaltung im Einzelnen vom Gericht nicht überprüfbar sei. Die gerügte willkürliche Schlechterstellung der Arbeiter liege aber keineswegs vor, da die Unfallversicherung den Geschädigten auch immense Vorteile biete. Beispielsweise leiste das jetzige System schnell und effektiv ohne jegliches Prozessrisiko einen Schadensausgleich und der geschädigte Arbeitnehmer könne überdies sicher sein, aufgrund der Leistungsfähigkeit des Schuldners seinen Anspruch stets realisieren zu können.[189]

Das Verfassungsgericht führt weiter aus, dass die abstrakte Schadensberechnung dem Arbeitnehmer zudem den Vorteil biete, im günstigsten Falle neben der Beziehung einer Verletztenrente den vor dem Unfall verdienten Lohn in ungekürzter Höhe weiter beziehen zu können, so dass der Arbeiter im Endergebnis durchaus besser stehen könne als nach der zivilrechtlichen Schadensberechnung.[190] Aufgrund tarifvertraglicher Regelungen oder verbesserter Arbeitnehmerschutzbedingungen würden Lohneinbußen faktisch nicht mehr auftreten.[191] Dieser Aspekt wird laut Verfassungsgericht bei den in der Literatur erfolgten

---

184 BVerfG v. 7.11.1972 = E 34, S. 118 (129).
185 BVerfG v. 7.11.1972 = E 34, S. 118 (118).
186 BVerfG v. 7.11.1972 = E 34, S. 118 (130).
187 BVerfG v. 7.11.1972 = E 34, S. 118 (131).
188 BVerfG v. 7.11.1972 = E 34, S. 118 (131f.).
189 BVerfG v. 7.11.1972 = E 34, S. 118 (132).
190 BVerfG v. 7.11.1972 = E 34, S. 118 (133).
191 BVerfG v. 7.11.1972 = E 34, S. 118 (133); eine ausdrückliche Ausnahme macht das BVerfG allerdings für den Bereich der Schwerstverletzten.

Erörterungen um die Verfassungsmäßigkeit des Schmerzensgeldausschlusses häufig vernachlässigt: Dadurch, dass der geschädigte Arbeitnehmer unabhängig von der späteren Einzelfallentwicklung seine einmal gewährt bekommene Rente stets behalten dürfe und es keine Nachkorrekturen, Rückforderungsansprüche oder eine ärztliche Folgeuntersuchung gäbe, erhalte der Arbeitnehmer in vielen Fällen effektiv eine Rente, die die Lohneinbußen durch die Erwerbsminderung übersteige. Dies, so die Karlsruher Richter, stelle einen geldwerten Ersatz bzw. ein Äquivalent für die Nichtgewährung immateriellen Schadensersatzes dar und müsse daher berücksichtigt werden, wenn durch die Nichtgewährung eines Schmerzensgeldes von einer Ungleichbehandlung gesprochen werde.

Ein weiterer Fehler sei es, bei den die Ungleichbehandlung rechtfertigenden Gründen nur auf solche Aspekte abzustellen, die dem Arbeitnehmer zugute kämen. Auch aus Sicht des Arbeitgebers ergebe sich ein weiterer rechtfertigender Grund: Da die Arbeitgeber die Unfallversicherung finanzierten, müssten diese auch durch eine vollständige Freistellung vor doppelter Inanspruchnahme geschützt werden. Nur so seien Schadensfälle für den Arbeitgeber im vorhinein kalkulierbar, was einen großen betriebs- und damit letztlich auch volkswirtschaftlichen Nutzen darstelle. Schlussendlich erwähnen die Verfassungsrichter noch, dass das jetzige System zur Wahrung des Betriebsfriedens beitrage, da es innerbetriebliche Prozesse weitestgehend verhindere.[192]

Nach Ansicht des erkennenden Senats rechtfertigten diese vorgebrachten Gründe in ihrem Zusammenwirken die aufgezeigte Ungleichbehandlung der Arbeitnehmer im Vergleich zu sonstigen Geschädigten, so dass ein Verstoß gegen den allgemeinen Gleichheitssatz gem. Art. 3 Abs. 1 GG zu verneinen war. Da der Schmerzensgeldausschluss auch in Hinblick auf die übrigen gerügten Grundrechte für verfassungskonform erachtet wurde, fiel das abschließende Ergebnis des ersten Senats einstimmig aus: Der Ausschluss des Schmerzensgeldanspruchs verstößt nicht gegen das Grundgesetz, so der Tenor.[193] Die Verfassungsbeschwerde war damit zurückzuweisen, den übrigen vorlegenden Gerichten aufzugeben, die geltende gesetzliche Regelung als verfassungskonform anzuwenden. Für das Jahr 1972 und die folgenden Jahre war damit die Frage der Verfassungsmäßigkeit des unfallversicherungsrechtlichen Schmerzensgeldausschlusses zunächst geklärt, auch viele vormalige Kritiker der gesetzlichen Regelung verstummten nach den Ausführungen aus Karlsruhe.

bb. Bewertung der Entscheidung im Rahmen der damaligen Rechtslage

Allein diese Tatsache ist aber kein hinreichender Grund, dem Verfassungsgericht blindlings zu folgen und dessen Ergebnis kritiklos zu teilen. Dennoch ist der Ansicht des Bundesverfassungsgerichts zur damaligen Rechtslage im Ergebnis beizupflichten. Die Regelungen zum Ausschluss des Schmerzensgeldanspruchs im Rahmen der gesetzlichen Unfallversicherung waren im Jahr 1972 mit dem Grundgesetz vereinbar, auch wenn die

192 BVerfG v. 7.11.1972 = E 34, S. 118 (132).
193 BVerfG v. 7.11.1972 = E 34, S. 118 (118).

Ausführungen des Verfassungsgerichts an einigen Stellen kritisch zu hinterfragen bzw. zu ergänzen sind:

aaa. Im Hinblick auf das Sozialstaatsprinzip

Ein Verstoß gegen das Sozialstaatsprinzip musste ausscheiden, da dieses wie vom Verfassungsgericht zutreffend diskutiert mehr Programmansatz als maßgebliche Anweisung für den Einzelfall ist. Eine „unerträgliche" Behandlung der Geschädigten durch die Anwendung des Unfallversicherungsrechts und der daraus resultierenden Sperrung etwaiger Schmerzensgeldansprüche lag insofern nicht vor, als dass zum einen die Summen der ausgeurteilten Schmerzensgelder zum damaligen Zeitpunkt geringer als heute waren[194] und es insofern keine allzu große Diskrepanz zwischen den Leistungen der Unfallversicherung und einer alternativen Berechnung nach zivilrechtlichen Grundsätzen gab. Zum anderen wogen – wie vom Verfassungsgericht zurecht dargelegt – die aufgezeigten Vorteile der Unfallversicherung die Versagung des Schmerzensgeldes auf.[195] Letztlich erkannte das Verfassungsgericht zutreffend den Gestaltungsspielraum der Legislative an. Eine Grundsatznorm wie das Sozialstaatsprinzip des Art. 20 Abs. 1 GG darf nicht zur generellen Regelung und Modifikation von Einzelfällen herangezogen werden, auch wenn diese im Einzelfall „ungerecht" erscheinen mögen. Hierbei ist besondere Vorsicht walten zu lassen, da der oftmals schmale Grat zwischen Rechtspolitik als Aufgabe der Legislative einerseits und notwendigem Rechtsschutz durch die Gerichte andererseits nicht zulasten der Gesetzgebungskompetenzen des Bundes und der Länder überschritten werden darf. Aufgaben der Rechtssetzung und Rechtspolitik fallen in den alleinigen Vorbehaltsbereich der Legislative,[196] diese als Ausfluss des Prinzips der Gewaltenteilung zu verstehende Anordnung darf nur ausnahmsweise modifiziert werden, wenn verfassungsrechtlich zwingend erforderliche Vorgaben einen solchen Eingriff notwendig machen.

bbb. Im Hinblick auf das Allgemeine Persönlichkeitsrecht

Auch die Versagung eines Schmerzensgeldes in Hinblick auf das Allgemeine Persönlichkeitsrecht hat der erkennende erste Senat zurecht als verfassungskonform beurteilt. Die Entscheidungen des Bundesgerichtshofes, die eine immaterielle Entschädigung bei unerlaubten Handlungen in Verbindung mit dem Allgemeinen Persönlichkeitsrecht und damit schlussendlich aus grundgesetzlichen Wertungen herleiten, haben ihre Wurzeln in den

194 Umkehrschluss aus den Ausführungen des OLG Köln Urt. v. 3.03.1995 = VersR 1995, S. 549 (550); siehe hierzu auch die folgenden Ausführungen auf den Seiten 71 ff.

195 Abermals sei hier auf die obigen Ausführungen verwiesen, S. 45 ff.

196 Hierzu und ausführlich zur Kernbereichstheorie, nach der den einzelnen Gewalten Legislative, Exekutive und Judikative ein eigenständiger, im Kern unantastbarer Bereich, der sog. Vorbehaltsbereich zusteht: Isensee/Kirchhof/*Schmidt-Aßmann*, StaatsR-Hdb., Bd. I, § 24, Rn. 52 ff.; ebenso, dabei vor allem die funktionale Gewaltenteilung betonend: Maunz/Dürig/*Herzog*, GG, Art. 20, V, Rn. 37 ff., 66ff. (insb. Rn. 79 f. und 115).

Entscheidungen zu den Persönlichkeitsbeeinträchtigungen durch die teils frei erfundenen Interviews der Boulevardpresse.[197] Als Tatbestandsvoraussetzung zur Zuerkennung eines Schmerzensgeldes wird in den ergangenen Entscheidungen aber stets ein schweres Verschulden seitens der Schädiger eingefordert.[198] Die Rechtsprechung des Bundesgerichtshofes erkennt damit immateriellen Ersatz also nicht bereits bei jedem Sorgfaltspflichtverstoß als zwingende verfassungsrechtliche Vorgabe an. Damit kann der Schluss, ein Schmerzengeld sei bei jeder Persönlichkeitsrechtsverletzung von Verfassungs wegen geboten, nicht aufrecht erhalten werden. Dies gilt es zu beachten, wenn über das System der Unfallversicherung geurteilt wird. Ferner darf nicht vergessen werden, dass in den Fällen, in denen ein solches schweres Verschulden – beispielsweise in Form vorsätzlichen Handelns – vorliegt, bereits gar keine Sperrwirkung nach der Unfallversicherung eintritt, vgl. § 104 Abs. 1 S. 1 SGB VII a. E. Der Geschädigte kann in diesem Fall den Schädiger direkt in Anspruch nehmen und von diesem dann auch ein Schmerzensgeld verlangen.

Daran wird besonders deutlich, dass es gar kein Widerspruch ist, eine Kompensation durch Schmerzensgeld zu begrüßen und das System der Unfallversicherung samt seinem Schmerzensgeldausschluss für verfassungskonform zu erachten. Lediglich bei den Tatbestandsvoraussetzungen des Schmerzensgeldanspruchs aus dem grundgesetzlich vorgegebenen Allgemeinen Persönlichkeitsrecht ist klarzustellen, dass dieser nur dann zu gewähren ist, wenn seitens des Schädigers ein schwerwiegendes Verschulden in Form vorsätzlichen Verhaltens[199] vorliegt. Wohlgemerkt betrifft dies ohnehin nur die Fälle, in denen neben der Persönlichkeitsrechtsverletzung gleichzeitig auch ein Schaden im Sinne eines Versicherungsfalles nach § 7 SGB VII vorliegt. Andernfalls, also bei einer ausschließlichen Verletzung des Persönlichkeitsrechts, tritt mangels Anwendbarkeit der Unfallversicherung bereits gar keine Sperrwirkung ein, so dass der Geltendmachung eines immateriellen Ausgleichs nichts entgegensteht. Die Regelungen der Unfallversicherung sind damit verfassungsrechtlich unbedenklich, da sie bei vorsätzlichen Handeln des Schädigers

197 Vgl. die Entscheidungen Caroline I-III: BGH Urt. v. 15.11.1994 = BGHZ 128, S. 1 (14 ff.), BGH Urt. v. 5.12.1995 = NJW 1996, S. 984 (984 f.) sowie BGH Urt. v. 12.12.1995 = NJW 1996, S. 985 (985 f.).

198 Siehe nur BVerfG v. 14.02.1973 = E 34, S. 269 (286).

199 In den Ausgangsfällen der Boulevardpresse, vgl. bspw. die Entscheidungen „Caroline von Monaco I-III" (BGH Urt. v. 15.11.1994 = BGHZ 128, S. 1 (14 ff.), BGH Urt. v. 5.12.1995 = NJW 1996, S. 984 (984 f.) sowie BGH Urt. v. 12.12.1995 = NJW 1996, S. 985 (985 f.), wird sich regelmäßig das Vorliegen vorsätzlichen Verhaltens bzgl. der Kenntnis um die Unwahrheit der aufgestellten Behauptungen und damit auch um die Zufügung der Rechtsgutsverletzung beweisen lassen. Wenn auch ein direkter Vorsatz meist schwer nachweisbar sein wird, so liegt aber seitens der Schädiger regelmäßig „billigendes-in-Kauf-Nehmen" bzgl. der Unwahrheit der aufgestellten Behauptungen und damit bzgl. Zufügung der Rechtsgutsverletzung vor. Auch bei einem solchen Grad von Wissen um die Schadenszufügung (bei dem es sich um eine begriffliche Leihe aus strafrechtlichem Definitionsgut handelt) ist aber vorsätzliches Handeln zu bejahen. Dies zeigt auch, dass die Schwelle des § 104 Abs. 1 S. 1 SGB VII, bei deren Überschreiten die Geltendmachung eines Schmerzensgeldanspruchs ohnehin möglich ist, nicht so hoch liegt, dass praktische Anwendungsfälle faktisch ausgeschlossen wären.

einen Rückgriff zulassen. Folglich dürfen die Urteile des Bundesgerichtshofes zur Herleitung eines Schmerzensgeldanspruchs aus zwingenden grundgesetzlichen Wertungen lediglich nicht missverstanden werden und unter Berufung auf „die ständige Rechtsprechung“ des Bundesgerichtshofes zur zwingenden Begründung eines Schmerzensgeldanspruches auch in den Fällen leicht fahrlässigen Handelns o.ä. herangezogen werden. Bei genauer Subsumtion der Vorgaben des Bundesgerichtshofes ist damit festzustellen, dass kein Widerspruch zum unfallversicherungsrechtlichen System besteht.

Es wäre wünschenswert gewesen, wenn das Verfassungsgericht diesen Aspekt ebenfalls deutlich herausgestellt hätte. Leider beschränkt der Senat seine Feststellungen lediglich darauf, dass die Rechtsprechung des Bundesgerichtshofes eine zwingende Zuerkennung eines Schmerzensgeldes nur in den Fällen für verfassungsrechtlich geboten erachtet, in denen die Schadensfolgen in erster Linie auf immateriellen Gebiet liegen – und nicht wie vorliegend primär Folge von Körperverletzungen sind.[200] Diese Erkenntnis ist zwar richtig, hätte aber zur Bekräftigung mit dem genannten Aspekt der ohnehin generellen Zulässigkeit eines Schmerzensgeldanspruchs bei vorsätzlichem Handeln noch verbunden werden müssen. Somit kann die Argumentation der Karlsruher Richter nur unter Hinzufügung dieses zusätzlichen Gedankens voll inhaltlich geteilt werden, vom Ergebnis her ist ihr aber uneingeschränkt zuzustimmen. Folglich verstößt die grundsätzliche Versagung von Schmerzensgeld bei Personenschäden durch die Regelungen des siebten Sozialgesetzbuches nicht gegen das verfassungsrechtlich garantierte Allgemeine Persönlichkeitsrecht.

ccc. Im Hinblick auf das Gleichheitsgebot

Problematischer erschien die Versagung des Schmerzensgeldanspruchs im Hinblick auf Art. 3 Abs. 1 GG. Das Vorliegen einer Ungleichbehandlung war offensichtlich, wurde vom Verfassungsgericht aber auch nicht bestritten. Vielmehr bedurfte es einer Erörterung, ob es rechtfertigende Gründe gab, wie das Bundesverfassungsgericht dies annahm. Richtig führte das Bundesverfassungsgericht im Sinne der zur damaligen Zeit angewandten Willkürformel aus, dass ihm nur ein beschränkter Beurteilungsspielraum verbliebe und der Gesetzgeber eine große Gestaltungsfreiheit besäße. Dieses Argument hat auch vor dem Hintergrund der Gewaltenteilung Bestand, wonach es die Aufgabe der Legislative ist, Gesetze zu erlassen. Das Bundesverfassungsgericht als „Hüterin der Verfassung“[201] durfte nur dann tätig werden, wenn eine Verfassungswidrigkeit der Vorschrift gegeben war, nicht aber bereits dann, wenn es eine andere Lösung für zweckmäßiger oder zielführender gehalten hätte. Hinreichende sachliche Gründe lagen vor und wurden vom Bundesverfas-

200 Vgl. BVerfG a.a.O.

201 Dieser plakative Begriff für die Funktion des Bundesverfassungsgerichts findet sich beispielsweise bei *Schlaich/Korioth*, Das Bundesverfassungsgericht, Rn. 437. Teilweise bezeichnet sich das Verfassungsgericht aber auch selbst so, vgl. bspw. die schon frühe Entscheidung des BVerfG v. 21.03.1957 = E 6, S. 300 (304).

sungsgericht auch erkannt und richtig bewertet, wenn auch nicht in der dezidierten Auseinandersetzung, die man sich bisweilen gewünscht hätte. Im Einzelnen lassen sich drei Gründe[202] vorbringen, die eine Haftungsfreistellung und alleinige Inanspruchnahme der gesetzlichen Unfallversicherung verbunden mit einem Schmerzensgeldausschluss rechtfertigten: Das Finanzierungsargument, das Liquiditätsargument und das Argument der Wahrung des Betriebsfriedens.

(1) Sachlicher Grund: Finanzierungsargument

Als Argument für die ausschließliche Haftung der gesetzlichen Unfallversicherung und damit der Haftungsfreistellung der Unternehmer nach § 104 SGB VII hätte die alleinige Finanzierung der Unfallversicherung durch die Unternehmer ins Felde geführt bzw. noch stärker betont werden können.[203] Die alleinige Finanzierung ergibt sich aus der Festsetzung in § 150 Abs. 1 SGB VII, wonach die Unfallversicherung als einzige Säule der Sozialversicherung nur durch Leistungen der Arbeitgeber finanziert wird. Wenn die Unternehmer durch ihre Beiträge zur Unfallversicherung das abstrakte Risiko von Arbeitsunfällen und Berufskrankheiten tragen, darf es nicht auch noch im Einzelfall zu einer individuellen Haftung des Unternehmers kommen, so bereits auch die gesetzgeberische Intention bei Schaffung der Regelung.[204] Allerdings ist als Einwand gegen das Finanzierungsargument bereits vereinzelt vorgebracht worden, die ausschließliche Finanzierung durch den Unternehmer sei eine allein schon aus dem Fürsorgedanken resultierende Pflicht, womit das Argument der alleinigen Finanzierung durch den Arbeitgeber keine tragfähige Begründung mehr für den Ausschluss sonstiger Ansprüche des Arbeitnehmers darstelle.[205] Dieser Gedanke ist insofern beachtlich, da dem Arbeitgeber die Ausgestaltung des Arbeitsplatzes und die Überwachung der Einhaltung von Sicherheitsvorschriften obliegt. Allein dieser ist damit in der Lage, etwaige Gefahrensituationen am Arbeitsplatz durch entsprechende Anweisungen, Umgestaltungen oder durch Ausübung des arbeitgeberseitigen Direktionsrechts zu entschärfen. Somit erscheint es nicht unbillig, dem Arbeitgeber als Folge dieser „Gestaltungsfreiheit des Arbeitsplatzes“ auch die Kosten für Unfälle aufzuerlegen, die oftmals Ausfluss einer in Hinblick auf Sicherheitsvorkehrungen ungenügenden Ausgestaltung des Arbeitsplatzes sein werden. Ferner steht dem Arbeitgeber der Nutzen und Gewinn zu, der durch die Arbeitsleistung des Arbeitnehmers erwirtschaftet wird – und daher als Korrelat demgegenüber die (wohl schon gewohnheitsrechtlich anerkannte und als allgemeiner Rechtssatz verfestigte) Verpflichtung, gleichermaßen auch für

202 So die in der Literatur gängige „Trias“, vgl. statt aller *Rolfs* in AR-Blattei SD, 860.2, Rn. 5 mit vielen weiteren Nachweisen.

203 Vgl. hierzu auch *Muckel*, Sozialrecht, § 10, Rn. 80; *Rolfs* in AR-Blattei SD, 860.2, Rn. 6 ff.

204 BT-Drucksache IV/120, S. 48; BT-Drucksache 13/2204, S. 72; *Lepa*, VersR 1985, S. 8 (9); *Ricke* in KassKomm-SozVersR, § 104 SGB VII, Rn. 2.

205 *Tamm*, RdA 1960, S. 412 (414).

Risiken und Schäden einstehen zu müssen, die Folge des betrieblichen Risikos sind.[206] Dem kann allerdings entgegengehalten werden, dass die Unfallversicherung in gleichem Maße für selbstverschuldete Unfälle aufkommt, wo durch Leichtsinn oder Unachtsamkeit des Arbeitnehmers ein Unfall entsteht. In derartigen Fällen vermag das Finanzierungsargument durchaus als Begründung des Haftungsausschlusses zu überzeugen.

Eine Erschütterung seiner Überzeugungskraft erfährt dieser Erklärungsansatz jedoch bei Heranziehung der Wertungen und Grundsätze des innerbetrieblichen Schadensausgleiches,[207] welche in ihren Grundsätzen auch bereits im Jahr 1972 anerkannt waren. Die These, ein Ersatz für selbstverschuldete Unfälle erfolge nur nach dem Unfallversicherungsrecht und sei nach zivilrechtlichen Grundsätzen nicht möglich, ist in dieser Strenge nicht aufrecht zu erhalten: Auch das privatrechtliche Haftungssystem gewährt dem Arbeitnehmer bei selbstverschuldeten Schadensfällen unter Anwendung der dem innerbetrieblichen Schadensausgleich zugrunde liegenden und verfassungsrechtlich zwingenden Wertungen der gerechten und billigen Schadensausgleichung einen Ausgleichsanspruch. Erleidet der Arbeitnehmer einen Sachschaden, so ist der Arbeitgeber – auch im Falle fehlenden Verschuldens – unter bestimmten Voraussetzungen ausgleichspflichtig und muss dem Arbeitnehmer den ihm entstandenen Schaden ersetzen.[208] Dies ist unstreitig[209] und gilt nach jüngerer Rechtsprechung selbst dann, wenn den Arbeitnehmer ein Mitverschulden an der Schadensentstehung trifft, da auch im Bereich der Eigenschadensproblematik die Verschuldensmodifikationen der beschränkten Arbeitnehmerhaftung entsprechend herangezogen werden,[210] wonach der Arbeitgeber bei leicht fahrlässigem Handeln des Arbeitnehmers zum vollen Schadensausgleich verpflichtet ist, während bei „normaler" Fahrlässigkeit eine Schadensquotelung erfolgt und lediglich bei grob fahrlässigem Handeln keine Ersatzpflicht des Arbeitgebers besteht.[211] Ohne jegliche Entschädigung bleibt der Arbeitnehmer damit nur in Fällen grob fahrlässigen Handelns, einen Anteil seines Schadens muss er bei „normaler" Fahrlässigkeit selbst tragen. Diese für den Bereich der Sachschäden entwickelten Maximen wird man auch bei Personenschäden zu berücksichtigen haben, wenn diese nicht dem System der gesetzlichen Unfallversicherung, sondern der Schadensberechnung nach zivilrechtlichen Grundsätzen unterfielen. Der Ausgangs-

---

206 Vgl. etwa *Larenz*, VersR 1963, S. 593 (597) oder *Annuß*, Die Haftung des Arbeitnehmers, S. 98 m.w.N. Ausführlich zur Zuweisung des Betriebsrisikos und der Einstandspflicht des Arbeitgebers s. S. 159 f., 170 ff.,188 ff.

207 Grundlegend zum innerbetrieblichen Schadensausgleich *Otto/Schwarze*, Die Haftung des Arbeitnehmers, Rn. 1 ff.; *Sandmann*, Die Haftung von Arbeitnehmern, Geschäftsführern und leitenden Angestellten, S. 4 ff.

208 Im Einzelnen s. später, S. 170 ff.

209 S. stellvertretend *Preis* in ErfKomm, § 619a BGB, Rn. 88 oder HWK-*Krause*, § 619a BGB, Rn. 96.

210 Vgl. nur BAG Urt. v. 8.05.1980 = AP Nr. 6 zu § 611 BGB Gefährdungshaftung des Arbeitgebers.

211 S. im Einzelnen *Otto/Schwarze*, Die Haftung des Arbeitnehmers, Rn. 104 ff. sowie vgl. nachfolgend S. 170 ff.

punkt – die soziale Schutzbedürftigkeit des Arbeitnehmers – besteht bei Personenschäden mindestens im gleichen Maße wie bei Sachschäden, was für eine Heranziehung spricht. Damit ist das Argument, die Finanzierung der Unfallversicherung durch die Arbeitgeber rechtfertige den Schmerzensgeldausschluss, da ein privatrechtliches System keinen Ersatz für selbstverschuldete Unfälle leiste, zumindest zu einem Teil widerlegt. Gültigkeit kann diese Aussage in vollem Umfang nur für die Fälle groben Eigenverschuldens sowie eingeschränkt für die Fälle durchschnittlicher Fahrlässigkeit beanspruchen, in denen der Arbeitnehmer u.U. einen Teil seines Schadens nach Quotelung selbst tragen müsste.

Ungeachtet dessen ist allerdings zu berücksichtigen, dass die Ersetzung des individuellen Schadensausgleichssystems durch das kollektive System der sozialen Unfallversicherung ohnehin nur dann gerechtfertigt sein kann, wenn eine Entschädigung des Arbeitnehmers nach beiden Systemen gleichwertig ist, mit den Worten *Rolfs* sich die „Vor- und Nachteile der beiden Systeme gegenseitig aufheben“[212]. Es ist folglich nicht ausreichend, dass die Arbeitgeber irgendein System des Schadensausgleichs finanzieren, vielmehr muss dieses System zumindest ein in groben Zügen äquivalentes Leistungsniveau gewähren, andernfalls ließe sich mit dem Finanzierungsargument jegliche Kompensationszahlung von noch so geringer Höhe als hinreichenden und weitere Ansprüche ausschließenden Arbeitgeberbeitrag darstellen. Eine Gleichwertigkeit des zivilrechtlichen Schadensersatzsystems mit den Grundsätzen der sozialrechtlichen Entschädigung besteht allerdings insofern bereits nicht, als dass dem Zivilrecht der Grundsatz der konkreten Schadensberechung immanent ist.[213] Nach zivilrechtlichen Grundsätzen ist der Schaden so zu ersetzen, dass ein Vergleich der Lage des Geschädigten vor dem schädigenden Ereignis und nach dem schädigenden Ereignis zu erfolgen hat. Dies führt dazu, dass der geschädigte Arbeitnehmer den ihm entstandenen Schaden darlegen und im Bestreitensfall auch nachweisen muss, §§ 249 ff. BGB. Eine abstrakte Berechnung des Schadens ist im Zivilrecht nur dann möglich, wenn sie explizit angeordnet ist, wie dies beispielsweise § 252 S. 2 BGB für den entgangenen Gewinn erlaubt.[214]

Folglich kann es im Einzelfall Abweichungen zwischen konkreter Schadensberechnung nach Bürgerlichem Recht und Berechnung der Entschädigung nach der Unfallversi-

---

212 *Rolfs* in AR-Blattei SD, 860.2, Rn. 7.

213 Vgl. etwa BGH Urt. v. 4.07.1972 = BGHZ 59, S. 109 (111); *Erman/Kuckuk*, BGB, § 249, Rn. 37.

214 *Erman/Kuckuk*, BGB, § 249, Rn. 38; Palandt/*Heinrichs*, BGB, Vor. § 249, Rn. 51. Präziser ist es aber, § 252 S. 2 BGB als lediglich beweisrechtliche Erleichterungsregel zu qualifizieren, so MüKo-*Oetker*, BGB, § 252, Rn. 44 ff. Letztlich steht es nämlich dem Schädiger frei, den Nachweis zu erbringen, dass der Geschädigte im konkreten Fall keinen bzw. einen geringeren Gewinn erzielt hätte, womit letztlich doch immer die Umstände des Einzelfalles maßgeblich sind und insofern keine nur abstrakte Schadensberechnung erfolgt. Dennoch gibt es aber unstreitige Anwendungsfälle einer abstrakten Schadensberechnung im Privatrecht, vgl. die Normen § 288 Abs. 1 S. 2 und Abs. 2 BGB für die Berechnung von Verzugszinsen oder nach § 376 Abs. 2 HGB für den Schadensersatzanspruch beim Fixhandelskauf. Allerdings gesteht *Oetker* abschließend auch ein, dass es sich hierbei um rein terminologische Fragen handele, die für eine praktische Lösung der Problematik wenig hergäben.

cherung geben: Man stelle sich beispielsweise den Fall eines Arbeiters vor, der aufgrund eines Unfalls in seiner Erwerbsfähigkeit um 20 % eingeschränkt wird. Nach § 56 Abs. 3 S. 2 SGB VII erhält dieser von der Unfallversicherung eine Teilrente, deren Höhe sich an der Vollrente bei totaler Invalidität orientiert. Folglich erhielte dieser Arbeitnehmer eine Teilrente in Höhe von einem Fünftel der bei kompletter Erwerbsunfähigkeit auszuzahlender Vollrente. Diese Rente erhält er unabhängig von seinen konkret auftretenden Einbußen. Einerseits kann eine Berechnung nach den abstrakten Prinzipien der gesetzlichen Unfallversicherung somit günstiger sein: Dies ist dann der Fall, wenn der Arbeitnehmer trotz teilweiser Invalidität seinen bisherigen Beruf weiter uneingeschränkt ausüben kann. Er steht dann – zumindest materiell – besser, da er neben seinem Arbeitsentgelt eine Unfallversicherungsrente bekommt. Andererseits sind genauso gut Fälle vorstellbar, in denen ein Ausgleich des Schadens nach dem konkreten Schadensberechnungsprinzip des Bürgerlichen Gesetzbuches günstiger wäre. Dies ist etwa dann der Fall, wenn der Arbeitnehmer trotz nur festgestellter teilweiser Invalidität im Einzelfall nicht mehr in der Weise arbeitsfähig ist, als dass er den Differenzbetrag zwischen Unfallrente und vorherigem Lohn erzielen kann.

Zwar zeigt sich an diesen Beispielen, dass eine Abweichung zwischen zivilrechtlichem Schadensersatz und unfallgesetzlicher Entschädigung theoretisch durchaus möglich ist, allerdings veranschaulichen die von den gewerblichen Berufsgenossenschaften durchgeführten Untersuchungen, dass die Leistungen der sozialen Unfallversicherung die materiellen Folgen eines Arbeitsunfalls angemessen ausgleichen und insoweit keine nennenswerte Diskrepanz zwischen abstrakter und konkreter Schadensberechnung bei den materiellen Schäden besteht.[215] Folglich kann bei materiellen Schäden noch von einer Gleichwertigkeit des sozial- mit dem zivilrechtlichen Entschädigungs- bzw. Schadensersatzsystem gesprochen werden, so dass das Finanzierungsprinzip hierfür eine tragfähige Begründung darstellt, da der Geschädigte in der Regel nach beiden Schadensberechnungssystemen bei Zugrundelegung eines „durchschnittlichen Schadensfalles“ eine nahezu gleichwertige Entschädigung erhält. Dieses Argument kann aber als sachlicher Grund für die Versagung des immateriellen Schmerzensgeldanspruches nur bedingt herangezogen werden. Selbst wenn man mittels eines Gesamtvergleiches das komplette System der Unfallversicherung mit dem zivilrechtlichen Schadensersatzsystem vergleicht und den Ersatz der materiellen Schäden nach beiden Systemen für gleichwertig erachtet,[216] so fehlt es im Unfallversicherungsrecht doch völlig an einem Ausgleich des immateriellen Schadens.

---

215 *Hanau*, Jur. Analysen 1970, S. 112 (115); *Rolfs* in AR-Blattei SD 860.2, Rn. 13; *Schiller*, Zur Problematik des Schmerzensgeldausschlusses in der gesetzlichen Unfallversicherung, S. 93; *Otto/Schwarze*, Die Haftung des Arbeitnehmers, Rn. 526; *Gitter*, Schadensausgleich im Arbeitsunfallrecht, S. 189; alle Angaben mit jeweils weiteren Nachweisen.

216 So zeigen es berufsgenossenschaftliche Untersuchungen, deren Richtigkeit hier unterstellt wird, vgl. *Rolfs* in AR-Blattei SD 860.2, Rn. 13; *Schiller*, Zur Problematik des Schmerzensgeldausschlusses in der gesetzlichen Unfallversicherung, S. 93; *Otto/Schwarze*, Die Haftung des Arbeitnehmers, Rn. 526; *Gitter*, Schadensausgleich im Arbeitsunfallrecht, S. 189; alle Angaben mit jeweils weiteren Nachweisen.

Die Finanzierung der Unfallversicherung durch die Arbeitgeber ist damit kein die Ungleichbehandlung rechtfertigender Grund.[217] Das Berufen auf einen Gesamtvergleich überzeugt insofern nicht, weil die völlige Versagung immateriellen Schadensersatzes ein für den Geschädigten derartig gravierender Nachteil ist, der solches Gewicht hat, dass er auch bei Berücksichtigung der Vorteile der Unfallversicherung nicht zu kompensiert werden vermag, selbst wenn hierbei eine vollständige Finanzierung durch die Unternehmer erfolgt und hierdurch auch Ersatz in den Fällen selbstverschuldeter Unfälle geleistet wird.

(2) Sachlicher Grund: Liquiditätsargument

Ein die Ungleichbehandlung rechtfertigender Grund könnte allerdings das Argument der sicheren Realisierung des Anspruchs gewesen sein.[218] Kein Versicherter muss befürchten aufgrund einer etwaig auftretenden Zahlungsunfähigkeit des Anspruchsgegners und Schädigers seinen Anspruch nicht realisieren zu können. Dieser Grund, der vor allem Motiv für den historischen Gesetzgeber war,[219] wurde auch 1972 noch als Rechtfertigungsgrund vom Verfassungsgericht angeführt.[220] Auch hier ist zu hinterfragen, ob diese Begründung angesichts der im letzten Jahrhundert erfolgten Veränderungen der rechtlichen und gesellschaftlichen Gegebenheiten noch tragfähig war.

Zivilrechtlich waren Ansprüche auch bereits im Jahr 1972 weitaus besser zu realisieren als zur Jahrhundertschwelle beim Übergang zum 20. Jahrhundert. Dies erklärt sich zum einen daraus, dass ein Ausbau der Gefährdungshaftung erfolgte[221] und zum anderen daraus, dass selbst ein Mitverschulden des Arbeitnehmers aufgrund der Modifikationen des innerbetrieblichen Schadensausgleiches nicht mehr unbedingt anspruchskürzend wirken musste.[222]

Gleichfalls ist die Anspruchsdurchsetzung für den Arbeiter insofern erleichtert worden, als dieser durch Rechtsberatung von Gewerkschaften wie Rechtssekretärsdiensten oder durch die Möglichkeit der Inanspruchnahme staatlicher Prozesskostenhilfe im Vergleich zu früher besser geschützt ist. Zudem ist die Hemmschwelle, einen Rechtsanwalt zu

---

217 Wohl auch in diese Richtung tendierend, jedoch weit vorsichtiger formulierend *Rolfs* in AR-Blattei SD 860.2, Rn. 18: „Das Finanzierungsargument hatte also seine volle Berechtigung, solange der immaterielle Schadensausgleich auch im privaten Schadensersatzrecht nur eine untergeordnete Rolle spielte, wie dies bei Einführung der sozialen Unfallversicherung im Jahre 1884 sicherlich der Fall war".

218 Zum Liquiditätsargument vgl. auch die Ausführungen bei *Schaub/Koch*, ArbR-Hdb., § 109, Rn. 2.

219 S. RT-Sten. Bericht Bd. 64 (4. Legislaturperiode, IV. Session 1881, 3. Bd. Anlagen), S. 234 f.

220 BVerfG v. 7.11.1972 = E 34, S. 118 (132).

221 Im einzelnen hierzu siehe die späteren Ausführungen auf den S. 136 ff.

222 *Rolfs* in AR-Blattei SD, 860.2, Rn. 27. Umfassend zur beschränkten Arbeitnehmerhaftung: *Otto/Schwarze*, Die Haftung des Arbeitnehmers, Rn. 1 ff. sowie die späteren Ausführungen im Rahmen der verschuldensunabhängigen Arbeitgeberhaftung für Sachschäden.

konsultieren und anschließend gegebenenfalls den Rechtsweg zu beschreiten, heutzutage geringer als früher.[223]

Dennoch bietet vor allem in Hinblick auf eine etwaige Insolvenz des Anspruchsgegners das System der öffentlichen Unfallversicherung durchaus Vorteile. Bei dieser Betrachtung ist zudem erneut in Erinnerung zu rufen, dass bei der Prüfung der Rechtfertigung durch Anwendung der Willkürprüfung ein bloß beschränkter Prüfungsmaßstab zugrunde zu legen ist. Zwar mag die Gewährung eines Schmerzensgeldes „gerechter" erscheinen, die Regelung des Gesetzgebers war aber nur an dem Maßstab der Freiheit von Willkür zu prüfen. Eine solche willkürliche Regelung lag nicht vor, da die jederzeitige sichere Realisierung eines Anspruchs derartig gewichtig ist, dass hierfür auch andere Nachteile in Kauf genommen werden konnten. Dass die Möglichkeit der sicheren Realisierung und Verwirklichbarkeit einer Forderung auch einen marktmäßigen Wertfaktor hat, den man bemessen kann, wird beispielsweise am *factoring* – Verfahren[224] deutlich: Dort werden im Rahmen des sog. echten *factorings* Forderungen verkauft, deren Realisierbarkeit und Bonität unsicher ist. Je nach Unsicherheit über die Bonität der Forderung ist diese bei einem Verkauf mit einem Risikoabschlag (sog. Delkredere[225]) zu bewerten und dementsprechend auf dem Markt weniger wert als ihr reiner Nennwert. Das Risiko der Realisierung der Forderung stellt damit einen geldwerten Faktor dar, dieses Risiko entfällt jedoch im Rahmen der Unfallversicherung, da diese aufgrund der Konzeption als öffentlich-rechtliche Genossenschaft ein „sicherer" Anspruchsgegner ist. Die damit verbundene jederzeitige sichere Realisierung des Anspruchs ist folglich ein sachlicher Grund. Dieser ist auch von solchem Gewicht, dass er einen Ausschluss des Schmerzensgeldes rechtfertigen konnte.

(3) Sachlicher Grund: Betriebsfriedensargument

Als ein weiterer die Ungleichbehandlung rechtfertigender Grund konnte das sog. Betriebsfriedensargument[226] herangezogen werden. Dieses Argument war auch seitens des Gesetzgebers maßgebliches Kriterium bei der Schaffung der Regelungen der §§ 104 – 107

223 Dies verdeutlichen bspw. die zahlreichen Rechtsberatungsangebote, die es mittlerweile gibt. So ist die erste Einholung rechtlichen Rats über Telefon-Anwalts-Hotlines ebenso möglich wie die Wahrnehmung von Rechtsberatungen in Einkaufscentern, wo von Rechtsanwälten im Minutentakt Auskünfte erteilt werden. Ebenfalls in diesem Zusammenhang zu nennen ist die Reform des Rechtsberatungsgesetzes (RBerG), deren weiterer Fortgang abzuwarten bleibt. Vgl. zum Ganzen *Chemnitz*, RBerG, Einleitung und § 1, Rn. 16 ff.

224 Grundlegend zum *factoring*-Verfahren siehe etwa *Schlechtriem*, Schuldrecht, BT, Rn. 174 oder ausführlicher *Medicus*, Schuldrecht II, BT, Rn. 604 – 607.

225 Zu den Funktionen des *factorings* und der Differenzierung zwischen unechtem und echtem *factoring* siehe *Staudinger/Beckmann*, Vorbem. Zu §§ 433 ff., Rn. 136 und 138 f.

226 Vgl. beispielsweise *Krasney*, Die gesetzliche Unfallversicherung und ihr Einfluß auf den Betriebsfrieden, AuR 2001, S. 423 (423 ff.); *Nehls* in Hauck/Noftz, SGB VII, § 104, Rn. 3; *Gitter/Michalski*, Arbeitsrecht, S. 205.

SGB VII.[227] Durch eine Vermeidung von Prozessen zwischen Arbeitnehmern und Arbeitgebern vor den Arbeitsgerichten sollte das „soziale Band“[228] zwischen den Arbeitsvertragsparteien nicht zerschnitten werden und für eine weitere künftige Zusammenarbeit frei und unbelastet von Rechtsstreitigkeiten bleiben.

Dieses Argument mag vielleicht insofern nicht zutreffen, als dass der Arbeitnehmer bei einer grob fahrlässigen Herbeiführung eines Arbeitsunfalls durch den Unternehmer auch ohne Prozess gegen den Arbeitgeber ein gestörtes Betriebsverhältnis und Arbeitsklima empfinden mag. Dennoch wird im Großteil der Fälle durch die schnelle und unstreitige Übernahme der Kosten durch die gesetzliche Unfallversicherung Streit verhindert werden. Allein die Tatsache, dass sich Arbeitgeber und Arbeitnehmer als Parteien mit diametralen Interessen vor Gericht gegenüberstehen kann nach praktischen Erfahrungen[229] oftmals zu einer weiteren Konfrontation und Verschärfung des Konflikts und zu einem Klima führen, das einer späteren vertrauensvollen Zusammenarbeit im Weg stünde. Eine Einbuße an Überzeugungskraft erleidet das Friedensargument allerdings dadurch, dass Ansprüche auf den Ersatz von Sachschäden durch die Regelungen der §§ 104 ff. SGB VII nicht ausgeschlossen werden.[230] Sofern es also um den Ersatz derartiger Schäden geht, sind Prozesse zwischen den Arbeitsvertragsparteien möglich. Zwar ist dieses die logische Konsequenz der Tatsache, dass die Unfallversicherung keinen Ersatz für Sachschäden gewährt, dennoch sind aber auch diese gerichtlichen Prozesse – selbst wenn es sich nur um Streitigkeiten über den Ersatz von Sachschäden handelt – zur Störung des Betriebsfriedens geeignet.

---

227 BT-Drucksache IV/938 (1963).

228 Staatsminister *Hoffmann* in: RT-Sten. Bericht Bd. 52 (4.Legislaturperiode, II. Session, 1879, 1. Bd.), S. 141.

229 Zugegebenermaßen handelt es sich hier um subjektives Urteil aus Erfahrungen in der Praxis, dessen empirische Belegung schwer erbracht werden kann. Dass allerdings auch die Rechtsprechung Fälle anerkennt, in denen allein die Prozessführung zu einer Zerrüttung des Vertrauens führen kann, zeigt ein -etwas ausholender- Vergleich zur Problematik des Auflösungsantrags nach § 9 KSchG: Für einen erfolgreichen Auflösungsantrag ist erforderlich, dass die Fortsetzung des Arbeitsverhältnisses nicht zumutbar ist (§ 9 S. 1 KSchG) bzw. Gründe vorliegen, die eine den Betriebszwecken dienliche Zusammenarbeit zwischen den Arbeitsvertragsparteien nicht erwarten lassen (§ 9 S. 2 KSchG). In diesem Rahmen hat das BAG mehrfach anerkannt, dass bereits durch die bloße Prozessführung eine solche empfindliche Vertrauensstörung eintreten kann, vgl. bspw. BAG Urt. v. 27.03.2003 AP Nr. 48 zu § 9 KSchG 1969. Ebenso *Ascheid* in ErfKomm., § 9 KSchG, Rn. 14 (zum arbeitnehmerseitigen Auflösungsantrag) und Rn. 22 (zum arbeitgeberseitigen Auflösungsantrag).

230 *Schmitt* in SGB VII, § 104, Rn. 15; *Ricke* in KassKomm-SozVersR, § 104 SGB VII, Rn. 5; Schaub/*Koch*, ArbR-Hdb., § 109, Rn. 5. Allerdings ist hier der Vollständigkeit halber einschränkend zu erwähnen, dass die Unfallversicherung auch eine Haftungsentsperrung hinsichtlich bestimmter weniger Sachschäden enthält, vgl. § 8 Abs. 3 und § 13 SGB VII. Hierbei handelt es sich zwar juristisch um Sachen, durch die Bezeichnung „Hilfsmittel“ (§ 8 Abs. 3 SGB VII) wird jedoch deutlich, dass es sich vielmehr um körperliche Hilfsmittel handelt, also kein Vergleich zu „Alltagsgegenständen“ wie Brille, Uhr oder Kleidung des Arbeitnehmers möglich ist.

Diese Kritik relativiert sich jedoch dann, wenn man bedenkt, dass Prozesse um den Ersatz von Schmerzensgeld aufgrund der damit verbundenen erfahrenen psychischen und physischen Leiden naturgemäß weitaus größere Bedeutung für den Kläger haben werden als nur die bezüglich der Ersatzfähigkeit eines bloßen Sachschadens. Die persönliche Betroffenheit des Geschädigten wird daher bei Sachschäden weitaus geringer sein, so dass durch derartige Prozesse nicht die gleichen gravierenden Beeinträchtigungen drohen werden wie im Falle von Schmerzensgeldprozessen.

Weitere Kritik am Betriebsfriedensargument wird auf die Nivellierung der sozialen Gegensätze gestützt. In den Betrieben herrschten nicht mehr die Gedanken und die „Klassenkampfatmosphäre" wie noch zur Entstehungszeit der gesetzlichen Unfallversicherung in der Ära Bismarck.[231] Dies ist richtig, wobei zudem zu bedenken ist, dass es nicht die Aufgabe des einzelnen Arbeitnehmers ist, sich durch den eigenen Verzicht auf Schmerzensgeldansprüche den sozialen Arbeitsfrieden zu erkaufen. Vielmehr obliegt diese Aufgabe der Arbeitsgerichtsbarkeit, dem Betriebsrat sowie dem Arbeitgeber. Anhand der Regelung des § 2 Abs. 1 BetrVG, wonach Arbeitgeber und Betriebsrat „vertrauensvoll (...) zum Wohl der Arbeitnehmer und des Betriebs zusammen" arbeiten zu haben, wird die dahingehende gesetzliche Aufgabenzuweisung deutlich. Zwar kann der einzelne Arbeitnehmer durch entsprechendes loyales Verhalten gegenüber seinem Arbeitgeber und Kollegen auch seinen Beitrag zur Förderung des betrieblichen Friedens erbringen, jedoch kann insbesondere bei Großbetrieben der Erhalt der betrieblichen Solidargemeinschaft effektiv nur vom Arbeitgeber bzw. seinen kollektiven Partnern auf betrieblicher Ebene bewerkstelligt werden.

Einer Erörterung bedarf ebenfalls der gegen das Betriebsfriedensargument vorgebrachte Einwand, dass überhaupt erst durch den Ausschluss des Schmerzensgeldes eine Erschütterung des Betriebsfriedens erfolge. *Gitter* als ein prominenter Vertreter dieser Ansicht führt hierzu aus, dass das betriebliche Klima durch einen schwelenden, unausgetragenen Konflikt viel stärker belastet werden könne als durch eine einmalige gerichtliche Befassung, der alsbald eine abschließende prozessuale Entscheidung folge.[232] Dies scheint auf den ersten Blick ein plausibles und einleuchtendes Argument zu sein. Ein Gerichtsurteil beendet die rechtliche Auseinandersetzung, die Entscheidung erwächst in Rechtskraft und wird unanfechtbar. Allerdings ist der Gedanke, durch das rechtskräftige Urteil sei der Konflikt endgültig beendet, ein wenig zu formal. Juristisch gesehen ist *Gitter* natürlich zuzustimmen. Allerdings lässt sich der Begriff des „Betriebsfriedens" juristisch nur unpräzise als „streitloses Miteinander" oder als Zusammenwirken „frei von juristischen Auseinandersetzungen" zwischen den Arbeitsvertragsparteien definieren. Ein produktives, die Arbeitseffektivität förderndes Miteinander verlangt mehr. Daher vermag der Eintritt der Rechtskraft allenfalls dann den Streit beizulegen, wenn das Urteil im Sinne beider Parteien, bspw. im Vergleichswege oder nach einer durchgeführten Mediation, gefunden wurde.

231 *Hanau*, Juristische Analysen, S. 120.
232 *Gitter*, Schadensausgleich im Arbeitsunfallrecht, S. 240.

Solange sich jedoch eine Partei durch das Urteil ungerecht behandelt fühlt, kann die zwar formal bestehende Rechtskraft und Unanfechtbarkeit der gerichtlichen Entscheidung nichts an den zwischenmenschlich-persönlichen Beziehungen im Betrieb ändern, die aber für das Bestehen einer guten Betriebsgemeinschaft essentiell sind. Daher kann *Gitters* Ansicht, erst der Ausschluss des Schmerzensgeldanspruches durch die Unfallversicherung führe eine Störung des betrieblichen Friedens herbei, zumindest in dieser pauschal geäußerten Weise nicht zugestimmt werden.

Fasst man nun die vorgetragenen Bedenken gegenüber dem Friedensargument zusammen und wiegt diese mit den Vorzügen ab, so zeichnet sich bei der anschließenden Bewertung folgendes Bild: Das Betriebsfriedensargument ist mit gewissen Einschränkungen geeignet, eine tragfähige Begründung für den Ausschluss der Ansprüche des Arbeitnehmers gegen den Unternehmer zu rechtfertigen. Bei Vornahme der Abwägungsüberlegungen ist abermals zu vergegenwärtigen, dass die Anwendung der Willkürformel einen lediglich beschränkten Prüfungsumfang zur Folge hatte, die Kontrolle sich damit nur auf den Ausschluss willkürlicher Überlegungen bezieht. Angesichts der Tatsache, dass der Schmerzensgeldausschluss einen Streit über immaterielle Schäden verhindert, wird die betriebliche Ebene frei von emotionalen Streitigkeiten gehalten, die insbesondere aus der Führung des Prozesses resultieren können. Sicherlich wird bei grob fahrlässigen Verletzungshandlungen der Betriebsfrieden ohnehin gestört sein, für das Gros der Fälle mit geringem Verschulden wird dies aber nicht der Fall sein. In den Fällen vorsätzlicher Schadenszufügung kann der Arbeitnehmer seinen Anspruch ohnehin gegen den Schädiger durchsetzen, ohne dass ein Ausschluss des Anspruches durch die Unfallversicherung erfolgt. Zusammenfassend betrachtet ist das Argument der Wahrung der Betriebsfriedens ein sachlich hinreichend gewichtiger Grund, um die zwischen Arbeitnehmern und sonstigen Geschädigten bestehende Ungleichbehandlung zu rechtfertigen, da der betriebliche Umgang andernfalls in großem Maße durch persönliche Konflikte belastet und die Arbeitsproduktivität hierunter erheblich leiden würde.

(4) Zwischenergebnis

Die damit festgestellte Ungleichbehandlung war nicht willkürlich und durch das Vorliegen sachlicher Gründe gerechtfertigt. Dem Bundesverfassungsgericht ist vom Ergebnis her beizupflichten, dass eine Verletzung des Gleichheitssatzes zu verneinen war. Der Schmerzensgeldausschluss der gesetzlichen Unfallversicherung war zum Zeitpunkt der Entscheidung des Bundesverfassungsgerichts im Jahre 1972 in Hinblick auf das Gleichheitsgebot verfassungsrechtlich nicht zu beanstanden.

ddd. Im Hinblick auf das Eigentumsrecht

Ein weiterer grundrechtlicher Aspekt, der vom Bundesverfassungsgericht in seiner Entscheidung nicht gewürdigt wurde, gleichwohl der Aufmerksamkeit bedarf, ist die Frage einer möglichen Verletzung des Eigentumsrechtes gem. Art. 14 Abs. 1 GG. Nach Art. 14 Abs. 1 S. 1, 1. Alt. GG wird das Eigentum gewährleistet, wobei der verfassungsrechtliche Eigentumsbegriff im Gegensatz zum bürgerlich-rechtlichen Eigentumsbegriff weiter zu fassen ist und auch sämtliche vermögenswerten Rechte des Privatrechts umfasst.[233] Hierunter können somit grundsätzlich auch Ansprüche und Forderungen wie beispielsweise der Anspruch auf den Ersatz immaterieller Schäden fallen.[234] Folglich könnte die Sperrung eines zivilrechtlichen Schmerzensgeldanspruches durch das System der Unfallversicherung rechtstechnisch als Entzug einer vermögenswerten rechtlichen Position verstanden werden und wäre demnach ein rechtfertigungsbedürftiger Eingriff in Art. 14 Abs. 1 GG. Fraglich ist allerdings, ob der geschädigte Arbeitnehmer in derartigen Fällen jemals einen verfassungsrechtlich geschützten und unentziehbaren Anspruch gegen seinen Schädiger inne hatte. Bei genauer Untersuchung wird erkennbar, dass dem geschädigten Arbeitnehmer kein bereits entstandener Anspruch entzogen wird, sondern es sich hier um die Modifikation eines zukünftigen Anspruch handelt.[235] Selbst wenn man davon ausgeht, dass das Unfallversicherungsrecht die zivilrechtlichen Ansprüche nicht an ihrer Entstehung beeinträchtigt, sondern lediglich deren Geltendmachung verhindert, so ist doch anzuerkennen, dass durch die Regelungen der gesetzlichen Unfallversicherung die Position des geschädigten Arbeitnehmers von vornherein anders gestaltet wird als die eines den bürgerlich-rechtlichen Regelungen unterfallenden Dritten.[236] Durch die Vorschriften der Unfallversicherung wird daher kein bestehender zivilrechtlicher Anspruch entzogen, sondern die vollständige Ersetzung des zivilrechtlichen Schadensersatzsystems durch ein völlig anderes Ausgleichssystem vorgenommen.[237] Damit kann von einem „Entzug" eines Anspruchs keine Rede sein,[238] vielmehr findet eine Anspruchsmodifikation durch die spezialgesetzlichen Regelungen der Unfallversicherung statt. Nach der zutreffenden Ansicht

233 *Von Münch/Kunig/Bryde*, GG, Art. 14, Rn. 11; Sachs/*Wendt*, GG, Art 14, Rn. 22 mit weiteren Nachweisen.

234 BVerfG v. 26.04.1995 = E 92, S. 262 (271); *von Münch/Kunig/Bryde*, GG, Art. 14, Rn. 12.

235 Vielmehr entsteht der Anspruch auf immateriellen Ersatz durch die Regelungen der Unfallversicherung von vornherein nicht. Art. 14 GG schützt hingegen nur bereits entstandene Rechtspositionen, vgl. BVerfG v. 20.04.1966 = E 20, S. 31 (34).

236 Überzeugend *Otto/Schwarze*, Die Haftung des Arbeitnehmers, Rn. 523, der zur Belegung seiner These einen Vergleich mit der Regelung des § 91 a SoldVersG heranzieht, zu dem das Verfassungsgericht dieses Ergebnis in einer Entscheidung bestätigte, vgl. BVerfG v. 22.06.1971 = E 31, S. 212 (220 f.); ähnlich, jedoch nicht in dieser Deutlichkeit zu den verschiedenen Funktionen von Unfallversicherung und Schadensausgleich nach bürgerlichem Recht: *Fuchs*, SGb 1995, S. 421 (422).

237 *Otto/Schwarze*, Die Haftung des Arbeitnehmers, Rn. 523; vgl. hierzu auch *Waltermann*, RdA 1998, S. 330 (330), der das deutsche System zum Ausgleich von Unfallschäden zurecht als „Haftungsersetzung durch Versicherung" bezeichnet, woran deutlich wird, dass kein Entzug eines Rechtes, sondern ein völlig andere Gestaltung der Rechtslage des Geschädigten erfolgt.

238 Hier bekräftigt auch das Verfassungsgericht, dass Art. 14 GG nur Rechtspositionen schützt, die einer Person bereits zustehen. Eine andere, von vornherein bestehende Rechtslage könne daher keinesfalls als Entzug angesehen werden, s. BVerfG v. 22.06.1971 = E 31, S. 212 (221).

von *Otto*[239] lässt sich ohnehin überhaupt nur dann von einem unzulässigen Entzug grundrechtlich geschützter Eigentumsrechte sprechen, wenn das zivilrechtliche Schadensausgleichsmodell zwingender Garantiebestand einschlägiger Grundrechte wäre. Da dies aber nicht der Fall ist,[240] liegt bereits mangels Eingriff in den Schutzbereich „Eigentum" keine Verletzung der Eigentumsfreiheit vor. Vielmehr handelt es sich um eine zulässige Ausgestaltung des Eigentumsbegriffs, die der Gesetzgeber im Rahmen des verfassungsrechtlich zulässigen vornehmen darf; eine Verletzung des Grundrechts aus Art. 14 Abs. 1 GG mithin nicht gegeben.

eee. Ansicht des damaligen Gesetzgebers

Als Grund zur Untermauerung der Verfassungsmäßigkeit der im Jahre 1972 geltenden gesetzlichen Regelung kann überdies die Ansicht des Gesetzgebers herangezogen werden. Als dieser bei der Neuformulierung des Haftungsausschlusses durch das Unfallversicherungs-Neuregelungsgesetz (UVNG) vom 30. April 1963[241] den Begriff des Personenschadens einführte, mit dem der immaterielle Schaden untrennbar verbunden ist, kann bei Zugrundelegung eines ordnungsgemäßen und sorgfältigen Gesetzgebungsverfahren mit vorheriger Sachverständigenanhörung und (Rechts-) Ausschusskonsultationen unterstellt werden, dass der Gesetzgeber über die vereinzelten Zweifel in der Literatur an der Verfassungsmäßigkeit der geltenden Regelung informiert war. Dass sich der Gesetzgeber dann gleichwohl für eine Normierung des Haftungsausschlusses entschloß, ist ein sicheres Indiz dafür, dass er von der Grundgesetzkonformität der getroffenen Regelung überzeugt war. Alles andere hieße auch dem Gesetzgeber einen bewussten Bruch der Verfassung unterstellen zu wollen. Zwar ist dieses Autoritätsargument der Berufung auf die Motive des damaligen Gesetzgebers nur von minder schwerem Gewicht, der Vollständigkeit halber ist es aber dennoch als weiterer Aspekt mit in die Waagschale zu legen.

cc. Zwischenergebnis: Die Entscheidung aus dem Jahr 1972 war rechtsfehlerfrei

Abschließend kann festgehalten werden, dass die Regelungen der Unfallversicherung in Hinblick auf den Schmerzensgeldausschluss unter Zugrundelegung der rechtlichen Situation im Jahr 1972 verfassungsgemäß waren. Weder lag ein Verstoß gegen das Gleichheitsgebot, noch gegen das Sozialstaatsprinzip, das Allgemeine Persönlichkeitsrecht oder die Eigentumsfreiheit vor.

---

239 *Otto/Schwarze*, Die Haftung des Arbeitnehmers, Rn. 523.

240 Das Grundgesetz enthält keine Vorgabe für die Wahl eines bestimmten Schadensersatzsystems. Hier steht dem Gesetzgeber ein weiter Spielraum zu, eine angemessene und gerechte Regelung zu finden, vgl. BVerfG v. 22.06.1971 = E 31, S. 212 (221).

241 UVNG v. 30. April 1963, BGBl. I, S. 241.

b. Unter Berücksichtigung der derzeitigen rechtlichen Situation andere Bewertung erforderlich?

Fraglich und von juristischer Relevanz ist allerdings, ob bei einer Übertragung der Entscheidung des Bundesverfassungsgerichts in die heutige Zeit die damals getroffene höchstrichterliche Feststellung aufrechterhalten werden kann. Möglicherweise haben sich in den rund 30 letzten Jahren rechtlich relevante Umstände dahingehend verändert, dass man im heutigen Zeitpunkt zu einer anderen Beurteilung der Verfassungsmäßigkeit gelangen kann bzw. sogar gelangen muss. Diese Frage stellt sich vor allem aufgrund einer Änderung der gesetzlichen Vorschriften im Bürgerlichen Gesetzbuch in Form des Zweiten Schadensersatzrechtsänderungsgesetzes[242] (2. SchadRÄndG) vom 19. Juli 2002 sowie aufgrund einer zunehmenden Gewichtung von Schmerzensgeldern in der Zivilrechtspraxis. Letztere Entwicklung wird zum einen daran deutlich, dass es mittlerweile dezidierte und vom Umfang her immer stärker zunehmende Schmerzensgeldtabellen gibt[243] sowie zum anderen ein genereller Trend des erheblichen Anstieges der Schmerzensgelder in den letzten Jahren bzw. Jahrzehnten erfolgt ist – wie es zumindest Teile des Schrifttums und der Rechtsprechung meinen ausmachen zu können.[244] Daher vermag es auch nicht recht zu überzeugen, wenn einige Darstellungen die Frage nach der Verfassungsmäßigkeit des Schmerzensgeldausschlusses unter Berufung auf die Karlsruher Entscheidung aus dem Jahr 1972 für erledigt erklären bzw. die soeben skizzierte Entwicklung der letzten Zeit für verfassungsrechtlich unerheblich betrachten möchten,[245] ohne sich genauer mit ihr auseinander setzen zu wollen. Vielmehr sollte im Einklang mit *Katzenmeier*[246] zumindest eine kritische Untersuchung und Beschäftigung mit dieser Problemstellung erfolgen, zumal es in der Literatur seit jeher Stimmen gibt, die dem Ausschluss kritisch gegenüberstehen.[247] Dies gilt nun umso mehr, als durch das 2. SchadRÄndG eine Integration des Schmerzensgeldanspruchs in das Allgemeine Schadensersatzrecht erfolgt ist, was nach Ansicht von *Richardi*[248] bereits alleine dazu führt, dass die bisher angenommene Verein-

---

242 2. SchadRÄndG v. 19. Juli 2002, in Kraft getreten zum 1. August 2002, BGBl. I, S. 2674.

243 S. bspw. die Werke *Hacks/Ring/Böhm*, Schmerzensgeldbeträge und *Slizyk*, Becksche SchmerzGTabelle, die in ihren aktuellen Auflagen aus den Jahren 2004 bzw. 2001 eine in den Vergleich zu den Vorauflagen einen stetig zugenommenen Katalog von Einzelurteilen und Schmerzensgeldsummen bieten.

244 OLG Köln Urt. v. 03.03.1995 = VersR 1995, S. 549 (550); *Deutsch/Ahrens*, Deliktsrecht, Rn. 495; *Rolfs* in AR-Blattei SD, 860.2, Rn. 177; *Fuchs*, Deliktsrecht, S. 186; *Hacks/Ring/Böhm*, Schmerzensgeldbeträge, S. 15 – diese Behauptung wird im nachfolgenden jedoch noch zu verifizieren sein.

245 So nämlich *Lepa*, Haftungsbeschränkungen bei Personenschäden nach dem Unfallversicherungsrecht, S. 35; Schaub/*Koch*, ArbR.-Hdb., § 109, Rn. 62 i.V.m. Rn. 2; ähnlich, aber vorsichtiger: *Steffen*, VersR 2003, S. 201 (206).

246 *Katzenmeier*, JZ 2002, S. 1029 (1035f.).

247 So bspw. *Lieb*, Arbeitsrecht, Rn. 220; ebenfalls: *Bogs*, Ausgleich von Arbeitsunfallschäden im Sozialgesetzbuch VII, S. 125 f. und S. 131 f.

248 *Richardi*, NZA 2002, S. 1004 (1009). Siehe hierzu ausführlich noch sogleich.

barkeit des Schmerzensgeldausschlusses in der gesetzlichen Unfallversicherung in Hinblick auf den Gleichheitssatz nicht mehr aufrecht zu erhalten und damit als verfassungswidrig zu beurteilen ist.

Überdies nimmt die Bedeutung der Thematik weiter an Gewicht zu, da sich der Prüfungsmaßstab des Bundesverfassungsgerichts verändert hat. Während zur Zeit der ersten Befassung der Verfassungshüter mit der Problematik des Schmerzensgeldausschlusses die Anwendung der „Willkürformel" im Rahmen von Art. 3 Abs. 1 GG *usus* war, nimmt das Verfassungsgericht nunmehr durch die sog. „Neue Formel"[249] eine im Vergleich zur Willkürprüfung strengere Art der Verhältnismäßigkeitsprüfung vor. Auch dieser Aspekt darf bei der Beurteilung der Entwicklung nicht unberücksichtigt bleiben.

aa. Heute: Verfassungswidrigkeit wegen Änderung der Rechtsprechung beim Schmerzensgeld im Hinblick auf die Höhe der ausgeurteilten Summen?

Die sachliche Rechtfertigung der Ungleichbehandlung der Arbeitnehmer wäre heute weitaus kritischer zu beurteilen, wenn sich die Differenz der Entschädigungszahlungen nach Zivil- und Unfallversicherungsrecht vergrößert hätte. Je mehr die Differenz zwischen beiden Entschädigungssystemen anwächst, desto stärker nimmt die gerügte Ungleichbehandlung zwischen geschädigtem Arbeitnehmer und geschädigtem Dritten zu. Damit wachsen gleichermaßen die Anforderungen an den sachlichen Grund an. Die Differenz zwischen den Geldleistungen der beiden Entschädigungssysteme und die daraus resultierende Ungleichbehandlung verhalten sich also zueinander proportional: Wächst diese Differenz, nimmt gleichermaßen die Ungleichbehandlung zu.

aaa. These des OLG Köln und der herrschenden Ansicht in der Literatur: Ansteigen der Schmerzensgeldsummen

Eine solche heutzutage größere Differenz zwischen Entschädigungszahlungen nach SGB VII und Schadensersatz nach den §§ 249 ff. BGB könnte dadurch entstanden sein, dass das nur nach dem Privatrecht gewährte Schmerzensgeld in seiner Höhe stark angestiegen ist, wie dies beispielsweise vom OLG Köln bereits 1995 konstatiert wurde.[250] Die Bestätigung dieser Entwicklung meint auch die Literatur ausmachen zu können,[251] die ebenfalls einen generellen Trend hin zum Anstieg der Schmerzensgeldsummen in den letzten Jahrzehnten erkennen will. Bevor jedoch eine Diskussion der Auswirkungen dieser Entwicklung auf die Verfassungsmäßigkeit des Schmerzensgeldausschlusses erfolgt, bedarf es zu-

---

249 Zum Begriff der „Neuen Formel" und ihrer Entwicklung im Bereich der verfassungsrechtlichen Judikatur s. z.B. die Ausführungen bei *Sachs*, JuS 1997, S. 124 (124ff.). Ausführlich auch: Maunz/Dürig/*Herzog*, GG, Anhang Art. 3, Rn. 6 ff.

250 OLG Köln Urt. v. 3.03.1995 = VersR 1995, S. 549 (550).

251 *Hacks/Ring/Böhm*, Schmerzensgeldbeträge, S. 15; *Deutsch/Ahrens*, Deliktsrecht, Rn. 495; *Rolfs* in AR-Blattei SD, 860.2, Rn. 177; *Fuchs*, Deliktsrecht, S. 186.

nächst einer Verifizierung der aufgeworfenen These mittels einer zusätzlichen empirischen Belegung. Es ist damit zu untersuchen, ob wirklich – wie vom OLG Köln behauptet – die Schmerzensgelder in den letzten Jahren bzw. Jahrzehnten in ihrer Höhe angewachsen sind. Allerdings kann diese Untersuchung nur exemplarisch erfolgen und daher den von den Gerichten und der Literatur behaupteten Trend im günstigsten Falle bei Eindeutigkeit der Ergebnisse untermauern, sie kann und will hingegen keinen Anspruch auf Vollständigkeit, Allgemeingültigkeit oder Repräsentativität der gewonnen Erkenntnisse erheben.

bbb. Empirische Untersuchung der Veränderung der Schmerzensgeldhöhen anhand exemplarisch ausgewählter Unfallverletzungen

Die Untersuchung soll wie folgt vonstatten gehen: Für ausgewählte Verletzungsmuster erfolgt ein Vergleich der Summen der ausgeurteilten Schmerzensgelder in den Jahren bis 1970 und um das Jahr 2000. Hierbei werden „klassische" Unfallverletzungen berücksichtigt, wie sie typischerweise bei Arbeitsunfällen auftreten könnten. Dies werden im verarbeitenden Gewerbe häufig Verletzungen an den oberen oder unteren Extremitäten sein. Verglichen werden somit zunächst die Schmerzensgeldhöhen für das Verletzungsmuster „Fingeramputation". Im Bereich der unteren Extremitäten wird exemplarisch das Verletzungsmuster einer schweren Beinverletzung mit Amputationsfolge und ggf. weiteren Folgeverletzungen herangezogen und verglichen. Als weiterer gravierender und zugleich „klassischer" Unfallschaden soll die Entwicklung des immateriellen Schadensersatzes für Querschnittslähmungen sowie für den Verlust des Augenlichtes betrachtet werden, welche durch Stürze aufgrund ungenügender Sicherungsvorkehrungen bzw. durch Fremdkörpereindringungen infolge unzulänglicher Abschirmungen oder maschineller Fehlfunktionen gleichfalls ein weit verbreitetes Verletzungsmuster bei Arbeitsunfällen sind.

Um einen möglichst repräsentativen Wert zu erhalten, werden nicht einzelne Urteile ausgewertet, die natürlich je nach urteilendem Gericht und zu berücksichtigender Einzelfallumstände völlig andere Höhen erreichen können. Vielmehr soll anhand üblicher Schmerzensgeldtabellen die Ermittlung eines durchschnittlichen Schmerzensgeldwertes für ein klassisches Verletzungsmuster angestrebt werden. Da von dem Gericht natürlich in jedem Fall eine Einzelfallbetrachtung anhand aller Umstände und Eigenarten des Falles erfolgt und insbesondere auch Faktoren wie Verschuldensgrad oder finanzielle Verhältnisse der Beteiligten zu berücksichtigen sind,[252] birgt diese Untersuchungsmethode natürlich gewisse Ungenauigkeiten.[253] Diese sind jedoch in Hinblick auf die angestrebte Er-

252 Vgl. zu diesen Kriterien auch schon die obigen Ausführungen im Rahmen der Darstellung von Funktion und Bemessung des Schmerzensgeldes auf den Seiten 27 f.

253 Auch ist zu vergegenwärtigen, dass die Vergleichbarkeit der einzelnen Schmerzensgeldsummen dadurch beeinträchtigt wird, dass in vielen Fällen neben der konkret betrachteten Verletzung auch noch weitere Verletzungen vorgelegen haben können, die für die Bemessung des Schmerzensgeldes gleichermaßen erheblich waren.

mittlung von bloß exemplarischen Vergleichswerten in Kauf zu nehmen[254] – da es sich bei der Bemessung des Schmerzensgeldes um einen Fall der konkreten, einzelfallabhängigen Schadensberechnung handelt, liegt dies jedoch in der Natur der Sache und kann nicht umgangen werden.

Sollte sich zudem der vom OLG Köln[255] behauptete Trend bei den Schmerzensgeldsummen bestätigen, so wäre zu erhoffen, dass dieser sich in solcher Deutlichkeit zeigt, dass über kleinere Ungenauigkeiten hinweg gesehen werden könnte. Eine zusätzliche Anmerkung zur Vorgehensweise bei der Berechnung: Um eine bessere Vergleichbarkeit der Werte zu erhalten, erfolgt eine Umrechung aller ausgeurteilter Beträge in Euro.[256] Die Vergleichbarkeit der Werte trotz Geldentwertung wird dadurch gewährleistet, dass diese mittels des Jahresverbraucherpreisindex auf das Jahr 2004 „hochgerechnet" werden.[257]

(1) Schmerzensgeldhöhen bei Fingeramputationen[258]

Um das Jahr 1970 wurde für den vollständigen Verlust eines Fingers, variierend je nach der Bedeutung des konkreten Fingers, rund 3.000,- DM Schmerzensgeld zugesprochen. Bei einer Berücksichtigung der Geldentwertung und Umrechnung in Euro-Beträge entspräche dies einem heutigen Schmerzensgeldbetrag von rund 4.100,- €.

Dem gegenüber stehen die Urteile der letzten Jahre, die bei einer derartigen Verletzung mit Fingeramputation durchschnittlich ein Schmerzensgeld von rund 7.700,- € gewähren. Dies ist eine Zunahme der Schmerzensgeldsummen von nahezu 90 %.

(2) Schmerzensgeldhöhen bei schweren Unterschenkelverletzungen[259]

Die gleiche Entwicklung – ein Ansteigen der Summen – lässt sich auch am Beispiel der Unterschenkelverletzung mit Amputationsfolge und ggf. weiteren Folgeverletzungen erkennen, wenn auch hier mit einer Zunahme der Summen um rund 37 % nicht in der gleichen Deutlichkeit wie bei den Fällen der Fingeramputation: Wurden um das Jahr 1970 unter Berücksichtigung der Geldentwertung umgerechnete Summen in einer Höhe von

---

254 Nochmals sei hier betont, dass es sich hier nur um eine Veranschaulichung der Entwicklung anhand ausgewählter Verletzungsmuster handelt, die keinen Anspruch auf Vollständigkeit erheben möchte und im Rahmen dieser Arbeit auch nicht zu bewerkstelligen wäre.

255 OLG Köln a.a.O.

256 Statt des genauen Umrechnungswertes von € zu DM von 1,95583 zu 1 erfolgt die Umrechnung mit einem Wert von € zu DM von 2 zu 1; vgl. hierzu auch im Anhang die Schemata 1 und 2.

257 Zur Geldentwertung und zum Jahresverbraucherpreisindex s. *Palandt/Brudermüller*, BGB, § 1376, Rn. 24 ff. sowie im Anhang die Schemata 1 und 2.

258 Zu den einzelnen Werten und Gerichtsentscheidungen siehe im Anhang die Tabellen 1 a – 1 d und 5.

259 Zu den einzelnen Werten und Gerichtsentscheidungen siehe im Anhang die Tabellen 2 a – 2 d und 5.

durchschnittlich rund 40.000,- € Schmerzensgeld zugesprochen, so weisen die Urteile ab dem Jahr 2000 eine durchschnittliche Summe von rund 53.000,- € auf.

(3) Schmerzensgeldhöhen bei einseitiger Erblindung / Verlust des Augenlichts[260]

Dieser Trend setzt sich auch bei den Schmerzensgeldhöhen für Erblindungen fort und ist hier noch weitaus deutlicher zu beobachten: Für den einseitigen Verlust des Augenlichtes wurden um das Jahr 1970 Beträge zwischen 6.000,- DM und 15.000,- DM zugesprochen, was heutzutage einem durchschnittlichen Schmerzensgeldbetrag von rund 14.400,- € entspräche. Die gleiche Verletzung wird von den Gerichten in den jüngeren Jahren mit Durchschnittssummen von fast 44.000,- € „bewertet". Auch dies ist eine gravierende Zunahme der Summe, in Form einer Verdreifachung.

(4) Schmerzensgeldhöhen bei Querschnittslähmung[261]

Selbiges gilt für die Unfallfolge „Querschnittslähmung": In derartigen Fällen wurden um das Jahr 1970 Summen mit einer großen Schwankungsbreite von 40.000,- DM bis 120.000,- DM zugesprochen. Im Schnitt entspräche dies heutzutage einer Summe von rund 124.000,- €. In jüngeren Entscheidungen wird für das Verletzungsmuster „Querschnittslähmung" durchschnittlich ein Schmerzensgeld von rund 225.000,- € zugebilligt. Auch dies ist eine summenmäßige Zunahme auf nahezu das Doppelte.

(5) Vergleich der absolut höchsten Schmerzensgeldsummen[262]

Der gleiche Trend spiegelt sich auch bei den Höchstsummen der je zugesprochenen Schmerzensgeldsummen wieder. Zwar sind diese aufgrund der unterschiedlichen zugrundeliegenden Verletzungsmustern nicht direkt vergleichbar, dennoch lässt sich auch hier die Tendenz der starken Zunahme der Schmerzensgeldsummen ausweisen: Während im Jahr 1970 erstmals der bis dato immense und unvorstellbare Betrag von 120.000,- DM zugesprochen wurde, ist vom OLG Hamm im Jahr 2002 ein Urteil mit einer bisher noch nie da gewesenen Schmerzensgeldsumme von 500.000,- € ergangen. Selbst nach Berücksichtigung der Geldentwertung ist dies eine Zunahme in Form einer Verdreifachung der Summen.

---

260 Zu den einzelnen Werten und Gerichtsentscheidungen siehe im Anhang die Tabellen 3 a – 3 d und 5.

261 Zu den einzelnen Werten und Gerichtsentscheidungen siehe im Anhang die Tabellen 4 a – 4 d und 5.

262 Zu den einzelnen Werten und Gerichtsentscheidungen siehe im Anhang die Tabelle 6.

ccc. Empirischer Befund: Stetiger Anstieg der Schmerzensgeldhöhen

Aus den untersuchten Urteilen anhand der ausgewählten Verletzungsmuster lässt sich ein deutlicher Anstieg der Schmerzensgeldsummen verzeichnen. Der These des OLG Köln[263] und der Literatur,[264] dass in den letzten Jahrzehnten ein starker Anstieg der Schmerzensgeldsummen erfolgt ist, kann daher uneingeschränkt beigepflichtet werden. Das Anwachsen der Schmerzensgeldbeträge ist auch derart deutlich, dass die oben erwähnten Untersuchungsungenauigkeiten zu vernachlässigen sind und den bewiesenen Trend nicht zu widerlegen vermögen: Nahezu bei allen exemplarisch ausgewählten Verletzungsmustern sind Anstiege der Summen auf fast das Doppelte oder mehr zu beobachten.

ddd. Auswirkungen auf die Beurteilung der Verfassungsmäßigkeit

Zu erörtern ist nun, ob und bejahendenfalls welche verfassungsrechtlichen Auswirkungen diese Feststellung zur Folge hat. Im Jahr 1972 rechtfertigte das Verfassungsgericht eine Ungleichbehandlung der Arbeitnehmer noch mit den Vorzügen der Unfallversicherung und erklärte, der Ausschluss des Schmerzensgeldes sei mit dem Gesamtsystem der Unfallversicherung zu vergleichen und daher verfassungsrechtlich unbedenklich.[265] Ob dieser Schluss heutzutage noch aufrechterhalten werden kann, ist fraglich. Während das Schmerzensgeld anfangs noch ein zivilrechtliches „Schattendasein" führte, ist seine Bedeutung stark angestiegen. Sowohl die grundsätzliche Bedeutung immaterieller Schäden als auch die Bereitschaft der Rechtsprechung zum verstärkten Ausgleich durch Schmerzensgelder haben zugenommen.[266] Die Folge dieser Entwicklung ist das Anwachsen der gerügten Ungleichbehandlung zwischen geschädigten Arbeitnehmern und sonstigen Geschädigten. Die Differenz zwischen den Entschädigungssummen, die ein geschädigter Arbeitnehmer einerseits und ein sonstiger Geschädigter andererseits im Schadensfalle erhält, nimmt durch die höheren Schmerzensgeldbeträge zu. Das führt dazu, dass an den die Ungleichbehandlung rechtfertigenden Grund gleichfalls höhere Anforderungen zu stellen sind. Ausgangs- und Mittelpunkt der Überlegungen muss folglich sein, wann die hieraus resultierende Ungleichbehandlung derart gewichtig wird, dass sie nicht mehr durch die o.g. Gründe des Betriebsfriedens, der Finanzierung der Unfallversicherung durch den Arbeitgeber und der bestehenden sicheren Liquidität des geltenden System gerechtfertigt werden kann. Sofern es auf Seiten der für das System der Unfallversicherung mit Schmerzensgeldausschluss sprechenden Gründe keine zusätzlichen, neuen Rechtfertigungsgründe gibt, könnte eine Verschiebung der Balance zulasten des Arbeitnehmers erfolgt sein – mit der Verfassungswidrigkeit der geltenden gesetzlichen Regelung als Folge. Hierfür aller-

263 OLG Köln a.a.O.

264 *Hacks/Ring/Böhm*, Schmerzensgeldbeträge, S. 15; *Deutsch/Ahrens*, Deliktsrecht, Rn. 495; *Rolfs* in AR-Blattei SD, 860.2, Rn. 177; *Fuchs*, Deliktsrecht, S. 186.

265 BVerfG v. 7.11.1972 = E 34, S. 118 (118).

266 S. die obigen Ausführungen, S. 71 f.

dings ausschließlich die Entwicklung der Schmerzensgeldsummen heranzuziehen, ist ein schwieriges Unterfangen. Einen genauen Zeitpunkt des „Umschlagens" der gesetzlich geltenden Regelung von der Verfassungskonformität in die Verfassungswidrigkeit wird man schwer ausmachen können, da der Prozess des Ansteigens der Schmerzensgelder über die Jahre und Jahrzehnte sukzessiv erfolgt ist. Welche Steigerung wird man hier auch einzufordern haben – Ist eine 20%-Erhöhung der Schmerzensgeldsummen ausreichend? Bedarf es womöglich einer 30%-Ansteigung oder gar einer Zunahme um mindestens 50%? Möglicherweise bedarf es der Feststellung eines derartigen „Umschlagspunktes" der geltenden gesetzlichen Regelung in die Verfassungswidrigkeit jedoch gar nicht. Dies wäre dann der Fall, wenn durch eine weitere rechtliche Entwicklung ein derartiger Wendepunkt vorgegeben wäre, der im Zusammenspiel mit der Zunahme der Summen des immateriellen Ersatzes einen eindeutigen Zeitpunkt für ein Umschlagen der derzeitigen Regelung in die Verfassungswidrigkeit abgeben könnte. Hier ist an die Umsetzung des 2. SchadRÄndG zu denken. Mit diesem Gesetz aus dem Jahr 2002 und den dortigen erfolgten Änderungen den Ausgleich immaterieller Schäden betreffend könnte eine Regelung geschaffen worden sein, die im Zusammenwirken mit dem Anstieg der Schmerzensgeldsummen der letzten Jahrzehnten den entscheidenden Fixpunkt darstellt.

bb. Heute: Verfassungswidrigkeit durch Einführung des 2. SchadRÄndG?

Folglich sind als Aspekte zur Beurteilung der Verfassungsmäßigkeit des Schmerzensgeldausschlusses zum heutigen Zeitpunkt die Änderungen des zivilrechtlichen Schadenersatzsystems durch das 2. SchadRÄndG vom 1. August 2002 mit einzubeziehen:

aaa. Überblick: Darstellung der Änderungen

Die Reform des Schadensersatzrechts erfolgte im Anschluss an das zum 1. Januar 2002 in Kraft getretene Schuldrechtsmodernisierungsgesetz. Während die Schuldrechtsmodernisierung grundsätzliche inhaltliche Änderungen zur Folge hatte, verfolgte die Reform des Schadensersatzrechts den eher pragmatischen Ansatz der Verbesserung der Position des Geschädigten in zahlreichen Einzelfragen:[267] Die Haftungshöchstbeträge im Straßenverkehr wurden angehoben und die KfZ-Halterhaftung nicht mehr durch das „unabwendbare Ereignis", sondern nur noch durch die „höhere Gewalt" begrenzt. Im Bereich des Straßenverkehrs wurde die Deliktsfähigkeit von Kindern auf das vollendete zehnte Lebensjahr angehoben. Weiterhin gab es Änderungen bei den Kausalitätsanforderungen im Bereich der Arzneimittelhaftung.[268] Die im Rahmen dieser Arbeit interessierenden Änderungen erfolgten aber im allgemeinen Schadensersatzrecht des Bürgerlichen Gesetzbuches:

267 *Däubler*, JuS 2002, S. 625 (625). Ausführlich zum Ganzen: *Bollweg/Hermann*, Das neue Schadensersatzrecht, S. 21 ff.

268 Im einzelnen siehe hierzu die Regelungen der §§ 84 ff. AMG n. F. Vertiefend hierzu auch *Wagner*, NJW 2002, S. 2049 (2049 f.) sowie *ders.*, Das neue Schadensersatzrecht, Rn. 5 ff.

bbb. Streichung des § 847 BGB a.F., Neufassung im § 253 Abs. 2 BGB

Im Bereich des Schmerzensgeldes passt der von *Däubler* in seinem Aufsatz skizzierte Begriff der „pragmatischen Reform"[269] allerdings insofern nicht recht, als dass es infolge der Reform auch grundlegende inhaltliche Änderungen von dogmatischer Relevanz gab, mit den treffenden Worten *Wagners* eine Neuregelung „zentraler Fragen der Haftungsbegründung"[270] erfolgte.

So wurde der vormals in § 847 BGB a.F. verankerte Schmerzensgeldanspruch gestrichen und der frühere Gesetzeswortlaut fast unverändert in einen neuen § 253 Abs. 2 BGB überführt. Diese Neufassung hat zur Folge, dass ein Schmerzensgeldanspruch nunmehr ohne Rücksicht auf den Haftungsgrund geltend gemacht werden kann.[271] Während vormals noch eine deliktische Handlung als Haftungsgrund erforderlich war, wird durch die Neuregelung nun auch im Rahmen vertraglicher Haftung ein angemessenes Schmerzensgeld geschuldet.[272] Allerdings ist nach wie vor die Verletzung eines absoluten Rechtes erforderlich, so dass es beispielsweise ein Schmerzensgeld für einen reinen Vermögensschaden weiterhin nicht geben wird.[273] Vorzüge bietet die neue Regelung für den Geschädigten aber insofern, als dass nunmehr auch die Beweislastregelung des § 280 Abs. 1 S. 2 BGB bei einem vertraglichen Schmerzensgeldanspruch Anwendung findet. Gleichfalls ist die Schmerzensgeldgewährung im Bereich der vertraglichen Haftung bei einem Handeln von Erfüllungsgehilfen im Sinne von § 278 BGB von Relevanz. Vormals konnte sich der Geschäftsherr durch eine erfolgreiche Exculpation oder durch den Nachweis fehlender sozialer Abhängigkeit der Hilfsperson im Rahmen des § 831 BGB der (Schmerzensgeld-) Haftung entziehen. Nunmehr kann der Geschädigte den Geschäftsherrn auf ein Schmerzensgeld in Anspruch nehmen, auch wenn der Schaden von einem Dritten zugefügt wurde, der mit Wissen und Wollen im Gesamtpflichtenkreis des Geschäftsherrn als Erfüllungsgehilfe tätig war.[274]

Eine weitere wichtige und bedeutende Neuerung tritt dadurch ein, dass fortan Schmerzensgeld generell in den Fällen der Gefährdungshaftung zu gewähren ist. Dies ergibt sich sowohl durch die Verschiebung des § 847 BGB a.F. in das allgemeine Schuld-

---

269 So *Däubler*, JuS 2002, S. 625 (625).

270 *Wagner*, NJW 2002, S. 2049 (2049). Ähnlich auch *Bollweg/Hellmann*, Das neue Schadensersatzrecht, S. 55: „Mit dem 2. Schadensersatzrechtsänderungsgesetz wird weiterhin der Anspruch auf immateriellen Schadensersatz in Form von Schmerzensgeld (...) grundlegend neu geordnet".

271 Begründung des Regierungsentwurfes, BT-Drucksache 14/7752, S. 14.

272 *Fuchs*, Deliktsrecht, S. 179; *Däubler*, JuS 2002, S. 625 (626).

273 So der eindeutige Wortlaut von § 253 Abs. 2 BGB. Allgemein hierzu s. bereits schon vor Inkrafttreten des 2. Schadensrechtsänderungsgesetzes *Thüsing*, VersR 2001, S. 285 (286, ff., 295 ff).

274 *Däubler*, JuS 2002, S. 625 (626); *Fuchs*, Deliktsrecht, S. 179; *Wagner*, Das neue Schadensersatzrecht, Rn. 35. Allgemein zum Begriff des Erfüllungsgehilfen s. bspw. MüKo-*Grundmann*, BGB, § 278, Rn. 20 ff. oder Palandt/*Heinrichs*, BGB, § 278, Rn. 7 f.

recht, als auch durch den Verweis sämtlicher Gefährdungshaftungsnormen auf den § 253 Abs. 2 BGB.[275] Nach bisheriger Rechtslage konnte es im Bereich der Gefährdungshaftung ein Schmerzensgeld nur im Falle der Tierhalterhaftung nach § 833 S. 1 BGB geben,[276] während nunmehr sämtliche Gesetze, die eine Gefährdungshaftung vorsehen, auf die Vorschrift des § 253 Abs. 2 BGB verweisen.[277]

Diese Änderung ist insofern von großer und nicht zu unterschätzender Bedeutung, als dass bislang für die Gewährung von Schmerzensgeld stets der Verschuldensnachweis erforderlich war. Kritisiert wurde das bisherige Prinzip bereits mehrfach, da die Gefährdungshaftung die ihr zugedachte präventive Wirkung nur dann voll entfalten könne, wenn der Schädiger für *sämtliche* entstandenen Schäden einstehen müsse.[278] Müsse er dies nicht, so würde ein Teil der Schäden zu Lasten des Geschädigten gehen, was dazu führen könne, dass der Verursacher seinen Sorgfaltsaufwand für die Zukunft senken und seine Anstrengungen zur Vermeidung von schadensträchtigen Gefahrsituationen reduzieren werde. Weiterhin ist mit der Höhergewichtung der Gefährdungshaftung zu Lasten des Verschuldensprinzips ein Schritt in Richtung zur Harmonisierung der europäischen Schadensersatzrechtssysteme erfolgt, die im Gegensatz zu dem im deutschen Rechtskreis vorherrschenden Verschuldensprinzip seit eh und je stärkere Elemente der Gefährdungshaftung aufweisen.[279] Aufgrund der fortschreitenden Angleichung der europäischen Privatrechtssysteme ist eine derartige Vereinheitlichung zentraler Fragen des Haftungsrechts durchaus wünschenswert.[280]

Zusätzliches Motiv des Gesetzgebers für die Abkehr vom Verschuldenserfordernis als vormalig zwingende Voraussetzung für einen Schmerzensgeldanspruch war die intendierte Rationalisierung der Schmerzensgeldbemessung:[281] Bei Prozessen sollte die Frage

---

275 *Wagner*, NJW 2002, S. 2049 (2053); *ders.*, Das neue Schadensersatzrecht, Rn. 28; *Bollweg/Hellmann*, Das neue Schadensersatzrecht, S. 56.

276 Etwaige andere Sondervorschriften wie beispielsweise § 53 Abs. 3 LuftVG seien hier vernachlässigt.

277 Beispielhaft seien hier etwa die Verweisungen in § 11 StVG, § 8 ProdHaftG oder § 6 HaftpflG erwähnt; zu weiteren Normen siehe *Däubler*, JuS 2002, S. 625 (626).

278 *Wagner*, VersR 1999, S. 1441 (1450).

279 *Bollweg/Hellmann*, Das neue Schadensersatzrecht, S. 58. Ebenso *Wagner*, NJW 2002, S. 2049 (2054); *ders.*, Das neue Schadensersatzrecht, Rn. 27 und *Thüsing*, VersR 2001, S. 285 (297). Vgl. insbesondere auch die späteren Ausführungen zur Stellung des Verschuldensprinzips und der Gefährdungshaftung in den verschiedenen europäischen Rechtssystemen, S. 139 ff.

280 Dass das deutsche Privatrecht und insbesondere auch das Arbeitsrecht längst von europäischen Vorgaben geprägt ist, zeigt jüngst die umstrittene Kodifizierung des Antidiskriminierungsgesetzes, welche im wesentlichen auf der Umsetzung der Richtlinien 2000/43/EG, 29.06.2000, ABl. EG L 180/22 und 2000/78/EG, 27.11.2000, ABl. EG L 303/16 beruht. S. hierzu auch umfassend *Thüsing*, NZA 2004, Sonderbeilage zu Heft 22, S. 1 ff.

281 So die Begründung des Gesetzentwurfes der Bundesregierung, BT-Drucks. 14/7752, S. 15 und die diesbezüglichen Ausführungen von *Wagner*, NJW 2002, S. 2049 (2054) sowie *ders.*, Das neue Schadensersatzrecht, Rn. 29. Ebenso: *Bollweg/Hellmann*, Das neue Schadensersatzrecht, S. 58.

des Verschuldens dahingestellt bleiben können, da diese Frage oftmals nur für die Gewährung eines Schmerzensgeldes zu erörtern ist und langwierige und kostspielige Beweisaufnahmen erforderlich macht. Fraglich ist allerdings, ob dieses hehre Ziel des Gesetzgebers auch erreicht werden wird. Wenn bei der Schmerzensgeldbemessung in Form der Genugtuungsfunktion weiterhin der Verschuldensgrad des Schädigers für die Schmerzensgeldhöhe maßgeblich sein soll, so muss die Verschuldensfrage dennoch erörtert werden. Auch wenn diese Feststellung nun nicht mehr auf der Tatbestandsseite, sondern erst auf der Rechtsfolgenseite bei Bemessung der Schmerzensgeldhöhe zu treffen ist, wird dies den erhofften Rationalisierungseffekt nicht herbeiführen.[282]

ccc. Auswirkungen auf die Beurteilung der Verfassungsmäßigkeit

Nach Darlegung der durch das 2. SchadRÄndG erfolgten relevanten Änderungen ist nun das Augenmerk auf die hieraus resultierenden etwaigen verfassungsrechtlichen Konsequenzen zu legen. Die Frage, um deren Beantwortung sich die folgenden Ausführungen drehen müssen, lässt sich unschwer formulieren, ungleich mehr Mühen kostet ihre Beantwortung: Frage bzw. Untersuchungsgegenstand wird sein müssen, ob die Neufassung und Integration des Schmerzensgeldanspruches in das allgemeine Schadensersatzrecht der §§ 249 ff. BGB unmittelbare Wirkungen auf die Beurteilung der Verfassungsmäßigkeit des Schmerzensgeldausschlusses entfaltet. Hatten noch – wie etwa *Katzenmeier*[283] zurecht ausführt – die Väter des Bürgerlichen Gesetzbuches dem Anspruch auf Geldersatz für Nichtvermögensschäden enge Grenzen gezogen, so sind durch die oben aufgezeigten Neuregelungen und Entwicklungen insbesondere infolge des 2. SchadRÄndG diese einstigen Beschränkungen der Ersatzfähigkeit immaterieller Schäden gelockert bzw. teilweise aufgehoben worden. Allgemein ist eine Entwicklung hin zugunsten einer Stärkung des Schmerzensgeldanspruchs zu verzeichnen. Diese Entwicklung des Privatrechts beeinflusst auch das Verfassungsrecht und macht an den Grenzen des BGBs nicht halt: Da bei der Frage der Verfassungsmäßigkeit des Schmerzensgeldausschlusses das privatrechtliche

---

282 Dies erkennt auch *Wagner*, Das neue Schadensersatzrecht, Rn. 30 f., der als Lösungsansätze entweder den Abschied von der Genugtuungsfunktion in Betracht zieht oder aber die Einführung von Pauschalbeträgen zur Diskussion stellt. Beide Vorschläge sind aber insofern problematisch, da die Berücksichtigung der Genugtuungsfunktion eine klassische Aufgabe des Schmerzensgeldes ist. *Wagner* erkennt dies zwar, und führt aus, dass es dem Rechtsgefühl und der Billigkeit widersprechen würde, eine solche Neubewertung der Schmerzensgeldfunktionen vorzunehmen (*Wagner*, a.a.O.), allerdings könne nur so der Gesetzeszweck erreicht werden. Eine solche Neubewertung erscheint jedoch zumindest fragwürdig. Der Ausgleich immaterieller Schäden ist gerade zu durch die Berücksichtigung der Einzelfallumstände geprägt. Wollte man hier nun eine Pauschalierung vornehmen, so wird die Sinnhaftigkeit des Ausgleiches immaterieller Schäden in Frage gestellt. Jedenfalls erscheint es in Hinblick auf den Zweck des Schmerzensgeldes wenig überzeugend, ohne Rücksicht auf den Einzelfall eine pauschale Summe auszukehren.

283 *Katzenmeier*, JZ 2002, S. 1029 (1029); ähnlich auch *Schmitt*, SGB VII, § 104, Rn. 14 sowie *von Mayenburg*, VersR 2002, S. 278 (278 f.).

Entschädigungssystem mit der abstrakten Entschädigungsregelung der Unfallversicherung im direkten Vergleich steht, sind die privatrechtlichen Entwicklungen auch im Sozialrecht von Relevanz. Durch die zivilrechtliche Stärkung des Ausgleiches immaterieller Schäden könnte daher die Frage der Verfassungsmäßigkeit des Schmerzensgeldausschlusses heute anders als 1972 zu beantworten sein.

(1) Die vorherrschende Ansicht in der Literatur

Dem folgt aber nicht die verbreitete Ansicht in der Literatur, die in den vergangenen Jahren zwar immer wieder den Sinn des Schmerzensgeldausschlusses kritisiert[284] und vereinzelt eine Alternative zu der derzeitigen Regelung vorgeschlagen hat,[285] der geltenden rechtlichen Regelung ihre Verfassungsmäßigkeit aber regelmäßig nicht absprach. Auch nach den erfolgten Neuregelungen sieht die wohl vorherrschende Auffassung die geltende gesetzliche Regelung nach wie vor als verfassungskonform an.[286] Nach wie vor seien das bürgerlich-rechtliche System und das System der gesetzlichen Unfallversicherung unterschiedliche Ordnungssysteme, so dass die erfolgten Änderungen des zivilrechtlichen Schadensersatzrechtssystems nichts an der Beurteilung der Verfassungskonformität änderten.[287] Die die Ungleichbehandlung zwischen geschädigten Arbeitnehmern und sonstigen geschädigten Dritten rechtfertigenden Gründe existierten nach wie vor, so dass ein Verstoß gegen den Gleichheitssatz des Artikel 3 Abs. 1 GG weiterhin nicht auszumachen sei. Auch habe sich an der Gewichtung der Gründe nichts geändert, so dass weiterhin an der Argumentation des Bundesverfassungsgerichts und dessen Ergebnis aus dem Jahre 1972 festzuhalten sei.

(2) Die Ansicht von Richardi

Einen konsequenten und den erfolgten Änderungen Rechnung tragenden Schritt hat nun aber *Richardi*[288] gewagt und dem Ausschluss immaterieller Schäden im System der Un-

---

284 *Lieb*, Arbeitsrecht, Rn. 220; *Katzenmeier*, JZ 2002, S. 1029 (1036); *Rolfs* in ErfKomm., § 104 SGB VII, Rn. 1; *Preis*, Individualarbeitsrecht, § 53 II, S. 618 ff. (620); Wannagat/*Waltermann*, SGB VII, § 104, Rn. 18.

285 Vgl. z.B. *Bogs*, Ausgleich von Arbeitsunfallschäden, S. 125 f.

286 *Brox/Rüthers/Henssler*, Arbeitsrecht, Rn. 373; *Muckel*, Sozialrecht, § 10, Rn. 87 f.; *Dütz*, Arbeitsrecht, Rn. 257; *Lepa*, Haftungsbeschränkungen bei Personenschäden nach dem Unfallversicherungsrecht, S. 37; *Schulin/Igl*, Sozialrecht, Rn. 401; *Boemke*, Studienbuch Arbeitsrecht, § 7, Rn. 64; *Schaub/Koch*, ArbR-Hdb., § 109, Rn. 2 f. und 62; *Wussow/Schneider*, Unfallhaftpflichtrecht, 80. Kap., Rn. 28; *Erlenkämper/Fichte*, Sozialrecht, 7.5., S. 517. Kritisch: *Waltermann*, Sozialrecht, § 10, Rn. 309.

287 Diese Begründung wurde vom BVerfG bei der ersten Befassung mit dieser Problematik im Jahr 1972 vorgebracht, vgl. BVerfG v. 7.11.1972 = E 34, S. 118 (131). Nach wie vor findet sich dieses Argument bei zahlreichen Darstellungen unisono als Rechtfertigungsgrund der Ungleichbehandlung.

288 *Richardi*, NZA 2002, S. 1004 (1009).

fallversicherung die Verfassungskonformität explizit abgesprochen: Auch dem geschädigten Arbeitnehmer müsse die Geltendmachung eines Anspruches auf den Ersatz immaterieller Schäden möglich sein, ohne dass dieser durch die Unfallversicherung gesperrt würde. *Richardi* begründet seine These mit der erfolgten Verankerung des Anspruches auf Schmerzensgeld im allgemeinen Schadensersatzrecht.[289] Durch diese Neufassung sei eine Stärkung des Anspruchs auf Ersatz immaterieller Schäden erfolgt. Infolgedessen stelle der Ausschluss des Schmerzensgeldes für den geschädigten Arbeitnehmer nunmehr einen Verstoß gegen den Gleichheitssatz des Art. 3 Abs. 1 GG dar, der nicht mehr zu rechtfertigen sei.[290]

(3) Die Ansicht von Fuchs

Dem stimmt im Ergebnis auch *Fuchs*[291] zu, der unter Berufung auf *Richardi*[292] gleichfalls einen Verstoß gegen den Gleichheitssatz ausmacht, sich zur Begründung aber nicht nur allein auf die Einführung des § 253 Abs. 2 BGB n.F. in das allgemeine Schadensersatzrecht stützen möchte, sondern den Grund für die eingetretene Verfassungswidrigkeit primär darin erblicken will, dass *de lege lata* nunmehr auch Schmerzensgeld in den Fällen der Gefährdungshaftung geschuldet ist. Die Haftung für Unfallschäden am Arbeitsplatz sei gleichermaßen ein solcher Fall der Gefährdungshaftung, da sie ein Verschulden des Arbeitgebers nicht voraussetze.[293] In Hinblick auf den verfassungsrechtlichen Gleichbehandlungsgrundsatz des Art. 3 Abs. 1 GG sei es daher nicht länger hinnehmbar, wenn Opfer von Arbeitsunfällen vom immateriellen Schadensersatz ausgenommen blieben. Diese Ungleichbehandlung sei auch nicht durch den Verweis auf die Unfallversicherung als solventen Schuldner zu rechtfertigen, da selbiges auch für die Gefährdungshaftungsregelungen des Privatrechts gelte, wenn hier etwa mittels eines Versicherungszwangs das individuelle Haftungs- und Liquiditätsrisiko umgangen werde.[294]

(4) Die Ansicht von Eichenhofer

Dieser Folgerung hat sich jüngst auch *Eichenhofer* angeschlossen, der nunmehr im Gegensatz zu der noch in seiner Vorauflage vertretenen Ansicht die Versagung von jeglichen

---

289 *Richardi*, NZA 2002, S. 1004 (1009).

290 *Richardi*, NZA 2002, S. 1004 (1009). Leider führt *Richardi* seine Überlegungen aber nicht weiter aus, sondern bricht hier ab. Dies soll allerdings die verdienstvolle Leistung *Richardis* nicht schmälern, zumal sich *Richardi* mit der Problematik des Schmerzensgeldausschlusses nur am Rande innerhalb eines Aufsatzes zu Leistungsstörungen und Haftungsfragen im Hinblick auf das Schuldrechtsmodernisierungsgesetz befasst.

291 *Fuchs*, Deliktsrecht, S. 289.

292 *Richardi*, a.a.O.

293 *Fuchs*, Deliktsrecht, S. 289 mit Verweis auf *Gitter*, Schadensausgleich im Arbeitsunfallrecht, S. 65 ff.

294 *Fuchs*, Deliktsrecht, S. 289.

Ersatzansprüchen bei immateriellen Schädigungen nicht mehr nur für „rechtspolitisch zweifelhaft"[295] ansieht, sondern angesichts der Ausweitung des Schmerzensgeldes auf Vertragsverletzungen und Gefährdungshaftungstatbestände hierin eine nicht gerechtfertigte Behandlung der Opfer von Arbeitsunfällen erblickt.[296] Zwar legt sich *Eichenhofer* in seinen Ausführungen nicht eindeutig fest, ob er zur Stützung seiner Folgerung verfassungsrechtliche Vorgaben wie bspw. eine Verletzung des Gleichheitssatzes heranziehen möchte, aus der in seinen Überlegungen vorangegangen Darstellung des Urteils des Bundesverfassungsgerichts aus dem Jahr 1972[297] liegt dieser Schluss allerdings nahe.

(5) Stellungnahme

Der dargestellten Ansicht von *Fuchs*, *Richardi* und nunmehr auch *Eichenhofer* ist sowohl vom Ergebnis, als auch inhaltlich von den sie tragenden Argumenten her voll umfänglich zuzustimmen, wenngleich die Ausführungen durch die vorangegangen eigenen Überlegungen, insbesondere zur Zunahme der Schmerzensgelder noch zu ergänzen sind: Durch die Einfügung des § 847 BGB a.F. als § 253 Abs. 2 BGB in das allgemeine Schadensersatzrecht wird der vormalige „Ausnahmecharakter" der Norm aufgrund seiner Anwendbarkeit nur auf deliktische Ansprüche beseitigt. Folglich avanciert der Ersatzanspruch für immaterielle Schäden zum allgemeinen Prinzip des bürgerlichen Schadensersatzrechts. Dies ist auch angesichts der Einsicht, immaterielle Güter stärkerem Schutz unterstellen zu wollen,[298] eine in sich gleichsam logische wie konsequente Entscheidung des Gesetzgebers. Weiterhin erfährt der Schmerzengeldanspruch dadurch eine Stärkung, dass er nun nicht mehr generell ein schuldhaftes Handeln als Tatbestandsvoraussetzung erfordert, sondern auch in den Fällen der Gefährdungshaftung gegeben sein kann.[299]

Durch diese Entwicklung „emanzipiert" sich das Schmerzensgeld zu einem „normalen", „gewöhnlichen" oder einfach „regulären" Anspruch im Schadensersatzrechtsystem des Bürgerlichen Gesetzbuches, der gleichberechtigt neben den sonstigen Ansprüchen auf Naturalrestitution oder Geldersatz i.R.d. §§ 249 ff. BGB steht.[300]

Daher überzeugt die bisherige Rechtfertigung des Ausschlusses eines Schmerzensgeldanspruchs in der Unfallversicherung mit dem Argument, der Anspruch auf den Ersatz immaterieller Schäden sei selbst im privatrechtlichen System des BGB nicht der Regelfall,

---

295 *Eichenhofer*, Sozialrecht, 4. Aufl., Rn. 413.

296 *Eichenhofer*, Sozialrecht, 5. Aufl., Rn. 413.

297 BVerfG v. 7.11.1972 = E 34, S. 118 ff.

298 *Katzenmeier*, JZ 2002, S. 1029 (1030); *Bollweg/Hellmann*, Das neue Schadensersatzrecht, S. 57 f.

299 Siehe hierzu auch bereits die obigen Ausführungen unter S. 61 f. Ebenso *Bollweg/Hellmann*, Das neue Schadensersatzrecht, S. 56, die von einer „rechtstechnischen Ausweitung des Schmerzensgeldes" sprechen.

300 Ähnlich *Steffen*, VersR 2003, S. 201 (206), der zwar hinsichtlich einer völligen Gleichstellung skeptisch ist, aber die „Emanzipation" des Schmerzensgeldes als Prozess bewertet, der bereits keineswegs abgeschlossen ist, sondern noch fortdauere.

sondern eine bloße Ausnahmevorschrift des Deliktsrecht, nun nicht mehr: Zum privatrechtlichen Schadensersatzrechtssystem in seiner Gesamtheit gehört seit dem 1. August 2002 auch in den Fällen bloßer Gefährdungshaftung unstreitig ein Anspruch auf Ersatz immaterieller Schäden.

Die damit bisher schon bestehende Ungleichbehandlung zwischen einem geschädigten Arbeitnehmer und einem sonstigen Geschädigten nimmt somit infolge der Entwicklung im Privatrecht noch zu. Durch die Verankerung des Schmerzensgeldanspruchs im allgemeinen Schadensersatzrecht des Bürgerlichen Gesetzbuches betont der Gesetzgeber dessen gestiegene Bedeutung. Damit einher geht zusätzlich ein Anwachsen der Schmerzensgeldsummen in den letzten Jahren bzw. Jahrzehnten, welches gleichfalls Indiz für die gestiegene Bedeutung des immateriellen Schadensersatzes ist. Wie festgestellt, hat sich die Differenz der Entschädigungsleistungen nach zivilrechtlicher Schadensberechnung und nach dem abstrakten Berechungsmodell der Unfallversicherung vergrößert – bedingt durch den Ausschluss von Schmerzensgeld, dessen Summen zugenommen haben. Durch diese Zunahme der unterschiedlichen Behandlung zwischen geschädigtem Arbeitnehmer einerseits und geschädigtem Dritten andererseits sind auch die Anforderungen an die sachlichen Gründe zur Rechtfertigung der Ungleichbehandlung gestiegen. Auf der Seite der Rechtfertigung hat es aber keine ausschlaggebenden Veränderungen bspw. in Form neuer sachlicher Gründe oder Erkenntnisse gegeben, die den Schmerzensgeldausschluss rechtfertigen könnten, und im Jahr 1972 noch nicht vorlagen. Somit stellt sich bei der nunmehr folgenden Abwägung der Verfassungsmäßigkeit des unfallversicherungsrechtlichen Schmerzensgeldausschlusses die Frage, ob die vormals vom Verfassungsgericht bemühten sachlichen Gründe der Finanzierung, der Liquidität und des Betriebsfriedens heutzutage noch derart überzeugend sind, dass sie eine Rechtfertigung der zugenommenen Ungleichbehandlung zu leisten vermögen. Da diese Gründe bereits 1972 berechtigter Kritik unterlagen, wird schnell ersichtlich, dass sich unter Hinzuziehung der erfolgten Änderungen an der Bedeutung und Stellung des Schmerzensgeldes ein deutliches und eindeutiges Bild abzeichnet:

Das Finanzierungsargument vermochte bereits 1972 keinen ausreichenden sachlichen Grund mehr darzustellen. Zum einen steht dem Arbeitnehmer aufgrund der verfassungsrechtlich zwingenden[301] Wertungen des innerbetrieblichen Schadensausgleiches auch bei einem privatrechtlichen Schadensausgleichssystem im Großteil der selbstverschuldeten Unfälle ein Ausgleichsanspruchs zu.[302] Zum anderen sind die Leistungen, die die Arbeitgeber durch ihre Beitragszahlungen mittels der Unfallversicherung auskehren, bei weitem

---

301 Vgl. zur verfassungsrechtlich gebotenen Entlastung des Arbeitnehmers durch die Grundsätze der beschränkten Arbeitnehmerhaftung v.a. die Grundsatzentscheidung des BAG (GS) Beschl. v. 27.09.1994 = E 78, S. 56 (65). Ausführlich zu den beeinträchtigten Grundrechtspositionen s. auch *Sandmann*, Die Haftung von Arbeitnehmern, Geschäftsführern und leitenden Angestellten, S. 122 ff. sowie die späteren Erläuterungen, S. 171 ff.

302 S. bereits auch oben, S. 60 f.

nicht gleichwertig mit den zivilrechtlichen Ersatzansprüchen.[303] Es ist daher anerkannt, dass das Finanzierungsargument seine volle Berechtigung nur solange hatte, wie der immaterielle Schadensersatz im privaten Schadensersatzrecht lediglich eine untergeordnete Rolle spielte und der Schadensersatz nach beiden Berechungssystemen gleichwertig war.[304] Die untergeordnete Rolle des immateriellen Schadensersatzes hat bereits durch die Entscheidungen in den letzten Jahren stetig mehr und mehr abgenommen, durch das 2. SchadRÄndG ist sie nunmehr völlig beseitigt worden. Hinzu kommt die bereits vorgebrachte Kritik am Finanzierungsargument: Der Arbeitgeber ist aufgrund seines Weisungsrechtes in der Lage, den Arbeitsablauf entscheidend zu regeln. Daher kann der Arbeitgeber auch den Arbeitsplatz und das weitere Arbeitsumfeld maßgeblich gestalten und trägt damit wesentlichen Anteil an Arbeitsunfällen. Nicht jeder Arbeitsunfall ist eine Folge menschlicher Unzulänglichkeiten, oftmals wird eine suboptimale Arbeitsplatzgestaltung oder Nachlässigkeit im Umgang mit Sicherheitsvorschriften durch den Arbeitgeber und seine hierzu bestellten Vertreter zumindest den Arbeitsunfall mitverursachen. Da der Arbeitgeber zudem den Nutzen aus der Arbeitsleistung zieht, erscheint es nur gerecht, ihn auch für dabei entstehende Gefahren haften zu lassen.[305] Ob man dies nun aus der Fürsorgepflicht herleiten möchte[306] oder aber besser einen Gedanken der Zurechnung von Risikosphären oder im Sinne der Haftung des Geschäftsherrn für den eigenen Gefahrenkreis heranziehen will,[307] ist hierbei eine zweitrangige Frage. Maßgeblich ist, dass am Finanzierungsargument massive und berechtigte Kritik geübt wird, so dass es sich verbietet, dass Finanzierungsargument als sachlich gewichtigen Grund zur Rechtfertigung der Ungleichbehandlung heranzuziehen.

Das Liquiditätsargument kann ebenfalls nur noch beschränkt zur argumentativen Untermauerung des Schmerzensgeldausschlusses herangezogen werden, da es durch die Anerkennung verschuldensunabhängiger Einstandspflichten des Arbeitgebers[308] oder durch

---

303 Im Einzelnen siehe die obigen Ausführungen unter S. 60 ff.

304 *Rolfs* in AR-Blattei SD, 860.2, Rn. 18.

305 Dieser Gedanke liegt bereits dem unfallversicherungsrechtlichen System zugrunde. Auch bzgl. des Ersatzes immaterieller Schäden lässt sich dieses Argument anführen. Diese sind ebenso Folgen eines Arbeitsunfalls wie bspw. Heilungskosten oder Mindererwerbsrenten. S. allg. zur innerbetrieblichen Risikozuweisung an den Arbeitgeber *Annuß*, Die Haftung des Arbeitnehmers, S. 98 m.w.N. sowie ausführlich noch später.

306 *Tamm*, RdA 1960, S. 412 (414).

307 Detailliert zu den Gründen des Einstehen-Müssens des Arbeitgebers für erlittene Schäden des Arbeitnehmers siehe die Ausführungen zum Ersatz von Sachschäden bei fehlendem Verschulden des Arbeitgebers. Insbesondere erfolgt dort eine umfangreiche Diskussion der verschiedenen Zurechnungsgründe, nach denen eine Schadenszurechnung des Arbeitgebers auch im Falle verschuldensunabhängigen Handelns vorzunehmen ist. Vgl. hierzu die Ausführungen auf den Seiten 165 ff.

308 Bspw. in Form der (mittlerweile verfassungsrechtlich) anerkannten Grundsätze der Arbeitgeberhaftung analog § 670 BGB, im Einzelnen s. sogleich die Ausführungen im zweiten Hauptteil dieser Arbeit.

die Herabsenkung der Anforderungen an das Verschuldenserfordernis[309] (und damit bedingt der faktischen Haftungsausweitung) um die zivilrechtliche Realisierbarkeit der Ansprüche des geschädigten Arbeitnehmers mittlerweile besser bestellt ist als vormals. Damit bleibt einzig und allein noch die Absicherung des Insolvenzrisikos, also des völligen Ausfalls der Realisierbarkeit des Anspruchs als sachlicher Grund für die Versagung eines Schmerzensgeldes im Raum. Allein dieser Grund vermag eine derartig gravierende Ungleichbehandlung aber nicht mehr zu kompensieren. Zudem sind gleichsam privatrechtliche Versicherungsmodelle vorstellbar, die ein Schmerzensgeld auskehren und dennoch nahezu völligen Schutz vor Insolvenz bieten. Ermöglicht werden könnte dieser Schutz beispielsweise durch die Bildung (dann allerdings gesetzlich zwingend festzuschreibender) Rücklagen oder den Abschluss von Rückversicherungen.

Auch unter Hinzuziehung des Betriebsfriedensarguments lässt sich der Ausschluss des Schmerzensgeldanspruchs für den Arbeitnehmer nicht mehr rechtfertigen. Das Betriebsfriedensargument ist, wie bereits dargestellt, ohnehin nicht vor Kritik gefeit: Zum einen ist es problematisch, dem Arbeitnehmer die Aufgabe der Wahrung des Betriebsfriedens um den Preis des Verzichts auf eigene Ansprüche aufzubürden, ist dies doch vielmehr eine von der Arbeitsgerichtsbarkeit oder den Sozialpartnern auf betrieblicher Ebene wahrzunehmende Aufgabe. Andererseits wird durch die Verhinderung des Prozessierens um Schmerzensgeld der betriebliche Frieden nicht wiederhergestellt, wenn dieser durch einen Arbeitsunfall, an dem den Arbeitgeber ein Verschulden trifft, verursacht worden ist. Zwar kann durch die dem Betriebsfriedensargument zugrunde liegenden Gedanken eine weitere Eskalation verhindert werden, die möglicherweise durch die Führung eines Prozesses entstehen würde. Allerdings ist dies auch wieder insoweit einzuschränken, dass der Arbeitnehmer seine Sachschadensersatzansprüche dennoch vor den Arbeitsgerichten geltend machen kann, ohne dass hier eine Sperrung der Ansprüche eintritt. Es ist zwar zuzugeben, dass diese Prozesse weniger emotionsbeladen sind als Prozesse, bei denen das Anspruchsbegehren der Ersatz von Schmerzensgeld ist, da es sich hierbei nicht um die Folgen eines Personenschadens handelt und damit verbunden Aspekte wie körperliches Leid oder erlittene Schmerzen außen vor bleiben. Diesen Vorteil aber allein zur Rechtfertigung der bei einem Vergleich mit dem Jahr 1972 stark angewachsenen Ungleichbehandlung genügen lassen zu wollen, überzeugt nicht. Auch im Hinblick auf den Gesichtspunkt der betrieblichen Gefahrengemeinschaft,[310] den bereits das Verfassungsgericht

---

309 Bspw. bedingt durch die Ausweitung der Verkehrssicherungspflichten, vgl. hierzu MüKo-*Wagner*, BGB, § 823, Rn. 220 ff., der auch die Nähe der Verkehrssicherungspflichten zur Gefährdungshaftung diskutiert (Rn. 230). Zu den Ähnlichkeiten und den rechtskonstruktiven Unterschieden zwischen Gefährdungshaftung und Verschuldenshaftung vgl. abermals die Ausführungen im zweiten Hauptteil.

310 Vgl. hierzu Wannagat/*Waltermann*, SGB VII, § 106, Rn. 11 u. § 105, Rn. 3; *Bereiter-Hahn/Mertens*, SGB VII, § 105, Rn. 2, § 104, Rn. 3.3; Brackmann/*Krasney*, SGB VII, § 105, Rn. 3.

1972 angesprochen hatte[311] und der v.a. in den Regelungen des § 105 Abs. 1 und § 106 Abs. 3, Var. 3 SGB VII hervor tritt, ist der Schmerzensgeldausschluss nicht zu rechtfertigen.[312] Zwar erhält der Arbeitnehmer als potentieller Schädiger durch den Haftungssausschluss der §§ 105 f. SGB VII einerseits einen Vorteil, da er bei Zufügung einer Verletzung gegenüber seinen Kollegen vor persönlicher Inanspruchnahme freigestellt ist, die hierdurch andererseits eintretenden Nachteile wiegen jedoch schwerer: Durch die Freistellung ist der Arbeitnehmers seinerseits gleichsam auf die Leistungen der Unfallversicherung beschränkt, wenn er zu Schaden kommt, kann mithin also keinen Schmerzensgeldanspruch geltend machen. Das Argument der Gefahrengemeinschaft, bei der der Arbeitnehmer um den Preis des Verzichts auf eigene zivilrechtliche Ansprüche die Freistellung von persönlicher Inanspruchnahme erkauft, wäre dann einleuchtend, wenn diese betriebliche Gemeinschaft eine freiwillige wäre. Allerdings ist der Arbeitnehmer zur Bestreitung des Lebensunterhaltes regelmäßig darauf angewiesen,[313] sich in ein – durch die lange Vertragsdauer und den intensiven persönlichen Kontakt zu anderen Menschen bedingt – schadensträchtiges Arbeitsverhältnis zu begeben, und kann sich des Kontaktes zu seinen Kollegen nicht verwehren. Gleichermaßen erfolgt die Verrichtung der Arbeitsleistung zum Nutzen und nach Anweisung des Arbeitgebers, § 106 GewO, auf deren Ablauf der einzelne Arbeitnehmer regelmäßig keinen Einfluss haben wird. Somit erscheint auch die Berufung auf das Bestehen einer Gefahrengemeinschaft zur Rechtfertigung des Ausschluss des zivilrechtlichen Schmerzensgeldanspruches fragwürdig, die zwar tatsächlich bestehende Gefahrengemeinschaft ist vielmehr eine bloße betriebliche „Zwangsgemeinschaft", die der Arbeitnehmer nicht freiwillig eingeht – sie taugt im Zusammenspiel mit der soeben erörterten übrigen massiven Kritik an der Versagung des Schmerzensgeldes nicht dazu, diesen Ausschluss verfassungsrechtlich zu legitimieren.[314]

(6) Zusammenfassung und Zwischenergebnis

Die gewonnenen Erkenntnissen sind nach alledem wie folgt festzuhalten und zu artikulieren: Eine Ungleichbehandlung liegt vor, der Gleichheitssatz des Art. 3 Abs. 1 GG ist verletzt. Der Gruppe der Arbeitnehmer werden bei Gegenüberstellung mit der Vergleichsgruppe der „Sonstigen Geschädigten" immense Vorteile versagt. Der Ausschluss des Schmerzensgeldanspruchs in der gesetzlichen Unfallversicherung ist damit seit Inkrafttreten des 2. SchadRÄndG als verfassungswidrig zu beurteilen. Diese Verfassungswidrigkeit rührt nicht primär daher, dass es rechtstechnisch nach der Durchführung des

---

311 S. BVerfG a.a.O., unter Gründe C-III-1: „Es kommt hinzu, dass die Betriebsgemeinschaft auch eine Gefahrengemeinschaft darstellt".

312 Die betriebliche Gefahrengemeinschaft als Rechtfertigungsgrund generell ablehnend auch *Otto/Schwarze*, Die Haftung des Arbeitnehmers, Rn. 539.

313 Zur Untermauerung dieser These vgl. die Ausführungen auf den Seiten 193 ff.

314 Im Ergebnis die betriebliche Gefahrengemeinschaft als Rechtfertigung für Anspruchsausschlüsse ablehnend auch *Otto/Schwarze*, Die Haftung des Arbeitnehmers, Rn. 539.

2. SchadRÄndG nun zwingend wäre, ein Schmerzensgeld auszukehren. Vielmehr ist diese Ansicht hierin begründet, dass in den letzten Jahren und Jahrzehnten eine „Emanzipation", also eine generelle Stärkung des Schmerzensgeldes stattgefunden hat. Der Schutz immaterieller Rechtsgüter hat in Deutschland weitaus größeren Stellenwert erlangt als dies noch zu Entstehungszeiten des BGB der Fall war.[315]

Dies wird an der Höhe der Schmerzensgeldsummen deutlich und gipfelt in der Neufassung des § 253 Abs. 2 BGB. Das Schmerzensgeld als „regulärer" Anspruch im zivilrechtlichen Schadensersatzsystem hat durch diese Entwicklung nun solches Gewicht erlangt, dass ein Ausschluss eine derartig starke Ungleichbehandlung darstellt, wie sie nicht mehr durch sachliche Gründe zu rechtfertigen ist. Damit ist die geltende gesetzliche Regelung im System der Unfallversicherung seit dem 1. August 2002 verfassungswidrig.

cc. Heute: Verfassungswidrigkeit durch strengeren Prüfmaßstab des BVerfG?

Als weiteres Indiz zur Untermauerung der These der Verfassungswidrigkeit der geltenden unfallgesetzlichen Regelung könnte zusätzlich der heutzutage strengere Prüfungsmaßstab des Bundesverfassungsgerichts herangezogen werden. Während zur Zeit der Entscheidung des Verfassungsgerichts im Jahr 1972 im Rahmen der Prüfung des Gleichheitssatzes eine bloße „Willkürprüfung" erfolgte,[316] nimmt das Verfassungsgericht mittlerweile mit der „Neuen Formel"[317] eine strengere Kontrolle in Form einer Verhältnismäßigkeitsprüfung vor.[318]

aaa. Darstellung der „Neuen Formel" in Abgrenzung zur „Willkürformel"

Nach der neuen Formel wird nicht mehr einzig auf eine etwaige evidente Unsachlichkeit der zu überprüfenden Norm abgestellt, sondern bereits dann eine Ungleichbehandlung

315 Noch bereits vor der Einführung des 2. SchadRÄndG äußerte sich *Kürschner* in *Wussow*, Unfallhaftpflichtrecht, 54. Kapitel, Rn. 1 zum „so bedeutsamen Schmerzensgeldanspruch", der in der täglichen Regulierungs- und Rechtspraxis enorme Bedeutung habe und bekräftigte den hohen Stellenwert des immateriellen Schadensersatzes. Vgl. zur gestiegenen Bedeutung des Schmerzensgeldes nach 2. SchadRÄndG auch *Bollweg/Hellmann*, Das neue Schadensersatzrecht, S. 56 ff.; *Katzenmeier*, JZ 2002, S. 1029 (1030); *Steffen*, VersR 2003, S. 201 (206); *Fuchs*, Deliktsrecht, S. 289.

316 Zur Willkürprüfung siehe bereits die obigen Ausführungen auf den Seiten 51 f.

317 Der noch immer gebrauchte Begriff der „Neuen Formel" erscheint allerdings -wie *Sachs* zutreffend formuliert- insofern irritierend, da diese Formel bereits von einer Entscheidung des Verfassungsgerichts aus dem Jahr 1980 (BVerfG v. 7.10.1980 = E 55, S. 72 [88ff.]) herrührt und seit dem nun schon über 25 Jahre verwendet wird, womit dieser geänderte Prüfungsmaßstab in der Rechtswissenschaft heutzutage keineswegs mehr „neu" ist. Allerdings ist diese Frage eher ein Streit um Begrifflichkeiten, der dem besseren Verständnis und der Bekanntheit der Formulierung willens hinten angestellt werden sollte.

318 Zu der Entwicklung in der Rechtsprechung des BVerfG von der Willkürformel zur neuen Formel siehe die Ausführungen bei *Sachs*, JuS 1997, S. 124 (124ff.).

angenommen, wenn „zwischen beiden Gruppen keine Unterschiede von solcher Art und solchem Gewicht bestehen, dass sie die ungleiche Behandlung rechtfertigen können."[319] Mit der neuen Formel erfolgte damit eine Verschärfung des Prüfungsmaßstabes,[320] die das Bundesverfassungsgericht jedoch nicht in jedem Fall anwendet. Nach Rechtsprechung des Verfassungsgerichtes erfolgt ein solcher Normgruppenvergleich in der Regel nur bei einer Verschiedenbehandlung mehrerer Personengruppen, nicht jedoch bei Ungleichbehandlungen verschiedener Lebenssachverhalte.[321] Hierbei ist die Grenzziehung zwischen den beiden Prüfungsbereichen nicht immer ganz stringent und trotz der Bildung von Fallgruppen erscheint die Einstufung der Ungleichbehandlung in letzter Konsequenz oftmals als eine auf den Einzelfall zugeschnittene Entscheidung des Verfassungsgerichts.[322]

bbb. Auswirkungen auf die Beurteilung der Verfassungswidrigkeit

Dies vorausgeschickt, ist für den Fall der Ungleichbehandlung zwischen geschädigten Arbeitnehmern und sonstigen Geschädigten zu untersuchen, welcher Prüfungsmaßstab anzuwenden ist. Es ist damit zu entscheiden, ob vorliegend der schärfere Verhältnismäßigkeitsmaßstab der „Neuen Formel" Anwendung findet oder lediglich eine weniger strenge Prüfung im Sinne einer Willkürprüfung vorzunehmen ist. Wie ausgeführt, differenziert das Verfassungsgericht zwischen sach- und personenbezogenen Gründen. Damit ist zunächst zu klären, ob in der Versagung eines Schmerzensgeldes für die Arbeitnehmer im Vergleich zu sonstigen geschädigten Dritten ein sach- oder personenbezogener Grund vorliegt.

Auf den ersten Blick scheint eine Ungleichbehandlung eines personenbezogenen Grundes der Fall zu sein: Die hier interessierenden Arbeitnehmer werden im Vergleich zu anderen Personengruppen verschieden behandelt. Allerdings lässt sich auch die Argumentation vorbringen, nicht die Personenzugehörigkeit, sondern der zugrundeliegende Sachverhalt – nämlich die Frage des Vorliegens einer Zugehörigkeit zur gesetzlichen Unfallversicherung kraft gesetzlicher Anordnung des § 2 Abs. 1 Nr. 1 SGB VII – stehe im Vordergrund. Dann wäre eine sachbezogene Differenzierung anzunehmen. Diese Diskussion kann aber bereits insofern dahinstehen, als dass durch das Bundesverfassungsgericht die strengere Verhältnismäßigkeitsprüfung bereits dann vorgenommen wird, wenn „eine Ungleichbehandlung von Sachverhalten mittelbar eine Ungleichbehandlung von Personengruppen bewirkt".[323] Dies ist hier der Fall, da durch die Verschiedenbehandlung aufgrund der Sachverhalte auf die Personengruppen geschädigter Arbeitnehmer oder sonsti-

319 BVerfG v. 7.10.1980 = E 55, S. 72 (88ff.).

320 *Sachs*, JuS 1997, S. 124 (126).

321 Zum Ganzen: *Sachs*, JuS 1997, S. 124 (126) mit weiteren Nachweisen der Rechtsprechung.

322 Zur Vertiefung der hier allenfalls skizzenhaften Darstellung siehe etwa *Dreier/Heun*, GG-Kommentar, Art. 3, Rn. 19 ff. oder von *Münch/Kunig/Gubelt*, GG, Art. 3, Rn. 11 ff.

323 BVerfG v. 26.01.1993 = E 88, S. 87 (96); auch: BVerfG v. 8.06.1993 = E 89, S. 15 (22 f.), BVerfG v. 14.12.1994 = E 91, S. 346 (362 f.) und BVerfG v. 11.01.1995 = E 92, S. 53 (68 f.).

ger Geschädigter konfiguriert wird. Folglich wäre die vorliegende gerügte Ungleichbehandlung nach den „aktuellen" Maßstäben des Verfassungsgerichts nicht der Willkürprüfung, sondern der schärferen Verhältnismäßigkeitsprüfung zu unterwerfen. Allerdings ist schwer zu beurteilen, ob allein der geänderte Prüfungsmaßstab des Verfassungsgerichts Auswirkungen auf die Beurteilung der Verfassungsmäßigkeit der unfallgesetzlichen Regelung zur Folge hätte.

Letztlich hängt diese Betrachtung von den -zugegebenermaßen subjektiven- Maßstäben des Betrachters ab. Die in die Waagschale dieser Abwägungsentscheidung zu legenden Gründe (die „Emanzipation" des Schmerzensgeldanspruchs bedingt durch das 2. SchadRÄndG und das Ansteigen der Schmerzensgeldsummen) sind bereits genannt und diskutiert worden. Ob sich durch einen neuen Prüfungsmaßstab an dieser Entscheidung etwas ändern sollte, ist damit maßgeblich davon bestimmt, welches Gewicht man den vorgetragenen Argumenten beimisst. Nach der hier vertretenen Ansicht sind die dargelegten Gründe bereits von derartigem Gewicht, dass es auf den Prüfungsmaßstab ohnehin nicht mehr ankäme. Zwar könnte der schärfere Prüfungsmaßstab durchaus als weiteres Indiz zur Bekräftigung der These der Verfassungswidrigkeit herangezogen werden. Dies soll aber aufgrund der erwähnten Subjektivität der Betrachtung nicht übergewichtet werden. Folglich mag der Aspekt der Änderung des Prüfungsmaßstabes „im Hinterkopf" behalten werden, die vorliegende Bearbeitung stellt auf dieses Kriterium aufgrund der oben genannten Kritik allerdings nicht ab.

dd. These: Heute Verfassungswidrigkeit der gesetzlichen Regelung

Wie bereits aufgezeigt, ist die geltende Regelung des § 104 SGB VII aufgrund der Verletzung des Gleichheitsgebots des Art. 3 Abs. 1 GG verfassungswidrig. Diese These basiert im wesentlichen auf der Feststellung, dass das Schmerzensgeld derartig an Bedeutung gewonnen hat, dass es auf das bürgerlich-rechtliche Schadensersatzsystem maßgeblichen Einfluss nimmt. Der Schmerzensgeldanspruch ist somit derartig gewichtig, dass sein Ausschluss durch die Unfallversicherung nicht durch etwaige andere Vorteile kompensiert zu werden vermag. Die erfolgte „Emanzipation" des Schmerzensgeldes wird durch zwei Argumente gestützt: Dies ist zum einen der Anstieg der Summen der Schmerzensgelder und zum anderen die vorgenommene Höhergewichtung des Gesetzgebers durch das 2. SchadRÄndG. Ob man überdies als weitere Stütze noch den strengeren Prüfungsmaßstab des Bundesverfassungsgerichts heranziehen möchte, kann damit dahingestellt bleiben.

5. Europarechtliche Konformität der geltenden gesetzlichen Regelung

Nach Feststellung der Unvereinbarkeit der geltenden Regelung mit dem nationalen Recht ist zu diskutieren, ob überdies ein Verstoß gegen das europäische Gemeinschaftsrecht vorliegt.[324] Im Rahmen einer Berufung gegen ein erstinstanzliches Urteil des Arbeitsgerichts Siegburg[325] wurde dieser Aspekt vom LAG Köln[326] gewürdigt und die Vereinbarkeit der unfallversicherungsrechtlichen Vorschriften mit den Richtlinien der Europäischen Gemeinschaften geprüft.

a. Verstoß gegen die Richtlinien 89/391/EWG[327] und 89/655/EWG[328]

Ganz vereinzelt wurde die Vereinbarkeit des unfallversicherungsrechtlichen Schmerzensgeldausschlusses mit den europarechtlichen Vorgaben gerügt.[329] Hierbei wurden in einem arbeitsgerichtlichen Prozess vom Kläger Verstöße gegen die Richtlinien 89/391/EWG und 89/655/EWG gerügt. Die erkennenden Gerichte bestätigten jedoch in beiden Instanzen die Europarechtskonformität des generellen Haftungsausschlusses auf zivilrechtlicher Ebene.[330] Die besagten Richtlinien handeln ausschließlich über Sicherheitsbedingungen am Arbeitsplatz und statuieren entsprechende Mindestvorschriften. Ziel ist damit die Stärkung der Sicherheit und Gesundheit der Arbeitnehmer. Allerdings handelt es sich bei beiden Richtlinien ausschließlich um präventive Vorschriften der Arbeitssicherheit, die die Wahrscheinlichkeit des Eintritts eines Schadensfalles minimieren sollen.[331] Vorschriften, die die Wiedergutmachung eines eingetretenen Schadens in irgendeiner Art und Weise regeln, finden sich nicht in den Richtlinien. Ein Verstoß der unfallversicherungs-

---

324 Zur generellen und hier nicht weiter zu vertiefenden Vereinbarkeit des staatlichen Monopols der gesetzlichen Unfallversicherung mit dem europäischen Gemeinschaftsrecht vgl. die Ausführungen des EuGH zur italienischen Unfallversicherung INAIL in seinem Urteil v. 22.01.2002 = EuGHE I 2002, S. 691 (691 ff.) = EuZW 2002, S. 146 (146 ff.) und die sich darauf beziehende Urteilsbegründung des BSG v. 11.11.2003 = E 91, S. 26 (263 ff.). Eindringlich für eine Europarechtskonformität plädierend auch jüngst erst *Fuchs*, SGb 2005, S. 65 (65 ff.) sowie *Pabst*, BG 2005, S. 183 (183 f.) mit Verweis auf eine Stellungnahme der Europäischen Kommission.

325 ArbG Siegburg, Urt. v. 26.05.1994, Az.: 5 Ca 97/94, juris.

326 LAG Köln, Urt. v. 29.09.1994, NZA 1995, S. 470 f.

327 Richtlinie 89/391/EWG v. 12.06.1989, ABl. Nr. L 183, 29.06.1989, S. 1.

328 Richtlinie 89/655/EWG v. 30.11.1989, ABl. Nr. L 393 vom 30.12.1989, S. 13, geändert durch Richtlinien 95/63/EG, ABl. Nr. L 335, S. 28 vom 30.12.1995 und 2001/45/EG, ABl. Nr. L 195, S. 46 vom 19.07.2001.

329 Soweit ersichtlich nur in dem Klägervortrag zu den o.g. Gerichtsurteilen des ArbG Siegburg und des LAG Köln. In der Literatur kurz aufgegriffen wurde diese Frage bspw. bei Schaub/*Koch*, ArbR-Hdb., § 109, Rn. 2.

330 ArbG Siegburg und LAG Köln, a.a.O.

331 Vgl. jeweils den Artikel 1 Abs. 1 der besagten Richtlinien mit der dargelegten Zielbestimmung: „Ziel dieser Richtlinie ist die Durchführung von Maßnahmen zur Verbesserung der Sicherheit und des Gesundheitsschutzes der Arbeitnehmer am Arbeitsplatz" (Richtlinie 89/391/EWG) sowie „Diese Richtlinie ist die zweite Einzelrichtlinie im Sinne von Artikel 16 Abs. 1 der Richtlinie 89/391/EWG; sie legt Mindestvorschriften in bezug auf Sicherheit und Gesundheitsschutz bei Benutzung von Arbeitsmitteln nach Artikel 2 durch den Arbeitnehmer bei der Arbeit fest" (Richtlinie 89/655/EWG).

rechtlichen Regelungen gegen das Gemeinschaftsrecht, insbesondere der Vorgängervorschrift des heutigen § 104 SGB VII, ist damit nicht auszumachen. Diese Ansicht vertrat auch das erkennende Gericht, das eine in Rede stehende Vorlage an den EuGH gem. Art. 177 EGV unterließ, da es offensichtlich sei, dass ein Verstoß gegen Gemeinschaftsrecht nicht in Betracht komme.[332] Dieser richtigen Ansicht folgt auch das Schrifttum, dass die Frage der europarechtlichen Konformität der Sperrungstatbestände des Unfallversicherungsrechts nur sehr singulär anspricht.[333]

b. Zwischenergebnis

Der Ausschluss zivilrechtlicher Ansprüche und damit auch des Schmerzensgeldanspruchs durch die Unfallversicherung verstößt nicht gegen europäisches Gemeinschaftsrecht. Gleichwohl ist die geltende Regelung mit dem nationalen Recht unvereinbar, da sie gegen den Gleichheitssatz des Art. 3 Abs. 1 GG verstößt.

6. Folgen und Lösungsmöglichkeiten

Nach Feststellung der Verfassungswidrigkeit der geltenden Regelung sind deren Auswirkungen auf das Unfallversicherungsrecht zu erörtern. Die verbindliche Feststellung der Verfassungswidrigkeit einer Norm kann bekanntlich nur vom Bundesverfassungsgericht getroffen werden. Dieses wird jedoch nicht initiativ tätig, wie die Regelung des § 23 Abs. 1 BVerfGG verdeutlicht. Folglich ist ein Antrags- oder Vorlagebeschluss erforderlich. Ein solcher ist in Form einer konkreten Normenkontrolle jedes deutschen Gerichts im Wege eines Vorlagebeschlusses[334] an das Verfassungsgericht denkbar, so wie es bereits das OLG Hamburg, das Arbeitsgericht Marburg und das LAG Baden-Württemberg im Jahr 1971 unternahmen. Eine erneute Prüfung durch die Karlsruher Richter ist trotz der Befassung mit dieser Thematik in den Jahren 1995 und 1972 möglich, weil sich – wie dargestellt – rechtliche und tatsächliche Faktoren geändert haben, die den damaligen Entscheidungen noch zugrunde lagen.[335] Es bleibt zu hoffen, dass in Kürze wieder ein deutsches Gericht von seinem Vorlagerecht Gebrauch machen wird und die streitige Rechtsfrage dem Verfassungsgericht zur verbindlichen Klärung im Wege der konkreten Normenkontrolle vorlegt, wenn sich der Gesetzgeber nicht zur schnellen Abhilfe entscheidet. Angesichts der aufgezeigten Kritik und Veränderungen der rechtlich erheblichen Tatsachen bleibt gleichermaßen zu hoffen, dass das Verfassungsgericht sich der in dieser Arbeit dar-

---

332 So der Leitsatz 2 des LAG Köln, a.a.O.

333 Ein Hinweis findet sich beispielsweise bei Schaub/*Koch*, ArbR-Hdb., § 109, Rn. 2.

334 Das Verfahren richtet sich nach den Vorschriften der Art. 100 Abs. 1 GG, § 13 Nr. 11, §§ 80 ff. BVerfGG.

335 In derartigen Fällen ist die erneute Vorlage des bereits einmal entschiedenen Sachverhalts möglich, vgl. hierzu auch BVerfG v. 30.05.1972 = E 33, S. 199 (199 ff.).

gelegten und ebenfalls von *Richardi,*[336] *Fuchs*[337] und *Eichenhofer*[338] geteilten Auffassung anschließt und zum Ergebnis der Verfassungswidrigkeit der geltenden gesetzlichen Regelung gelangt. Nach der Erklärung der Verfassungswidrigkeit der geltenden unfallgesetzlichen Regelung stellt sich sodann die Frage, wie die Legislative reagieren sollte, da das Verfassungsgericht lediglich die Unvereinbarkeit der gerügten Norm mit dem Grundgesetz feststellen wird. Zwar besitzt die Feststellung der Verfassungswidrigkeit durch das Bundesverfassungsgericht bereits selbst Gesetzeskraft,[339] aufgrund des Grundsatzes der Gewaltenteilung dürfen vom Verfassungsgericht aber grundsätzlich keine Optionen aufgezeigt werden, wie eine grundgesetzkonforme Regelung aussehen könnte, auch wenn *de facto* das Verfassungsgericht dem Gesetzgeber oftmals einen Lösungsvorschlag an die Hand gibt. Bleiben jedoch mehrere verfassungskonforme Regelungsmöglichkeiten denkbar, hat der Gesetzgeber freie Hand, im Rahmen des verfassungsrechtlich Zulässigen nach seinem Ermessen tätig zu werden.

Im Bereich des Unfallversicherungsrechts sind mehrere Regelungsmodelle denkbar, so dass der Gesetzgeber gestalterisch tätig werden kann. Beispielsweise kann er die notwendigen Änderungen in Form eines minimalinversiven Eingriffes durch kleine Reformschritte vornehmen. Gleichermaßen kann sich der Gesetzgeber eines umfangreichen Eingriffes bedienen und das vorhandene System gänzlich abschaffen und durch ein *aliud* ersetzen. Hierbei ist zu beachten, dass diese Frage vielmehr rechtspolitischer als rechtsdogmatischer Natur ist und daher grundsätzlich der rechtspolitischen Diskussion der Öffentlichkeit überlassen werden sollte.[340] Letztlich geht es hier um die Schaffung einer Regelung, die allgemein hin als „gerecht" empfunden werden soll, überdies auch finanzierbar sein muss, um den Faktor Arbeit nicht durch steigende Lohnnebenkosten weiter zu verteuern.

a. Zulassung eines Schmerzensgeldanspruchs entgegen § 104 SGB VII

Bei festgestellter Verfassungswidrigkeit einer Norm darf diese von den erkennenden Gerichten nicht mehr angewendet werden. Würde der Gesetzgeber also gar nicht tätig werden, müssten die Gerichte die „Sperrungsnorm" des § 104 SGB VII fortan unberücksichtigt lassen, womit Schmerzensgeldansprüche nicht mehr ausgeschlossen wären. Dies hätte zur Folge, dass im Falle eines Unfalls neben den Leistungen der Unfallversicherung auch ein zivilrechtlicher Schmerzensgeldanspruch geltend gemacht werden könnte. Theoretisch

336 *Richardi*, NZA 2002, S. 1004 (1009).

337 *Fuchs*, Deliktsrecht, S. 289.

338 *Eichenhofer*, Sozialrecht, 5. Aufl., Rn. 413.

339 Siehe § 31 Abs. 2 S. 1 in Verbindung mit § 13 Nr. 11 BVerfGG.

340 Weitere Gedanken zu möglichen Reformen der Unfallversicherung finden sich beispielsweise bei *Wagner*, in: Gedächtnisschrift Heinze, S. 969 (984); bei *Bogs*, Ausgleich von Arbeitsunfallschäden im Sozialgesetzbuch VII, S. 125 f. oder bei *Waltermann*, Sozialrecht, § 10, Rn. 248; umfassend auch *Schiller*, Die Problematik des Schmerzensgeldausschlusses in der gesetzlichen Unfallversicherung, S. 93 ff.

wäre auch die Geltendmachung sonstiger zivilrechtlicher Schadensersatzansprüche gegen den Schädiger möglich, allerdings würde es hier an einem Schaden fehlen, wenn der Geschädigte bereits von der Unfallversicherung kompensierende Leistungen erhalten hat. Ein solches „Lösungsmodell" kann sich zwar zugute halten, dass der Ausgleich der Verletzten damit ein hohes Entschädigungsniveau erreichen und keine Schlechterstellung der Arbeitnehmer zu sonstigen Geschädigten mehr bestehen würde. Weiterhin wäre ein derartiges „Modell" für die berufsgenossenschaftliche Unfallversicherung auch kostenneutral.[341]

Allerdings führt eine derartige „Lösung" zu einer Rechtswegspaltung, wenn um die Ansprüche aus der Unfallversicherung vor den Sozialgerichten gestritten wird und der Schmerzensgeldanspruch vor den Arbeits- bzw. Zivilgerichten geltend gemacht wird.[342] Des weiteren unterläuft diese Regelung auch den vom Gesetzgeber beabsichtigten Effekt der Wahrung des Betriebsfriedens.[343] Auch würde eine derartige Vorgehensweise den Sinn der Erwägungen zur Finanzierung konterkarieren. Bislang wurde das abstrakte Entschädigungssystem der Unfallversicherung in seiner Gesamtheit stets damit gerechtfertigt, dass es den Unternehmer (um den „Preis" seiner Mitgliedsbeiträge zu den Berufsgenossenschaften) von jeglicher Haftung freistelle und durch diese „Haftpflichtfunktion" für den Unternehmer die Kosten etwaiger Unfälle betriebswirtschaftlich plan- und voraussehbar mache. Aufgrund dieser umfangreichen Kritik erscheint diese aufgezeigte Variante rechtspolitisch wenig überzeugend und sollte tunlichst vermieden werden; allerdings kann auch nicht ernsthaft erwartet werden, dass der Gesetzgeber bei dem Ausspruch der Verfassungswidrigkeit der geltenden gesetzlichen Regelung untätig bleiben wird.[344]

---

341 Wenngleich natürlich nicht für die Unternehmer, die dem zivilrechtlichen Schmerzensgeldanspruch ausgesetzt wären und insofern nicht mittelbar durch höhere Beträge zu den Berufsgenossenschaften herangezogen würden, sondern direkt bei einer potentiellen zivilrechtlichen Inanspruchnahme die Kosten tragen müssten.

342 Die Zuweisung der Ansprüche an das Arbeitsgericht kann sich aufgrund der Zuständigkeitsregelung des § 2 Abs. 1 Nr. 3, insb. 3 a und 3 d ArbGG ergeben.

343 Selbst die soeben noch hervorgehobene Fernhaltung von Streitigkeiten um immaterielle Schäden und damit um besonders sensible Bereiche würde zunichte gemacht. Das Betriebsfriedensargument würde dadurch seine gesamte Daseinsberechtigung verlieren.

344 Überdies entspricht es verfassungsgerichtlicher Üblichkeit, dass das Verfassungsgericht in derartigen Fällen, bei denen durch die Nichtigkeitserklärung einer Norm erhebliche Probleme in Hinblick auf laufende Verfahren etc. entstünden, eine Übergangszeit gewährt, bis zu deren Ablauf die (verfassungswidrige) Vorschrift noch angewendet werden darf, vgl. etwa so jüngst zu den Regelungen im Mitbestimmungsgesetz BVerfG v. 12.10.2004 = DB 2004, S. 2480 sowie die diesbezügliche Urteilsanmerkung *Thüsing/Fuhlrott*, EWiR 2005, Nr. 7, S. 317 (318).

b. *Abschaffung der gesetzlichen Unfallversicherung und Einführung eines privatrechtlichen Versicherungssystems*

Eine weitere denkbare, bereits in der Literatur durchaus diskutierte Variante und von einigen Interessenverbänden vehement erhobene Forderung ist die komplette Abschaffung der gesetzlichen Unfallversicherung und anstelle dessen die Einführung eines privatrechtlichen Versicherungssystems,[345] was zugegebenermaßen im Hinblick auf die derzeitige Regelung einen umfassenden Systemwechsel bedeuten würde. Angesichts der hier vorgenommenen, sich auf die Frage der Verfassungsmäßigkeit des Schmerzensgeldausschlusses beschränkenden Untersuchung soll dieses Lösungsmodell allerdings nur teleskopisch und mit Blick auf die rechtskonstruktiven Möglichkeiten aufgezeigt werden, die umfangreiche und rechtspolitisch äußerst umstrittene Beurteilung des Für und Wider einer solchen Lösung kann im Rahmen dieser Arbeit nicht vorgenommen werden.[346]

In dem Zusammenhang mit Privatisierungserwägungen wird oft das Parallelen aufweisende Beispiel der Kraftfahrzeughaftpflichtversicherung ins Spiel gebracht.[347] Führt man diesen Gedanken fort, würde dies wohl das Ende der abstrakten Schadensberechnung bedeuten und dazu führen, dass jeder Unfall nach den zivilrechtlichen Grundsätzen der konkreten Schadensberechnung zu erfolgen hätte. Genau wie im Straßenverkehr wäre es möglich und sinnvoll, eine Versicherungspflicht einzuführen. Eine derartige Idee würde eine Fortentwicklung des Reichshaftpflichtgesetzes bedeuten. Die damaligen Missstände im Gesetz könnten weitestgehend vermieden werden, wenn die Unternehmer statt an die Berufsgenossenschaften ihren Beitrag an eine private Versicherung entrichteten und die Finanzierung der Versicherung damit nicht auf den Schultern der Arbeitnehmer lasten würde. Allerdings ist hierbei fraglich, ob sich ein derartiges privatrechtliches Versicherungsmodell in der Praxis überhaupt realisieren ließe. Diesbezügliche Bedenken bestehen nicht hinsichtlich der rechtlichen Ausgestaltung, welche mit der Rechtsfigur des Vertrages zugunsten Dritter unproblematisch zu bewerkstelligen wäre und die überdies bereits in Form der Versicherung für fremde Rechnung, §§ 74 ff. VVG bzw. als Unfallversicherung für fremde Rechnung, § 179 Abs. 2 i.V.m. §§ 75 ff. VVG Einzug in das Versicherungsvertragsgesetz gefunden hat.[348] Vielmehr ist zweifelhaft, ob sich ein Versicherungsunter-

---

345 So etwa einer der zentralen Forderungen des DIHK-Vorstandsbeschlusses, zumindest für Teilbereiche der Unfallversicherung eine Privatisierung vorzunehmen, vgl. *DIHK*, Transparenz, Verlässlichkeit und Effizienz, S. 5

346 Zu den vertretenen Positionen s. bspw. *DIHK*, Transparenz, Verlässlichkeit und Effizienz (eine Privatisierung befürwortend) und *Breuer*, SozSich 2003, S. 191 ff.; *Bialas*, SozSich 2005, S. 55 ff. (Privatisierungen ablehnend).

347 So bspw. *Waltermann*, Sozialrecht, § 10, Rn. 248; *DIHK*, Transparenz, Verlässlichkeit und Effizienz, S. 5.

348 Vgl. zu den Einzelheiten der Versicherung für fremde Rechnung Honsell/*Hübsch*, VVG, § 74, Rn. 1 ff. sowie zur Unfallversicherung für fremde Rechnung Honsell/*Schwintoski*, VVG, § 179, Rn. 1 ff. und 19 ff.

nehmen finden würde, das bereit wäre, komplexe Berufskrankheiten zu versichern.[349] Dies scheint allenfalls für den Teilbereich der vergleichsweise lukrativen Versicherung für Wegeunfälle möglich zu sein, wie selbst die Befürworter einer grundsätzlichen Privatisierung unter Berufung auf Versicherungsexperten eingestehen.[350] Unabhängig von der bereits fraglichen Bereitschaft eines privaten Versicherers zur Übernahme der Versicherungsleistungen stellt sich die Frage nach dem Nutzen und Vorteilen eines privaten Systems gegenüber der derzeitigen Unfallversicherung in ihrer gesetzlichen Ausformung. Eine solche Reform wäre nur sinnvoll, wenn sie die Kosten senken, aber dafür nahezu gleichwertigen Leistungsumfang gewähren würde. Ob dieses hehre Ziel durch eine Privatisierung erreicht werden kann, erscheint fraglich; die abschließende Beurteilung dieser Frage durch die Rechtspolitik bleibt abzuwarten.

c. Einfügung eines Schmerzensgeldanspruchs in den Katalog der Unfallversicherung

Als weitere Möglichkeit wäre eine bloß teilweise Reform der Regelungen der Unfallversicherung denkbar. Beispielsweise könnte der Gesetzgeber einen Anspruch auf Ersatz immaterieller Schäden mit in den Leistungskatalog der Unfallversicherung aufnehmen. Derartige Gedanken wurden auch bereits in der rechtswissenschaftlichen Literatur geäußert. So äußerte sich bspw. *Bogs* dahingehend, dass das derzeitige System der Unfallversicherung insofern misslich sei, als es dem Geschädigten keinen Ersatz für immaterielle Schäden gewähre und forderte eine Aufnahme eines Schmerzensgeldanspruchs in das Leistungssystem der Unfallversicherung.[351] Die generelle Kritik am Ausschluss der Ersatzfähigkeit immaterieller Schäden und der Wunsch nach diesbezüglichen Reformen bestehen seit jeher.[352] Diese Kritik wiegt heutzutage noch umso schwerer, da der früher noch hiergegen vorgebrachte valide Einwand, eine Gefährdungshaftung, wie sie im Sozialrecht bestehe, keine Schmerzensgeldansprüche kenne,[353] nach der Schadensersatzrechtsreform vom 1. August 2002 nicht mehr zutreffend ist und daher keiner vertieften Erörterung mehr bedarf: Seit dem 2. SchadRÄndG ist die Gewährung von Schmerzensgeld auch in den Fällen der Gefährdungshaftung anerkannt und entspricht dem gesetzlichen Regelfall.[354]

Beachtenswerter ist vielmehr die Frage nach der Bemessung eines Schmerzensgeldes in einem System der abstrakten Schadensberechnung, wie die Unfallversicherung dies vorsieht. Würde eine konkrete Berechnung und Bemessung in jedem Einzelfall erfolgen,

---

349 *DIHK*, Transparenz, Verlässlichkeit und Effizienz, S. 3; *Breuer*, SozSich 2003, S. 191 (192); *Bialas*, SozSich 2005, S. 55 (55).

350 *DIHK*, Transparenz, Verlässlichkeit und Effizienz, S. 3, 11 f.

351 *Bogs*, Ausgleich von Arbeitsunfallschäden im Sozialgesetzbuch VII, S. 125 f.

352 Vgl. bereits die Ausführungen von *Gitter*, Schadensausgleich im Arbeitsunfallrecht, S. 191 f.

353 So noch *Schiller*, Die Problematik des Schmerzensgeldausschlusses in der Unfallversicherung, S. 103.

354 So das Ergebnis der obigen Untersuchung, s. auch *Bollweg/Hellmann*, Das neue Schadensersatzrecht, S. 57.

so wären die Vorteile der abstrakten Schadensberechnung schnell wieder aufgehoben: Die angestrebte Schnelligkeit und Verwaltungseffektivität wäre ausgehebelt, wenn jeder Einzelfall geprüft würde. Überdies gelangte man so zu einem Konflikt mit der dem Unfallversicherungssystem immanenten generellen abstrakten Schadensberechnung. Es ist allerdings fraglich, wie ein Schmerzensgeld ansonsten zu berechnen wäre. Wie bereits diskutiert, ist das Schmerzensgeld eine billige Entschädigung, die nach den Umständen des Einzelfalls zu bemessen ist und dabei die persönlichen Umstände des Schädigers und Geschädigten ebenso berücksichtigt wie den Grad des Verschuldens.[355]

Andererseits haben sich in der Rechtswissenschaft vermehrt Schmerzensgeldtabellen verfestigt, die für die Gerichte Richtwerte aufzeigen. Auch ist das Verschulden im Bürgerlichen Recht bei den Gefährdungshaftungstatbeständen, deren Verwirklichung gleichermaßen einen Schmerzensgeldanspruch nach sich zieht, zur Begründung immateriellen Ersatzes nicht mehr zwingende Voraussetzung. Es stellt sich somit die Frage, ob damit nicht auch ein Schmerzensgeldanspruch in der Unfallversicherung abstrakt festzusetzen wäre bzw. die Möglichkeit der Pauschalierung bestünde. Genau wie für den materiellen Schaden könnte für ein konkretes Verletzungsmuster ein gewisser zusätzlicher immaterieller Ausgleichsbetrag festgesetzt werden. Hierbei könnte ein weiterer Faktor die Einzelfallumstände wie Verschuldensgrad des Schädigers oder etwaiges eigenes Mitverschulden berücksichtigen.[356] Der ausgezahlte Betrag müsste auch nicht zwingend die gleiche Höhe wie das zivilrechtliche Schmerzensgeld aufweisen, da es sich bei beiden Schadensausgleichssystemen nach wie vor um verschiedene Ordnungssysteme handelt,[357] denen unterschiedliche Prinzipien zugrunde liegen. Zur Wahrung bzw. Wiederherstellung der Verfassungsmäßigkeit wird es daher genügen, überhaupt einen Anspruch zum Ausgleich immaterieller Schäden festzusetzen. Zwar wäre dieser Anspruch -um sich in das System der Unfallversicherung einzupassen- pauschal zu bemessen, anhand eines ausdifferenzierten Katalogs könnte jedoch eine Nivellierung der Summen an zivilrechtliche Schmerzensgeldansprüche erfolgen.[358] Die weiterhin bestehende Differenz und eine et-

355 Im Einzelnen siehe hierzu die obigen Ausführungen auf Seite 29 f.

356 Allerdings nähert sich das System der abstrakten Schadensberechnung mit zunehmender Berücksichtigung weiterer Einzelfallfaktoren immer mehr der konkreten Schadensberechnung an. Der Vorteil, den man sich von der abstrakten Schadensberechnung erhofft, nämlich die verwaltungsmäßig einfache und schnelle Zusprechung einer Ersatzsumme, nimmt mit fortschreitender Ausdifferenzierung und Berücksichtigung der Einzelfallumstände deutlich ab und droht komplett zu schwinden. Einen ähnlichen Vorschlag unterbreitet auch *Wagner*, Das neue Schadensersatzrecht, Rn. 30 f. Allerdings beziehen sich *Wagners* Überlegungen nicht auf die Unfallversicherung, sondern generell auf die Rationalisierung der Schmerzensgeldbemessung insbesondere im Hinblick auf den vom Gesetzgeber erhofften Zweck durch Schaffung des 2. SchadRÄndG. Vgl. hierzu auch die Gesetzesbegründung der Bundesregierung zum 2. SchadRÄndG, BT-Drucks. 14/7752, S. 15, S. 99.

357 Dieses bereits 1972 vom Verfassungsgericht (BVerfG v. 7.11.1972 = E 34, S. 118 ff.) vorgetragene Argument kann weiterhin Geltung beanspruchen.

358 Zur generellen Problematik der pauschalen Bemessung des Schmerzensgeldes s. bereits die obigen Ausführungen, insb. Fn. 282.

waige Ungleichbehandlung wären derart marginal, dass sie durch die sachlichen Gründe des schnellen Schadensausgleiches und der Effektivität der Abwicklung gerechtfertigt wäre.

Dieser Vorschlag hat den Vorteil, dass die dargestellten Vorteile der Unfallversicherung erhalten bleiben können und dennoch ein angemessener und vor allem verfassungskonformer Ausgleich erfolgte. Eine Rechtswegspaltung würde vermieden. Gleichfalls müssten die Unternehmer, die die Berufsgenossenschaften finanzieren, keine weitere zivilrechtliche Inanspruchnahme befürchten. Allerdings – und dieses ist insbesondere angesichts der angespannten Arbeitsmarktlage und der Zeiten knapper Kassen zu vergegenwärtigen – wäre eine solche Maßnahme nicht kostenneutral. In absehbarer Zeit würde die Leistungen der Unfallversicherung summenmäßig zunehmen und demzufolge die Unternehmer stärker belastet. Mit dem Anstieg der Lohnnebenkosten würde der Faktor Arbeit weiter verteuert. Ob dies gewollt und durchsetzbar wäre, bleibt dem Feld der Rechtspolitik überlassen. Die Rechtswissenschaft kann hier nur Modelle aufzeigen und deren rechtliche Ausgestaltung darstellen. Die Frage der tatsächlichen Realisier- und politischen Durchsetzbarkeit ist demgegenüber zu vernachlässigen bzw. zunächst zweitrangig. Allenfalls soll mit einem kleinen Abstecher in rechtspolitische Gefilde zumindest noch kurz der Gedanke Erwähnung finden, dass auch eine Mischfinanzierung der Unfallversicherung denkbar wäre. Neben einem alleinigen Beitrag der Unternehmer zu den Berufsgenossenschaften könnten auch die Arbeitnehmer einen geringen Beitrag leisten.[359] Dieser Vorschlag mag je nach politischer Couleur Ablehnung oder Zustimmung hervorrufen; er ist aber eine denkbare Lösungsmöglichkeit um das System der Unfallversicherung entsprechend den Vorgaben des Gleichheitssatzes verfassungsgemäß und ohne zusätzliche Belastung für die Unternehmer auszugestalten.

7. Derzeitige Reformbestrebungen der Berufsgenossenschaften

Auch der berufsgenossenschaftliche Hauptverband befasst sich in seinen Diskussionen um Reformbestrebungen unter anderem mit der Problematik des Schmerzensgeldausschlusses, auch wenn der Schwerpunkt der Reformen eher auf organisatorischen Bemü-

359 In diese Richtung *DIHK*, Transparenz, Verlässlichkeit und Effizienz, S. 5. Der Gedanke einer solchen Mischfinanzierung ist nicht neu. Anfängliche Überlegungen bei der Schaffung des UVG v. 1884 gingen auch dahin, die Versicherung gegen Arbeitsunfälle privaten Versicherungsgesellschaften anzuvertrauen, bei denen die Prämien zu 1/3 die Arbeitnehmer, zu 2/3 die Arbeitgeber tragen sollten. Dieser Gedanke eines privaten Versicherungssystems wurde aber schnell wieder verworfen, da die Unfallfolgen aus sittlichen Gründen nicht zum Gegenstand der „Spekulation und Dividendenverteilung" werden sollten. Ein weiterer Aspekt im Rahmen der damaligen gesellschaftspolitischen Lage war der Wunsch *Bismarcks*, eine staatlich vollfinanzierte Versicherung zu schaffen, um so die infolge der Sozialistengesetze stark erregte Arbeiterschaft durch eine deutliche Geste staatlicher Fürsorge zu besänftigen. Vgl. zum Ganzen Schulin/*Breuer*, Unfallversicherungsrecht, § 1, Rn. 59.

hungen als auf Veränderungen im Leistungskatalog beruht.[360] Die diesbezüglichen Überlegungen im Hinblick auf den Ersatz immaterieller Schäden gehen beispielsweise dahin, die Rentenzahlungen für den Erwerbsschaden zu senken und neben diesem materiellen Schaden auch einen Ersatzanspruch für immaterielle Schäden zu gewähren. Ein autorisierter Entwurf eines Reformmodells liegt allerdings noch nicht vor, ebenso wie genauere Einzelheiten zu den beabsichtigten Änderungen – die interne Diskussion und Meinungsbildung ist noch im Fluss. Eine etwaige Reformierung des jetzigen Modells soll allerdings erst in der folgenden Legislaturperiode in Angriff genommen werden. Es bleibt zu hoffen, dass Berufsgenossenschaften und Politik die zwingend erforderliche Änderung spätestens in dieser Reform vornehmen und damit dem derzeitigen nicht nur „unrühmlichen"[361] oder „beschämenden",[362] sondern verfassungswidrigen Zustand ein Ende setzen und einen Ersatzanspruch für immaterielle Schäden einführen.

III. Fazit, Stellungnahme und Zukunftsaussicht

Nach Feststellung der Verfassungswidrigkeit der derzeitigen Regelung sollte der Blick nicht rückblickend verharren, vielmehr sollte eine verfassungsrechtlich zulässige Perspektive den Abschluss der Ausführungen bilden. Mittels Einfügung eines Anspruchs auf Ersatz immaterieller Schäden in die Unfallversicherung könnten die Vorteile der Unfallversicherung im Wesentlichen beibehalten und dem verfassungsrechtlich zu rügenden Schmerzensgeldausschluss gleichermaßen begegnet werden. Eine Durchbrechung der abstrakten und bewährten Schadensberechnung wäre nicht erforderlich, wenn man die Schmerzensgeldsummen nicht konkret bemessen würde, sondern hierfür ebenfalls ein System mit pauschalierten Beträgen einführte. Als Nachteil hierbei bzw. als problematisch wird sich allerdings die genaue Bemessung des Schmerzensgeldes herausstellen. Eine „billige" Bemessung des immateriellen Ersatzes wird nur dann möglich sein, wenn eine Berücksichtigung der Art und Weise der Schadenszufügung erfolgt. Dieser mit den Worten der Genugtuungsfunktion umschriebene Zweck des Schmerzensgeldes ist bei einer abstrakten Schadensbemessung allenfalls durch ein ausgefeiltes System zu bewerkstelligen, dass verschieden hohe Schmerzensgelder je nach Fallkonstellation gewährt. Je stärker eine solche Differenzierung vorgenommen wird, desto „gerechter" ist der Ausgleich – aber auch umso mehr nähert er sich einer konkreten Schadensberechnung an. Hierunter würde – ungeachtet der dargelegten dogmatischen Bedenken – ebenfalls die Effektivität des Unfallversicherungssystems leiden, die ein immenser Vorteil des derzeitigen Systems ist. Diesbezüglich gilt es einen gelungenen Mittelweg zu finden, der

360 Vgl. nur die Ansätze in den schon oben erwähnten Aufsätzen von *Breuer*, SozSich 2003, S. 191 ff. oder von *Bialas*, SozSich 2005, S. 55 ff.

361 *Rein*, BB 1968, S. 44 (44).

362 So *Rein* bereits 1968 polemisch zu der damals noch verfassungskonformen Regelung, BB 1968, S. (44) 46.

sowohl einen möglichst „gerechten" immateriellen Ausgleich als auch eine möglichst effektive Arbeitsweise der Unfallversicherung sicherstellt. Gelingt dieses Unterfangen, so ist eine solche, das System der gesetzlichen Unfallversicherung in ihren Grundzügen beibehaltende Lösung, eindeutig vorzugswürdig. Die gesetzliche Unfallversicherung ist mit den diskutierten Einschränkungen bei einer Gesamtschau einem rein privatrechtlichen System gegenüber überlegen: Sie hat sich in den letzten 100 Jahren bewährt und ist noch immer in der Lage, schnell, effektiv, bei stabilen Beitragssätzen und auf einem hohen Leistungsniveau Ersatz zu gewähren. Bevor weitgehende Reformüberlegungen in Richtung (Teil-) Privatisierung angestellt werden, sollte vielmehr darüber nachgedacht werden, das jetzige System in wenigen Einzelheiten zu reformieren. Als immer noch ausschlaggebender Gesichtspunkt, der das öffentlich-rechtliche Unfallversicherungssystem einem privatrechtlichen Haftungssystem überlegen macht, ist die „größere Lösungsbreite"[363] der Unfallversicherung ins Felde zu führen. Die gesetzliche Unfallversicherung erlaubt selbstverschuldete Schäden des Arbeitnehmers in den Versicherungsschutz mit einzubeziehen, was ein privatrechtliches Versicherungsmodell mit Gefährdungshaftungstatbeständen schwerlich zu leisten vermag.

Folglich ist für den grundsätzlichen Erhalt der öffentlich-rechtlichen Unfallversicherung zu plädieren. Als weitere Reformvorschläge denkbar wären aber beispielsweise die Zulassung größerer Entscheidungsspielräume für die Berufsgenossenschaften oder die Durchbrechung des strengen Gliedertaxensystems durch weitere Einzelfallregelungen. Allerdings ist zu vergegenwärtigen, dass derartige Bemühungen die Schnelligkeit und Effektivität der Schadensabwicklung beeinträchtigen könnten. Auch hier ist – wie so oft – der Königsweg in einem abwägenden Ausgleich unter Berücksichtigung beider Positionen zu erblicken. Mit den derzeitigen Reformbemühungen[364] des gesetzlichen Unfallversicherungswesens in Richtung Verwaltungsverschlankung und Neuorganisation der Trägerstrukturen haben die Berufsgenossenschaften den richtigen Weg eingeschlagen, der nun noch durch die Aufnahme eines Ausgleichanspruchs für immaterielle Schäden in den Leistungskatalog zu optimieren ist. Gelingt dies, so kann auch in Zukunft im Wege einer verfassungskonformen Regelung weiterhin der Grundsatz der Wiederherstellung der Gesundheit des geschädigten Arbeitnehmers „mit allen zur Verfügung stehenden Mitteln" (vgl. § 1 SGB VII) Geltung beanspruchen und die soziale Sicherung davor bewahrt werden, zum Handels- und damit letztlich zum Luxusgut für Wenige zu verkommen.

---

363 *Waltermann*, RdA 1998, S. 330 (337). Zur teilweisen Einschränkung dieses Arguments in Fällen leichten Eigenverschuldens des Arbeitnehmers infolge der Wertungen des innerbetrieblichen Schadensausgleiches s. die obigen Ausführungen, S. 59 f.

364 S. hierzu *Bialas*, SozSich 2005, S. 55 ff.; *Breuer*, SozSich 2003, S. 191 ff. Zur jüngsten erfolgten Gesetzesreform, die eine Neuordnung von Zuständigkeiten zur Folge hatte s. auch *Waltermann*, SGb 2005, S. 257 (257 ff.).

C. Dogmatische Herleitung der Haftung des Arbeitgebers bei Sachschäden des Arbeitnehmers

I. Die verschiedenen Konstellationen der Arbeitgeberhaftung

Schäden des Arbeitnehmers sind nicht nur an Leib und Leben vorstellbar, vielmehr ist der Begriff der Arbeitgeberhaftung ein weites Feld, unter den sich die verschiedensten Fallgruppen subsumieren lassen. Ebenso überspannt die Haftung des Arbeitgebers nicht nur inhaltlich, sondern auch zeitlich weite Bereiche und Stadien: Haftungsfragen spielen bereits bei der Begründung des Arbeitsverhältnisses[365] bis hin zu dessen Beendigung eine Rolle und können mitunter darüber hinaus auch noch nachwirkend[366] nach Beendigung des Vertragsverhältnisses relevant werden. Insbesondere im laufenden Arbeitsverhältnis existiert ein Strauß unterschiedlichster denkbarer und sich in der Praxis auch ereignender Haftungsfälle, der von Vermögensschäden des Arbeitnehmers für erlittene Einbußen an eingebrachtem Eigentum über Nichtgewährung von Urlaub oder nicht ordnungsgemäßer Zahlung von Sozialabgaben bis hin zu Schäden durch Verletzung von Schutz- oder Fürsorgepflichten reicht.[367]

Das Augenmerk der folgenden Bearbeitung soll sich jedoch ausschließlich auf die Haftung des Arbeitgebers für erlittene Sachschäden des Arbeitnehmers richten und somit nur *eine* – allerdings in Theorie und Praxis äußerst relevante- Facette der Arbeitgeberhaftung ausleuchten und wissenschaftlicher Betrachtung zuführen. Hierbei ist von Anfang an eine klare Trennung zwischen Ansprüchen im Falle der verschuldensabhängigen und der verschuldensunabhängigen Haftung des Arbeitgebers vorzunehmen und jeder Bereich gesondert zu betrachten. Insbesondere der Bereich der verschuldensunabhängigen Haftung ist seit jeher ein Exerzierplatz der rechtswissenschaftlichen Dogmatik, da hier grundlegende Fragen der Haftungs- und Zurechnungsprinzipien des Bürgerlichen Rechts tangiert und möglicherweise neu definiert werden.

Dieser Umstand erklärt auch die bereits frühe und ebenso intensive Auseinandersetzung und Widmung der rechtswissenschaftlichen Literatur mit den dort auftretenden Problemen um die Haftung des Arbeitgebers.[368] Zudem erhielt dieser Problemkomplex durch

365 Bspw. in Form des Verschuldens bei Vertragsverhandlungen, ausführlich hierzu siehe z.B. *Wiedemann*, Die Bedeutung der culpa in contrahendo im Arbeitsvertragsrecht, S. 463 ff.

366 Bspw. in Form der Haftung wegen unrichtiger Zeugnisauskünfte, s. *Söllner/Waltermann*, Arbeitsrecht, Rn. 869.

367 Überblicksartig hierzu auch die Einleitung von *Preis* zur Arbeitgeberhaftung in ErfKomm, § 619 a BGB, Rn. 51 sowie ebenfalls HWK-*Krause*, § 619 a BGB, Rn. 65 ff.; Preis/*Stoffels*, Der Arbeitsvertrag, S. 967 ff.

368 Vgl. bereits die frühen Aufsätze von *Canaris*, RdA 1966, S. 41 ff.; *Isele*, JuS 1962, S. 184 ff.; *Klein*, BB 1963, S. 1488 f.; *Köbler*, NJW 1969, S. 1413 ff.; *Küchenhoff*, RdA 1963, S. 7 ff.;

die höchstrichterliche Rechtsprechung der arbeitsgerichtlichen Judikatur[369] stets neuen Auftrieb.

Auf die „Ameisensäureentscheidung“[370] des BAG folgten unterschiedlichste, teils zustimmende, teils ablehnende Reaktionen des Schrifttums,[371] die aber die weitere Rechtsprechung des Bundesarbeitsgerichts nur noch partiell beeinflussen konnten. In seinen Folgeentscheidungen bekräftigte das Bundesarbeitsgericht den einmal eingeschlagenen Weg der analogen Anwendung der auftragsrechtlichen Aufwendungsersatzvorschrift des § 670 BGB, um dem geschädigten Arbeitnehmer in den Fällen fehlenden Verschuldens des Arbeitgebers einen Ausgleichsanspruch zuzusprechen.[372] Diesem Ansatz widmet sich die vorliegende Bearbeitung unter Berücksichtigung seiner dogmatischen Herleitung in Hinblick auf dessen Vereinbarkeit und Stringenz mit den Haftungsprinzipien des Bürgerlichen Rechts.

II. Haftung bei schuldhaftem Handeln des Arbeitgebers

1. Ausgangspunkt

Erörtert werden soll zunächst die vergleichsweise weniger problematischere Fallkonstellation der Arbeitgeberhaftung bei schuldhaftem Handeln. Zur Veranschaulichung mögen die folgenden zwei einfach gelagerten Beispielsfälle dienen:

Müller, JZ 1968, S. 769 ff. sowie die Werke von *Konzen*, Aufopferung im Zivilrecht (aus dem Jahr 1969) und von *Ziegler*, Der öffentlich-rechtliche und der arbeitsrechtliche Aufopferungsanspruch im Vergleich (aus dem Jahr 1963).

369 Zu erwähnen hier nur der sog. „Ameisensäurefall“ des BAG (GS) Beschl. v. 10.11.1961, Az.: GS 1/60 = BAGE 12, S. 15 ff. = DB 1962, S. 169 ff. = BB 1962, S. 178 ff. = MDR 1962, S. 248 ff. = NJW 1962, S. 411 ff. = WA 1962, S. 34 ff. = RiA 1962, S. 88 ff. = BetrR 1962, S. 184 ff. = ArbuR 1962, S. 193 ff. = SAE 1962, S. 193 ff. = AR-Blattei Haftung des Arbeitgebers Entsch. 14 = AP Nr. 2 zu § 611 BGB Gefährdungshaftung des Arbeitgebers = JuS 1962, S. 184 ff. = EzA § 670 BGB Nr. 2.
Die Vielzahl der Werke, die einen Abdruck dieser Entscheidung vorgenommen haben, gibt bereits einen ersten Anhaltspunkt über die diesem Beschluß zuteil gewordene Aufmerksamkeit.

370 BAG a.a.O.

371 Siehe hierzu ausführlich die spätere Auseinandersetzung mit den vertretenen Ansichten, S. 179 ff.

372 BAG Urt. v. 16.11.1978 = NJW 1979, S. 1423; BAG Urt. v. 8.05.1980 = DB 1981, S. 115; BAG Beschl. v. 3.03.1983 = DB 1983, S. 1366; BAG Urt. v. 30.04.1992 = NZA 1993, S. 262; BAG Urt. v. 16.03.1995 = NZV 1995, S. 397 und BAG Urt. v. 17.07.1997 = AP Nr. 14 zu § 611 BGB Gefährdungshaftung des Arbeitgebers. Ebenso auch die Instanzgerichte, vgl. z.B.: LAG Düsseldorf Urt. v. 28.02.1977 = DB 1977, S. 827; LAG Frankfurt a.M. Urt. v. 11.12.1980 = DB 1981, S. 1470; LAG Bremen Urt. v. 20.08.1985 = BB 1985, S. 2325; LAG Baden-Württemberg Urt. v. 17.09.1991 = DB 1992, S. 568. Eine andere Ansicht (Herleitung des Anspruchs aus der arbeitgeberseitigen Fürsorgepflicht) vertrat in einem frühen Urteil lediglich das LAG Frankfurt a.M. Urt. v. 2.08.1972 = VersR 1973, S. 1178.

a. Arbeitgeber AG unterlässt die Reparatur der defekten Schutzvorrichtung einer Schleifmaschine, worauf die Brille des an der Maschine tätigen Arbeitnehmers AN 1 infolge herumfliegender Metallsplitter zerkratzt und beschädigt wird. Verletzt wird AN 1 dabei nicht.
b. Darüber hinaus versäumt es Arbeitgeber AG, einen ihm aufgrund mehrfacher Mitteilung seiner Angestellten bekannten Defekt an den von ihm bereitgestellten Schließfächern in den Personalräumen abzustellen, wodurch es aufgrund eines unaufklärbaren Diebstahls zum Verlust der Wechselkleidung und Armbanduhr des Arbeitnehmers AN 2 kommt.

In beiden Konstellationen erleidet der geschädigte Arbeitnehmer dadurch eine Einbuße an seinen Rechtsgütern, dass der Arbeitgeber in Form schuldhaften Handelns[373] den Eigentumsschaden herbeiführt bzw. hierfür zumindest ursächlich ist. Mangels einer eigenständigen Regelung der Leistungsstörungen finden im Arbeitsverhältnis die allgemeinen bürgerlich-rechtlichen Grundsätze Anwendung, allerdings durchsetzt mit einigen, im folgenden aufzuzeigenden arbeitsrechtlichen Besonderheiten.[374] Maßstab für die Beurteilung des Vorliegens von „schuldhaften Handeln" ist daher auch im Bereich der Arbeitgeberhaftung der allgemeine Verschuldensmaßstab des BGB, wonach der Schuldner neben vorsätzlichem Handeln mit der Außerachtlassung der im Verkehr erforderlichen Sorgfalt gleichfalls fahrlässiges Handeln zu vertreten hat, wobei sich der Beurteilungsmaßstab der Sorgfaltswidrigkeit nach objektiven Maßstäben richtet.[375] Liegt folglich eine derartige vom Arbeitgeber zu vertretende Pflichtverletzung vor, so handelt es sich um einen Fall der Arbeitgeberhaftung für verschuldensabhängiges Handeln.

Im Wesentlichen ergeben sich zwar in dem Bereich der arbeitgeberseitigen Haftung bei schuldhaftem Handeln keine dogmatischen Streitpunkte von solchem Gewicht wie im Bereich der verschuldensunabhängigen Arbeitgeberhaftung. Aufgrund der Herausstreichung der Besonderheiten der anschließend zu behandelnden verschuldensunabhängigen Arbeitgeberhaftung und deren spezieller Problematik soll dennoch in einem knappen Rahmen ein Überblick über die verschuldensabhängige Arbeitgeberhaftung samt den einschlägigen Anspruchsgrundlagen erfolgen. Dies dient der besseren Vergleichbarkeit der

---

373 Unter Handeln ist hier im juristischen Sinne neben dem positiven Tun gleichfalls das pflichtwidrige Unterlassen zu verstehen, zu Einzelheiten und dem Versuch einer Abgrenzung zwischen Tun und Unterlassen s. sogleich.

374 S. nur HWK-*Krause*, § 619 a BGB, Rn. 66.

375 So § 276 Abs. 1 und 2 BGB. Klarstellend auch BAG Urt. v. 17.02.1994 = AP Nr. 2 zu § 286 BGB. Zu den Einzelheiten zum Verschuldensmaßstab und -begriff siehe etwa einleitend Palandt/*Heinrichs*, BGB, § 276, Rn. 5 ff. m.w.N.; HWK-*Krause*, § 619 a BGB, Rn. 68. Modifikationen kann es allerdings durch die Grundsätze des innerbetrieblichen Schadensausgleiches dann geben, wenn den Arbeitnehmer ein Mitverschulden nach § 254 BGB trifft. In diesem Fall wäre das Mitverschulden des Arbeitnehmers entsprechend den Grundsätzen der Arbeitnehmerhaftung in leichte Fahrlässigkeit, „normale" Fahrlässigkeit oder grobe Fahrlässigkeit aufzugliedern und beim Mitverschulden u.U. ein modifizierter Haftungsmaßstab anzuwenden. Vgl. hierzu noch später, S. 171 ff.

arbeitgeberseitigen Haftung *in toto* ebenso wie es die Darstellung um einen praktisch wichtigen Anwendungsfall komplettiert. Zudem erfolgten durch das Gesetz zur Schuldrechtsmodernisierung[376] einige relevante Änderungen, exemplarisch kann hier die Normierung der bisher nur richterrechtlich anerkannten vertraglichen Nebenpflichten in § 241 Abs. 2 BGB oder die Umstellung des vertraglichen Schadensersatzsystems auf die Grundnorm des § 280 Abs. 1 BGB angeführt werden.[377]

Weiterhin bleibt einschränkend anzumerken, dass sich die vorliegende Bearbeitung nur den wichtigsten arbeitsrechtlichen Besonderheiten der aufgezeigten Anspruchsgrundlagen widmen will. Eine vollständige und dezidierte Darstellung sämtlicher allgemeiner Anspruchsvoraussetzungen kann in diesem Rahmen selbstverständlich nicht erfolgen, hierfür sei auf die Darstellungen einschlägiger Werke zum allgemeinen Leistungsstörungsrecht verwiesen.[378]

2. Ansprüche aus positiver Vertragsverletzung

Pflichtverletzungen im laufenden Arbeitsverhältnis, die weder Unmöglichkeit noch Verzug herbeiführen, begründen eine Schadensersatzpflicht nach § 280 Abs. 1 BGB,[379] wobei der Hauptanwendungsfall hier regelmäßig in der Verletzung einer dem Arbeitgeber zum Schutz seiner Arbeitnehmer obliegenden vertraglichen Nebenpflicht nach § 241 Abs. 2 BGB liegen wird,[380] was vor allem durch die Vielfalt der in Betracht kommenden Nebenpflichten des Arbeitgebers begründet ist.[381] Das Erfordernis der Schuldhaftigkeit des Handelns ergibt sich aus § 280 Abs. 1 S. 2 BGB, der zwar hinsichtlich des Nachweises des Vertretenmüssens der Pflichtverletzung eine Beweislastumkehr anordnet, damit allerdings keineswegs auf das Vorliegen schuldhaften Handelns verzichtet.[382]

---

376 Gesetz zur Modernisierung des Schuldrechts (SMG) v. 29. November 2001, BGBl. I, S. 3137.

377 Zugegebenermaßen liegen diese Änderungen nun schon einige Zeit zurück, aufgrund der immensen Bedeutung dieser Änderungen erscheint eine Behandlung aber dennoch in angemessen knapper Form angebracht.

378 Vgl. etwa *Medicus*, Schuldrecht Bd. I und Bd. II oder *Looschelders*, Schuldrecht Allgemeiner Teil bzw. speziell auf die arbeitsrechtlichen Besonderheiten Bezug nehmend: *Gotthardt*, Arbeitsrecht nach der Schulrechtsreform.

379 *Stoffels* in AR-Blattei SD, 860.1, Rn. 11; *Preis* in ErfKomm, § 619 a BGB, Rn. 37. Diese Aussage gilt nicht nur im Arbeitsrecht, sondern ist eine allgemeine Erkenntnis, die ebenso im übrigen Schuldrecht Geltung beanspruchen kann, vgl. auch MüKo-*Ernst*, BGB, § 280, Rn. 8 oder Palandt/*Heinrichs*, BGB, § 280, Rn. 13 f.

380 *Preis* in ErfKomm, § 619 a BGB, Rn. 57; *Stoffels* in AR-Blattei SD, 860.1, Rn. 12.

381 MünchArbR/*Blomeyer* / 1. Aufl., § 94, Rn. 27.

382 Hk-BGB/*Schulze*, § 280, Rn. 14; MüKo-*Ernst*, BGB, § 280, Rn. 138 ff. Die arbeitsrechtliche Sonderregelung des § 619 a BGB gilt nur für den Fall der Arbeitnehmerhaftung, nicht jedoch in den Fällen der arbeitgeberseitigen Haftung, so der eindeutige und unmissverständliche Wortlaut wie auch Zweck der Vorschrift.

a. Grundsätzliches und Bedeutung der Nebenpflichten im Arbeitsrecht

Unter dem Oberbegriff „Fürsorgepflichten" werden im allgemeinen sämtliche Nebenpflichten des Arbeitgebers zusammengefasst, wobei allerdings die Bezeichnung nicht immer einheitlich erfolgt, sondern bisweilen auch von Schutzpflichten,[383] Förderungspflichten,[384] Rücksichtspflichten,[385] Interessenwahrungspflichten[386] oder auch Obsorgepflichten[387] gesprochen wird.[388] Trotz terminologischer Uneinigkeiten besteht über den Inhalt der Nebenpflichten dahingehend Konsens, dass der Arbeitgeber zur Wahrung der Arbeitnehmerbelange verpflichtet ist.[389]

Ihren gesetzlichen Ursprung hat die Fürsorgepflicht in den Vorschriften der Gewerbeordnung des Norddeutschen Bundes von 1869 (seit 1871 als ReichsGewO in Fortgeltung), die in § 107 bereits vom Arbeitgeber zugunsten des Arbeitnehmers verlangte, „diejenigen Einrichtungen herzustellen (...), welche gegen Gefahr für Leib und Gesundheit erforderlich sind." [390]

Nach Normierung der Fürsorgepflicht, zunächst nur in Form der Personensorge im Bürgerlichen Gesetzbuch, setzte sich sodann – zurückgehend auf die Gedanken *Otto von Gierkes*[391] – die Einsicht durch, dass der Fürsorgepflicht ein eigener und selbständiger zivilrechtlicher Anwendungsbereich zukommen müsse, der sämtliche Verhaltenspflichten des Arbeitgebers gegenüber seinem Arbeitnehmer umfassen und sich nicht nur auf die Sorge für Gesundheitsschäden beschränken dürfe, sondern darüber hinaus auch Eigentumsverletzungen und sonstige Schädigungen mit einbeziehen müsse.[392]

Heutzutage wird im Rahmen dieser Schutzpflicht üblicherweise zwischen Fürsorge- oder Nebenpflichten sowie Nebenleistungspflichten differenziert. Der Unterschied ist darin zu erblicken, dass die Nebenleistungspflichten unmittelbar aus der Hauptpflicht resultieren und das Leistungsinteresse des Arbeitnehmers betreffen, während die sonstigen Nebenpflichten vielmehr eine Schutzpflicht allgemeiner Art darstellen, die aus der ver-

383 So genannt von *Zöllner/Loritz*, Arbeitsrecht, § 16 III, S. 209 und *Söllner/Waltermann*, Arbeitsrecht, Rn. 768 f.

384 So umfassend bezeichnet von MünchArb/*Blomeyer*, § 94, Rn. 1.

385 So bezeichnet von Erman/*Edenfeld*, BGB, § 611, Rn. 483.

386 So bezeichnet von Staudinger/*Oetker*, BGB, § 618, Rn. 133.

387 So bezeichnet von *Kramer*, Vermögensrechtliche Aspekte der Treue- und Fürsorgepflicht, S. 31.

388 Zum Ganzen: MünchArb/*Blomeyer*, § 94, Rn. 1.

389 Siehe hierzu bspw. *Preis* in ErfKomm, § 611 BGB, Rn. 753 ff.; *Junker*, Arbeitsrecht, Rn. 268; *Wollenschläger*, Arbeitsrecht, Rn. 230 ff.

390 Vgl. § 107 GewO, geregelt innerhalb des Siebten Titels der Fassung der GewO des Norddeutschen Bundes v. 21. Juni 1869, BGBl. S. 245. Siehe hierzu auch *Stahlhacke*, Das Arbeitsrecht in der Gewerbeordnung, S. 29 ff.

391 *Von Gierke*, Die Wurzeln des Dienstvertrages, S. 57 ff.

392 Mittlerweile unstreitig anerkannt, vgl. nur HWK-*Krause*, § 619 a BGB, Rn. 81.

traglichen Sonderverbindung zweier Personen resultieren und insofern auch starke Parallelen zu den deliktisch begründeten Verkehrssicherungspflichten aufweisen.[393]

Mit der Kodifizierung des § 241 Abs. 2 BGB ist durch das Schuldrechtsmodernisierungsgesetz nun eine explizite gesetzliche Statuierung der vertraglichen Nebenpflichten vorgenommen worden. Durch die Einordnung der Vorschrift vom Gesetzgeber in den allgemeinen Teil des Schuldrechts wird die vorgenannte These der Verwurzelung der Nebenpflichten als Teil der vertraglichen Sonderverbindung an sich gestärkt.[394]

Von ihrem Inhalt her richten sich die vertraglichen Nebenpflichten auf den Schutz des Integritätsinteresses des Vertragspartners und postulieren damit die Pflicht, bei der Begegnung mit dem Vertragspartner die erforderliche Sorgfalt walten zu lassen, um dessen Rechtsgüter wie bspw. das Eigentum vor Schäden zu bewahren.[395] Die einzelne Art und das einzelne Ausmaß der Schutz- und Rücksichtspflichten richten sich hierbei nach dem Inhalt des Schuldverhältnisses.[396] Besondere Bedeutung gewinnen die Schutzpflichten insbesondere bei Schuldverhältnissen, die sich nicht in einem einmaligen Austausch der vertraglichen Leistung erschöpfen, sondern als Dauerschuldverhältnisse über einen längeren Zeitraum fortbestehen und damit die fortlaufende beiderseitige Rücksichtsnahme der Vertragsparteien auf ihre gegenseitigen Rechtsgüter erfordern. Dies gilt daher insbesondere für Arbeitsverträge, die eine starke und regelmäßig lang andauernde persönliche Bindung der Vertragsparteien aufweisen und somit Schutzpflichten in erweitertem Umfang postulieren.[397] Im Bereich des im BGB kodifizierten Arbeitsrechts gibt es zudem die explizite gesetzliche Regelung einzelner besonders wichtiger Schutzpflichten in § 618 BGB, wobei sich diese Regelung aber auf die Wahrung der Rechtsgüter Leben und Gesundheit beschränkt.[398]

Einschlägige Schutzpflichten des § 241 Abs. 2 BGB sind damit in Fällen der arbeitgeberseitigen Haftung für Sachschäden die Fürsorge und die Obhutspflicht für das Eigentum des Arbeitnehmers, durch deren schuldhafte Verletzung der Arbeitgeber sich schadensersatzpflichtig machen kann. Eine genauere Herausarbeitung der *in concreto* verletzten Nebenpflicht und Verdichtung zu einer allumfassenden, pauschalen Verhaltenspflicht kann allerdings aufgrund der Vielzahl der denkbaren Fallkonstellationen nicht

---

393 Ausführlich mit weiteren Erklärungen und Nachweisen: MünchArb/*Blomeyer*, § 94, Rn.13 ff. Im einzelnen ist die genaue Abgrenzung zwischen bloßer Nebenpflicht und Nebenleistungspflicht jedoch nicht immer einfach, so zurecht MüKo-*Kramer*, BGB, § 241, Rn. 19.

394 Dieser Sichtweise zuneigend auch Erman/*Edenfeld*, BGB, § 611, Rn. 482.

395 So schon vor Erlass des § 241 Abs. 2 BGB die Rechtsprechung, vgl. schon die frühen Ausführungen des RG im berühmten „Linoleumrollenfall", Urt. v. 7.12.1911 = RGZ 78, S. 239 (240). Ebenfalls zum Umfang der Schutzpflicht nach § 241 Abs. 2 BGB: HWK-*Krause*, § 619 a BGB, Rn. 81; Erman/*Edenfeld*, BGB, § 611, Rn. 484 ff. Vgl. auch MüKo-*Roth*, BGB, § 241, Rn. 90 ff. oder Palandt/*Heinrichs*, BGB, § 241, Rn. 6 ff.

396 Hk-BGB/*Schulze*, § 241, Rn. 5; Palandt/*Heinrichs*, BGB, § 241, Rn. 7.

397 MüKo-*Roth*, BGB, § 241, Rn. 93 ff.; Hk-BGB/*Schulze*, § 241, Rn. 5.

398 Zum Verhältnis v. § 618 BGB zu § 241 Abs. 2 BGB und den daraus resultierenden Konsequenzen s. sogleich.

erfolgen und muss daher immer anhand des Einzelfalles geschehen. Bei Aufstellung dieser Verhaltenspflichten werden aber regelmäßig die Vorschriften des öffentlich-rechtlichen Arbeitnehmerschutzrechts Anhaltspunkte bieten.[399] Insbesondere im Bereich der Beschädigung oder Zerstörung der vom Arbeitnehmer in den Betrieb eingebrachten Sachen gibt es zudem eine ausgefeilte Kasuistik, nach der sich die arbeitsvertragliche Schutzpflicht zunächst und unstreitig auf die Gegenstände bezieht, deren Verbringung in den Arbeitsbereich im inneren Zusammenhang zur erbringenden Arbeitsleistung steht.[400] Weiterhin muss es sich dabei um Gegenstände handeln, deren Mitnahme erforderlich und angemessen ist. Hierunter fallen sowohl die Straßenkleidung[401] wie auch die Armbanduhr[402] des Arbeitnehmers. Der Beurteilungsmaßstab der Erforderlichkeit und Angemessenheit ist dabei dynamisch, da er sich nach der allgemeinen Verkehrsüblichkeit richtet.[403]

In dem eingangs erwähnten Beispielsfall der ungesicherten Schließfächer wäre hier aus dem Strang der Schutzpflichten die Verhaltenspflicht des Arbeitgebers, seinen Arbeitnehmern Umkleide- und Aufenthaltsmöglichkeiten zur Verfügung zu stellen, die Schutz vor Wegnahme bieten, herauszuschälen. Verstößt der Arbeitgeber – wie im Eingangsfall – schuldhaft gegen diese Pflicht und wird dadurch Arbeitnehmereigentum geschädigt, so macht sich der Arbeitgeber schadensersatzpflichtig. Selbiges gilt für das Unterlassen der Reparatur einer defekten Maschine, da hier der Arbeitgeber seiner (Fürsorge-) Pflicht, dem Arbeitnehmer einen sicheren Arbeitsplatz zur Verfügung zu stellen, nicht nachkommt. Resultiert hieraus eine Eigentumsbeschädigung des Arbeitnehmers, so muss der Arbeitgeber unstreitig für seine schuldhafte Pflichtverletzung nach §§ 280 Abs. 1, 241 Abs. 2 BGB einstehen.

b. Arbeitsrechtliche Besonderheiten bei der Haftung für das Verschulden Dritter

Sollte der Arbeitgeber – wie oftmals in größeren Unternehmen mit mehreren Leitungsebenen üblich – nicht selbst gehandelt haben und ihn insofern kein eigenes Verschulden treffen, so besteht dennoch über die Grundsätze der Haftung für Erfüllungsgehilfen die Möglichkeit der direkten Inanspruchnahme des Arbeitgebers. Die Zurechnungsvorschrift

---

399 Soergel/*Kraft*, BGB, § 618, Rn. 10 mit weiteren Nachweisen; BAG Urt. v. 10.3.1976 = AP Nr. 17 zu § 618 BGB.

400 MünchArb/*Blomeyer*, § 96, Rn. 42; Schaub/*Koch*, ArbR-Hdb., § 108, Rn. 27 ff.; HWK-*Krause*, § 619 a BGB, Rn. 81.

401 BAG Urt. v. 1.07.1965 = AP Nr. 75 zu § 611 BGB Fürsorgepflicht.

402 LAG Düsseldorf Urt. v. 10.04.1953 = DB 1953, S. 652 (652). Natürlich ist hier im Rahmen der Angemessenheit festzustellen, dass eine Schutzpflicht und Ersatzpflichtigkeit des Arbeitgebers nur hinsichtlich einer „handelsüblichen" Armbanduhr besteht. Sollte der Arbeitnehmer äußerst wertvolle Uhren mit in den Betrieb bringen, deren Mitnahme sich keineswegs mehr im Rahmen des Üblichen bewegt, so muss eine Ersatzfähigkeit ausscheiden. Andernfalls könnte der Arbeitnehmer durch die Mitnahme zahlreicher wertvoller Gegenstände die Schutzpflicht des Arbeitgebers unangemessen ausdehnen und überstrapazieren.

403 Eine detaillierte Übersicht dieser Beurteilungsmaßstäbe findet sich u.a. bei Schaub/*Koch*, ArbR-Hdb., § 108, Rn. 27 ff.

des § 278 BGB fußt hierbei auf dem Gedanken, dass der Schuldner gegenüber seinen Gläubigern für den eigenen Geschäfts- und Gefahrenkreis verantwortlich ist und dass zum Gefahrenkreis des Schuldners auch die von ihm eingesetzten Hilfspersonen gehören.[404] Prägnant formuliert: Wer den Nutzen aus dem Einsatz dritter Personen zieht, muss auch die dadurch entstehenden Risiken übernehmen.[405] Eine Zurechnung ist aber nur dann möglich, wenn eine Person, mittels derer sich der Arbeitgeber zur Erfüllung seiner Pflichten bedient, schuldhaft handelt, § 278 S. 1 BGB. Die Vorschrift weist damit die Funktion einer Zurechnungsnorm für fremdes schuldhaftes Handeln auf. Selbiges gilt für die Beteiligung eines gesetzlichen Vertreters, was insbesondere im modernen Wirtschaftsleben angesichts der Beteiligung juristischer Personen relevant ist, die nur durch ihre Organe handeln können. Allerdings ist hierbei umstritten, ob diese Einstandspflicht dann über die Erfüllungsgehilfenhaftung nach § 278 BGB oder nicht doch vielmehr über die Grundsätze der Organhaftung nach den §§ 31, 89 BGB vorzunehmen ist.[406]

Als arbeitsrechtlich bedeutsame Besonderheit ist weiter daran zu erinnern, dass nicht jeder Arbeitnehmer Erfüllungsgehilfe seines Arbeitgebers dergestalt ist, als dass bei einer Schädigung eines Arbeitnehmers durch einen Kollegen dieser seinen Arbeitgeber über die Zurechnungsnorm des § 278 BGB in Anspruch nehmen könnte. Zurechnen lassen muss sich der Arbeitgeber daher nur das Verhalten solcher Arbeitnehmer, die entweder kraft ihrer Vorgesetztenstellung besondere Leitungsfunktionen ausüben[407] oder aber kraft Ausübung eines besonderen Amtes Schutz- und Fürsorgepflichten des Arbeitgebers wahrnehmen[408] und damit in Erfüllung einer vertraglichen Verbindlichkeit des Arbeitgebers tätig werden. Als Paradebeispiel wird hier regelmäßig die Stellung eines Arbeitnehmers als Pförtner oder Sicherheitskraft angeführt,[409] welcher dann u.a. zum Schutz der arbeitnehmereigenen Gegenstände eingesetzt wird und damit qua Funktion vom Arbeitgeber die Schutzaufgabe als Ausfluß der Fürsorgepflicht übertragen bekommen hat.

Bereits an diesen aufgezeigten Einschränkungen wird deutlich, dass die Geltendmachung eines Anspruchs auf Schadensersatz gegen den Arbeitgeber oftmals vor Schwierigkeiten stehen wird. Zwar bleibt in den Fällen der Beschädigung einer arbeitnehmereige-

---

404 *Stoffels* in AR-Blattei SD 860.1, Rn. 59; BGH Urt. v. 8.02.1974 = BGHZ 62, S. 119 (124); BGH Urt. v. 27.06.1985 = BGHZ 95, S. 128 (132).

405 Auf diesen Zurechnungsgrund wird auch noch später i.R.d. verschuldensunabhängigen Haftung zurückzukommen sein, s. nur S. 166 ff.

406 Zwar sprechen die besseren Argumente für eine Anwendbarkeit der §§ 31, 89 BGB, allerdings soll dieser Streit hier nicht weiter vertieft werden, zur weiteren Beschäftigung siehe bspw. Palandt/*Heinrichs*, BGB, § 31, Rn. 6 ff. und § 278, Rn. 6 oder *Stoffels* in AR-Blattei SD 860.1, Rn. 60; jeweils mit weiteren Nachweisen.

407 BAG Urt. v. 17.12.1968 = AP Nr. 2 zu § 324 BGB; LAG Frankfurt a.M. Urt. v. 12.03.1990 = DB 1991, S. 552.

408 *Stoffels* in AR-Blattei SD 860.1, Rn. 63; s. auch bereits RG Urt. v. 19.09.1921 = RGZ 102, S. 372 (374); RGZ Urt. v. 13.02.1923 = RGZ 106, S. 293 (294) und BAG v. 17.12.1968 = AR-Blattei ES 860 Nr. 25 sowie LAG Frankfurt a.M. Urt. v. 12.03.1990 = DB 1991, S. 552 (552). S. auch MüKo-*Grundmann*, BGB, § 278, Rn. 33, 29 f.

409 Soergel/*Kraft*, BGB, § 618 BGB, Rn. 26; MünchArbR/*Blomeyer*, § 96, Rn. 54.

nen Sache durch einen Kollegen ein Ersatzanspruch direkt gegen diesen bestehen,[410] jedoch wird dieser Anspruchsgegner u.U. nicht die gewünschte wirtschaftliche Potenz aufweisen. Auch ist daran zu denken, dass die Anstrengung eines Gerichtsverfahrens das Verhältnis zwischen Arbeitnehmer und Arbeitgeber empfindlich stören kann, insbesondere dann, wenn der Vorwurf schuldhaften Fehlverhaltens im Raume steht[411] und damit womöglich auch das berufliche Fortkommen des Arbeitnehmers erschwert wird, weshalb sich der Arbeitnehmer in der Praxis eine klageweise Durchsetzung seines Anspruchs gut überlegen wird.

3. Ansprüche aus Verletzung einer Fürsorgepflicht

Gleichfalls bleibt zu erörtern, ob der Arbeitnehmer überdies hinaus einen weiteren vertraglichen Schadensersatzanspruch aufgrund Verletzung der in § 618 Abs. 1 BGB explizit normierten Fürsorgepflicht des Arbeitgebers geltend machen kann. Nach dieser Vorschrift muss der Arbeitgeber den Arbeitsablauf so organisieren, dass die bei ihm beschäftigten Arbeitnehmer insoweit gegen Gefahren für Leib und Leben geschützt sind, wie es die Natur der Dienstleistung zulässt. Direkt anwendbar ist die Vorschrift des § 618 Abs. 1 BGB nach ihrem Wortlaut damit nur bzgl. des Schutzes vor Gefahren, die der Gesundheit des Arbeitnehmers drohen. In Frage käme folglich allenfalls eine analoge Anwendung auf Sach- und Vermögensschäden zur Anspruchsbegründung des Arbeitnehmers. Dieser Weg wird vereinzelt, bspw. von *Däubler,*[412] vertreten. *Däubler* begründet seine Ansicht damit, dass sich die nicht explizit normativ abgesicherte und vielfältiger Auslegung zugängliche allgemeine Fürsorgepflicht des Arbeitgebers als zu konturenlos erweise und daher eine entsprechende Heranziehung der Regelung des § 618 Abs. 1 BGB schlechthin vorzugswürdig sei.[413] Hierbei ist allerdings kritisch zu hinterfragen, ob diese Sichtweise nach der Normierung einer allgemeinen Nebenpflicht in § 241 Abs. 2 BGB durch das Schuldrechtsmodernisierungsgesetz noch aufrechterhalten werden kann. Das rechtssystematische Argument der fehlenden gesetzlichen Absicherung der Nebenpflicht, welches vormals für eine Heranziehung von § 618 Abs. 1 BGB gestritten hat, kann nun nicht mehr zur Begründung herhalten. Allenfalls ließe sich *Däublers* Ansicht noch damit begründen, dass die Kodifikation der arbeitsrechtlichen Schutzpflicht in § 618 BGB eine speziellere Regelung gegenüber der im allgemeinen Schuldrecht normierten Nebenpflicht des § 241 Abs. 2 BGB darstelle und demnach als Spezialregelung vorrangig sei. Es ist zwar grundsätzlich richtig, spezielle Vorschriften nach dem Grundsatz *lex specialis derogat legi ge-*

---

410 Mangels Sonderverbindung zwischen den einzelnen Arbeitnehmern wird dies dann wohl nur mittels eines deliktischen Anspruchs wegen unerlaubter Handlung nach den §§ 823 ff. BGB möglich sein.

411 Vgl. hierzu schon die obigen Ausführungen zum Betriebsfriedensargument.

412 *Däubler*, JuS 1986, S. 425 (431).

413 *Däubler*, a.a.O.

nerali[414] gegenüber allgemeinen Vorschriften vorrangig anzuwenden. Allerdings gilt dies nur bei direkter Anwendbarkeit. Vorliegend „passt" die Vorschrift des § 618 Abs. 1 BGB nur, wenn sie im Wege einer Gesetzesanalogie erweiternd auch auf Sachschäden ausgedehnt wird. Unter dieser Prämisse erscheint es damit fragwürdig, eine Gesetzesanalogie zu bemühen, denn die Voraussetzung einer solchen ist stets das Bestehen einer planwidrigen Lücke im Gesetz.[415] Eine derartige Regelungslücke besteht durch die Normierung in § 241 Abs. 2 BGB aber gerade nicht mehr – hierfür alleine die Spezialität der Regelung des § 618 BGB heranziehen zu wollen, vermag schwerlich zu überzeugen.

Daher sperrt sich auch die vorherrschende Ansicht im Schrifttum[416] gegen eine entsprechende Anwendung der Schutzvorschrift des § 618 Abs. 1 BGB auf Sachschäden und befindet sich dabei auch im Einklang mit der höchstrichterlichen Rechtsprechung des Bundesarbeitsgerichts.[417] Hinzuzufügen ist, dass Literatur und Rechtsprechung auch schon bereits vor Inkrafttreten des Schuldrechtsmodernisierungsgesetzes eine entsprechende Anwendung der Vorschrift abgelehnt haben, wohlgemerkt damit also zu einem Zeitpunkt, als eine gesetzliche Absicherung der Nebenpflichten wie heute durch § 241 Abs. 2 BGB noch überhaupt nicht bestand.[418] Das Gesagte muss nun angesichts der Neuerungen der Schuldrechtsreform umso mehr gelten. Die strikte Ablehnung der analogen Anwendung lässt sich neben den dargelegten rechtssystematischen Bedenken vor allem mittels teleologischer Erwägungen begründen, da die Rechtsgüter „Leben" und „Gesundheit" gegenüber dem bloßen Eigentum weitaus höherwertig sind. Diese Begründung ist schlüssig und kann sich neben grundgesetzlichen Wertungen[419] auch auf den Normzweck berufen.[420] Alles in allem muss daher eine Anspruchsherleitung auf Schadensersatz bei Sachschäden in analoger Anwendung von § 618 Abs. 1 BGB nach richtiger und nahezu einhelliger Ansicht abgelehnt werden. Die Neuregelungen des Schuldrechtsmodernisie-

---

414 *Bydlinski*, Methodenlehre, S. 465 mit weiteren Nachweisen.

415 Allgemein zur Füllung von Gesetzeslücken im Wege der Analogie: *Larenz/Canaris*, Methodenlehre der Rechtswissenschaft, S. 269 ff. Zurecht kritisiert *Larenz*, dass es sich bei Fragen der analogen Anwendung von Gesetzen nicht um formal-logische Gedankenoperationen, sondern um einen Vorgang wertenden Denkens handele, dessen Ergebnis damit freilich von u.U. subjektiven Wertungen des jeweiligen Betrachters abhänge.

416 *Stoffels* in AR-Blattei SD, 860.1, Rn. 48; MünchArbR/*Blomeyer*, § 94, Rn. 32; Soergel/*Kraft*, BGB, § 618, Rn. 48; Staudinger/*Oetker*, BGB, § 618, Rn. 132 f.

417 BAG Urt. v. 24.05.1958 = AP Nr. 12 zu § 611 BGB Fürsorgepflicht; BAG Urt. v. 5.03.1959 = AR-Blattei ES 860 Nr. 7; BAG Urt. v. 1.07.1965 = AR-Blattei ES 860 Nr. 20.

418 Dies wird unzweifelhaft daran ersichtlich, dass die zitierten Urteile allesamt vor dem Jahre 2002 und damit vor Inkrafttreten der Schuldrechtsmodernisierung ergangen sind. Ebenso: HWK-*Krause*, § 618 BGB, Rn. 2 m.w.N.

419 Vgl. nur etwa Art. 2 Abs. 2 S. 1GG und die hieraus resultierende Schutzpflicht des Staates. Siehe zur grundgesetzlichen Schutzpflicht s. Sachs/*Murswiek*, GG, Art. 2, Rn. 24 f. und zu ihrer dogmatischen Herleitung Maunz/Dürig/*Di Fabio*, GG, Art. 2 Abs. 2, Rn. 41 ff.

420 Ähnlich MüKo-*Lorenz*, BGB, § 618, Rn. 3, der hierzu auf den enumerativen Rechtsgüterkatalog verweist.

rungsgesetzes lassen im Zusammenspiel mit den bereits zuvor schon bestehenden systematischen Bedenken keinen anderen Schluss zu.

Überdies ist die generelle Bedeutung der privatrechtlichen Fürsorgepflicht des § 618 BGB in der Rechtsanwendungspraxis heutzutage eher als gering einzustufen: Grund für den Bedeutungsverlust ist zum einen die Entwicklung des öffentlich-rechtlichen Arbeitsschutzrechtes, welche dazu geführt hat, dass faktisch kein Raum mehr für eine eigenständige Auslegung der Vorschrift bleibt, da die Konkretisierung der Schutzpflichten bereits ausreichend durch die einschlägigen öffentlich-rechtlichen Normen erfolgt.[421]

Zum anderen wird der Arbeitsschutz durch die Gewerbeaufsichtsämter sowie die Berufsgenossenschaften wahrgenommen,[422] ergänzt durch die arbeitsschutzbezogenen Befugnisse des Betriebsrates.[423] Regelmäßig ohne Bedeutung ist auch der in § 618 Abs. 3 BGB vorgesehene Schadensersatzanspruch gegen den Arbeitgeber im Falle der Verletzung von Arbeitsschutzpflichten – auch dieser wird von der Sperrwirkung des § 104 SGB VII umfasst.[424]

4. Ansprüche aufgrund unerlaubter Handlung

Neben den vertraglichen Ansprüchen auf Schadensersatz ist weiterhin an deliktische Schadensersatzansprüche aufgrund unerlaubter Handlung nach den §§ 823 ff. BGB zu denken.

a. § 823 Abs. 1 BGB

Im Rahmen des „Grundtatbestandes" des Deliktsrechts kann der geschädigte Arbeitnehmer seinen Schadensersatzanspruch auf die Verletzung seines Eigentums stützen, das als absolutes Rechtgut explizit aufgeführt ist. Bezüglich der schuldhaften Verletzungshandlung kann die Pflichtwidrigkeit des Arbeitgebers entweder in einem positiven Tun oder in einem Unterlassen erblickt werden. Die Abgrenzung zwischen Tun und Unterlassen er-

---

421 Vgl. nur beispielhaft folgende Gesetze , die allesamt dem Schutz des Arbeitnehmers vor unterschiedlichsten Gefahren dienen: Das Arbeitsschutzgesetz (ArbSchG), das Arbeitssicherheitsgesetz (AsiG), die Arbeitsstättenverordnung (ArbStättV), die Bildschirmarbeitsverordnung (BildschArbV), das Geräte- und Produktsicherheitsgesetz (GPSG) samt zahlreicherer konkretisierender Verordnungen, das Chemikaliengesetz (ChemG) samt Gefahrstoffverordnung (GefStoffV), die Biostoffverordnung (BioStoffV), das Gentechnikgesetz (GenTG) samt Gentechnik-Sicherheitsverordnung (GenTSV). Diese Auflistung ließe sich noch beliebig fortführen.

422 Vgl. § 139 b GewO zur Aufgabe der Gewerbeaufsichtsämter sowie §§ 14 ff. SGB VII zu den präventiven Aufgaben der Berufsgenossenschaften.

423 Siehe hierzu §§ 80 Abs. 1 Nr. 1 u. 9, 87 Abs. 1 Nr. 7, 88 Nr. 1, 89, 90 f. BetrVG.

424 HWK-*Krause*, § 618 BGB, Rn. 7; MüKo-Lorenz, BGB, § 618, Rn. 5 u. 94 ff. Zur Sperrwirkung des § 104 SGB VII s. auch die obigen Ausführungen, S. 39 ff.

folgt seit jeher mittels einer wertenden Betrachtung nach dem Schwerpunkt der Vorwerfbarkeit.[425] Will man für die Rechtsgutsverletzung an ein Unterlassen anknüpfen, so ist zu beachten, dass erst das Bestehen einer Erfolgsabwendungspflicht[426] haftungsbegründend wirkt. Die Erfolgsabwendungspflicht ähnelt der aus dem Strafrecht her bekannten Garantenpflicht und wird im Zivilrecht mittels Verstoßes gegen eine Verkehrspflicht festgestellt.[427] Diese Verkehrspflichten in Form von Schutz- und Sicherungspflichten überschneiden sich in großen Teilen mit den vertraglichen Nebenpflichten, die bei einer positiven Vertragsverletzung (bzw. juristisch genauer: bei einer positiven Forderungsverletzung) zu erörtern sind.[428] Ebenso wie auf vertraglicher Ebene können die Verkehrspflichten nur für den Einzelfall aufgestellt werden, da die Konstruktion einer generellen Verkehrssicherungspflicht, die jeden nur erdenklichen Unfall ausschließt, nicht möglich ist.[429] Folglich müssen lediglich diejenigen Vorkehrungen getroffen werden, die nach den konkreten Umständen zur Beseitigung von Gefahren erforderlich, aber auch zumutbar sind.[430] Im Beispielsfall der ungesicherten Schließfächer kann somit wieder auf die bestehende Verkehrssicherungspflicht des Arbeitgebers gegenüber seinen Arbeitnehmer abgestellt werden, die auch den Schutz des Eigentums und damit der arbeitnehmereigenen Kleidung und Uhr vor Beschädigungen und Verlust umfasst. Auch im Fall des Unterlassens der Reparatur der defekten Schleifmaschine verletzt der Arbeitgeber durch die Bereitstellung eines unsicheren Arbeitsplatzes seine Verkehrspflicht, die in Form der Vermeidung von Gefahrenquellen, die von gefährlichen Sachen ausgehen können, besteht.[431] Da der Anspruch aus § 823 Abs. 1 BGB schuldhaftes Handeln voraussetzt und bei Groß-

425 Zur Abgrenzung Handeln vs. Unterlassen: Erman/*Schiemann*, BGB, § 823, Rn. 13. Zurecht stellt *Schiemann* fest, dass es bisweilen eine bloße Definitionsfrage sei, ob man das Handeln im Unterlassen der Gefahrabwendung oder in einem gefährlichen Tun trotz Möglichkeit der Gefahrabwendung sehen möchte. Daher schlägt *Schiemann* vor, die Haftung nicht mehr nach der Verhaltensweise abzugrenzen, sondern nach der Typik der Pflichten zu gliedern (Rn. 78). Dieser Vorschlag erinnert auch an den Wechsel in der Strafrechtsdogmatik von der früher vertretenen formalen Herausarbeitung der Garantenstellung nach deren Herkunft (aus Gesetz, Vertrag oder Ingerenz) hin zu einer materiellen Einteilung in Beschützer- und Überwachungsgaranten, je nach Inhalt und Ausmaß der Garantenpflicht. Zu dieser Entwicklung siehe auch einleitend *Haft*, Strafrecht, S. 185 f. oder *Otto*, Grundkurs Strafrecht, § 9, Rn. 25 ff. mit ausführlichen Erläuterungen.

426 Der BGH bezeichnet die Erfolgsabwendungspflicht als „Rechtspflicht zum Handeln", siehe BGH Urt. v. 14.02.1978 = BGHZ 71, S. 86 (93) unter Verweis auf das RG, Urt. v. 10.02.1923 = RGZ 106, S. 283 (285).

427 Erman/*Schiemann*, BGB, § 823, Rn. 13; Palandt/*Sprau*, BGB, § 823, Rn. 45 ff.

428 *Stoffels* in AR-Blattei SD 860.1, Rn. 42; Palandt/*Sprau*, BGB, § 823, Rn. 49.

429 Palandt/*Sprau*, BGB, § 823, Rn. 51; Erman/*Schiemann*, BGB, § 823, Rn. 10.

430 BGH Urt. v. 11.12.1984 = NJW 1985, S. 1076 (1076 ff.).

431 Zu dieser speziellen Verkehrspflicht sowie zu einem Vorschlag für eine allgemeine Gliederung der Verkehrspflichten: Erman/*Schiemann*, BGB, § 823, Rn. 88. Im Einklang mit den obigen Ausführungen könnte hier aber ebenso auf ein positives Tun abgestellt werden, wenn man den Schwerpunkt der Vorwerfbarkeit in der aktiven Bereitstellung der Maschine u. dem angeordneten Einsatz des Arbeitnehmers an der Maschine erblicken wollte.

unternehmen in den seltensten Fällen an eine unmittelbare schuldhafte Handlung des Arbeitgebers angeknüpft werden kann, ist zu erinnern, dass eine eigene Schadensabwendungspflicht aus der Organisationspflicht[432] des Arbeitgebers erwachsen kann, wonach dieser den innerbetrieblichen Ablauf dergestalt organisieren und die unterstellten Mitarbeiter so beaufsichtigen muss, dass schädigende Ereignisse vermieden werden.[433] Weiterhin ist bei juristischen Personen eine Verschuldenszurechnung über § 31 BGB vorzunehmen, eine analoge Anwendung erfährt der § 31 BGB darüber hinaus selbst bei Personengesellschaften.[434]

b. § 823 Abs. 2 BGB in Verbindung mit einem Schutzgesetz

Weiterhin kann der Arbeitnehmer seinen Schadensersatzanspruch auf § 823 Abs. 2 BGB in Verbindung mit einem Schutzgesetz stützen. Zu beachten ist vor allem die Anordnung in § 823 Abs. 2 S. 2 BGB, wonach das Erfordernis schuldhaften Handelns angeordnet wird, sofern das Schutzgesetz seinerseits kein Verschulden erfordern sollte. Folglich ist auch der deliktische Anspruch des § 823 Abs. 2 BGB zwingend an das Vorliegen schuldhaften Handelns gekoppelt.[435] Weiterhin ist die Verletzung eines Schutzgesetzes erforderlich, wobei der Begriff des Schutzgesetzes nicht nur Gesetze im formellen Sinne, sondern jede erdenkliche Rechtsnorm umfasst,[436] vgl. auch Art. 2 EGBGB. Voraussetzung ist jedoch stets, dass die einzelne Vorschrift zumindest auch dazu bestimmt ist, neben der Allgemeinheit dem Schutz der Rechtsgüter des Einzelnen zu dienen.[437] Folglich kommen

---

432 Auch „Organisationsverschulden" genannt, ausführl. *Matusche-Beckmann*, Organisationsverschulden, S. 14ff.

433 Jauernig/*Teichmann*, BGB, § 823, Rn. 32. Zu beachten ist allerdings, dass an durch die Postulierung einer derartigen Pflicht die Haftung von § 831 auf § 823 i.V.m. § 31 BGB verlagert wird. Grundsätzlich ist diese Verschiebung zu begrüßen, da ansonsten durch den dezentralisierten Entlastungsbeweis im Rahmen von § 831 BGB (hierzu sogleich) sich der Arbeitgeber regelmäßig der Haftung entziehen könnte. Befürwortet man diese Entwicklung, wird allerdings eine eindeutige und restriktive Grenzziehung der Organisationspflichten erforderlich, vgl. hierzu im Einzelnen auch Jauernig/*Teichmann*, BGB, § 823, Rn. 32 m.w.N.

434 Im einzelnen zum Meinungsstand s. Palandt/*Heinrichs*, BGB, § 31, Rn. 1 und 7.

435 Der Vollständigkeit halber ist hinsichtlich des Tatbestandes des § 823 Abs. 2 BGB am Rande zu erwähnen, dass im Gegensatz zum Absatz 1 keine Beschränkung der geschützten Rechtsgüter im Hinblick auf deren absoluten Charakter erfolgt. Folglich erfährt nach § 823 Abs. 2 BGB auch das Vermögen als Rechtsgut Schutz, sofern entsprechende Schutzgesetze verletzt werden. Da es sich bei der Beschädigung von arbeitnehmereigenen Sachen jedoch stets um eine Eigentumsbeeinträchtigung handeln wird, ist diese Besonderheit des § 823 Abs. 2 BGB hier nicht von Relevanz.

436 HWK-*Krause*, § 619 a BGB, Rn. 95; ebenso wie MüKo-*Wagner*, BGB, § 823, Rn. 322.

437 Palandt/*Sprau*, BGB, § 823, Rn. 57 und MüKo-*Wagner*, BGB, § 823, Rn. 341. Ebenso die ständige Rechtsprechung vgl. nur BGH Urt. v. 27.01.1954 = BGHZ 12, S. 146 (148), BGH Urt. v. 25.02.1959 = BGHZ 29, S. 344 (350 f.); BGH Urt. v. 27.11.1963 = BGHZ 40, S. 306 (306); BGH Urt. v. 3.02.1987 = BGHZ 100, S. 13 (15); BGH Urt. v. 13.12.1988 = BGHZ 106, S. 204 (206).

hier vor allem neben allgemeinen Gesetzen und Normen die öffentlich-rechtlichen Arbeitnehmerschutzvorschriften in Betracht,[438] sofern diese auch individualschutzgewährend sind.[439] Praktisch relevant sind Ansprüche nach § 823 Abs. 2 BGB bei Eigentumsverletzungen jedoch selten, da in der Regel auch die Tatbestandsvoraussetzungen des vertraglichen Schadensersatzanspruches der positiven Forderungsverletzung nach §§ 280 Abs. 1, 241 Abs. 2 BGB erfüllt sind und dieser Anspruch den deliktischen Ansprüchen insofern überlegen ist, als hier zum einen die Verschuldensvermutung des § 280 Abs. 1 S. 2 BGB wie zum anderen die Erfüllungsgehilfenhaftung nach § 278 BGB Anwendung findet. Weiterhin wird bei einer Eigentumsschädigung regelmäßig der deliktische Haftungstatbestand des § 823 Abs. 1 BGB erfüllt sein, so dass in der Praxis – abgesehen von reinen Vermögensschäden – in den seltensten Fällen ein Rückgriff auf § 823 Abs. 2 BGB in Verbindung mit einem Schutzgesetz erforderlich sein wird.

c. § 831 BGB

Erfolgt die Schädigung durch einen anderen Arbeitnehmer, besteht über die Verrichtungsgehilfenhaftung nach § 831 BGB dennoch die Möglichkeit der Geltendmachung des Schadensersatzanspruches des geschädigten Arbeitnehmers direkt gegen seinen Arbeitgeber. Arbeitnehmer, selbst höhere Angestellte, sind aufgrund ihrer Weisungsgebundenheit regelmäßig Verrichtungsgehilfen ihres Arbeitgebers.[440] Für diese hat der Arbeitgeber nach § 831 BGB dann einzustehen, wenn die Schädigung von einem zur Verrichtung bestellten Gehilfen bei Ausführung der Verrichtung erfolgt.[441] Insofern unterscheidet sich der Anspruch des § 831 BGB von den Tatbeständen des § 823 Abs. 1 und 2 BGB, weil im Rahmen des § 831 BGB nicht an eine widerrechtliche Handlung des Anspruchsgegners selbst, sondern an das Fehlverhalten einer dritten Person angeknüpft wird. Gehaftet wird allerdings nicht für deren Verschulden (wie etwa bei der Zurechnungsnorm des § 278 BGB), sondern für eigenes vermutetes Verschulden des Geschäftsherrn bei der Auswahl oder Überwachung des Verrichtungsgehilfen.

Allerdings ist ein Anspruch aus Verrichtungsgehilfenhaftung für den geschädigten Arbeitnehmer oftmals nicht zielführend, weil der Arbeitgeber die Möglichkeit hat, einen

---

438 So auch *Stoffels* in AR-Blattei SD 860.1, Rn. 31. Keine Schutzgesetze sind hingegen die Unfallverhütungsvorschriften der Berufsgenossenschaften, weil diese nicht die Allgemeinheit, sondern nur die Unternehmer und Versicherten schützen, vgl. BGH Urt. v. 2.06.1969 = VersR 1969, S. 827 (827).

439 Als Beispiele für auch Individualschutz gewährende Vorschriften sind hier § 3 GerätesicherheitsG (BGH Urt. v. 11.12.1979 = NJW 1980, S. 1219 [1219 f.]), das JugArbSchG nahezu in seiner Gesamtheit (*s.* Palandt/*Putzo*, BGB, Einf. v. § 611, Rn. 85) oder § 9 MuSchG (BAG Urt. v. 19.08.1982 = NJW 1983, S. 1391 [1392]) zu nennen.

440 *Stoffels* in AR-Blattei SD 860.1, Rn. 38; Palandt/*Sprau*, BGB, § 831, Rn. 6; MüKo-*Wagner*, BGB, § 831, Rn. 4.

441 Gefestigte Rspr., so zuletzt erst: OLG München, Urt. v. 12.04.2001 = VersR 2003, S. 216 (217); aus der Literatur: Palandt/*Sprau*, BGB, § 831, Rn. 7.

Exculpationsbeweis zu erbringen, § 831 Abs. 1 S. 2 BGB: Die Haftung für vermutetes eigenes Verschulden kann der Arbeitgeber dann umgehen, wenn er nachweist, bei der Auswahl des Verrichtungsgehilfen und, soweit er Vorrichtungen und Gerätschaften zu beschaffen oder die Ausführung der Verrichtung zu leiten hat, bei der Beschaffung oder der Leitung die im Verkehr erforderliche Sorgfalt beobachtet hat oder wenn alternativ der Schaden auch bei Anwendung dieser Sorgfalt entstanden sein würde. Von hoher Bedeutung ist hierbei im Rahmen von Großbetrieben mit mehreren Leitungsebenen der sog. dezentralisierte Entlastungsbeweis.[442] Hiernach genügt es zur Exculpation des Geschäftsherrn, wenn dieser nachweist, dass der höhere und die Tätigkeiten überwachende Angestellte sorgfältig ausgewählt, angeleitet und überwacht wurde, sofern dieser seinerseits die ihm unterstellten Arbeiter ebenfalls ordnungsgemäß überwacht hat.[443]

Aufgrund der heutigen hohen Sorgfaltsmaßstäbe bei der praktischen Handhabung der Bewerberauswahl infolge von Assesment-Centern, Bewerber-Workshops und ausgiebigen Bewerbertests wird es dem Arbeitgeber daher in der Regel gelingen, den Entlastungsbeweis für die nachgeordnete Managementebene zu erbringen und sich so der Haftung zu entziehen. Daher ist trotz der an sich strengen Voraussetzungen an den Entlastungsbeweis die Exculpation oftmals möglich, so dass der „Verrichtungsgehilfenanspruch" des § 831 BGB im modernen Wirtschaftsleben zunehmend an Bedeutung verloren hat.[444] Überdies ist die Berufung auf eine Verrichtungsgehilfenhaftung oftmals auch nicht mehr erforderlich, da im Rahmen der Deliktshaftung nach § 823 Abs. 1 BGB die Verkehrspflichten in Form von weitreichenden Organisations- und Überwachungspflichten derart stark ausgedehnt wurden, dass bereits auf diesem Wege eine erfolgreiche Anspruchsdurchsetzung möglich ist.[445]

---

442 Unter einem dezentralisierten Entlastungsbeweis wird die Möglichkeit der Entlastung des Geschäftsherrn bei erfolgreichem Nachweis der rücksichtigen Auswahl, Überwachung und Anleitung der leitenden Angestellten bzw. des an der Spitze einer Hierarchie stehenden leitenden Mitarbeiters verstanden. Der Arbeitgeber muss dann den Entlastungsbeweis lediglich für die Angestellten der Leitungsebene unterhalb der Geschäftsführung führen, wenn „der Umfang eines großen industriellen Betriebs oder einer sonstigen großen Verwaltung (...) dem Geschäftsherrn selbst die Auswahltätigkeit hinsichtlich der niederen Angestellten unmöglich macht" – so bereits die Worte des Reichsgerichts, Urt. v. 14.12.1991= RGZ 78, S. 107 (108) und RG Urt. v. 27.11.1916 = RGZ 89, S. 136 (137). Der BGH hat diese Grundsätze zunächst anerkannt (BGH Urt. v. 25.10.1951 = BGHZ 4, S. 1 [2 f.])., steht ihnen mittlerweile aber kritischer gegenüber (BGH Urt. v. 17.10.1967 = NJW 1968, S. 247 [248]), wobei eine abschließende Stellungnahme noch nicht erfolgt ist. Vgl. zum Ganzen die gute Darstellung bei MüKo-*Wagner*, BGB, § 831, Rn. 38 ff.

443 BGH Urt. v. 19.06.1973 = DB 1973, S. 1645 (1645 f.).

444 So MüKo-*Wagner*, BGB, § 831, Rn. 40.

445 So MüKo-*Wagner*, a.a.O.

5. Sonstige denkbare Ansprüche

Nach Aufzeigung der oben diskutierten Anspruchsgrundlagen schließt sich die Frage an, ob es möglicherweise noch weitere Anspruchsgrundlagen des Arbeitnehmers geben kann. Zu denken ist hier im Bereich der deliktischen Ansprüche an einen Schadensersatzanspruch nach § 826 BGB im Falle der vorsätzlichen sittenwidrigen Schädigung des Arbeitnehmers durch den Arbeitgeber. Da ein derartiger Anspruch allerdings nur in den seltenen Fällen der vorsätzlichen und sittenwidrigen Schädigung des Arbeitnehmers durch den Arbeitgeber entsteht, ist seine praktische Bedeutung im Arbeitsrecht äußerst gering.

Neben den gesetzlich angeordneten Ansprüchen auf Schadensersatz kann die Möglichkeit eines Ersatzanspruches auch explizit im Arbeitsvertrag geregelt sein. Eine derartige Regelung würde rechtsdogmatisch eine Ausformulierung und Konkretisierung der ansonsten aus § 241 Abs. 2 BGB herzuleitenden Nebenpflicht darstellen. Anspruchsgrundlage im Falle der Schädigung wäre dann eine Pflichtverletzung des Dienstvertrages unmittelbar nach den §§ 611 Abs. 1, 280 Abs. 1 BGB, ohne dass es eines Rückgriffes auf § 241 Abs. 2 BGB bedürfte. Es ist allerdings mehr als fraglich, ob ein Arbeitgeber eine derartige Formel in den Arbeitsvertrag aufnähme, die ihn über die gesetzlichen Ansprüche hinaus verpflichten würde. Selbst bei Aufnahme einer derartigen Regelung in einem Arbeitsvertrag besäße diese wohl vielmehr rein deklaratorischen, auf die bestehenden gesetzlichen Pflichten verweisenden Charakter anstelle einer selbständigen und konstitutiven Begründung von Pflichten – hierfür wird es regelmäßig am weitergehenden Verpflichtungswillen des Arbeitgebers fehlen, der seine Haftung grundsätzlich auf die gesetzlich angeordneten Haftungstatbestände beschränken wird.

6. Fazit

Die Vielzahl der möglichen Ansprüche zeigt, dass in den Fällen schuldhaften Handelns des Arbeitgebers im Regelfall die tatbestandlichen Voraussetzungen mehrerer Schadensersatzansprüche erfüllt sind, mittels derer der Arbeitnehmer Ersatz für den eingetretenen Schaden verlangen kann.[446] Durch die Beweislastverteilung des im Bereich der vertragli-

446 Eine andere – hier aber nicht zu beantwortende Frage – ist die Frage nach den Einzelheiten der Beweislastverteilung und den detaillierten Anforderungen an den Verschuldensbeweis. Stichwortartig nur folgende Anmerkung: Grundsätzlich gilt bei Pflichtverletzungen im vertraglichen Bereich die Regelvermutung des § 280 Abs. 1 S. 2 BGB, wonach sich hier der Arbeitgeber entlasten müsste. Die arbeitsrechtliche Sonderregelung des § 619 a, die die Beweislastverteilung nur in den Fällen der Arbeitnehmerhaftung modifiziert, ist hier nicht anwendbar. Im Bereich der deliktischen Ansprüche der §§ 823 ff. BGB sind aufgrund der Unanwendbarkeit des § 280 Abs. 1 S. 2 BGB die allgemeinen Grundsätze des Beweisrechts heranzuziehen, wonach in Anlehnung an die *Rosenbergsche Normentheorie* der Anspruchssteller die Beweislast für die rechtsbegründenden, der Anspruchsgegner für die rechtsvernichtenden und rechtshemmenden Tatbestandsmerkmale trägt; allg. Überzeugung, vgl. nur BGH Urt. v.

chen Schadensersatzansprüche anwendbaren § 280 Abs. 1 S. 2 BGB wird es dem geschädigten Arbeitnehmer auch oftmals gelingen, den Verschuldensnachweis zu erbringen und damit seinen Schadensersatzanspruch erfolgreich durchzusetzen.

III. Haftung bei nicht schuldhaftem Handeln des Arbeitgebers

Wesentlich größere Schwierigkeiten als die soeben dargestellte Haftung des Arbeitgebers für schuldhaftes Handeln bereitet dessen Einstandspflicht für die Schadensfolgen von verschuldensunabhängigem Handeln, da die soeben dargestellten Anspruchsgrundlagen des allgemeinen Leistungsstörungsrechts aufgrund des ihnen immanenten Verschuldenserfordernisses zur Anspruchsbegründung in derartigen Konstellationen gänzlich ausscheiden. Abermals soll hier zunächst ein Beispielsfall zur Veranschaulichung und Annäherung an die Problematik dienen: Arbeitgeber AG bittet seinen Arbeitnehmer AN, mit dessen Privat-Pkw eine Auslieferung an einen Kunden vorzunehmen, da momentan alle firmeneigenen Kraftfahrzeuge im Einsatz sind. Arbeitnehmer AN führt die Anweisung aus und verunglückt bei deren Durchführung schuldlos mit seinem Pkw auf dem Weg zum Kunden. Arbeitnehmer AN begehrt daraufhin Ersatz für den Sachschaden am Pkw ebenso wie für seine beschädigte Bekleidung. Arbeitgeber AG weist alle Ansprüche mit dem Hinweis auf das fehlende Verschulden seinerseits zurück.

1. Problemaufriss: Haftung ohne Verschulden – Gefährdungshaftung im Arbeitsrecht?

Spätestens seit dem vom BAG bereits im Jahr 1961 entschiedenen sog. „Ameisensäurefall"[447] widmet sich die Rechtswissenschaft mit großem Interesse den Rechtsfragen um die Konstruktion einer (arbeitgeberseitigen) verschuldensunabhängigen Haftung und den daraus resultierenden Folgen.

Dabei wird der Gedanke einer verschuldensunabhängigen Haftung beim unbefangenen Betrachter womöglich zunächst einen schalen Beigeschmack auslösen. Eine Haftung ohne Verschulden? Also eine Einstandspflicht für eine nicht vorwerfbare, nicht schuldhaft begangene Handlung? Dies mag vielleicht daher dem Rechtsgefühl des juristischen Laien widersprechen, da es bei unbefangener Betrachtung zunächst eine Selbstverständlichkeit zu sein scheint, nur für etwas haften zu müssen, was man auch verschuldet hat.[448] Die Geltung dieser These beruht auf dem Gedanken der festen Verwurzelung des Unrechts-

---

2.03.1993 = NJW 1993, S. 1716 (1717) oder BGH Urt. v. 14.01.1991 = BGHZ 113, S. 222 (225).

447 BAG (GS) Beschl. v. 10.11.1961 = E 12, S. 15 ff. Zu weiteren Fundstellen s. nur die Nachweise bei Fn. 369.

448 *Holtmann*, Arbeitsunfall und Haftungsrisiken, Rn. 121. Ähnlich: *von Caemmerer*, RabelsZ 42, S. 5 (6).

oder Verschuldensprinzips im allgemeinen Rechtsgefühl. Daher ist zunächst zu hinterfragen, ob und warum es eine derartige Verankerung des Verschuldensprinzips gibt und bejahendenfalls, ob diese Verwurzelung des Verschuldensprinzips im heutigen Rechtsgepräge noch ihre Berechtigung hat.

Diese Betrachtung soll weder rein abstrakt noch rechtstheoretisch und -dogmatisch erfolgen. Immer im Hinterkopf behalten werden soll der Beispielsfall des geschädigten Arbeitnehmers im Hinblick darauf, inwiefern eine Einstandspflicht für schuldloses Handeln des Arbeitgebers mit den Haftungsprinzipien des BGB vereinbar ist. Durch die spezielle Bezugnahme auf die arbeitsrechtliche Problematik spielen überdies noch die grundsätzlichen Wertungen des Arbeitsrechts in diese Untersuchung mit hinein, welche daraus resultieren, dass es sich um ein Rechtsverhältnis zwischen zwei Personen handelt, die in einem andauernden Dauerschuldverhältnis von besonderem persönlichen Gepräge stehen.

Ziel dieser Arbeit ist es somit, nicht nur einen Lösungsvorschlag darzustellen, der als gerechter Interessenausgleich im Arbeitsrecht Bestand haben kann, sondern gleichfalls im Gesamtsystem des Bürgerlichen Gesetzbuches mit dessen Prinzipien im Einklang steht und darüber hinaus auch rechtsdogmatisch den allgemein gültigen Haftungsmaximen und Zurechnungsprinzipien nicht zuwiderläuft.

Die Erreichung dieses Zieles erfordert es daher, mittels der weiteren Ausführungen zunächst einen generellen, allgemeinen Überblick über die Zurechungsprinzipien des Bürgerlichen Rechts zu geben und anschließend die Gewichtung der Zurechnungsprinzipien zueinander zu untersuchen. Hierbei soll insbesondere das Verschuldensprinzip und seine Entwicklung in Deutschland und anderen, ausgewählten Rechtssystemen dargestellt und mit der Entwicklung der Gefährdungshaftung verglichen werden. Es stellt sich sodann die Frage, ob es die Besonderheiten des Arbeitsrechts bspw. im Hinblick auf das Schutzbedürfnis des abhängig Beschäftigten erfordern, eine allgemeine Gefährdungshaftung im Bereich des arbeitsrechtlichen Haftungsrechts zu konstruieren, respektive, ob es eine solche womöglich bereits gibt. Damit eng zusammen hängt auch die Frage, ob das Enumerationsprinzip für Gefährdungshaftungstatbestände uneingeschränkt gilt und unumstößlich ist sowie bejahendenfalls, ob sich dennoch in rechtsdogmatisch einwandfreier Weise *de lege lata* im Arbeitsrecht ein verschuldensunabhängiger Ersatzanspruch des geschädigten Arbeitnehmers für Sachschäden konstruieren lässt oder ob es hierfür eines Tätigwerdens des Gesetzgebers bedarf. Sich hieran anschließend wird die vor allem für die Rechtspraxis und –anwendung relevante streitige Frage der Dispositivität der verschuldensunabhängigen Arbeitgeberhaftung zu diskutieren sein. Das Ergebnis dieser Untersuchung ist von großer Bedeutung, da sich die zur Arbeitgeberhaftung entwickelten Grundsätze daran messen lassen müssen und die praktische Relevanz mit dieser Frage stehen und fallen wird. Schlussendlich werden die bisherigen von der Rechtswissenschaft konzipierten Regelungsmodelle und Gesetzesentwürfe dargestellt und anhand der im Rahmen der Untersuchung gewonnen Erkenntnisse bewertet. Den Abschluss bildet ein eigener Gesetzesentwurf zur Regelung der verschuldensunabhängigen Arbeitgeberhaftung.

„Wer den Schaden hat, braucht für den Spott nicht zu sorgen“[449] – diese althergebrachte Volksweisheit, die ihre Entstehung und Daseinsberechtigung wohl eher den bisweilen hervortretenden niederen menschlichen Wesenszügen wie bspw. der Schadenfreude als dem bürgerlich-rechtlichen Schadensersatzsystem verdankt, kann dennoch behaupten, auch im Bereich des Zivilrechts wenigstens ein Quäntchen Geltung zu beanspruchen. Zumindest für den zivilrechtlich Geschädigten wird sich dieses Idiom vielleicht insofern bewahrheiten, wenn dieser feststellt, dass im deutschen Zivilrecht der Schadenstragungsgrundssatz *casum sentit dominus* gilt, wonach der Geschädigte selbst den Schaden zu tragen hat, sofern keine abweichende Regelung die Verantwortlichkeit auf eine andere Person überleitet.[450]

Hieran wird zugleich deutlich, dass es sich im Bereich des Schadensersatzrechts, insbesondere im Bereich der Haftungsbegründung, oftmals um Fragen der Schadensüberwälzung[451] auf einen Dritten oder mit anderen Worten um Fragen der Verantwortlichkeit und des Einstehen-Müssens für Risikosphären handelt.

Die gesetzliche Anordnung einer Schadensersatzpflicht vermag aber nur dann zu überzeugen, wenn es zwischen Schadensereignis und Ersatzpflichtigem eine Beziehung gibt, die es rechtfertigt, den Ersatzpflichtigen für dieses Ereignis und seine Folgen einstehen zu lassen.[452] Schadensereignis und Ersatzpflichtiger brauchen somit ein irgendwie geartetes Bindeglied. Um bei der Beurteilung des jeweiligen Einzelfalles nicht nach den Maßstäben der „Billigkeit“ oder „Gerechtigkeit“ Einzelfalllösungen suchen zu müssen, gelangt man schnell zu der Einsicht, es bedürfe allgemeiner und genereller Zurechnungsprinzipien als Bindeglied zwischen Schadensereignis und Ersatzpflichtigem. Wie diese Prinzipien der Zurechnung und Haftungsbegründung jedoch im Einzelnen ausgestaltet werden sollen, ist keine naturgesetzlich feststehende Gegebenheit, sondern hängt in hohem Maße von gesellschaftlichen Anschauungen und dem Wirtschafts- und Marktsystem ab, da es sich bei allen Fragen der Haftungsbegründung eines bestimmten Verhaltens als Ausgangspunkt einer Ersatzpflichtigkeit nicht um formal-logische Gedankenoperationen, sondern um normativ-wertende Betrachtungen handelt.

---

449 Althergebrachte Volksweisheit, die bereits *Martin Luther* kannte, vgl. *Wander*, Dt. Sprichwörter-Lexikon, Bd. IV, S. 47 f., Nr. 153 f. Inhaltlich ähnlich auch der quellenmäßig belegte Aphorismus von *Schopenhauer*: „Es gibt wenig Dinge, welche so sicher die Leute in gute Laune versetzen, wie wenn man ihnen ein beträchtliches Unglück, davon man kürzlich betroffen worden, erzählt“ – *Schopenhauer*, Aphorismen zur Lebensweisheit V, 33.

450 *Müller-Glöge*, in: Richterliches Arbeitsrecht, Festschrift für Thomas Dieterich S. 387 (388); MüKo-*Wagner*, BGB, § 829, Rn. 1. Ausführlich hierzu s. auch *Hübner*, Schadenszurechnung nach Risikosphären, S. 56 ff.

451 So *Esser/Schmidt*, Schuldrecht, Band I, AT, Tbd. 1, § 8, S. 128 oder auch *Emmerich/Schmidt*, Vertragsrecht, § 2, S. 476.

452 *Larenz*, JuS 1965, S. 373 (373).

Infolgedessen sind die unterschiedlichsten Zurechnungs- und Haftungsprinzipien denkbar und die meisten von ihnen – wenn auch zumeist als Chimären oder Mischformen – in bestimmten Bereichen anerkannte und angewandte Zurechnungsprinzipien. Im folgenden soll daher zunächst ein kurzer Überblick über die denkbaren Zurechnungsgründe erfolgen und ihr Anwendungsbereich im Bürgerlichen Gesetzbuch bzw. sonstigen zivilrechtlichen Sonder- und Nebengesetzen überblicksartig dargestellt werden.

a. Denkbare Zurechnungsprinzipien und Haftungsgründe

Als Zurechnungsgrund für eine Haftung kann an das rein kausale Handeln (Verursachungsprinzip, dazu aa.), an das schuldhafte Handeln (Verschuldens- oder Unrechtsprinzip, dazu bb.), an die Schaffung eines Vertrauenstatbestandes (Garantie – oder Vertrauenshaftung, dazu cc.), einer Gefährdungslage (Gefährdungshaftung, dazu dd.) oder eines bestimmten Zustandes (Zustandshaftung, dazu ee.) sowie an die Folgen eines Eingriffs (Eingriffs – oder Aufopferungshaftung, dazu ff.) angeknüpft werden.[453] Schlussendlich soll noch der Zurechnungsgrund „Billigkeit" diskutiert und hierbei erörtert werden, ob es sich bei einer derartigen Haftung aus Billigkeitsgründen ebenfalls um ein weiteres allgemeines Haftungsprinzip handelt (dazu gg.).

aa. Anknüpfung an kausales Handeln (Verursachungsprinzip)

Die einfachste Form einer Haftungszurechnung ist das alleinige Abstellen auf die kausale Verursachung des Schadens.[454] Der Vorteil eines derartigen jede weitere Haftungsvoraussetzung entbehrlich machenden Verursachungsprinzips besteht darin, dass bei seiner Anwendung auf sämtliche normative Faktoren verzichtet werden kann. Ausschließlich die – naturgesetzliche feststell- und nachweisbare – Ursächlichkeit bildet den Anknüpfungspunkt für die Zurechnung der Haftung.

---

453 Die Einteilung in verschiedene Zurechnungsprinzipien erfolgt nicht immer einheitlich, sondern variiert je nach Verfasser. So spricht bspw. die letzte Bearbeitung des Enneccerus/*Lehmann* von neun Möglichkeiten zur Begründung einer Schadensersatzpflicht (§ 14 IV b), während *Larenz* vier Prinzipien der Zurechnung erkennen will (*Larenz*, JuS 1965, S. 374 ff.), *Medicus* rund fünf (*Medicus*, Jura 1996, S. 561 f.) und bspw. *Esser* sechs Zurechnungsprinzipien ausmachen will (*Esser/Schmidt*, Schuldrecht, Band I, AT, Tb. 1, § 8 II, S. 130 ff.). Allerdings ist anzumerken, dass es sich nahezu bei allen Verfassern um die gleichen grundsätzlichen Rechtsgedanken und Wertungen handelt, bei denen bisweilen bloß eine stärkere Differenzierung oder Unterteilung erfolgt.

454 Diese Möglichkeit einer Zurechnung stellt *von Caemmerer* dar: Jedermann obliege es zu garantieren, dass durch sein Verhalten keine andere Person geschädigt werde, vgl. *v. Caemmerer*, RabelsZ 42, S. 5 (6) m.w.N. Allerdings bewertet *v. Caemmerer* die dargestellte Ansicht nicht, während *Medicus* (Jura 1996, S. 561 ff.) eine reine Verursachungshaftung gar nicht als eigenständiges Zurechnungsprinzip anerkennen will, sondern ausführt, es bedürfe stets noch weiterer Zurechnungskriterien. Zur Kritik am reinen Verursachungsprinzip s. sogleich.

Allerdings ist ein solches Verursachungsprinzip in Reinstform mit zahlreichen Nachteilen behaftet und daher auch in der Praxis nicht von Relevanz. Zum einen muss sich das Verursachungsprinzip vorwerfen lassen, dass es von derartig immenser Reichweite ist, dass deren

Anwendung als Konsequenz den Zusammenbruch des Arbeits- und Wirtschaftsleben zur Folge hätte. Bereits der aus dem Strafrecht bekannte Vorwurf gegen eine reine *condicio sine qua non* – Formel, bei einem reinen Äquivalenzprinzip müssten die Eltern des späteren Schädigers bzw. Täters auch aufgrund ihres – zwar in der Vergangenheit liegenden, aber noch fortwirkenden – kausalen Beitrags regresspflichtig sein, stellt dieses Dilemma nur allzu anschaulich dar, es droht eine uferlose Haftungsausweitung, der *regressus ad infinitum*.[455]

Weiterhin kann eine Berücksichtigung von rechtmäßigem Handeln nicht erfolgen. Beispielsweise ist die Eröffnung eines weiteren Konkurrenzgeschäftes in der gleichen Straße sicherlich ein kausaler Grund für den Umsatzrückgang des Ursprungsladens. Allerdings kann ein solches marktkonformes Verhalten nicht zu einer Schadensersatzpflicht führen, da dies ansonsten in einem unvereinbaren Gegensatz zum System der freien und sozialen Marktwirtschaft und der grundgesetzlich garantierten Eigentums- und wirtschaftlichen Betätigungsfreiheit stünde. Selbiges gilt für die Beschädigung einer gefahrverursachenden Sache, durch deren Zerstörung die Abwendung weitaus größerer Gefahren für sonstige Rechtgüter erfolgt oder die Allgemeinwohlinteressen dienlich ist.

Neben dem Vorwurf der Haftungsausuferung muss sich ein reines Verursachungsprinzip zudem vorwerfen lassen, dass es darüber hinaus systematisch versagt: Keineswegs stünde in jedem Fall von vornherein fest, welche Person denn nun den Schaden herbeigeführt hat. *Schmidt* zeichnet hier das Bild eines Verkehrsunfalls, bei dem sowohl Geschädigter als auch der vermeintliche „Täter" beiderseits das Argument anführen könnten, dass es ohne Hinzutreten der anderen Person gar nicht zu der Kollision gekommen sei.[456] Insofern kann eine allein an der Äquivalenztheorie ausgerichtete Haftung allenfalls als „Negativfilter" dienen, um die Haftung auszuschließen, wenn die Ursache nicht wenigstens äquivalent ist.[457] Dies erklärt auch, dass zwar viele Haftungsprinzipien die Kausalität im Sinne der Äquivalenz voraussetzen,[458] darüber hinaus jedoch noch weitere spezifische Kriterien einfordern.[459]

---

455 *Otto*, Grundkurs Strafrecht, § 6, Rn. 17; treffend: Schröder, JuS 2005, 707 (708).

456 *Esser/Schmidt*, Schuldrecht, Band I, AT, Tbd. 1, § 8, S. 130.

457 MüKo-*Oetker*, BGB, § 249, Rn. 98.

458 Präziser gesagt ist eine Kausalitätsbeziehung im Sinne der Äquivalenz Voraussetzung nahezu aller Haftungsprinzipien. Als Negativbeispiel für eine Haftung, bei der eine Kausalität nicht erforderlich ist, kann die Eingriffshaftung herangezogen werden. Selbst hier ist aber streitig, ob auf das Erfordernis der Kausalität verzichtet werden kann, s. hierzu *Herrmann*, JuS 1994, S. 273 ff.

459 Gängiger „Filter" der reinen kausalen Haftungszurechnung ist beispielsweise die Einschränkung durch wertende Kriterien in Form der Adäquanztheorie, wonach insbesondere im Deliktsrecht ein Schaden nur dann kausal zurechenbar ist, wenn neben der reinen Kausalität der

bb. Anknüpfung an das Verschulden (Unrechts- oder Verschuldensprinzip)

Nur wer schuldhaft gehandelt hat, soll haften, ist das Postulat des Verschuldensprinzips. Damit lässt das Unrechts- oder Verschuldensprinzip die rein ursächliche Verknüpfung zwischen Schadensereignis und Schadensersatzpflichtigem nicht ausreichen, sondern verlangt zudem eine persönlich vorwerfbare Handlung seitens des Schädigers und später Ersatzpflichtigen.[460] Persönlich vorwerfbar ist eine Handlung sowohl bei vorsätzlichem Verhalten, als auch bei fahrlässiger Herbeiführung des Schadens. Für die vom Verschuldensprinzip erfassten Tatbestände ist damit die sorgfaltswidrige Verletzung von auf den Schutz fremder Rechte und Rechtsgüter zielenden Verhaltenspflichten bzw. der Verstoß gegen spezielle Schuldpflichten typisch.[461] Diese privatrechtliche Statuierung einer Risikoverteilung beinhaltet damit aber keinen Bestrafungs- bzw. Sanktionsgedanken: Für den Umfang der Ersatzpflicht ist es unerheblich, ob die Schädigung vorsätzlich oder fahrlässig geschieht.[462]

Durch ein derartiges verschuldensabhängiges Zurechnungsprinzip wird die Handlungsfreiheit des Einzelnen gesichert und geschützt, die auf dem Gedanken marktwirtschaftlich – liberaler Rechtstradition beruht: Der Einzelne soll handeln dürfen, ohne eine vielleicht unabsehbare Haftung für dennoch eingetretene Schäden befürchten zu müssen, wenn er dies nach bestem Wissen und Können tut.[463] Da es sich bei der zivilrechtlichen Einstandspflicht nicht um eine individuelle oder gar moralische Vorwerfbarkeit handelt, gilt ein objektivierter Sorgfaltsmaßstab. Die Unrechtshaftung greift folglich dann ein, wenn eine durchschnittlich begabte Person imstande gewesen wäre, den bevorstehenden Eintritt eines Schadens zu erkennen und zu vermeiden.[464] Mit der Postulierung des Verantwortlichkeitsmaßstabs des Schuldners in § 276 BGB erkennt das Bürgerliche Gesetzbuch das Verschuldensprinzip als Zurechnungsgrund an,[465] allerdings gibt es im System des Bürgerlichen Gesetzbuches auch zahlreiche Einschränkungen dieses objektivierten Sorgfaltsmaßstabes: Vor allem dort, wo Personen aufgrund einer engen Bindung häufigen persönlichen Kontakt miteinander haben, wird der objektivierte Sorgfaltsmaßstab durch

---

Schadenseintritt nicht völlig atypisch ist, so dass mit ihm nicht gerechnet werden brauchte. Rein tatsächlich schränkt die Adäquanztheorie aufgrund ihres unscharfen Filters nur wenig bzw. kaum ein. Im Deliktsrecht ist dies unerheblich, da über die Kausalität hinaus in den meisten Fällen (vgl. §§ 823 ff. BGB) zusätzlich das Vorliegen von schuldhaften Handeln erforderlich ist.

460 *Von Caemmerer*, RabelsZ 42, S. 5 (6).

461 *Esser/Schmidt*, Schuldrecht, Band I, AT, Tb. 1, § 8 II, S. 131.

462 Etwas anderes gilt jedoch im Bereich des Schmerzensgeldes, wo der Verschuldensgrad im Rahmen der Genugtuungsfunktion des Schmerzensgeldes relevant werden kann, s. hierzu die obigen Ausführungen, S. 29 f.

463 *Von Caemmerer*, RabelsZ 42, S. 5 (7).

464 *Esser/Schmidt*, Schuldrecht, Band I, AT, Tb. 1, § 8 II, S. 131.

465 Zu der Stellung des Verschuldensprinzips im Hinblick auf das Verhältnis zu anderen Zurechnungsgründe, insbesondere zur Gefährdungshaftung, siehe noch die folgenden Ausführungen.

Begrenzung der Ersatzpflicht auf die *diligentia quam in suis*[466] begrenzt. Auch im Bereich des Arbeitsrechts gilt durch die richterrechtlichen Grundsätze des innerbetrieblichen Schadensausgleiches ein modifizierter Verschuldensmaßstab, wonach der Arbeitnehmer dem Arbeitgeber bei Zufügung von Schäden nicht bei jeder Außerachtlassung der im Verkehr erforderlichen Sorgfalt gegenüber haftbar ist.[467]

cc. Anknüpfung an die Schaffung eines Vertrauenstatbestandes (Garantie- oder Vertrauenshaftung)

Ebenfalls kann eine Schadensersatzpflicht aus der Verletzung eines Vertrauenstatbestandes resultieren oder in Form der Haftung für eine abgegebene Garantie bestehen. Derartige Fälle werden als Vertrauens- oder Garantiehaftung umschrieben. Das Zurechnungsprinzip der Vertrauenshaftung steht in engem Zusammenhang mit dem rechtsgeschäftlichen Verkehr, kennzeichnet also Fälle, in denen die Rechtsordnung jemanden, der im Rechtsverkehr handelt, eine garantieähnliche Haftung auferlegt, um das Vertrauen eines anderen, zumeist des (potentiellen) Geschäftspartners, zu schützen.[468] Die Abgrenzung zwischen gesetzlich angeordneter Vertrauenshaftung und rechtsgeschäftlich vereinbarter Übernahme eines Schadensrisikos bzw. vertraglicher Übernahme einer Einstandspflicht ist hierbei nicht immer problemlos vorzunehmen, da es sich auch bei der gesetzlich angeordneten Vertrauenshaftung oftmals um Fälle handelt, die ebenfalls mittels Vertragsauslegung aus der Sonderverbindung selbst hergeleitet werden könnten. Im Fokus der folgenden Ausführungen sollen allerdings die Fälle der gesetzlich angeordneten Vertrauenshaftung liegen.

Deutlich hervor tritt das Vertrauensschutzprinzip im Bürgerlichen Gesetzbuch bspw. in den §§ 122 und 179: Der Geschäftspartner, der auf das Bestehen eines wirksamen Rechtsgeschäfts bzw. an das Vorliegen einer wirksamen Stellvertretung glaubt, soll auch dann geschützt werden, wenn der rechtliche Mangel nicht erkennbar war. Schutzgut ist damit in erster Linie das Vertrauen in die Gültigkeit von Rechtsgeschäften und daraus folgend die Schnelligkeit und Sicherheit des Rechtsverkehrs schlechthin.[469] Im Falle des

---

466 „Die eigenübliche Sorgfalt", vgl. bspw. innerhalb der Ehe, § 1359 BGB oder innerhalb der GbR, § 708 BGB. S. im Einzelnen auch Palandt/*Sprau*, BGB, § 708, Rn. 1 ff.: „Aufgrund des persönlichen Vertrauensverhältnisses der Gesellschafter Haftung nur für konkrete Fahrlässigkeit" und Palandt/*Brudermüller*, BGB, § 1359, Rn. 1 ff.: Beschränkte Haftung der Ehegatten mit teilweisem Haftungsausschluss untereinander. Auch bei der Verwahrung, § 690 BGB, ist als Äquivalent für die Unentgeltlichkeit nur für die *diligentia quam in suis* einzustehen.

467 Zu den Grundsätzen des innerbetrieblichen Schadensausgleiches s. *Otto/Schwarze*, Die Haftung des Arbeitnehmers, insb. Rn. 163 ff. [zu den Voraussetzungen] u. Rn. 1 ff. [zur Begründung und Herleitung] sowie die späteren Ausführungen, S. 171 ff.

468 So *Larenz*, JuS 1965, S. 373 (377); ebenso: *Esser/Schmidt*, Schuldrecht, Band I, AT, Tb. 1, § 8 II, S. 132.

469 Dieses Schutzgut ist insbesondere im Hinblick auf die Senkung der Transaktionskosten im Handelsverkehr von immenser Bedeutung, vgl. etwa *Schmidt*, Handelsrecht, S. 35 oder Koller/*Roth*, HGB, Einl. v. § 1, Rn. 6.

§ 179 BGB muss der vollmachtlose (vermeintliche) Vertreter einstehen, weil durch sein Handeln als Vertreter bei dem Vertragspartner der Eindruck erweckt wurde, er habe Vertretungsmacht und der Geschäftspartner sich im Interesse der Sicherheit des Rechtsverkehrs nach dem Willen des Gesetzes hierauf soll verlassen dürfen.[470] Der Fall des § 122 BGB, nach dem derjenige, der seine Erklärung wegen beachtlichen Irrtums oder unrichtiger Übermittlung angefochten hat, seinem Vertragspartner den Ersatz des negativen Interesses schuldet, ist ein weiterer Fall typischer gesetzlicher Vertrauenshaftung.[471]

Eine gesetzlich angeordnete Garantiehaftung findet sich im Mietrecht. Nach der Vorschrift des § 536 a Abs. 1, 1. Alt. BGB ist der Vermieter für solche Mängel, die bei Vertragsschluss bereits vorlagen, schadensersatzpflichtig, ohne dass es eines Verschuldens bedarf.[472] Dieser Verzicht auf das Vorliegen eines Vertretensmüssens wird durch die Formulierung des § 536 a Abs. 1, 2. Alt. BGB deutlich, nach der hervorgehoben wird, dass es für später auftretende Mängel hingegen des Nachweises eines Verschuldens bedürfe. Sinn dieser Regelung ist, dass nur der Vermieter der Sache vor Vertragsschluss ausgiebig die Möglichkeit hatte, die Mietsache auf versteckte Fehler und Mängel zu überprüfen und korrespondiert damit zu seiner Pflicht, die Mietsache gem. § 535 Abs. 1 S. 2 BGB bei Vertragsschluss in einem vertragsgemäßen Zustand (sprich: i.d.R. ohne Mängel) zu übergeben. Ein weiterer – seit Inkrafttreten des Schuldrechtsmodernisierungsgesetzes im Jahr 2002 jedoch nun obsolet gewordener – Garantiehaftungstatbestand war die vormalige Haftung für das eigene subjektive Leistungsvermögen des Schuldners bei Vorliegen anfänglicher Unmöglichkeit (= anfängliches Unvermögen).[473] Durch die Neuregelung des § 311 a BGB infolge der Schuldrechtsmodernisierung ist diese unbedingte Einstandspflicht weggefallen und nunmehr durch eine verschuldensabhängige Regelung ersetzt worden, § 311 a Abs. 2 S. 2 BGB.

---

470 *Larenz,* JuS 1965, S. 373 (378). Hierbei spielt es keine Rolle, ob der vermeintliche Vertreter gut- oder bösgläubig war. Die Einstandspflicht trifft ihn in jedem Fall. Allerdings ist die Ersatzpflicht bei „Gutgläubigkeit" des vermeintlichen Vertreters nach § 179 Abs. 2 BGB auf das negative Interesse beschränkt.

471 *Esser/Schmidt*, Schuldrecht, Band I, AT, Tb. 1, § 8 II, S. 132. Die Bezeichnung dieser Haftung als culpa in contrahendo ist nicht überzeugend, da es sich um keine widerrechtliche Handlung handelt, sondern das Gesetz die Anfechtung ausdrücklich erlaubt. Weiterhin ist ein Verschulden des Anfechtenden nicht erforderlich, was ebenfalls gegen eine Einordnung des § 122 BGB als Form der vorvertraglichen Pflichtverletzung spricht.

472 S. etwa MüKo-*Schilling*, BGB, § 536 a, Rn. 6 ff.; Erman/*Jendrek*, BGB, § 536 a, Rn. 4 m.w.N.

473 Siehe so noch zu § 306 BGB a.F. Palandt/*Heinrichs*, BGB, 60. Aufl., § 306, Rn. 9 zu den Rechtsfolgen bei anfänglichem Unvermögen. Der Vollständigkeit halber sei erwähnt, dass aber auch zahlreiche andere Auffassungen vertreten wurden, die die strenge garantieartige Einstandspflicht beschränken wollten, siehe hierzu ebenfalls Palandt/*Heinrichs*, BGB, 60. Aufl., § 306, Rn. 10.

dd. Anknüpfung an die Schaffung eines Risikos (insb. Gefährdungshaftung)

Ein weiterer denkbarer Begründungsansatz einer Zurechnung ist die Anknüpfung an die Schaffung eines erlaubten[474] Risikos. Insbesondere unterfallen dieser Haftung aufgrund Risikozurechnung die Fälle der Gefährdungshaftung,[475] die bei der folgenden Betrachtung im Vordergrund stehen sollen. Eine Haftung für eine Gefährdung findet sich im Bürgerlichen Gesetzbuch lediglich in Form der Tierhalterhaftung für Luxustiere gemäß § 833 S. 1 BGB, allerdings gibt es in zahlreichen Nebengesetzen Formen der Gefährdungshaftung.[476] Während die Gefährdungshaftung vormals als Ausnahme zum Verschuldensprinzip betrachtet wurde und noch das Reichsgericht[477] von einem system- und regelwidrigen Sonderphänomen sprach, hat sich mittlerweile die Ansicht durchgesetzt, dass die Gefährdungshaftung ein eigenes, positives Zurechnungsprinzip darstellt.[478]

Die Gefährdungshaftung knüpft daran an, dass es bestimmte Verhaltensweisen gibt, die von ihrer Natur her grundsätzlich besondere Gefahren bergen.[479] *Fikentscher* bezeichnet daher die Gefährdungshaftung als Ausgleich für das Erlaubtsein eines gefährlichen Tuns.[480] So ist der Betrieb eines Kraftfahrzeuges oder die Inbetriebnahme eines Kernkraftwerkes genauso wie der Luftverkehr oder die medizinisch-biologische Forschung stets mit überdurchschnittlichen Gefahren verbunden. Diese Gefahren werden aber im Hinblick auf die Nützlichkeit und Notwendigkeit der gefahrverbundenen Tätigkeit erlaubt bzw. geduldet. Allerdings wird hierbei dann bereits an die bloße Ausübung der gefährlichen Tätigkeit eine Ersatzpflicht geknüpft, ohne dass es eines konkreten persönlich vorwerfbaren Fehlverhaltens des Anlagenbetreibers bedarf. Anknüpfungspunkt für die Zurechnung ist hier also das Risiko, dass durch den bloßen Betrieb entsteht. Da der Betreiber der gefährlichen Anlage den Nutzen aus dem Betrieb zieht[481] und nur er als Verantwortlicher auf die Anlage überhaupt einwirken kann – sie damit in seinem Risikobereich steht – wird hieraus die Ersatzpflichtigkeit bei etwaigen Schadensfällen begründet. Diese Schadenskompensation muss erfolgen, da einerseits Einhelligkeit über die Unverzichtbar-

---

474 Gerade die Tatsache, dass es sich in den Fällen der Gefährdungshaftung um die Haftung für ein erlaubtes Risiko bzw. die Ausübung einer erlaubten Tätigkeit handelt, wird von *Larenz* betont, da die Frage der Erlaubtheit oder Rechtswidrigkeit der Tätigkeit ein maßgebliches Abgrenzungskriterium zur Verschuldens- bzw. Unrechtshaftung sei, vgl. *Larenz*, JuS 1965, S. 373 (374) und *Kötz/Wagner*, Deliktsrecht, Rn. 333.

475 *Larenz*, JuS 1965, S. 373 (374).

476 Als bekannteste und in der Rechtspraxis bedeutsamste Vorschriften sind hier die Gefährdungshaftungstatbestände §§ 7, 18 StVG; § 1 ProdHaftG; § 1 HPflG; § 33 LuftVG; §§ 7, 25 AtomG; § 84 AMG; § 22 WHG; § 114 BBergG; § 1 UmweltHG und § 32 GenTG zu nennen. Zur gesetzlichen Unfallversicherung s. bereits oben.

477 RG Urt. v. 11.01.1912 = RGZ 78, S. 171 (172).

478 *Fikentscher*, Schuldrecht, § 109, Rn. 1319. Ausführlich zum Verhältnis zwischen Verschuldensprinzip und Gefährdungshaftung siehe die spätere Diskussion, S. 146 ff.

479 *Esser/Schmidt*, Schuldrecht, Band I, AT, Tb. 1, § 8 II, S. 133.

480 *Fikentscher*, Schuldrecht, § 109, Rn. 1319.

481 Ebenso *Larenz*, VersR 1963, S. 593 (597).

keit moderner Techniken besteht, andernfalls aber ansonsten der Betroffene den etwaigen resultierenden Schaden als „Zufall" tragen müsste.

Schmidt beschreibt die Gefährdungshaftung sehr treffend, indem er ausführt, es handele sich nicht um eine Abgeltung von Unrecht, sondern um die adäquate Verteilung von Unglücksschäden, also um die Frage nach der Verantwortlichkeit in Fällen sozial unentrinnbarer Zwangsrisiken.[482] Einige Literaturstimmen wie bspw. *Larenz* sehen auch in dem Aufwendungsersatzanspruch des § 670 BGB einen Fall der Schadenshaftung aufgrund Risikozurechnung.[483] Erleide der Geschäftsführer bei Ausführung einer Tätigkeit für einen anderen einen Schaden, so müsse der Geschäftsherr für diesen ebenfalls Ersatz leisten, da der Schaden durch das bei der Ausübung der Tätigkeit bestehende Risiko eingetreten sei.[484]

Einen erst seit jüngerer Zeit bestehenden weiteren und speziell arbeitsrechtlichern Gefährdungshaftungstatbestand soll nach Teilen der Literatur auch der Schadensersatzanspruch des § 611 a Abs. 2 BGB[485] darstellen.[486] Nach dieser Norm kann der aufgrund seines Geschlechts im Stellenbesetzungsverfahren benachteiligte Bewerber ohne Rücksicht auf das Vorliegen von Verschulden eine Entschädigung verlangen.[487]

ee. Anknüpfung an die Schaffung eines Zustandes (Zustandshaftung)

Ein weiteres Zurechnungsprinzip lässt sich als „Zustandshaftung" umschreiben. Hiernach kann derjenige, der für den Zustand einer Sache verantwortlich ist, auf Beseitigung der von dieser Sache ausgehenden Beeinträchtigungen anderer Rechtsgüter in Anspruch ge-

---

482 *Esser/Schmidt*, Schuldrecht, Band I, AT, Tb. 1, § 8 II, S. 134.

483 *Larenz*, JuS 1965, S. 373 (375) mit weiteren Nachweisen.

484 *Larenz*, a.a.O. Ausführlich noch später, S. 167 ff. und S. 201 ff. (zur Anspruchsbegründung über § 670 BGB).

485 Geändert durch das Gesetz zur Änderung des Bürgerlichen Gesetzbuches und des Arbeitsgerichtsgesetzes v. 29. Juni 1998, BGBl. I, S. 1694.

486 *Müller-Glöge*, in: Richterliches Arbeitsrecht, Festschrift fürThomas Dieterich, S. 387 (387); *Treber*, NZA 1998, S. 856 (859).

487 Ausführlich zur Neuregelung in § 611 a Abs. 2 BGB s. *Treber*, NZA 1998, S. 856 ff. Kritisch anmerken lässt sich jedoch bereits hier, dass der Anspruch aus § 611 a Abs. 2 BGB an einen Verstoß gegen das Diskriminierungsverbot anknüpft und damit im Gegensatz zu den Fällen der „klassischen" Gefährdungshaftung nicht auf die Ausübung einer zwar erlaubten, aber gefährlichen Tätigkeit konfiguriert. Vielmehr ist ein rechtswidriges Verhalten zwingend erforderlich. Damit ließe sich die Vorschrift des § 611 a Abs. 2 BGB womöglich treffender als „verschuldensunabhängiger Entschädigungsanspruch" bezeichnen, ohne den Begriff der Gefährdungshaftung zu verwenden, der grundsätzlich andere Konstellationen kennzeichnet. Überdies bleibt abzuwarten, ob nach Umsetzung der Antidiskriminierungsrichtlinien (Fundstelle s. bereits Fn. 280) die spezielle Diskriminierungsnorm des § 611 a Abs. 2 BGB nicht neugefasst bzw. zu Gunsten einer einheitlichen Kodifizierung möglicherweise gänzlich gestrichen werden wird. Im Übrigen s. ausführlich zur Pflichtwidrigkeit im Rahmen der Gefährdungshaftung noch die späteren Ausführungen, S. 148 ff.

nommen werden.[488] Das BGB kennt dieses Zurechnungsprinzip, bei dem Anknüpfungspunkt der störende Zustand einer Sache ist, etwa bei der Störerhaftung nach § 1004 BGB. Hervorzuheben ist hierbei, dass die Rechtsfolge nicht die Gewährung von Schadensersatz ist, sondern bloße Beseitigung der von der störenden Sache ausgehenden Beeinträchtigungen.[489]

Weiterhin ist für die Zustandshaftung kennzeichnend, dass eine Verantwortlichkeit nicht zwingend menschliches Verhalten voraussetzt, sondern es genügen kann, wenn durch Natureinflüsse der störende Zustand herbeigeführt wird.[490] Einen großen Anwendungsbereich nimmt die Zustandshaftung auch in den Fällen außerhalb der Eigentumsverantwortlichkeit ein, in denen es um den Widerruf ehrverletzender Äußerungen geht.[491] Zwar ist der Widerruf auch als Schadensersatz denkbar, letztlich ist er aber nichts anderes als die Beseitigung eines Zustandes, den der Betroffene nicht zu dulden braucht.[492]

ff. Anknüpfung an die Folgen eines Eingriffs (Eingriffs- oder Aufopferungshaftung)

Ein weiteres Zurechnungsprinzip ist das des Schadensausgleiches bei erlaubter Inanspruchnahme fremden Gutes,[493] auch Eingriffshaftung[494] genannt. Dieses Prinzip ist bei einer ganzen Reihe von Bestimmungen im BGB Anknüpfungspunkt für den Schadensausgleich: Es findet sich beispielsweise beim zivilrechtlichen Aggressivnotstand (§ 904 S. 2 BGB), bei der Überbau- (§ 912 Abs. 2 BGB) und Notwegrente (§ 917 Abs. 2 BGB) sowie in den Vorschriften bezüglich des Verfolgungsrechts (§§ 867 S. 2, 962 S. 3, 1005 BGB). Wichtiger Anwendungsfall einer Eingriffs- bzw. Aufopferungshaftung ist die Vorschrift des § 906 Abs. 2 BGB, wonach der Eigentümer zur Duldung gewisser üblicher Beeinträchtigungen seines Grundstücks verpflichtet ist, allerdings hierfür einen Ausgleich in Geld verlangen kann. Die Rechtsprechung entwickelte aus einer Gesamtschau dieser einzelnen Vorschriften alsbald den allgemeinen Grundsatz, dass überall dort, wo ein Eigentümer eine ausnahmsweise Beeinträchtigung seines Eigentums im überwiegenden Interesse eines anderen oder der Allgemeinheit zu dulden habe, eine Kompensation in Form eines Schadensersatzanspruches einforderbar sein müsse.[495]

Der Unterschied zur Gefährdungshaftung besteht darin, dass diese nur das Betreiben eines Risikos erlaubt, nicht aber dessen finale Verwirklichung als Haftpflichtvorausset-

---

488 *Esser/Schmidt*, Schuldrecht, Band I, AT, Tb. 1, § 8 II, S. 137.

489 *Esser/Schmidt*, Schuldrecht, Band I, AT, Tb. 1, § 8 II, S. 137

490 Kritisch hierzu *Herrmann*, JuS 1994, S. 273 (274), die sich in ihrem Aufsatz differenzierend mit den einzelnen Haftungsvoraussetzungen und der Entwicklung dogmatisch konsequenter Zurechnungsansätze im Bereich der Eingriffshaftung auseinandersetzt.

491 *Esser/Schmidt*, Schuldrecht, AT, Band I, Tb. 1, § 8 II, S. 138.

492 Ausführlich zur Zustandshaftung als dogmatisches Haftungsprinzip: *Herrmann*, JuS 1994, S. 273 (274 ff.).

493 *Larenz*, JuS 1965, S. 373 (376).

494 *Esser/Schmidt*, Schuldrecht, AT, Band I, Tb. 1, § 8 II, S. 136.

495 *Larenz*, JuS 1965, S. 373 (376).

zung wählt, während die Eingriffshaftung gerade auch den gezielten Eingriff gestattet. Da dem Betroffenen die sonst üblichen Abwehrrechte nicht zustehen, tritt an deren Stelle die finanzielle Kompensation für die gewissermaßen „erzwungene Aufopferung".

Anders als *Larenz*[496] möchte *Schmidt*[497] auch den Aufwendungsersatzanspruch des § 670 BGB als Sonderfall der Eingriffshaftung einordnen. Die Verantwortlichkeit des Geschäftsherrn für Schäden derjenigen Person, die zu seinen Gunsten tätig werde, sei eine ausgleichspflichtige Einbuße. Selbst bei Uneinigkeit über die Ausgleichsvoraussetzungen *en détail* müsse dieser Grundsatz für die typischen Risiken fremder Interessenverfolgung bzw. die altruistische Güteraufgabe gelten, da man nicht sämtliche Selbstschädigungsgefahren bei Leistungen für andere dem jeweiligen Gegner zuweisen könne.[498]

gg. Anknüpfung an die Billigkeit des Schadensausgleiches („Billigkeitshaftung")?

Ferner könnte eine Begründung der Ersatzpflicht mit Billigkeitsüberlegungen erfolgen und ein Ausgleich immer dann geschehen, wenn dieser als „billig", „gerecht" oder aus Wertungsgesichtspunkten als zwingend empfunden würde.

Dass ein derartiger Zurechnungsansatz bisher soweit ersichtlich wenig Beachtung fand,[499] mag zunächst verwundern, da das Bürgerliche Gesetzbuch selbst in der deliktsrechtlichen Vorschrift des § 829 BGB nach der amtlichen Überschrift eine „Ersatzpflicht aus Billigkeitsgründen" statuiert. Im Falle des § 829 BGB, der bisweilen als sog. „Millionärsparagraph"[500] bezeichnet wird, haftet eine unzurechnungsfähige Person[501] trotz fehlender Verantwortlichkeit für einen Schaden, den sie einem anderen zufügt. Voraussetzung aber ist, dass die „Billigkeit nach den Umständen, insbesondere nach den Verhältnissen der Beteiligten, eine Schadloshaltung erfordert". Rechtsgedanke ist, dass der Scha-

---

496 *Larenz*, JuS 1965, S. 373 (375).

497 *Esser/Schmidt*, Schuldrecht, AT, Band I, Tb. 1, § 8 II, S. 137.

498 *Esser/Schmidt*, a.a.O.

499 *Medicus* diskutiert zwar (VersR 1981, S. 593 ff.) verschiedene Billigkeitsargumente, allerdings nicht als eigenes Zurechnungsprinzip, sondern nur als Aspekte zur einschränkenden oder erweiternden Auslegung von sonstigen Zurechnungsprinzipien. Hierbei stellt er aber auch fest (S. 603), dass bereits der historische Gesetzgeber mit der Rechtsfigur der Drittschadensliquidation den anspruchsvermehrenden Billigkeitsausgleich kannte. Sonstige Darstellungen (*Wolf*, VersR 1998, S. 812 ff.; *Böhmer*, JR 1970, S. 339 ff. und *Lorenz*, VersR 1980, S. 697 ff.) beschäftigen sich vielmehr mit einzelnen Fragen und Aspekten der Anspruchsnorm des § 829 BGB, ohne grundsätzlich die Haftungszurechnung aus Billigkeitsgründen zu diskutieren. Grundlegend siehe MüKo-*Wagner*, BGB, § 829, Rn. 1 – 3 sowie die dortigen weiteren Nachweise.

500 BGH Urt. v. 18.12.1979 = BGHZ 76, S. 279 (284) = NJW 1980, S. 1623 (1624); BGH Urt. v. 13.06.1958 = VersR 1958, S. 485 (487). Ähnlich auch *Deutsch*, der zwar nicht die Worte *„Millionärsparagraph"* verwendet, sondern von *„richesse oblige"* spricht, vgl. *Deutsch*, Haftungsrecht, Rn. 477 mit weiteren Nachweisen.

501 Also eine Person, die entweder minderjährig i.S.d. § 828 BGB oder aber „geistesgestört" i.S.d. § 827 BGB ist.

den derjenigen Partei zugerechnet werden soll, die ihn aufgrund ihrer wirtschaftlichen Verhältnisse leichter tragen kann.[502]

Beurteilungsmaßstab hierbei ist also ein Vergleich der Rechtspositionen des Geschädigten und des potentiell Ersatzpflichtigen im Hinblick darauf, ob es dem allgemeinen Gerechtigkeitsempfinden entspräche, den Geschädigten auf Kosten des Pflichtigen freizustellen. Fraglich erscheint allerdings, ob eine derartige Begründung der Ersatzpflicht aus Gründen der Billigkeit als generelles Zurechnungsprinzip bezeichnet werden darf. Tatsächlich beschränkt sich die Vorschrift des § 829 BGB auf einen sehr partiellen Anwendungsbereich und ist im Bürgerlichen Gesetzbuch kein allgemeines Zurechnungsprinzip. Stellte eine derartige allgemeine Billigkeitshaftung den Regelfall dar, müsste für jeden der zu betrachtenden Einzelfälle eine als „gerecht" bewertete Entscheidung getroffen werden. Aufgrund der Vielzahl der Schadensfälle würde dies schnell dazu führen, dass eine Katalogisierung und Vertypung in bestimmte Fallkategorien erfolgte. Durch die Aufstellung einzelner Fallgruppen würde sodann allmählich ein eigenes Zurechnungsprinzip entwickelt werden, dessen Bezeichnung dann nicht mehr den Namen „Haftung aus Billigkeitsgründen" tragen könnte. Dieser pauschale Begriff erwiese sich als viel zu schwer fassbar, sowie weiterhin in zu starkem Maße vom Blickwinkel des Betrachters abhängig und damit beliebig. Hierunter würde in hohem Maße die Rechtssicherheit und -klarheit leiden.

Letztlich ist auch zu vergegenwärtigen, dass jeder Zurechnungsansatz aus Gründen der billigen Schadenszurechnung entstanden ist, da eine Anerkennung eines Zurechnungsgrundes immer nur dann erfolgen wird, wenn dieser als „sachlich begründet"[503] oder „gerechtfertigt"[504] erscheint. Eine Haftung aus Gründen der „Billigkeit" ist damit eine viel zu konturlose Bezeichnung, mit der sich je nach Gusto *jedes* Zurechnungsprinzip bezeichnen ließe, da hinter jeder noch so gearteten Zurechnung stets der Gedanke des gerechten und billigen Schadensausgleiches steht. Folglich könnte man eine Gefährdungshaftung ebenso wie das Verschuldensprinzip oder eine Äquivalenzprinzipshaftung gleichfalls als Haftung aus Gründen der Billigkeit bezeichnen. Hieran wird besonders deutlich, dass der Gedanke der billigen Entschädigung in jedem Zurechnungsmodell steckt, aber als alleinige Bezeichnung kein System präzise zu beschreiben vermag.

Diese Probleme sind auch der rechtswissenschaftlichen Literatur bekannt, die über die dogmatische Einordnung der Billigkeitshaftung uneins urteilt. Das hierbei vertretene Meinungsspektrum reicht von der Qualifikation einer abgeschwächten Verschuldenshaftung, über die Bezeichnung einer Art Gefährdungshaftung für den Zustand der eigenen Person oder eines aufopferungsähnlichen Billigkeitsanspruchs bis hin zu einer Kombination aller Ansätze.[505] Richtigerweise dürfte wohl bei der Suche nach einer dogmatischen Zuordnung und Einteilung der Billigkeitshaftung als eigenes Zurechnungsprinzip wenig

502 MüKo-*Wagner*, BGB, § 829, Rn. 1.
503 *Larenz*, JuS 1965, S. 373 (373).
504 *Larenz*, a.a.O.
505 Nachweise bei MüKo-*Wagner*, BGB, § 829, Rn. 3.

mehr als die Erkenntnis gewonnen werden, dass es sich bei der Billigkeitshaftung um eine Ausnahme vom Verschuldensprinzip handelt, die die Billigkeit selbst zur Haftungsvoraussetzung macht.[506] Allerdings ist das Problematische an dieser Formulierung die bereits aufgezeigte Konturlosigkeit und Unschärfe des Billigkeitsbegriffes. Dieses Dilemma wird von *von Hoyningen-Huene* erkannt, der von einem dogmatischen Freiraum spricht,[507] in dem sich die Billigkeit bewege, gleichsam wie *Esser*, der die Billigkeit als „vagabundierendes Element der Rechtsgestaltung“[508] bezeichnet.

Insofern vermögen weitere Konkretisierungen der Einordnung nicht gelingen, es bleibt damit lediglich die Erkenntnis festzuhalten, dass die Haftung aus Billigkeitsgründen kein eigenes, selbständiges Zurechnungsprinzip darstellt, sondern ein besonderer Typus des Schadensausgleiches ist, bei dem eine im Einzelfall als „gerecht“ empfundene Entscheidung die Grundlage für den Ausgleich darstellt. Die Konstruktion eines eigenen Zurechnungsprinzips, das rein mit den Worten „Billigkeitshaftung“ treffend und präzis erfolgen könnte, ist jedoch schwerlich bzw. überhaupt nicht möglich.

hh. Zwischenergebnis

Die Mannigfaltigkeit der verschiedenen Zurechnungsprinzipien und ihr Zusammenspiel im Bürgerlichen Gesetzbuch zeigen, dass bereits bei Schaffung des BGB nicht nur bloß *eine* Möglichkeit der Haftungszurechnung vorstellbar war.

Damit erscheint eine Entschädigung des durch den Arbeitgeber schuldlos geschädigten Arbeitnehmers auf den ersten Blick unproblematisch möglich zu sein, da es doch zahlreiche – oben aufgezeigte – Haftungsprinzipien gibt, nach denen der Arbeitgeber auch ohne das Vorliegen einer schuldhaften Handlung für den Schaden des Arbeitnehmers einstehen müsste. Eine Schadenszurechnung wäre beispielsweise mühelos nach dem Äquivalenzprinzip möglich. Ebenso – und diesem Ansatz ist größte Beachtung zu schenken – ist eine Zurechnung im Hinblick einer Risiko- oder Gefährdungshaftung denkbar und wurde und wird in den Fällen des geschädigten Arbeitnehmers auch lebhaft diskutiert.[509]

Andererseits wurde durch das Aufzeigen der jeweiligen Geltungs- und Anwendungsbereiche der einzelnen Haftungsprinzipien ebenfalls deutlich, dass diese anscheinend nicht gleichberechtigt nebeneinander stehen, sondern es eine Gewichtung bzw. eine Abstufung dieser Prinzipien in ihrer Bedeutung gibt, so dass nicht jedes Zurechnungsprinzip einfach beliebig herangezogen werden kann, um dem geschädigten Arbeitnehmer Ersatz zu gewähren.[510] Folglich ist zunächst das Verhältnis der einzelnen Zurechnungsprin-

---

506 So überzeugend MüKo-*Wagner*, BGB, § 829, Rn. 3.

507 So *v. Hoyningen-Huene*, Die Billigkeit im Arbeitsrecht, S. 7, auch unter Bezugnahme auf *de Lazzer* in Festschrift für *Esser*, S. 93,

508 *Esser*, Wandlungen von Billigkeit und Billigkeitsrechtsprechung, S. 23.

509 Statt aller: *Müller-Glöge*, in: Richterliches Arbeitsrecht, Festschrift für Thomas Dieterich, S. 387 (387 f.).

510 Würde man dies dennoch tun, und ein beliebiges Zurechnungsprinzip dann anwenden, wenn es gerade geboten und passend erscheint, so würde man letztlich nichts anderes tun, als eine

zipien, insbesondere das Verhältnis der Haftungsregime der Verschuldens- und Gefährdungshaftung zu diskutieren, bevor eine Ersatz- und Einstandspflicht weiter verfolgt werden kann.

b. These: Vorherrschaft der Verschuldenshaftung im deutschen Privatrecht

„Nicht die Zufügung des Schadens verpflichtet zum Schadensersatz, sondern die Schuld“[511], so die eingängige und prägnante Formulierung *Rudolph von Iherings*, die das zivilrechtliche Denken im 19. Jahrhundert in entscheidendem Maße schon frühzeitig beeinflusste und sich auch heutzutage noch als gesichertes Zitiergut in vielen Darstellungen zu Haftungs- und Zurechnungsprinzipien wiederfindet.[512]

In der Tat gingen die Väter des BGB bei seiner Kodifikation dann auch ganz selbstverständlich davon aus, dass es eine Haftung nur im Falle des Verschuldens geben könne.[513] Etwaige andere Haftungstatbestände, wie beispielsweise auch der schon in der Ursprungsversion des BGB existierende Gefährdungshaftungstatbestand des § 833 S. 1 BGB wurden als systemwidrige Ausnahmen zum Verschuldensprinzip betrachtet, die gleichermaßen auch dogmatisch als Fremdkörper erschienen. Am Vorrang und der Dominanz des Verschuldensprinzips wurde nicht gerüttelt. Auch nach wie vor ist das Verschuldensprinzip nach allgemeiner und herrschender Ansicht das maßgebliche Zurechnungskriterium im System des Bürgerlichen Gesetzbuches.[514]

Hieran hat sich auch durch neuere rechtliche Entwicklungen wie bspw. das Schuldrechts-modernisierungs- oder das 2. Schadensersatzrechtsänderungsgesetz nichts geän-

---

erneute und oben kritisch diskutierte Billigkeitshaftung einzuführen. Folglich bedarf es einer gewissen Ordnung und einer Hierarchie der Zurechnungsprinzipien – dies gebietet bereits die Rechtssicher- und Rechtsklarheit.

511 *Von Ihering*, Das Schuldmoment im Römischen Recht, S. 199.

512 So bspw. bei *von Caemmerer*, RabelsZ 42, S. 5 (6) oder *Thüsing*, Wertende Schadensberechnung, S. 18.

513 Hierzu sogleich noch die Ausführungen zur Entwicklung und Normierung des Verschuldensprinzips im BGB.

514 MüKo-*Emmerich*, BGB, § 275, Rn. 2: „Des das BGB beherrschenden Verschuldensprinzips“; Hk-BGB/*Schulin*, Vor. §§ 275 – 292, Rn. 13: „Grundentscheidung für das Verschuldensprinzip“; Erman/*Schiemann*, BGB, Vor. § 823, Rn. 4: „Verschulden die Regelvoraussetzung“; *Brox/Walker*, Allgemeines Schuldrecht, § 20 Rn. 1: „Im deutschen Zivilrecht gilt anders als im anglo-amerikanischen das Verschuldensprinzip“; Jauernig/*Stadler*, BGB, § 276, Rn. 2: „des das BGB beherrschenden Verschuldensprinzips“; Palandt/*Heinrichs*, BGB, § 276, Rn. 3: „haftet grundsätzlich nur, wenn er die Störung durch ein vorwerfbares Verhalten verursacht hat“; *Kropholler*, BGB, § 276, Rn. 1: „folgt das deutsche Recht traditionell grundsätzlich dem Verschuldensprinzip“; *Kötz/Wagner*, Deliktsrecht, Rn. 334: „Im geltenden Recht gibt es eine Gefährdungshaftung nur dort, wo sie der Gesetzgeber durch ausdrückliche Vorschrift in bezug auf bestimmte gefahrbringende Anlagen, Sachen oder Tätigkeiten vorgesehen hat.“ Allerdings wird an dieser Stellung des Verschuldensprinzips vermehrt auch Kritik geübt, hierzu siehe etwa die späteren Ausführungen sowie ebenfalls kritisch: *Hehl*, Das Verhältnis von Verschuldens- und Gefährdungshaftung, S. 6.

dert, da nach dem Willen des Gesetzgebers an der Geltung und hervorgehobenen Stellung des Schuldprinzips festgehalten werden soll.[515] Würde sich diese These in ihrer strengsten Form allerdings bewahrheiten, so könnte eine verschuldensunabhängige Haftung des Arbeitgebers nicht einfach hergeleitet und mittels Berufung auf eine Gefährdungshaftung o.ä. begründet werden, da es ja dann am Verschulden als zwingender Anspruchsvoraussetzung fehlte. Die endgültige Beantwortung dieser Frage hängt damit davon ab, inwieweit das Verschuldensprinzip (u.U. alleinige) Geltung beansprucht sowie bejahendenfalls, inwieweit Ausnahmen hiervon möglich sind.

c. Jüngere Entwicklung der zivilrechtlichen Haftung in Deutschland

Hierfür ist zu erörtern, aufgrund welcher tatsächlichen Gegebenheiten und infolge welcher rechtlichen Entwicklung das Verschuldensdogma zu dieser dominanten Stellung gelangte, deren Auswirkungen auch noch heute anhalten und das Privatrecht nach wie vor prägen. Zum besseren Verständnis sollen mittels eines kurzen Abstechers in rechtsgeschichtliche Gefilde – insbesondere auf die Schwelle vom 19. zum 20. Jahrhundert und den Zeitraum davor als Entstehungszeitraum des Bürgerlichen Gesetzbuches – die historischen Gegebenheiten und Ursachen aufgezeigt werden, die zu der heutigen Stellung des Verschuldensprinzips geführt haben.

aa. Die Verschuldenshaftung

aaa. Ursprünge und Entwicklung vor Entstehung des BGB

Das Schuldprinzip galt als der adäquate haftungsrechtliche Ausdruck der Zeitidee von der unbeschränkten Freiheit und Selbstverantwortlichkeit der Individuen. Der literarische Ausgangspunkt des Schuldgedankens kann in der 1815 erscheinenden Monographie von *Johann Christian Hasse* mit dem Titel „Die Culpa des Römischen Rechts“ gesehen werden, wobei allerdings zu vergegenwärtigen ist, dass das Schuldprinzip keine Erfindung des 19. Jahrhunderts ist, sondern es bereits im Naturrecht an der Spitze des Haftungssystems stand.[516] Im 19. Jahrhundert wird das Schulddogma allerdings zum beherrschenden Zurechnungsfaktor, etwaige Durchbrechungen oder Modifikationen, die das Naturrecht noch kannte, geraten nach und nach mehr in das Kreuzfeuer der Kritiker, die eine Konzentrierung auf ein reines Verschuldensprinzip ohne Ausnahmen einfordern.[517] Die

515 BT-Drucksache 14/6040, S. 131; abrufbar auch im Internet unter http://www.parlamentsspiegel.de (Integriertes Parlamentsinformationssystem – Gemeinschaftsprojekt der deutschen Landesparlamente).

516 *Ehrenzweig*, Die Schuldfrage im Schadensersatzrecht, S. 32 ff.

517 *Ogorek*, Untersuchungen zur Entwicklung der Gefährdungshaftung im 19. Jahrhundert, S. 24; Vgl. auch *Strickler*, Die Entwicklung der Gefährdungshaftung, S. 9 ff.

diese Konzentrierung und Festigung des Verschuldensdogmas tragenden Argumente sind unterschiedlichster Natur und lassen sich grob als eine Art Trias darstellen:

Ein rechtshistorisch argumentierender Begründungsstrang führt zur Legitimation das *culpa*-Prinzip des römischen Rechts heran.[518] Verdienste in diesem Bereich haben sich *von Löhr* und insbesondere *Hasse* erworben. *Von Löhr*[519] entwickelte in seinen Schriften einen streng am römischen Recht orientierten Ansatz einer *culpa* – Theorie, die er ausschließlich auf römische Quellenangaben sowie eine wortlautgetreue Exegese literarischer Texte stützte.[520] Hierbei spricht *von Löhr* allerdings an keiner Stelle von Schuld oder Verschulden, sondern wählt immer den Begriff der *culpa* oder des *culposem* Handelns, was er mit illegal oder widerrechtlichem Handeln übersetzt.[521] Hieran wird deutlich, dass *von Löhr* noch einem rein objektiven Maßstab der Gesetzeswidrigkeit folgt und eine subjektive Vorwerfbarkeit im Sinne eines persönlich vorwerfbaren Fehlverhaltens nicht kennt, weshalb man daher die Ansätze *von Löhrs* gut mit dem Begriff eines rein objektiven Haftungssystems umschreiben könnte.[522] *Hasse* hingegen, der ebenfalls an das römische Recht zur Entwicklung der Haftung anknüpft, versteht das *culpa* – Prinzip nicht nur als eine rein objektive Widerrechtlichkeitshaftung.[523] Zwar übersetzt er den Begriff der *culpa* ebenfalls als objektive Widerrechtlichkeit, allerdings betont er, dass diese rein objektive Widerrechtlichkeit nur ein Bestandteil der *culpa* sei und an ihre Seite noch ein subjektives Handlungsmoment treten müsse.[524] Diese Zusammensetzung der römisch-rechtlichen *culpa* aus objektiven und subjektiven Elementen bezeichnet *Hasse* in seiner Schrift auch ausdrücklich mit dem Begriff „Schuld“[525], worunter er den moralischen Vorwurf an den Einzelnen versteht. Grund für den Erfolg des Haftungsmodells *Hasses* war vor allem, dass es durch Einfügung des subjektiven Maßstabs den Bedürfnissen der Wirtschaft nach maximalen Bewegungsspielräumen Rechnung trug.

Als weiteren Begründungsstrang neben dem Abstellen auf die römische Rechtstradition zog insbesondere *Rudolph von Ihering* ethische Argumente heran. Mit der Formulierung seines „ewig wahren Satzes: kein Übel ohne Schuld“[526] oder noch prägnanter „nicht

---

518 Siehe hierzu und ebenfalls zur Entwicklung im Ganzen ausführlich: *Ogorek*, Untersuchungen zur Entwicklung der Gefährdungshaftung im 19. Jahrhundert, S. 24 ff.

519 So *Egid von Löhr* in seinem zweibändigen Werk „Theorie der Culpa“ aus den Jahren 1806 und 1808.

520 *Ogorek*, Untersuchungen zur Entwicklung der Gefährdungshaftung im 19. Jahrhundert, S. 26.

521 *Von Löhr*, Theorie der Culpa, Bd. I, S. 1, 5, 8 und 86.

522 So *Ehrenzweig*, Die Schuldfrage im Schadensersatzrecht, S. 28.

523 So *Johann Christian Hasse* in seinem Werk „Die Culpa des Römischen Rechts“ aus dem Jahre 1815.

524 *Hasse*, Die Culpa des Römischen Rechts, S. 51 und 86, klarstellend auch *Ogorek*, Untersuchungen zur Entwicklung der Gefährdungshaftung im 19. Jahrhundert, S. 30 f. Diese Differenzierung zwischen äußerer und innerer Sorgfalt ist mittlerweile völlig anerkannt und wird als sog. zweistufiger Fahrlässigkeitsbegriff bezeichnet, ausführlich siehe hierzu auch *Hehl*, Das Verhältnis von Verschuldens- und Gefährdungshaftung, S. 17 ff.

525 *Hasse*, Die Culpa des Römischen Rechts, S. 56.

526 *Von Ihering*, Das Schuldmoment im Römischen Privatrecht, S. 163.

der Schaden verpflichtet zum Schadensersatz, sondern die Schuld"[527] schuf er eine These, die sich in nahezu allen Standardwerken als Zitat wiederfinden lässt. *Von Iherings* Abhandlung, die sich eigentlich strafrechtlichen Aspekten widmete, sollte nach *von Ihering* ebenfalls im Zivilrecht uneingeschränkt Geltung beanspruchen.[528] Dass der Gedanke der Schuld im Sinne einer persönlichen Vorwerfbarkeit gleichermaßen Anknüpfungspunkt und Voraussetzung einer Schadensersatzpflicht sein müsse, ist die Einforderung einer willentlichen menschlichen Handlung als Verpflichtungsgrund und die Entsagung gegenüber Haftungssystemen, die die bloße Verletzung des Rechtsguts ohne Berücksichtigung eines persönlich vorwerfbaren Verhaltens als Verpflichtung zum Schadensersatz ausreichen lassen. Damit wird durch *v. Ihering* der Gedanke der Schuld im Sinne eines moralischen Vorwurfes als allbeherrschendes Prinzip in das Straf- und Zivilrecht eingeführt und ethisch begründet, da er an die willentliche und vorwerfbare Handlung des Individuums als Voraussetzung einer Haftungspflicht anknüpft.[529]

Das Begründungsfundament des Verschuldensprinzips mit Rechtsgedanken der römischen Rechtstradition und ethischen Argumenten als Bausteinen einerseits wurde später durch pragmatische und wirtschaftspolitische Argumente andererseits noch weiter ausgebaut und zementiert. Vor allem *Friedrich Mommsen* führte hierzu aus, dass die zivilrechtlichen Haftungsmaßstäbe nicht nur allein dogmatischen Erfordernissen entsprechen müssten, sondern sich ihre Wahrhaftigkeit vor allem im Hinblick auf die Praktikabilität im Rechtsverkehr und den reibungslosen Ablauf des Wirtschaftslebens erweise.[530] Der Einfluss und das Gewicht dieses Argumentes, das auf den ersten Blick seine Rechtfertigung in Praktikabilitätserwägungen sucht, sich bei näherer Betrachtung aber vor allem als Ausfluss liberaler Wirtschaftspolitik erweist, darf nicht unterschätzt werden, da es maßgeblich zur Festigung des Verschuldensdogmas beitrug.

bbb. Normierung im Bürgerlichen Gesetzbuch

Die gesetzliche Festschreibung des Verschuldensprinzips erfolgte sodann durch das Bürgerliche Gesetzbuch, das mit Beginn des 20. Jahrhunderts, am 1. Januar 1900, in Kraft trat und in § 276 BGB das Vertretenmüssen des Schuldners definierte. Vorausgegangen waren jedoch lange Diskussionen um die Notwendigkeit einer einheitlichen Kodifikation des Privatrechts. Während *Anton Friedrich Justus Thibaut* bereits im Jahr 1814 in seinem Werk „Über die Nothwendigkeit eines Allgemeinen Bürgerlichen Rechtes für Deutschland"[531] eine einheitliche Regelung im deutschen Rechtsgebiet einforderte, gab es viele

527 *Von Ihering*, Das Schuldmoment im Römischen Privatrecht, S. 199.

528 *Von Ihering*, Das Schuldmoment im Römischen Privatrecht, S. 222.

529 Kritisch zur Tragfähigkeit dieser von *v. Ihering* angeführten Begründung allerdings *Reinhardt*, Die dogmatische Begründung der Haftungsbeschränkungen des Arbeitnehmers, § 5, S. 100.

530 *Mommsen*, Beyträge zum Obligationsrecht, S. 361.

531 Ein Nachdruck findet sich bei *Hattenhauer*, Thibaut und Savigny, S. 61 ff.

Kritiker, die ein derartiges Unterfangen für fruchtlos hielten. Insbesondere *Friedrich Carl von Savigny*, ein einstiger Bewunderer der Lehren von *Thibaut*, stellte sich gegen *Thibaut* und lehnte eine einheitliche Zivilrechtskodifikation ab, weil die Deutsche Rechtswissenschaft einer derart großen Aufgabe noch nicht gewachsen sei.[532] Mit der Reichsgründung im Jahre 1870 bestand jedoch der starke politische Wunsch neben geographischer und territorialer auch nach rechtlicher Einheit, die insbesondere das Privatrecht umfassen sollte. Diese Erkenntnis hatte sich auch in der Rechtswissenschaft durchgesetzt, so dass das Erfordernis einer einheitlichen Kodifikation fortan nicht mehr ernsthaft in Frage gestellt wurde. Insbesondere das aufstrebende Handwerk und die Industrie waren Triebfedern dieser Entwicklung, da sie aus ökonomischen Gründen, insbesondere durch eine angestrebte Senkung der Transaktionskosten, die Rechtsvereinheitlichung befürworteten.[533] Daher wurde bereits unmittelbar an die Reichsgründung anschließend ein Reichsgesetz erlassen, das eine umfassende Zuständigkeit des Reiches für das gesamte bürgerliche Recht schuf.[534] Hierauf folgend wurde eine Vorkommission eingesetzt, die ein Gutachten über Plan und Methode eines Gesetzentwurfes erarbeiten sollte und am 2. Juli 1874 eine elfköpfige Kommission bestellt, die einen ersten Entwurf eines Bürgerlichen Gesetzbuches für das Deutsche Reich ausarbeitete und samt Begründung (sog. Motive) im Jahr 1888 veröffentlichte. Dieser Entwurf löste in der Rechtswissenschaft aus verschiedensten Gründen heftige Kritik aus,[535] so dass er erneut überarbeitet wurde und nach Zuleitung an den Reichstag am 1. Juli 1896 mit 222 Stimmen zu 48 Stimmen angenommen wurde.[536]

Die zuvor teilweise lauter werdende und bisweilen auch grundsätzliche Kritik am reinen Verschuldensdogma sowie daraus resultierende Forderungen nach einer Einschränkung des Verschuldensprinzips konnten sich nicht durchsetzen,[537] allen voran Handwerk

---

532 MüKo-*Säcker*, BGB, Einl. Rn. 6.

533 Einen eindrucksvollen Überblick über die zahlreichen Gesetzeswerke, die vor Inkrafttreten des BGB galten und damit auch Zeichen der Rechtszersplitterung sind, zeichnet *Säcker* in MüKo-*Säcker*, BGB, Einl. Rn. 9.

534 In Anlehnung an die Abgeordneten der Nationalliberalen Partei *Miquel* und *Lasker*, die als Vorkämpfer diesem Reichsgesetz vom 20.12.1873 den Weg ebneten, wurde das Gesetz fortan als *Lex Lasker / Miquel* bezeichnet, siehe auch Müko-*Säcker*, BGB, Einl. Rn. 6 und *Wagner*, Jura 1999, S. 505 (505f.) oder Palandt/*Heinrichs*, BGB, Einl. Rn. 5.

535 An der Spitze stehend und federführend hier *Otto von Gierke*, der seine Kritik 1889 in seinem Werk „Der Entwurf eines Bürgerlichen Gesetzbuches und das Deutsche Recht" äußerte. Kernpunkte der Kritik waren hierbei weniger Detailfragen als die grundsätzliche Regelung, die von *v. Gierke* beanstandet wurden: Eine mangelnde Berücksichtigung der sozialen Sicherheit, einseitige Bevorzugung römisch-rechtlicher Ordnungsprinzipien zulas-ten deutschen Rechtsguts, der Abstraktionsgrad der Sprache und generell die praktische Unbrauchbarkeit des Regelungswerkes waren Kernpunkte der Kritik. Vgl. hierzu zusammenfassend auch die Darstellung von *Wagner*, Jura 1999, S. 505 (506) mit vielen weiteren Nachweisen und Einzelheiten zur geschichtlichen Entwicklung.

536 MüKo-*Säcker*, BGB, Einl. Rn. 7; *Wagner*, Jura 1999, S. 505 (506).

537 Bisweilen gab es sogar Änderungsbemühungen zur Einführung einer vom Verschulden unabhängigen Billigkeitshaftung, die sich im Bundesrat aber nicht durchsetzen konnte, da die

und Industrie waren um ihrer selbst willen darum bemüht, die Einführung von objektiven Haftungsmaßstäben ohne subjektive Komponenten sowie von Gefährdungstatbeständen zu verhindern.[538] Ein eigener Anwendungsbereich für die Gefährdungshaftung, die bereits im Jahr 1838 erstmalig gesetzlich normiert worden war,[539] sollte Spezialgesetzen vorbehalten bleiben. Nach wie vor erschien die Gefährdungshaftung als systemwidrige Ausnahme, die mit Skepsis beäugt wurde, selbst wenn ihre grundsätzliche Nützlich- und Notwendigkeit bei gewissen gefährlichen Handlungen in der Literatur akzeptiert wurde.[540] Diese Erkenntnis konnte jedoch an dem „Siegeszug" des Verschuldensprinzips nichts mehr ändern, der durch die Normierung im BGB das Zivilrecht fortan maßgeblich prägen sollte. Mit dem Inkrafttreten des BGB war damit ein Bekenntnis zum Verschuldensdogma und eine Konsolidierung der Schuldhaftungslehre erfolgt, die allenfalls mit den Ausnahmen im Bereich der Gehilfenhaftung gewisse Durchbrechungen aufwies.[541] Die Fixierung der Schuldhaftung als dominantes Zurechnungsprinzip kann gleichfalls als Ausfluß des Menschen- und Gesellschaftsbildes des Bürgerlichen Gesetzbuches gelten, das vom gründerzeitlichen Individualismus und Liberalismus maßgeblich geprägt war.[542]

bb. Die Gefährdungshaftung

aaa. Ursprünge und Entwicklung vor Entstehung des BGB

Als „zweite Schiene" oder (der Bedeutung angemessener) als Nebengleis[543] zu der Verschuldenshaftung war aber auch das Anknüpfen an die bloße Risikogeneigtheit und Unfallträchtigkeit einer Tätigkeit in Form der Gefährdungshaftung zumindest bereits bekannt. Voraussetzung der Haftungszurechnung war hier die bloße Entstehung des Schadens infolge der Ausübung einer bestimmten als gefährlichen eingestuften Tätigkeit ohne Rücksicht auf das Vorliegen von schuldhaftem Handeln des Verursachers. Ein ebenfalls klassischer wie auch heute noch nahezu unverändert bestehender prominenter Anwendungsfall einer verschuldensunabhängigen Haftung ist das Modell der gesetzlichen Un-

---

„Einschränkung der Bewegungsfreiheit des Einzelnen" befürchtet wurde, vgl. *Ogorek,* Untersuchungen zur Entwicklung der Gefährdungshaftung im 19. Jahrhundert, S. 133, Fn. 44.

538 *Ogorek,* Untersuchungen zur Entwicklung der Gefährdungshaftung im 19. Jahrhundert, S. 135.

539 So im preußischen „Gesetz über die Eisenbahn-Unternehmungen" vom 3. November 1838, siehe hierzu auch *Esser*, RVBl. 1938, S. 999 (999).

540 *Ogorek*, Untersuchungen zur Entwicklung der Gefährdungshaftung im 19. Jahrhundert, S. 134.

541 *Ogorek*, Untersuchungen zur Entwicklung der Gefährdungshaftung im 19. Jahrhundert, S. 132 ff.

542 Hierzu s. *Wagner*, Jura 1999, S. 505 (512); *Strickler*, Die Entwicklung der Gefährdungshaftung, S. 9 ff.

543 Ähnlich auch *Deutsch*, der in Anlehnung an *Max Rümelin* die Gefährdungshaftung als „kein der Schuldhaftung ebenbürtig an die Seite zu stellendes Prinzip" charakterisiert, s. *Deutsch*, VersR 1971, S. 1 (2).

fallversicherung, die Prinzipien der Gefährdungshaftung folgt, wenngleich es sich hierbei nicht um eine privatrechtliche, sondern um eine öffentlich-rechtliche verschuldensunabhängige Haftung handelt.[544] Das Modell der gesetzlichen Unfallversicherung basiert im Wesentlichen und von den Grundgedanken her unberührt auf dem *Bismarck'schen* Unfallversicherungsgesetz von 1884[545] und war damit eine bereits frühe Kodifikation einer Gefährdungshaftung. Ihren erstmaligen Niederschlag in Form einer gesetzlichen Kodifizierung fand die Gefährdungshaftung jedoch nicht erst im Jahr 1884, sondern bereits schon nahezu fünfzig Jahre früher im preußischen Gesetz über die Eisenbahnunternehmungen. Dieses Gesetz vom 3. November 1838 traf in § 25 folgende Anordnung: „Die Gesellschaft ist zum Ersatz verpflichtet für allen Schaden, welcher bei der Beförderung (...) an anderen Personen und Sachen entsteht, und sie kann sich von dieser Verpflichtung nur durch den Beweis befreien, dass der Schaden (...) durch einen unabwendbaren äußeren Zufall bewirkt worden ist (...)".[546] Eine derartige Zurechnung, die auf das Kriterium der Schuldhaftigkeit des Handelns verzichtete, war ein Novum der damaligen Zeit. Zurecht würdigt *Esser* dieses frühe Werk des preußischen Gesetzgebers als kühne Einführung einer Haftungsnorm infolge „erkannter sozialer Notwendigkeit"[547], obwohl die damit neu und erstmals geschaffene Gefährdungshaftung in keinerlei Weise in das gängige System der Haftung einzugliedern war. Trotz der frühzeitigen Einsicht des preußischen Gesetzgebers in die Notwendigkeiten verschuldensunabhängiger Haftung konnte sich die Gefährdungshaftung bei der Schaffung des Bürgerlichen Gesetzbuches nicht recht durchsetzen. Zwar sah das Reichshaftpflichtgesetz von 1871 ebenfalls eine unbedingte, vom Verschulden unabhängige Haftung für Unternehmer gewisser gefährlicher Betriebe vor,[548] dennoch befürchteten wirtschaftsliberale Vertreter durch eine Abkehr oder generelle Durchbrechung des Verschuldensdogma würde die freie Entfaltung des Einzelnen und die Entwicklung des rechtlichen und geschäftlichen Verkehrs ungebührlich gehemmt.[549]

bbb. Normierung im Bürgerlichen Gesetzbuch

Dies führte dazu, dass die Gefährdungshaftung zunächst nur sehr untergeordnete Bedeutung im Privatrecht hatte, während hingegen die verschuldensunabhängige Haftung im öffentlich-rechtlichen Modell der Unfallversicherung fest verwurzelt war und an ihrem Bestand und der Erkenntnis ihrer Notwendigkeit kaum Kritik geübt wurde. Dieser getrennte Verlauf der Entwicklung im öffentlichen und im bürgerlichen Recht verwundert,

---

544 Siehe hierzu die obigen Ausführungen, insb. auf den Seiten 21 ff.

545 Im Einzelnen siehe die obigen Ausführungen.

546 So § 25 preuß. Gesetz über Eisenbahnunternehmungen, abgedruckt bspw. bei *Esser*, RVBl. 1938, S. 999 (999).

547 *Esser*, RVBl. 1938, S. 999 (999).

548 *Ogorek*, Untersuchungen zur Entwicklung der Gefährdungshaftung im 19. Jahrhundert, S. 101 ff.

549 *Esser*, RVBl. 1938, S. 999 (1000). Ähnlich: *Strickler*, Die Entwicklung der Gefährdungshaftung, S. 9 ff.

und lässt sich allenfalls damit erklären, dass das Modell der Unfallversicherung eher als eine Art „Fürsorgesystem" für die Arbeiterschaft anerkannt war, im BGB hingegen gründerzeitliche liberale und wirtschaftsfreundliche Tendenzen vorherrschten, die gegen die Einführung weiterer Gefährdungshaftungstatbestände sprachen.[550]

Im BGB gibt es daher heutzutage nur noch mit der Haftung des Tierhalters für Luxustiere einen Anwendungsfall einer klassischen Gefährdungshaftung.[551] Vereinzelt sind in neuerer Zeit weitere Tatbestände in das BGB eingeführt worden, die ebenfalls ein Verschulden für die Begründung eines Schadensersatzanspruches nicht mehr erfordern. Im Bereich des Arbeitsrechts gibt es bspw. durch die Neufassung des § 611 a Abs. 2 BGB einen verschuldensunabhängigen Ersatzanspruch, der von der Literatur bisweilen als Gefährdungshaftungstatbestand charakterisiert wird, da bei dieser Vorschrift einzig und allein der objektive Verstoß zur Begründung einer Schadensersatzpflicht genügt.[552] Zudem kennt das deutsche Privatrecht darüber hinaus zahlreiche einzelne Anordnungen der Gefährdungshaftung in den einzelnen Nebengesetzen, [553] die praktisch relevantesten Anwendungsfälle sind hierbei die Haftungsnormen des StVG für Schäden, die bei dem Betrieb von Kraftfahrzeugen entstehen.[554] Bemerkenswert ist, dass viele dieser Gefährdungshaftungstatbestände aus der jüngeren Zeit stammen und somit die Folge der immer weiter fortschreitenden Technisierung und des damit einhergehenden wachsenden Risikopotentials sind.[555]

cc. Zwischenergebnis und Zusammenschau

Die aufgeworfene These der vorherrschenden Stellung und der Dominanz des Verschuldensprinzips im Gesamtsystem der zivilrechtlichen Zurechnungsprinzipien ist fundiert und kann nach alledem aufrecht erhalten werden.

Die herausragende Stellung des Verschuldensprinzips erklärt sich aus den rechtsgeschichtlichen Gegebenheiten während der Entstehungshistorie des BGB, besonders beeinflusst durch die wirtschaftspolitischen Umstände des 19. Jahrhunderts. Die hieraus re-

---

550 Siehe zur Entwicklung, Rechtsnatur, Regelungszweck und den gesellschaftlich vorherrschenden Umständen bei der Schaffung der gesetzlichen Unfallversicherung die obigen Ausführungen, S. 5 ff.

551 MüKo-*Wagner*, BGB, Vor. § 823, Rn. 16. Allerdings bestand früher im BGB mit der Haftung des Jagdberechtigten für Wildschäden eine weitere Gefährdungshaftung im BGB, die jedoch 1952 in die heutige Regelung der §§ 29 ff. BJagdG überführt wurde.

552 *Treber*, NZA 1998, S. 856 (859); Ebenso: *Müller-Glöge*, in: Richterliches Arbeitsrecht, Festschrift für Thomas Dieterich, S. 387 (387). Zur Kritik an der Einordnung als klassische Gefährdungshaftung s. bereits oben, Fußnote 487.

553 Siehe etwa nur § 1 ProdHaftG; § 1 HPflG; § 33 LuftVG; §§ 7, 25 AtomG; § 84 AMG; § 22 WHG; § 114 BBergG; § 1 UmweltHG und § 32 GenTG.

554 So die §§ 7, 18 StVG.

555 Beispielsweise stammt das GenTG erst aus dem Jahre 1990 (BGBl. I 1990, S. 1080), ebenfalls das UmweltHG (BGBl. I 1990, S. 2634), das BBergG aus dem Jahre 1980 (BGBl. I 1980, S. 1310) oder das ProdHaftG aus dem Jahre 1989 (BGBl. I 1989, S. 2198).

sultierende Festschreibung des Verschuldensprinzips im Bürgerlichen Gesetzbuch ist Folge einer langen Rechtstradition; das Verschuldensdogma erwuchs aus römisch-rechtlichem Gedankengut und steht nun fest verwurzelt als elementarer Bestandteil des deutschen Rechtssystems im Haftungs- und Zurechnungssystem des Bürgerlichen Rechts. Die historische Entwicklung erklärt gleichfalls die im Denken und im Bewusstsein der Angehörigen des deutschen Rechtskreises zu Tage tretende besondere Affinität zur Verschuldenshaftung. Auch wenn es in jüngerer Zeit immer wieder Bestrebungen zur verstärkten Einführung von Gefährdungshaftungstatbeständen gibt, so kann das Verschuldensprinzip nach wie vor als das beherrschende Zurechnungsprinzip des Bürgerlichen Gesetzbuches bezeichnet werden.[556] Daher kann eine verschuldensunabhängige Haftung des Arbeitgebers nicht ohne weiteres mit der schlichten Berufung auf eine Gefährdungshaftung oder ähnlichem begründet werden, da die Gefährdungshaftungstatbestände im deutschen Recht regelmäßig spezialgesetzlich aufgezählt sind und es auch keine Generalklausel gibt, auf die sich der geschädigte Arbeitnehmer stützen könnte.

d. Vergleich mit anderen Rechtsordnungen

Allerdings kann unter Zuhilfenahme einer rechtsvergleichenden Betrachtung versucht werden, einen Lösungsansatz zu entwickeln. Möglicherweise sehen andere Rechtsordnungen ebenfalls als Grundprinzip die Verschuldenshaftung vor, haben aber dennoch Möglichkeiten gefunden, um Gefährdungshaftungsansätze zuzulassen. Somit stellt sich die Frage, ob es sich bei der markanten Stellung des Verschuldensprinzips im Privatrecht um eine bloß deutsche Besonderheit handelt oder aber andere Rechtsordnungen in ihrer Entwicklung gleichermaßen vom Verschuldensdogma geprägt wurden. Sofern dies der Fall ist, wird es ebenfalls von Relevanz sein, ob es dort möglicherweise Änderungen oder Abkehrungen vom Verschuldensprinzip gab oder ob das Verschuldensprinzip wie im deutschen Bürgerlichen Gesetzbuch auch heutzutage noch fest in diesen Rechtsordnungen verankert ist.

Verglichen werden die Haftungsprinzipien des Bürgerlichen Gesetzbuches exemplarisch mit dem französischen *Code civil*, dem US-amerikanischen Privatrecht und dem österreichischen *Allgemeinen Bürgerlichem Gesetzbuch (ABGB)*. Der französische *Code civil* und das *ABGB* gehören ebenso wie das BGB zum kontinentaleuropäischen Rechtssystem, weshalb eine Prägung durch gemeinsame Umstände in der Entwicklungsgeschichte nahe liegt. Das US-amerikanische Privatrecht, dass durch das englische Privatrecht geprägt wurde, ist hingegen von anderen Gegebenheiten beeinflusst worden. Insofern kann ein Vergleich dieser ausgewählten Rechtsordnungen zur Stützung der Aussage dienen, ob und inwiefern die Entstehung des Verschuldensprinzips von den europäischen

556 MüKo-*Emmerich*, BGB, § 275, Rn. 2; Hk-BGB/*Schulin*, Vor. §§ 275 – 292, Rn. 13; Erman/*Schiemann*, BGB, Vor. § 823, Rn. 4; *Brox/Walker*, Allgemeines Schuldrecht, § 20 Rn. 1; Jauernig/*Stadler*, BGB, § 276, Rn. 2; Palandt/*Heinrichs*, BGB, § 276, Rn. 3; *Kropholler*, BGB, § 276, Rn. 1; *Kötz/Wagner*, Deliktsrecht, Rn. 334.

Gegebenheiten – seien diese wirtschaftspolitischer, ethischer oder rechtshistorischer Natur – abhängig ist oder ob der „Siegeszug“ des Verschuldensprinzips hiervon unabhängig erfolgte und damit keine rein deutsche Besonderheit darstellt.

aa. Die Haftungszurechnung nach dem französischen Code civil

Das französische Zivilrecht zählt ebenso wie das deutsche zur kontinental-europäischen Rechtsfamilie.[557] Die Grundlage des Zivilrechts, auch noch in seiner heutigen Form, bildet der *Code civil (C. civ.)* von 1804,[558] der nunmehr seit über zwei Jahrhunderten Geltung beansprucht und gleichermaßen wie das deutsche BGB Ausfluss individualistisch-liberaler Rechtsgedanken ist.[559] Unterschiede zum BGB bestehen darin, dass die Systematik des *C. civ.* dem Stand der Rechtswissenschaft im Jahre 1804 entspricht, während die Struktur des BGB entscheidend durch die Pandektistik geprägt wurde.[560] Weiter sticht hervor, dass dem *C. civ.* ein mit dem BGB vergleichbarer Allgemeiner Teil fehlt, was dadurch bedingt ist, dass die Rechtswissenschaft um das Jahr 1800 noch nicht den Abstraktionsgrad erlangt hatte, wie er 100 Jahre später bei Schaffung des BGB bestand.[561] Dennoch weist der Bereich der Haftungszurechnung Parallelen zur Systematik des BGB auf. Ebenfalls wie das deutsche bürgerliche Recht kennt der *C. civ.* die Verschuldenshaftung als entscheidendes Zurechnungsprinzip.[562] In den Art. 1382 und 1383 regelt der *C. civ.* in Form generalklauselartiger Regelungen die Haftung für eigenes Verhalten, die vom Bestehen von Verschulden abhängig ist.[563] Der rechtspolitische Grund für die Haftung wurde in der Schuldhaftigkeit des Handelns erblickt: Wer durch sein Verschulden in Form eines persönlich vorwerfbaren Verhaltens einem anderen Schaden zufügte, sollte dafür mit seinem Vermögen auch einstehen müssen.[564] Diese anfängliche Haftung begrenzt auf schuldhaftes Handeln war aber bereits dadurch gelockert, dass es zahlreiche Schuldvermutungen und vereinzelt Tatbestände ohne Schulderfordernis gab (z.B. die Artikel 1384 – 1386) und damit bereits der Weg zu einem Schadensersatzanspruch auch ohne den Nachweis von Verschulden eröffnet war.[565] Überdies hinaus wurde von den Gerichten der Be-

---

557 *Mazeaud/Chabas*, Introduction à l'étude du droit, Rn. 57 ff.

558 Vgl. ausführlich zur Entwicklung des *Code civ.* die Darstellung bei *Ghestin/Goubeaux*, Droit civil, S. 74 ff. Siehe ebenso *Mazeaud/Chabas*, Introduction à l'étude du droit, Rn. 40 ff.

559 *Ghestin/Goubeaux*, Droit civil, S. 89: *„Le code civil est le triomphe de l'individualisme libéral“*.

560 *Hübner/Constaninesco*, Französisches Recht, § 20, S. 157.

561 *Hübner/Constaninesco*, Französisches Recht, § 21, S. 158 f.

562 *Mazeaud/Tunc*, Responsibilité Civile, S. 52 f.

563 *Mazeaud/Chabas*, Introduction à l'étude du droit, Rn. 343; *Ferid/Sonnenberger*, Das französische Zivilrecht, Bd. 2, 2 O 5, S. 445; *Hübner/Constantinesco*, Französisches Recht, § 23, S. 201 f.

564 *Ferid/Sonnenberger*, Das französische Zivilrecht, Bd. 2, 2 O 13, S. 446.

565 *Ferid/Sonnenberger*, Das französische Zivilrecht, Bd. 2, 2 O 13, S. 446.

griff der *faute*[566] sehr weit ausgedehnt, um Schadensersatzansprüche zusprechen zu können.[567] Den entscheidenden Unterschied zum BGB erfuhr der *C. civ.* jedoch am Ende des 19. Jahrhunderts infolge der Erkenntnis, es bedürfe darüber hinaus einer allgemeinen Haftung für schuldloses Handeln, um den auftretenden Schadensfällen gerecht zu werden. Grund für diese Einsicht waren die zunehmenden Schadenszufügungen im Rahmen der technischen Entwicklung des 19. Jahrhunderts.[568] Neben der *faute* fand daher der Risikogedanke als zweiter Grundsatz im Haftungssystem seinen Einzug.[569] Derjenige, der ein Risiko geschaffen hatte, sollte schlechterdings auch die Konsequenzen tragen müssen, wenn sich das bestehende Risiko in einer Schädigung niedergeschlagen hatte.[570] Nach einem Urteil des *Cour de Cassation* im Jahre 1896[571] wurde aus dem Art. 1384 Abs. 1 *C. civ.* eine allgemeine Risikohaftung hergeleitet,[572] was unter den Verfechtern der klassischen Verschuldenslehre einen Aufschrei auslöste,[573] die den Haftungsgrund lieber in einer stillschweigend vereinbarten vertraglichen Garantie erblicken wollten, ohne hierfür eine allgemeine Gefährdungshaftung zu kreieren. Nichtsdestotrotz schloß sich der Gesetzgeber den Rechtsgedanken des Kassationshofes an und erließ 1898 eine allgemeine Gefährdungshaftung des Unternehmers für Betriebsunfälle.[574] In der weiteren rechtlichen Entwicklung setzte sich die Erkenntnis durch, dass die Gefährdungshaftung nicht nur auf

---

566 Die *faute* ist eine der drei Voraussetzungen eines Schadensersatzanspruches und bezeichnet die schuldhafte Tatbestandshandlung, sowohl im Vertrags-, als auch im Deliktsrecht, vgl. *Hübner/Constaninesco*, Französisches Recht, § 22, S. 181 sowie *Guimezanes*, Introduction au droit francais, S. 214 f.

567 *Ferid/Sonnenberger*, Das französische Zivilrecht, Bd. 2, 2 O 13, S. 446.

568 *Ferid/Sonnenberger*, Das französische Zivilrecht, Bd. 2, 2 O 13, S. 446 und 2 O 302, S. 496.

569 *Ferid/Sonnenberger*, Das französische Zivilrecht, Bd. 2, 2 O 13, S. 446 f.

570 Beachtlich ist, dass diese Begründung für die Einführung einer Gefährdungshaftung auf den gleichen Gedanken beruht, die auch noch heute im deutschen Zivilrecht zur Begründung und Rechtfertigung der Gefährdungshaftung herangezogen werden.

571 Cass. v. 16.06.1896, D. 1897 I, 433 = S. 1897, I, 17.

572 *Guimezanes*, Introduction au droit francais, S. 216; *Hübner/Constantinesco*, Französisches Recht, § 23, S. 201. Vormals wurde die Norm des Art. 1834 C. civ. vielmehr nur als rein deklaratorische Ankündigung einer Gefährdungshaftung für die folgenden Spezialtatbestände der Art. 1835 f. C. Civ. verstanden, ohne jedoch selbst anspruchsbegründend zu wirken. *Von Caemmerer* spricht daher auch von einer Einführung einer Gefährdungshaftung im Wege einer Auslegung, die vom Wortlaut des Art. 1384 I C. Civ. „kaum gedeckt" sei, s. *von Caemmerer*, RabelsZ 42, S. 5 (7).

573 *Guimezanes*, Introduction au droit francais, S. 216; *Ferid/Sonnenberger*, Das französische Zivilrecht, Bd. 2, 2 O 303, S. 496.

574 *Ferid/Sonnenberger*, Das französische Zivilrecht, Bd. 2, 2 O 303, S. 496 und 2 O 13 f., S. 446 f. Dass eine vergleichbare Entwicklung im BGB nicht vorgenommen wurde, mag auch daran liegen, dass durch das System der gesetzlichen Unfallversicherung der Bereich der Betriebsunfälle aus dem zivilrechtlichen Anwendungsbereich ausgenommen wurde. Durch die Unfallversicherung erlangte der Arbeiter ohne Rücksicht auf das Vorliegen von Verschulden Ersatz seiner Schäden, so dass der gesellschaftliche Konflikt maßgeblich entschärft wurde und die Einführung einer Gefährdungshaftung im Bereich des Zivilrechts nicht mehr von derartiger Notwendigkeit war.

Betriebsunfälle beschränkt werden dürfe, woraufhin zusätzliche Tatbestände der Gefährdungshaftung unterstellt wurden.[575] Durch ein weiteres Urteil des Kassationshofes aus dem Jahr 1930[576], das den Fall einer Schädigung eines Mädchens durch einen Verkehrsunfall mit einem Lieferwagen zum Gegenstand hatte, wurde diese Entwicklung bekräftigt, in dem das Gericht ausführte, ein Haftungsausschluss käme nur dann in Betracht, wenn Zufall oder höhere Gewalt vorlägen. Durch dieses Urteil kam man einer eigenständigen Gefährdungshaftung sehr nahe,[577] indem aus der Regelung des Art. 1834 *C. civ.* eine umfassende Sachwalterhaftung für die Ausübung gefährlicher Tätigkeiten hergeleitet wurde. Bedingt durch diese Entwicklung besitzt das französische Privatrecht damit neben der Haftung für Verschulden eine weitentwickelte generalklauselartig formulierte Gefährdungshaftung, die als zweiter Strang neben der Verschuldenshaftung steht[578] und gegenüber dem System des BGB weitaus stärker ausgeprägt ist.[579]

bb. Die Haftungszurechnung im US-amerikanischen Privatrecht

Die Ursprünge des US-amerikanischen Rechts wurzeln in England und sind die logische Konsequenz aus der Tatsache, dass in den Kolonien im wesentlichen englisches Recht galt. Daher kann das US-amerikanische Rechtssystem auch noch heute zur Familie des *common law* gezählt werden, allerdings mit einer Vermengung durch kontinentaleuropäische Elemente.[580] Neben dem Fallrecht spielte auch die Gesetzgebung in der Entwicklung des amerikanischen Privatrechts seit jeher eine Rolle, allerdings war deren Bedeutung anfangs gering und wuchs erst gegen Ende des 19. Jahrhunderts, bedingt durch Rechtsvereinheitlichungswünsche vor allem seitens der Wirtschaft.[581] Aufgrund dessen wurde die sog. *National Conference of Commissioners on Uniform State Laws* ins Leben gerufen, deren Aufgabe es ist, Modellgesetze zu schaffen, die allerdings nicht immer in allen Staaten angenommen werden und darüber hinaus oftmals auch noch von den Einzelstaaten modifiziert werden.[582] Daher ist das amerikanische Rechtssystem nach wie vor durch

---

575 So zunächst die Haftung für Brände und wenig später die Haftung für die Folgen von Kraftfahrzeugunfällen, vgl. *Ferid/Sonnenberger*, Das französische Zivilrecht, Bd. 2, 2 O 304 ff., S. 496 f.

576 sog. zweites Jand'heur-Urteil, Cass. 13.02.1930, D.P. 1930 I, 57 = S. 1930 I, 121.

577 *Ferid/Sonnenberger*, Das französische Zivilrecht, Bd. 2, 2 O 306, S. 496.

578 *Ferid/Sonnenberger*, Das französische Zivilrecht, Bd. 2, 2 O 13, S. 446 f.; ebenso: *Hübner/Constantinesco*, Franz. Recht, § 23, S. 202; darüber hinaus gibt es noch zahlreiche weitere besonders geregelte Gefährdungshaftungstatbestände, bspw. für den Tierhalter (Art. 1835 C. civ.) oder für Luftfahrzeuge, Seilbahnen und Kernenergie. Zum ganzen siehe abermals *Ferid/Sonnenberger*, Das französische Zivilrecht, Bd. 2, 2 O 340 – 2 O 363, S. 506 – 511.

579 *Hübner/Constantinesco*, Franz. Recht, § 23, S. 204.

580 *Hay*, Law of the United States, Rn. 1 ff.; *Burnham*, Law and legal system of the United States, S. 37 ff.

581 *Reimann*, Einführung in das US-amerikanische Privatrecht, § 5, S. 7; *Hay*, Law of the United States, Rn. 17 ff.

582 *Clark/Ansay*, Law of the United States, S. 190.

ein Konglomerat von *case law* und Elementen der Gesetzgebung geprägt,[583] weshalb man im US-amerikanischen Privatrecht auch vergebens nach einer Kodifikation oder Lehrbüchern zu einem Allgemeinen Teil der Rechtslehren suchen wird; vielmehr ist für das amerikanische Privatrecht kennzeichnend, dass anhand des einzelnen Falles für einen konkreten Sachverhalt Regelungen geschaffen werden, die aber nicht abstrahiert werden.[584]

Im Bereich der Haftung differenziert das US-amerikanische Recht zwischen einer Haftung aus *tort* (=Delikt) und *contract* (=Vertrag), wobei sich beide Bereiche teilweise überschneiden, was aber insofern nicht dramatisch ist, da der Kläger bei dem gleichzeitigen Vorliegen einer Vertragsverletzung und einer unerlaubten Handlung wählen kann, auf welchen Anspruch er sich berufen möchte bzw. beide Ansprüche nebeneinander geltend machen kann.[585] Insbesondere das *law of torts* hat keine feste, allgemein anerkannte Struktur und ist nach wie vor überwiegend Fallrecht.[586] Gerade dieser Umstand macht es unmöglich, grundsätzliche Haftungs- oder Zurechnungsprinzipien aus dem US-amerikanischen Privatrecht herauszuschälen, da es sowohl Verschuldenshaftung (=*liability based on fault*) gibt, darüber hinaus aber mit der strikten Haftung (=*strict liability*) ein weiter Bereich verschuldensunabhängiger Haftung existiert.[587] Hierunter fallen bspw. die Tierhalterhaftung oder die Haftung für gefährliche Unternehmungen[588] ebenso wie der Bereich der Produkthaftung.[589] Aufgrund des – nach kontinentaleuropäischen Maßstäben – fehlenden allgemeinen oder vorherrschenden Zurechnungsprinzips ist es daher nicht möglich, das US-amerikanische Privatrechtssystem als primäre Verschuldenshaftung oder Gefährdungshaftung zu qualifizieren. Beide Prinzipien tauchen im *law of torts* auf und sind stets von der Einzelfallwürdigung des Gerichts abhängig. Jedenfalls lässt sich kein Beleg für eine Dominanz des Verschuldensprinzips finden, vielmehr ist das dortige Privatrecht geprägt durch zugesprochene immens hohe Schadenssummen, die sog. *punitive damages*, die in der Regel Ausfluß der strikten Haftung sind und damit der Gefährdungshaftung nahe stehen.[590]

---

583 *Hay*, Law of the United States, Rn. 17; *Clark/Ansay*, Law of the United States, S. 190.

584 Ähnlich: *Reimann*, Einführung in das US-amerikanische Privatrecht, § 7, S. 13 ff.

585 *Reimann*, Einführung in das US-amerikanische Privatrecht, § 25, S. 80.

586 *Hay*, Law of the United States, Rn. 351; *Clark/Ansay*, Law of the United States, S. 190.

587 *Clark/Ansay*, Law of the United States, S. 197 ff.; *Reimann*, Einführung in das US-amerikanische Privatrecht, § 28, S. 108 f.

588 Als „*abnormally dangerous activities*" oder auch „*ultrahazardous activities*" bezeichnet.

589 Die sog. „*products liability*", s. auch *Hay*, Law of the United States, Rn. 392 ff.; *Clark/Ansay*, Law of the United States, S. 198 f.

590 So auch *Brox/Walker*, Allg. Schuldrecht, § 20 Rn. 1, der im Rahmen seines Schuldrechtslehrbuchs ausführt, dass im Gegensatz zum anglo-amerikanischen Recht im deutschen Zivilrecht das Verschuldensprinzip gelte.

cc. Die Haftungszurechnung nach dem österreichischen ABGB

Im 18. Jahrhundert herrschte im österreichischen Recht weitgehend Rechtszersplitterung, neben dem der Zeit angepassten römischen Recht galten in einzelnen Ländern aus dem alten deutschen Recht überkommene Vorschriften.[591] Der Wunsch nach Rechtsvereinheitlichung mündete in die Schaffung eines österreichischen allgemeinen Gesetzbuches (ABGB), dessen Vorarbeiten bereits im Jahr 1753 begannen. Mitgeprägt wurden die Kodifikationsbemühungen durch das Allgemeine preußische Landrecht und das Naturrecht.

Der sodann erarbeitete Entwurf wurde bereits am 1. Juni 1811 durch kaiserliches Patent als *Allgemeines bürgerliches Gesetzbuch* (ABGB) in allen österreichischen Provinzen bekannt gemacht und trat zum 1. Januar 1812 in Kraft.[592] Trotz dieser frühen Entstehung im Vergleich zum deutschen BGB zeichnete sich das Regelungswerk des ABGB dennoch durch Weitsicht aus: Zugunsten detaillierter Einzelfallregelungen wurden oftmals elastischere und großzügigere Regelungen verwendet, die auch noch heute eine zeitgemäße Auslegung und Anwendung der Vorschriften ermöglichen.[593]

Auch das ABGB kennt mehrere Zurechnungsgründe, insbesondere die Verschuldens- und die Gefährdungshaftung.[594] Ebenso wie im deutschen BGB ist das Verschuldensprinzip das vorherrschende Prinzip des österreichischen Haftungs- und Zurechnungssystems.[595] Eine Festschreibung von Gefährdungshaftungstatbeständen findet sich jedoch in zahlreichen Nebengesetzen,[596] wie auch im ABGB selbst.[597] Hervorzuheben ist weiterhin, dass das österreichische Recht eine Gefährdungshaftung kraft Analogie kennt. Bedingt durch die kasuistische und infolgedessen lückenweise Regelung der Gefährdungshaftung wird eine derartige Analogie allgemein anerkannt[598] und beim Vorliegen gewisser Voraussetzungen vorgenommen.[599] Abschließend lässt sich damit für das österreichische Privatrecht formulieren, dass es ebenso wie im deutschen BGB keinen allgemeinen Gefährdungshaftungstatbestand gibt, sondern der Grundsatz der Verschuldenshaftung durch spezialgesetzliche Einzelfallanordnungen um Gefährdungshaftungstatbestände ergänzt wird. Anders als in Deutschland ergänzt der österreichische *Oberste Gerichtshof* (OGH) aber fehlende gesetzliche Gefährdungshaftungstatbestände im Wege der Analogie zu be-

---

591 *Koziol/Welser*, Bürgerliches Recht, Bd. 1, S. 9.

592 *Koziol/Welser*, Bürgerliches Recht, Bd. 1, S. 10.

593 *Koziol/Welser*, Bürgerliches Recht, Bd. 1, S. 10 f.

594 *Koziol/Welser*, Bürgerliches Recht, Bd. 2, S. 282.

595 *Koziol/Welser*, Bürgerliches Recht, Bd. 2, S. 284.

596 Das praktisch relevanteste Beispiel ist das Eisenbahn- und Kraftfahrzeugehaftpflichtgesetz (EKHG), siehe hierzu etwa *Apathy/Riedler*, Bürgerliches Recht III, § 14, Rn. 36 ff.

597 Tatbestände der §§ 1318 ff. ABGB.

598 *Apathy/Riedler*, Bürgerliches Recht III, § 14, Rn. 48.

599 Der OGH unterscheidet hier zwischen einer Gesamtanalogie (=Rechtsanalogie) bei der Beurteilung des Vorliegens von gefährlichen Betrieben, genauso wie er auch im Bereich konkreter Haftpflichtgesetze Einzelanalogien vornimmt, um eine Gefährdungshaftung zu begründen. Vgl. etwa *Apathy/Riedler*, Bürgerliches Recht III, § 14, Rn. 48 ff.

stehenden gesetzlichen Tatbeständen. Diese sog. Analogiepraxis, bei der sich Gesetzgebung und Rechtsprechung ergänzen und dadurch eine moderne Gefährdungshaftung entstehen ließen, ist dem BGB hingegen fremd.[600]

dd. Zusammenschau

Alle verglichenen und dargestellten Rechtsordnungen kennen das Verschuldensprinzip, allerdings in verschieden starken Ausprägungen. Folglich ist das Verschuldensdogma als Anknüpfungspunkt und Begründung einer Haftung keine deutsche Besonderheit. Unterschiede gibt es allerdings bei der Ausprägung des Verschuldensdogmas: Die Dominanz des Verschuldensprinzips ist im Bürgerlichen Gesetzbuch überragend. Dies wird bei einem Vergleich deutlich: Insbesondere die Entwicklungen im französischen und österreichischem Recht zeigen, dass die Gefährdungshaftung dort auf Kosten des Verschuldensdogmas mehr und mehr an Bedeutung gewonnen hat.

Bemerkenswert und hervorzuheben ist bspw. die frühe Entwicklung einer Generalklausel im französischen *Code civil* oder aber die Schaffung neuer Gefährdungshaftungstatbestände im österreichischen Recht durch den OGH. Möglicherweise könnte mithilfe derartiger Ansätze auch im deutschen Privatrecht eine weitergehende Zulassung bzw. Stärkung und Ausweitung der Gefährdungshaftung erfolgen. Wäre es auch im deutschen Privatrecht möglich, richterrechtlich für bestimmte Situationen eine Gefährdungshaftung einzuführen, wäre der Fall des schuldlos geschädigten Arbeitnehmers unproblematisch durch das BAG zu bewältigen, wenn dieses einfach eine derartige richterrechtliche Rechtsfortbildung einleitete, mittels derer eine Anspruchsbegründung im Falle verschuldensunabhängig entstandener Schäden des Arbeitnehmers geschaffen werden könnte. Als Argumentationsansatz für eine derartige Rechtsfortbildung des BAG und Belastung des Arbeitgebers kann der Gedanke dienen, dass der Arbeitnehmer zumindest bei einer betriebsspezifischen Tätigkeit im Interesse des Arbeitgebers tätig wird und damit wiederum auf das schon erwähnte Nutzenargument konfiguriert werden.[601]

Letztlich darf richterliche Rechtsfortbildung aber in keinem Fall gesetzliche Prinzipien wie die zivilrechtlichen Haftungsmaximen grundlegend verändern, sondern muss sich darauf beschränken, das geltende Recht anzuwenden, anstelle rechtsgestaltend tätig zu werden.[602] Da das Verschuldensprinzip im deutschen Recht -wie nun bereits zum einen

---

600 Hierzu siehe auch noch die detaillierteren Ausführungen sogleich.

601 Zu den Überlegungen, die eine Inanspruchnahme des Arbeitgebers rechtfertigen, s. sogleich, S. 165 ff.

602 Diese These erfährt in ihrem Grundsatz allgemeine Zustimmung in der rechtswissenschaftlichen Methodenlehre, vgl. etwa *Röhl*, Allgemeine Rechtslehre, S. 621 oder *Bydlinski*, Juristische Methodenlehre und Rechtsbegriff, S. 566 ff. Schwierigkeiten ergeben sich allerdings bei der Beurteilung, wann es sich in concreto noch um eine zulässige (richterrechtliche) Fortbildung handelt und wann hingegen deren Grenzen überschritten werden und ein Eingriff in den Vorbehaltsbereich der Gesetzgebung vorliegt. Allgemein zur Methode der richterlichen Rechtsfortbildung siehe auch *Pawlowski*, Methodenlehre für Juristen, Rn. 453 ff.

durch rechtsvergleichende, zum anderen durch rechtsgeschichtliche Untersuchungen aufgezeigt- derartig stark ausgeprägt ist, stellt sich die Frage nach der Zulässigkeit eines solchen Vorgehens.

e. Verhältnis Verschuldens- zur Gefährdungshaftung in Deutschland

Hierfür gilt es das Verhältnis der Verschuldens- zur Gefährdungshaftung in Deutschland einer genaueren – auch die Geltungsgründe und Zwecke umfassenden – Betrachtung zu unterziehen. Die im Laufe der Ausführungen nunmehr gewonnene und mehrfach belegte Erkenntnis, dass das Verschuldensprinzip vorherrschend, die Gefährdungshaftung demgegenüber weniger stark ausgeprägt ist, ist alleine noch nicht zielführend bzw. ausreichend. Vielmehr gilt es zu untersuchen, ob ein Abweichen von der Verschuldenshaftung, z.B. wie bei der rechtsvergleichenden Betrachtung skizziert, im Wege richterrechtlicher Ausweitungen der Gefährdungshaftung grundsätzlich überhaupt möglich ist. Gegen eine solche Vorgehensweise könnten innerhalb des deutschen Zivilrechts systematische Bedenken bestehen, weil oftmals vom enumerativen Charakter der Gefährdungshaftung gesprochen wird,[603] also von einer abschließenden Aufzählung der Gefährdungshaftungstatbestände, von der ein Abweichen nur im Falle einer expliziten gesetzlichen Anordnung möglich sei.

aa. Geltungsgründe und Zweck der Gefährdungshaftung

Neue Technologien bergen neue Risiken und zusätzliches Schadenspotential. Die Entwicklung der Gefährdungshaftung ist insofern eine Reaktion der Rechtswissenschaft und Rechtspolitik auf die neueren gesellschaftlichen sowie wirtschaftlichen Entwicklungen und – wie anfangs schon skizziert – bedingt durch die fortschreitende Technisierung des Lebens.[604] Hieraus resultieren auch die Geltungs- und Zurechnungsgründe der Gefährdungshaftung: Zurückgehend auf *Esser* wird als Geltungsgrund stets die Idee der Wahrung bzw. Wiederherstellung der distributiven Gerechtigkeit vorgebracht.[605] Dem kann zugegebenermaßen schwerlich widersprochen werden, jedoch wurde bereits aufgezeigt, dass hinter jedem Zurechnungsprinzip der Gedanke des gerechten Ausgleichs von Schäden steht.[606] Insofern kann diese These *Essers* nicht nur einzig und allein auf die Gefährdungshaftung begrenzt bleiben, sondern gilt in gleicher Weise für jedes andere anerkannte Zurechnungsprinzip.

---

603 Vgl. nur stellvertretend statt aller *Deutsch*, VersR 1971, S. 1 ff.: „Einzelanordnung durch Gesetz" (S. 1) oder „Gefährdungshaftung wurde so enumerationsbedürftig" (S. 2).

604 Vgl. hierzu bereits oben.

605 Zurückgehend auf *Esser*, Grundlagen und Entwicklung der Gefährdungshaftung, S. 42 f. und 72 f.

606 Letztlich würde wohl auch kaum ein Zurechnungsprinzip allgemeine Geltung beanspruchen können, das schlechterdings als „ungerecht" gälte, s. insoweit aber auch bereits die obigen Ausführungen auf den S. 128 f.

Der Bundesgerichtshof führt als Zurechnungsgrund oft die Erlaubtheit der gefährlichen Tätigkeit an, um deren Preis willen dann aber eine Schadloshaltung bei Eintritt einer Schädigung erforderlich sei.[607] „Preis" für die Zulassung des Gefahrenrisikos ist damit die verschuldensunabhängige Einstandspflicht des Gefahrverursachers.[608] Kritik an diesem Zurechnungsgrund wird bisweilen mit dem Argument geübt, wenn das Risiko des Schadenseintritts so immens hoch sei, müsse die Tätigkeit generell verboten werden. Es könne nicht angehen, die Tätigkeit zu erlauben und lediglich an den Eintritt der Folgen eine Geldzahlung zu knüpfen; dies vermenge Fragen der Haftungsform mit Fragen des Schadensausgleichs.[609] Dem kann insofern beigepflichtet werden, als dass für die Gefährdungshaftung die Frage nach dem Erlaubt- oder Verbotensein einer Tätigkeit gerade keine Rolle spielt und die Einstandspflicht unabhängig von Verschulden und / oder Rechtswidrigkeit besteht.[610] Von derartigen schwierigen Abgrenzungsfragen sollte die Gefährdungshaftung freigehalten bleiben, da die Haftung in jedem Fall eintritt, sofern sie Folge der Ausübung der gefährlichen Tätigkeit und Verwirklichung des spezifischen Schadensrisikos ist. Abgrenzungsfragen nach Erlaubtheit oder Verbotenheit sind hingegen im Bereich der Verschuldenshaftung relevant, wofür es die spezielle Entwicklung von Verkehrspflichten gab.

Dennoch verkennen diese Kritiker, dass es bei der Gefährdungshaftung um eine bloße „Risikoversicherung" geht: Die Beurteilung oder Einstufung der Tätigkeit in „erlaubt" oder „verboten" ist zudem gar nicht notwendig, da die Gefährdungshaftung selbst dann greift, wenn eine Gefährdung verbotenerweise erfolgt.[611]

Sodann wird als Haftungsgrund der Gefährdungshaftung nahezu unisono das Nutzenargument[612] herangeführt: Wer den Vorteil aus dem Betrieb einer Anlage, aus der Fortbewegung mittels eines Kraftfahrzeugs oder aus der Haltung eines Luxustieres zieht und daher ein wirtschaftliches Interesse an der Unterhaltung der Gefahr habe,[613] muss auch für spezifische Gefahren einstehen, die der Betrieb mit sich bringt. Eng damit zusammen hängt das Argument der Gefahrbeherrschung, was beispielsweise für den Fall der Tierhalterhaftung besonders zutrifft, da hier gerade keine wirtschaftlichen Vorteile aus der Unterhaltung der gefährlichen Sache entstehen. Jedoch ist der Tierhalter kraft seiner

607 Vgl. z.B. BGH Urt. v. 5.07.1988 = BGHZ 105, S. 65 (66) oder BGH Urt. v. 6.08.1989 = BGHZ 107, S. 359 (367).

608 *Fikentscher*, Schuldrecht, § 109, Rn. 1319.

609 So wohl *Hehl*, Das Verhältnis von Verschuldens- und Gefährdungshaftung, S. 87.

610 So *Blaschczok*, Gefährdungshaftung und Risikozuweisung, S. 49; *Kötz/Wagner*, Deliktsrecht, Rn. 333.

611 So *Kötz*, AcP 170 (1970), S. 1 (29), der hier das Beispiel des gefährlichen Betriebs anführt, der ohne Erlaubnis betrieben wird und für den dennoch eine Gefährdungshaftung greife, selbst wenn aufgrund fehlender Genehmigung der Betrieb schlechthin verboten gewesen sei.

612 Vgl. statt aller: *Larenz*, VersR 1963, S. 593 (597).

613 Zugegebenermaßen ist der Begriff des wirtschaftlichen Interesses für das Beispiel des Luxustieres wenig passend, da es sich bei Luxustieren in Abgrenzung zu Nutztieren allenfalls um ideelle Gewinnerzielung handeln wird, die aus dem Besitz des Tieres und damit der „Unterhaltung der Gefahr" erfolgen wird.

Verfügungsgewalt über das Tier (natürlich sinngemäß ebenso der Anlagenbetreiber oder Kraftfahrzeughalter) als einziger in der Lage, durch Ausübung seiner Herrschafts- / Eigentümergewalt über die Sache Einfluss auf die Gefahrentwicklung zu nehmen. Wenngleich bisweilen an diesem Argument mit dem Einwand, die Verwirklichung des Risikos und der Eintritt des Schadens zeige doch gerade, dass eine Beherrschung durch den Verantwortlichen nicht möglich war,[614] Kritik geübt wird, so kann dem entgegnet werden, dass zumindest eine abstrakte Beeinflussbarkeit gegeben ist, selbst wenn diese im konkreten Einzelfall nicht möglich gewesen war.[615] In der Tat vermag dieses Argument zu überzeugen. Bei der Frage der Schadensüberwälzung handelt es sich im Kern um Gerechtigkeitsfragen, und es erscheint sehr schlüssig und nachvollziehbar, denjenigen für einen etwaigen Schaden einstehen zu lassen, der zumindest die potentielle Möglichkeit der Einwirkung hatte, auch wenn er diese konkret nicht wahrnehmen konnte. Stets im Hinterkopf zu behalten sind bei dieser Betrachtung auch die Folgen, die der Verzicht der Zubilligung eines Schadensersatzanspruches im Hinblick auf den Grundsatz *casum sentit dominus* zur Folge hätte.[616]

Allerdings kann keiner dieser Gründe als alleiniger Zurechnungsgrund für eine Gefährdungshaftung herangezogen werden; ebenso wenig, wie ein klares Ausscheiden bestimmter Gründe als untauglich für eine Zurechnung möglich wäre. Vielmehr ist von einem Gemisch, einem Konglomerat dieser dargestellten Prinzipien auszugehen, die die adäquate Verteilung von Unglücksschäden bewirken und eine Verantwortlichkeit der Person, die am „nächsten" an der Gefahr steht, postulieren und somit als Zurechnungsgrund der Gefährdungshaftung bezeichnet werden können.[617]

bb. Verhältnis und Parallelen zur Verschuldenshaftung

Womöglich unterscheiden sich Gefährdungs- und Verschuldenshaftung aber nur auf den ersten äußeren Anschein und weisen bei genauerer Betrachtung konstruktive Parallelen auf. Sollten die Übereinstimmungen so groß sein bzw. sollten beide Haftungsregime auf gleichen Rechtsgedanken basieren, so könnte eine Diskussion um das Verhältnis beider Haftungsformen möglicherweise dahinstehen und eine Gefährdungshaftung unter Umständen sogar als Unterart der Verschuldenshaftung betrachtet werden. Bei Zutreffen dieser Hypothese könnte gleichfalls das Enumerationsprinzip als überholt angesehen werden – die Konstruktion einer Gefährdungshaftung auch im Fall des geschädigten Arbeitneh-

---

614 *Köndgen*, Haftpflichtfunktionen und Immaterialschäden, S. 32.

615 *Hehl*, Das Verhältnis von Verschuldens- und Gefährdungshaftung, S. 89.

616 Wieder einmal ist hier zu erinnern, dass es sich bei dem gesamten System der zivilrechtlichen Haftungsprinzipien um die Frage eines „gerechten" Ausgleichs von Schäden und damit der Statuierung von „Schadensüberwälzungsregelungen" handelt. Die Gefährdungshaftung kann daher zumindest im Hinblick auf das Nutzenargument denjenigen zur Verantwortung ziehen, der profitiert – was aufgrund der aufgezeigten Argumente „gerechter" erscheint, als den ansonsten womöglich zufällig Geschädigten ersatzlos zu belassen.

617 Treffend *Schmidt* in *Esser/Schmidt*, Schuldrecht, Band I, AT, Tb. 1, § 8 II, S. 134.

mers würde keine elementaren dogmatischen Schwierigkeiten mehr bereiten. Dieser von den Rechtsfolgen her für den Arbeitnehmer glückliche Lösungsweg ist insofern beachtenswert, da in der Literatur bisweilen vereinzelt diskutiert wird, die Gefährdungs- und Fahrlässigkeitshaftung zu einer gemeinsamen Haftungsform zu verschmelzen und damit eine einheitliche Haftung und Einstandspflicht für „verdünnt-pflichtwidriges" Verhalten zu schaffen.[618] Nach *von Bar* als prominentem Vertreter dieser Ansicht würde die Gefährdungshaftung dann zu einer Haftung für pflichtwidriges Handeln erwachsen, dessen Beurteilung sich aber nur nach objektiven Maßstäben richtet.[619]

Dieser Vorschlag erinnert an die Ursprünge der Verschuldenshaftung, bevor sich der hergebrachte zweistufige Fahrlässigkeitsbegriff durchsetzte, der neben der äußeren Sorgfaltswidrigkeit gleichfalls eine innere Sorgfaltswidrigkeit im Sinne einer persönlichen Vorwerfbarkeit erfordert. *Von Bars* Gedanken erscheinen daher auch als teilweise Wiederbelebung des Gedankengutes *Egid von Löhrs*,[620] der sich bei der Entwicklung seiner *culpa*-Theorie aus den römisch-rechtlichen Quellen ebenfalls einem rein objektiven Maßstab verschrieb und subjektive Momente außen vor ließ, womit er ein rein objektives Haftungssystem schuf. Nach diesem Ansatz ließe sich die Gefährdungshaftung als abgestufte Verschuldenshaftung einordnen und beide Haftungsregimen würden je nach Ausprägung des verkehrswidrigen Handelns und damit des Gewichts der Sorgfaltspflichtverletzung fließend ineinander übergehen.

Diese auf den ersten Blick reizvolle Ansicht, die auch die im Einzelfall bisweilen schwierige Abgrenzung und Herausarbeitung von Verkehrspflichten erübrigen würde, übersieht jedoch die elementaren Unterschiedlichkeiten beider Zurechnungsprinzipien, die insbesondere von *Wagner* hervorgehoben werden: Trotz bisweilen fließender Übergänge zwischen den beiden Haftungsregimen wird der entscheidende Unterschied bei der Betrachtung von Schäden, die bei Einhaltung selbst der größten Vorsicht und unter Beachtung jeglicher erdenklicher Sorgfaltsmaßnahmen entstehen, deutlich.[621] In diesen von *Wagner* als sog. Residualschäden bezeichneten Fällen bliebe nämlich aufgrund des *casum sentit dominus* – Grundsatzes im Falle einer Verschuldenshaftung der Geschädigte „auf dem Schaden sitzen", ohne dass dieser Ersatz verlangen könnte. Bestünde hingegen eine Gefährdungshaftung, fände eine Haftungsüberwälzung statt.

Hieran wird der wesentliche Unterschied, den *Wagner* mit den Worten „kategorial" bezeichnet, ersichtlich.[622] Dieser liegt darin, dass die Gefährdungshaftung keine (auch noch so geringe) Pflichtwidrigkeit des schadensstiftenden Ereignisses einfordert,[623] sondern selbst dann einen Anspruch zubilligt, wenn der Verursacher sich in jeder Hinsicht

618 *Von Bar*, Verkehrspflichten, S. 131 ff.
619 *Von Bar*, Verkehrspflichten, S. 144.
620 *Löhr*, Theorie der Culpa, Bd. I.
621 Vergleiche hierzu sowie zum folgenden die guten Ausführungen bei MüKo-*Wagner*, BGB, Vor. § 823, Rn. 21.
622 MüKo-*Wagner*, BGB, Vor. § 823, Rn. 21.
623 *Wagner*, a.a.O.

pflichtgemäß verhalten hat. Eine Vermengung von Gefährdungs- und Verschuldenshaftung ist daher methodisch strikt abzulehnen; die beiden dargestellten Haftungsregime trennt das Erfordernis der Pflichtwidrigkeit,[624] auch wenn bisweilen im Einzelfall eine Abgrenzung schwierig sein und der Übergang von einer zu anderen Haftungsform in der Rechtspraxis fließend erscheinen mag.

cc. Geltung des Enumerationsprinzips?

Wie festgestellt, verbietet sich die Möglichkeit der Schadloshaltung des geschädigten Arbeitnehmers im Wege der Postulierung einer Gefährdungshaftung als Unterfall der Verschuldenshaftung aus den oben genannten methodisch-dogmatischen Gründen.

Da sich die beiden Haftungsregimes in Grundprinzipien unterscheiden und ein fließender Übergang von dem einen in das andere System damit rechtsdogmatisch unmöglich ist, drängt sich die Frage nach dem exakten Verhältnis beider Haftungsformen zueinander auf. Hier gilt es daher nun zu prüfen, ob das Enumerationsprinzip Geltung beanspruchen kann. Nach dem Enumerationsprinzip müssen alle Gefährdungshaftungstatbestände explizit bezeichnet, gesetzlich fixiert und angeordnet werden, da ansonsten der Regelfall der Verschuldenshaftung gilt.[625] Im Falle der Geltung des Enumerationsprinzips könnte ein Schadensausgleich des geschädigten Arbeitnehmers somit nur dann erfolgen, wenn es eine gesetzliche Anordnung einer Gefährdungshaftung für den Fall des geschädigten Arbeitnehmers bzw. eine Ausnahme von der abschließenden Aufzählung der Gefährdungshaftungstatbestände geben sollte.

Herleiten lässt sich das Enumerationsprinzip aus den Grundsätzen der juristischen Methodenlehre, wonach Ausnahmen nicht zum Prinzip erhoben werden, analog angewendet oder ausdehnend ausgelegt werden dürfen.[626] Wie aufgezeigt, ist das Verschuldensprinzip der Grundsatz, der durch vereinzelte Anordnungen und Tatbeständen von der Gefährdungshaftung durchbrochen wird. In Anerkennung dieses Prinzips darf somit die Ausnahme „Gefährdungshaftung" also nur restriktiv angewendet und keinesfalls im Wege von Analogien oder mittels erweiternder Auslegung überstrapaziert werden. Diese Einschränkung ist notwendig, um das ursprüngliche System der Haftungszurechnung im BGB zu erhalten.

---

624 Dies betonen auch *Larenz*, JuS 1965, S. 373 (374) und *Kötz/Wagner*, Deliktsrecht, Rn. 333; kritisch hingegen: *Zachert*, Gefährdungshaftung und Haftung aus vermutetem Verschulden im deutschen und französischen Recht, S. 25 ff.

625 *Deutsch*, VersR 1971, S. 1 (1).

626 Speziell zum Fall der Gefährdungshaftung: *Deutsch*, VersR 1971, S. 1 (2); *Medicus*, Jura 1996, S. 561 (562); *Kötz/Wagner*, Deliktsrecht, Rn. 336 u. 371; *Becker-Schaffner*, BlStSozArbR 1972, S. 279 (280). Allgemein: *Pawlowski*, Methodenlehre für Juristen, Rn. 489 und 489 a.

Fraglich ist allerdings, ob diese Regel nach wie vor Geltung beanspruchen kann.[627] Zunächst sind die Vorteile einer strengen Aufzählungsnotwendigkeit zu vergegenwärtigen: Die Rechtssicherheit wird deutlich gestärkt, da niemand durch die plötzliche Postulierung einer ver-schuldensunabhängigen Einstandspflicht überrascht werden kann. Damit einher geht auch das marktwirtschaftliche Argument der Leichtigkeit des Handels- und Wirtschaftsverkehrs: Eine Ungewissheit über eine etwaige eintretende Haftung selbst bei pflichtgemäßen Verhalten kann sich wie ein Damoklesschwert über den Köpfen der Beteiligten hemmend auswirken.

Allerdings ist Folge des strikten Anordnungserfordernisses eine gewisse Unflexibilität: Nach der derzeitigen Handhabung des Gesetzgebers, die sich durch gesetzliche Anordnungen einzelner Gefährdungshaftungstatbestände in sondergesetzlichen Normen auszeichnet, ist immer eine erhebliche Reaktionszeit auf neue Gefahren zu berücksichtigen. Der Gesetzgeber muss auf jeden einzelnen Gefahrentypus mit der Schaffung einer entsprechenden Norm reagieren, ein Vorgang, der flexible und zeitnahe Entscheidungen unmöglich macht.

Diese Diskussion um die Vor- und Nachteile des Normierungszwanges ließe sich beliebig fortsetzen, die gewonnen Erkenntnisse gewichten und sodann eine Bewertung treffen. Eine derartige Vorgehensweise verkennt aber, dass es sich bei der Abwägung von Vor- und Nachteilen des Enumerationsprinzips um ein eher rechtspolitisches Aufgabenfeld handelt. Ohne Frage ist eine derartige Diskussion wünschenswert und weiterführend für die Entwicklung des zivilrechtlichen Haftungsprinzips und etwaiger hieran vorzunehmender Reformen.

Allerdings handelt es sich bei allem Verständnis an der Kritik der strengen Geltung des Enumerationsprinzips um Fragestellungen, die die Schaffung künftigen Rechts betreffen. Bei einer Betrachtung der Haftungsregimen und deren Verhältnis zueinander ist aber die derzeitige rechtliche Lage zu Grunde zu legen und deren Kontur nicht mittels rechtspolitischer Wunschvorstellungen zu verwischen. Trotz aller erfolgten Änderungen und einer Zunahme von Gefährdungshaftungstatbeständen in der jüngeren Zeit ist zu vergegenwärtigen, dass Grundlage und Ursprung mangels anderer rechtlicher allgemeiner Regelungen die Zurechnungsnormen des BGB darstellen. Diese gehen aufgrund ihrer oben aufgezeigten geschichtlichen Entwicklung von der vorrangigen Stellung des Verschuldensprinzips aus, dass der Gesetzgeber zwar durch -mittlerweile zahlreiche- spezialgesetzliche Änderungen um gefährdungshaftungsrechtliche Tatbestände ergänzt, aber eben nicht grundlegend geändert oder durchbrochen hat.

Auch verbietet sich im deutschen Recht ein Lückenschluss im Wege der analogen Anwendung der geregelten Gefährdungshaftungstatbestände: Anders als im österreichischen Recht nahm sich der deutsche Gesetzgeber früh der Aufgabe der gesetzlichen Fixie-

---

627 Dies gilt insbesondere bei der rechtsvergleichenden Betrachtung mit der Entwicklung des österreichischen Zivilrechts, welche maßgeblich durch die Rechtsfortbildung des OGH geprägt ist, der früh die bestehenden engen Gefährdungshaftungstatbestände erweiternd auslegte und anwendete, s. hierzu auch die vorausgegangenen Ausführungen auf den Seiten 144 f.

rung und Normierung einzelner Gefährdungshaftungstatbestände an, so dass hierdurch ein unangefochtenes Rechtsschöpfungsmonopol der Legislative entstanden ist und der Rechtsprechung dadurch keine Veranlassung geboten wurde, weitere Anwendungen der Gefährdungshaftung im Wege richterlicher Rechtsfortbildung zu kreieren.[628] Die Rechtsprechung erkennt diese Monopolstellung des Gesetzgebers explizit an, wie die Stellungnahmen des BGH in seinen Urteilen zeigen, in denen der BGH das schuldhafte Handeln als Anknüpfungspunkt für eine Schadensersatzpflicht hervorhebt und betont, die Rechtsprechung dürfe der Legislative nicht vorgreifen und weitere Ausnahmen vom Verschuldensprinzip im Wege der Analogie schaffen.[629] Somit ist – trotz aller noch so berechtigter Kritik – *de lege lata* von der Geltung des Enumerationsprinzips auszugehen, Anordnungen von Gefährdungshaftung bedürfen stets einer entsprechenden Regelung.[630]

---

628 *Kötz/Wagner*, Deliktsrecht, Rn. 336 und 371; *Medicus*, Jura 1996, S. 561 (562).

629 BGH Urteil v. 15.10.1970 = BGHZ 54, S. 332 (334 f.): „Unsere Rechtsordnung knüpft eine Schadensersatzpflicht an ein schuldhaftes Handeln des Schädigers" und „Dem sich bewusst zurückhaltenden Gesetzgeber kann der Richter hier nicht vorgreifen (...)". Mit diesen Worten lehnte der BGH die Schaffung einer Gefährdungshaftung bei dem Ausfall einer Verkehrssignalampelanlage ab.
Ebenso BGH Urteil v. 25.01.1971 = BHGZ 55, S. 229 (232 f.): „Unsere heutige Rechtsordnung knüpft in aller Regel eine Schadensersatzpflicht an ein schuldhaftes Handeln des Schädigers. Nur bei einigen, im einzelnen Gesetz näher umrissenen Tatbeständen (...) hat der Gesetzgeber ausnahmsweise eine Gefährdungshaftung ausdrücklich angeordnet. Angesichts dessen ist es dem Richter verwehrt, ganz allgemein in der von der öffentlichen Hand vorgenommenen Schaffung von Tatbeständen, die Gefährdungen für Dritte in sich bergen, eine ausreichende Grundlage für Schadensersatzansprüche der von derartigen Gefahrenlagen nachteilig Betroffenen zu sehen (...)". So der BGH in einem Fall der Schädigung eines Eigentümers durch einen Wasserrohrbruch einer gemeindlichen Wasserleitung. Ähnlich auch die frühen Ausführungen des RG Urt. v. 11.01.1912 = RGZ 78, S. 171 (172): „Die besonderen Bestimmungen des Bürgerlichen Gesetzbuches über Schadensersatz ohne Verschulden (...) sind wegen ihres Ausnahmecharakters (...) auch nicht entsprechend anwendbar." So die Ausführungen des RG im Fall der Schädigung von Passanten durch das Luftschiff Graf Zeppelin.

630 Dieses Ergebnis wird bspw. von *Strickler*, Die Entwicklung der Gefährdungshaftung, S. 44; *Medicus*, Jura 1996, S. 561 (562); MüKo-*Wagner*, BGB, Vor. § 823, Rn. 22; *Hehl*, Das Verhältnis von Verschuldens- und Gefährdungshaftung, S. 112 ff.; *Ogorek*, Untersuchungen zur Entwicklung der Gefährdungshaftung im 19. Jahrhundert, S. 3; *Treber*, NZA 1998, S. 856 (859) und *Kötz/Wagner*, Deliktsrecht, Rn. 334 ff. u. 371; *Becker-Schaffner*, BlStSozArbR 1972, S. 279 (280), geteilt. Wohl ebenso zur derzeitigen Rechtslage, jedoch stärker die Notwendigkeit von Reformen und Analogien betonend: *Deutsch*, VersR 1971, S. 1 (1 u. 5).
Aus der Rechtsprechung: BGH Urt. v. 25.01.1971 = BGHZ 55, S. 229 (232 f.) und BGH Urt. v. 15.10.1970 = BGHZ 54, S. 332 (336 f.) sowie die frühe Entscheidung des RG Urt. v. 11.01.1912 = RGZ 78, S. 171 (172). Speziell für den Bereich des Arbeitsrechts: BAG (GS) Beschl. v. 10.11.1961 = E 12, S. 15 (21) „Ameisensäure".

dd. Einschränkung des Enumerationsprinzips durch aktuelle Entwicklungen?

aaa. Durch Einführung des 2. SchadRÄndG?

Das 2. SchadRÄndG hatte zahlreiche Änderungen zur Folge, von denen auch die Gefährdungshaftungstatbestände betroffen wurden.[631] Zwar gab es keine unmittelbaren Änderungen bspw. in Form neuerlicher Normierungen oder Auswirkungen auf die Gefährdungshaftungstatbestände, allerdings wurde im Rahmen der „Versetzung“ des § 847 BGB a.F. in das allgemeine Schuldrecht als § 253 Abs. 2 BGB n.F. der Anspruch auf den Ersatz immaterieller Schäden entscheidend gestärkt. Hierbei wurden die einzelnen Regelungen und Anordnungen von Gefährdungshaftung dahingehend ergänzt, dass nunmehr auch ein Schmerzensgeld bei der Verwirklichung eines Gefährdungshaftungstatbestandes zugesprochen werden kann. Durch diese Neuerung erfährt das Schmerzensgeld nicht nur eine Stärkung als „regulärer“ Anspruch im Gesamtsystem der zivilrechtlichen Ausgleichsansprüche, sondern die Gefährdungshaftung selbst auch. War vormals stets ein Verschulden erforderlich,[632] um Schmerzensgeld zuzusprechen, so ist dies nunmehr nicht mehr zwingende Anspruchsvoraussetzung. Hierdurch nimmt die Gefährdungshaftung an praktischer Bedeutung zu, da das Gewicht der Schmerzensgelder bedingt durch den Anstieg der zugesprochenen Summen in den letzten Jahren und Jahrzehnten immens zugenommen hat und diese Beträge bisweilen die materiellen Schadenssummen um ein Vielfaches übersteigen können. Folglich wird es sich für den Geschädigten oftmals anbieten, bei geeigneten Sachverhaltskonstellationen lediglich den Anspruch aus der Gefährdungshaftung geltend zu machen, da so der unter Umständen schwierig zu führende Beweis von Verschulden entbehrlich ist und der Geschädigte durch den Erhalt von Schmerzensgeld nun ohne weiteres auf verschuldensabhängige Anspruchsgrundlagen verzichten kann. Allerdings darf aus diesen rechtstatsächlichen Gegebenheiten und der tatsächlichen Zunahme der Bedeutung von Gefährdungshaftungstatbeständen nicht der Schluß gezogen werden, diese Entwicklung habe etwas an der grundsätzlichen Geltung des Enumerationsprinzips geändert. Hierfür ist eine bloße Modifizierung und Stärkung der einzelnen Gefährdungshaftungstatbestände nicht ausreichend, zumal sich die Auswirkungen nur auf der Rechtsfolgenseite bemerkbar machen, rechtsdogmatisch am System der Einzelanordnung der Gefährdungshaftung nichts verändern.

---

631 Im Einzelnen zu den Änderungen des 2. SchadRÄndG s. die Ausführungen auf den Seiten 77 ff.

632 Nur vereinzelt gab es allerdings auch schon vor dem 2. SchadRÄndG im Falle der Verwirklichung eines Gefährdungshaftungstatbestandes die Möglichkeit der immateriellen Entschädigung, wie im Rahmen der Tierhalterhaftung des § 833 S. 1 BGB.

bbb. Durch richterrechtliche Fortbildungen?

Möglicherweise haben richterrechtliche Rechtsfortbildungen aber das ursprünglich dem BGB zugrundeliegende System der Haftungszurechnung zu Gunsten der Gefährdungshaftung verschoben. Die stetige Ausweitung von Verkehrspflichten[633] führt die Verschuldenshaftung in Bereiche, die bereits nahe von Gefährdungshaftungstatbeständen liegen. Ebenfalls ist der Judikatur die Anwendung und Auslegung von Vorschriften vorbehalten, hierbei dürfen auch planwidrige Lücken im Wege analoger Normenanwendung geschlossen werden. Allerdings gilt dies nur, wenn der erklärte Wille des Gesetzgebers dem nicht entgegensteht. Durch die in den letzten Jahren geschaffenen Gefährdungshaftungstatbestände hat der Normgeber deutlich gemacht, dass er sich die Aufgabe der Einführung und Schaffung weiterer Ausnahmen vom Verschuldensprinzip vorbehalten will und diese Aufgabe nicht den Gerichten übertragen werden soll.[634] Dies bestätigen auch die unterschiedlichen Entwicklungen in Österreich und Frankreich, wo die Gerichte schon frühzeitig die Aufgabe der Weitung von generalklauselartigen Gefährdungshaftungstatbeständen übernahmen, da die dortigen Gesetzgeber dieser Aufgabe nicht nachkamen bzw. sie in den Schoß der Rechtsprechung legten. Im deutschen bürgerlichen Recht sind solche richterlichen Rechtsfortbildungen zur Ausweitung von Gefährdungshaftungstatbeständen hingegen nicht möglich, sie stellen einen Verstoß gegen den erklärten Willen des Gesetzgebers dar und verstoßen gegen das geltende Enumerationsprinzip.

ccc. Durch europäische Harmonisierungstendenzen?

Das französische und das österreichische Privatrecht kennen die Möglichkeit der Ausdehnung von Gefährdungshaftungen im Wege der Analogie. Durch das weitere Zusammenwachsen der Europäischen Union erscheint eine Harmonisierung und Angleichung der nationalen Zivilrechtssysteme daher in Zukunft zumindest als möglich. Nicht zuletzt ist zu vergegenwärtigen, dass immer mehr bedeutsame Änderungen im deutschen Privatrecht europäisch beeinflusst und entscheidend geprägt sind, wie aktuelle Entwicklungen zeigen: Sowohl Schuldrechts-modernisierungs- wie auch Antidiskriminierungsgesetz beruhen auf europäischen Richtlinien und setzen damit europäische Vorgaben um.[635] Die Aufzählung

---

633 Zur Annäherung von Verkehrssicherungspflichten und Gefährdungshaftung s. auch MüKo-*Wagner*, BGB, § 823, Rn. 230 ff., 220 ff. Zur Entwicklung der Verkehrspflichten vgl. MüKo-*Wagner*, BGB, Rn. 52 ff.

634 *Kötz/Wagner*, Deliktsrecht, Rn. 336 und 371; *Becker-Schaffner*, BlStSozArbR 1972, S. 279 (280); *Medicus*, Jura 1996, S. 561 (562);

635 Das Schuldrechtsmodernisierungsgesetz beruht auf der Umsetzung der Richtlinie 1999/44/EG vom 25.05.1999 (ABl. EG Nr. L 171 S. 12), der Richtlinie 2000/35/EG vom 29.06.2000 (ABl. EG Nr. L 200 S. 35) sowie auf den Art. 10,11 und 18 der Richtlinie 2000/31/EG vom 8.06.2000 (ABl. EG Nr. L 178 S. 1). Die Schaffung eines Antidiskriminierungsgesetzes ist zur Umsetzung der Richtlinien 2000/43/EG vom 29.06.2000 (ABl. EG Nr. L 180 S. 22) und 2000/78/EG vom 27.11.2000 (ABl. EG Nr. L 303 S. 16) erforderlich.

weiterer Beispiele lässt sich beliebig fortsetzen, insbesondere viele jüngere arbeitsrechtliche Gesetze sind die Folgen der Umsetzung europäischer Richtlinien.[636] Allerdings liegt die Kodifikation eines gemeinsamen europäischen Privatrechtsbuches noch weit entfernt und es ist derzeit nicht absehbar, ob in den nächsten Jahrzehnten, geschweige denn Jahren, überhaupt ein derartig weitgehender Eingriff in das nationale bürgerliche Recht der einzelnen Mitgliedsstaaten geschehen wird. Derzeit ist es zwar im Bereich des Arbeitsrechts aufgrund der weitgehenden Ermächtigung in Art. 137 Abs. 1 Nr. a – d, Abs. 2 Nr. b EGV möglich, Mindeststandards setzende Richtlinien zu erlassen;[637] die Kompetenz zur Regelung des Rechtsgebietes in Form einer unmittelbar geltenden Verordnung wie bspw. in einem einheitlichen „Europäischen Arbeitsvertragsrechtsbuches" besteht jedoch nicht – hier wird sich allein aufgrund der in einigen Bereichen bestehenden erheblichen Divergenzen[638] auch in absehbarer Zukunft nichts ändern. Insofern vermögen auch die Folgen und Auswirkungen der europäischen Harmonisierung nichts an der Geltung des Enumerationsprinzips und dem Vorrang der Verschuldenshaftung im deutschen Privatrecht zu verändern – selbst wenn sich ein allgemeiner europäischer Trend in Richtung der verstärkten Einführung der Gefährdungshaftung abzeichnen sollte, so ist dessen Umsetzung in das nationale (allgemeine Zivil- oder Arbeits-) Recht noch weit entfernt.

ddd. Zusammenschau und Perspektive

Abschließend und zusammenfassend bleibt die Erkenntnis, dass das Enumerationsprinzip für die Gefährdungshaftung gilt.[639] Die Auswirkungen des Wunsches nach der weiteren Verankerung der Gefährdungshaftung sind von solcher Tragweite, dass sie nicht durch die

---

636 Z.B. setzt das TzBfG v. 21.12.2000 die Richtlinien 97/81/EG v. 15.12.1997 (ABl. EG Nr. L 14 S.) und 99/70/EG v. 28.06.1999 (ABl. EG Nr. L 175 S. 43) um; das EBRG v. 28.10.1996 die Richtlinie 94/95/EG v. 22.09.1994 (ABl. EG Nr. L 254 S. 64); die geänderten Vorschriften §§ 611 a – 613 a BGB die Richtlinien 76/207/EWG v. 9.02.1976 (ABl. EG Nr. L 39 S. 40) und 77/187/EWG v. 14.02.1977 (ABl. EG Nr. L 61 S. 26) zur beruflichen Gleichstellung von Mann und Frau bzw. der Wahrung von Arbeitnehmeransprüchen bei Betriebsübergang; das ArbZG v. 6.06.1994 dient der Restumsetzung der Richtlinie 93/104/EG v. 23.11.1993 (ABl. EG Nr. L 307 S. 18). Diese Auflistung läßt sich beliebig fortsetzen, wobei aber einschränkend zu erwähnen ist, dass der nationale Gesetzgeber auch oftmals eine Übererfüllung der in den europ. Richtlinien festgesetzten Mindesterfordernisse vornimmt, vgl. nur die strengeren Regelungen im TzBfG im Vergleich zu den Vorgaben aus Brüssel.

637 Vgl. auch Streinz/*Eichenhofer*, Art. 136 EGV, Rn. 1 ff. und Art. 137 EGV Rn. 13, 23.

638 Vgl. so zum Bsp. nur den Bereich des Kündigungsschutzes.

639 *Strickler*, Die Entwicklung der Gefährdungshaftung, S. 44; *Medicus*, Jura 1996, S. 561 (562); *Hehl*, Das Verhältnis von Verschuldens- und Gefährdungshaftung, S. 112 ff.; *Ogorek*, Untersuchungen zur Entwicklung der Gefährdungshaftung im 19. Jahrhundert, S. 3; MüKo-*Wagner*, BGB, Vor. § 823, Rn. 22; *Kötz/Wagner*, Deliktsrecht, Rn. 334 ff. u. 371; *Treber*, NZA 1998, S. 856 (859) sowie aus der Rechtsprechung BGH Urteile vom 25.01.1971 = BGHZ 55, S. 229 (232 f.) und vom 15.10.1970 = BGHZ 54, S. 332 (336 f.) und RG Urt. v. 11.01.1912 = RGZ 78, S. 171 (172) sowie BAG (GS) Beschl. v. 10.11.1961 = E 12, S. 15 (21).

Rechtsprechung im Wege der Rechtsfortbildung vollzogen werden können. Eine derartige Analogiepraxis verbietet sich auch daher, weil der Gesetzgeber das Monopol der Schaffung neuer Gefährdungshaftungen innehat und dies auch regelmäßig durch die Einführung weiterer spezialgesetzlicher Anordnungen von vereinzelter Gefährdungshaftungstatbestände ausübt. Die Schaffung einer allgemeinen Gefährdungshaftung, beispielsweise im Wege einer generalklauselartigen Verankerung[640] im Deliktsrecht, erscheint zwar durchaus sinnvoll, unterliegt aber dem Vorbehalts- und Kompetenzbereich der Legislative und muss daher dieser vorbehalten bleiben.[641]

f. Fazit: Gefährdungshaftung bedarf der Anordnung (Enumerationsprinzip)

Um den Bogen zurückzuschlagen zu dem eingangs erwähnten Beispielsfall des geschädigten Arbeitnehmers ist damit festzuhalten, dass sich eine Ersatzpflicht nicht einfach mittels eines Rückgriffs auf das Bestehen einer Gefährdungshaftung konstruieren lässt. Wie aufgezeigt, gilt das Enumerationsprinzip und damit ein abgeschlossener Kanon von Gefährdungshaftungstatbeständen, der nicht beliebig erweiterbar ist. Es gibt keine spezialgesetzliche Vorschrift, die dem Arbeitgeber eine verschuldensunabhängige Gefährdungshaftung für Arbeitnehmersachschäden aufbürdet.[642] Eine solche Gefährdungshaftung könnte auch nur durch den Gesetzgeber eingeführt werden, da ansonsten ein Unterlaufen des Enumerationsprinzips und des damit verbundenen Analogieverbots drohte. Eine Zusprechung von Ersatz für den geschädigten Arbeitnehmer im Falle fehlenden Verschuldens des Arbeitgebers in Form einer Gefährdungshaftung scheint zunächst gegen die grundsätzlichen Zurechnungsprinzipien und deren Systematik im Bürgerlichen Recht zu verstoßen.

---

640 Ausführlich zu einer derartigen Reformidee siehe bspw. die Ausführungen bei *Strickler*, Die Entwicklung der Gefährdungshaftung, der sich in seinem Werk umfassend und ausschließlich dieser Fragestellung widmet.

641 Hierzu siehe auch *Medicus*, Jura 1996, S. 561 (562), der sich gegen eine Aushöhlung des vom Gesetzgeber gewählten Enumerationsprinzips mittels großzügiger Analogieregelungen ausspricht. Ähnlich auch *Kötz/Wagner*, Deliktsrecht, Rn. 373, der die geltende rechtliche Lage zwar anerkennt, aber für unglücklich erachtet und über die Einfügung einer gefährdungshaftungsrechtlichen Generalklausel in das Bürgerliche Gesetzbuch nachdenkt.

642 Auch im allgemeinen Bürgerlichen Recht gibt es keine weitere Gefährdungshaftung neben dem § 833 S. 1 BGB. Diese Erkenntnis wird auch von der Rechtsprechung und verbreiteten Literaturansicht, die die Vorschrift des § 670 BGB entsprechend anwendet, nicht in Frage gestellt. Vielmehr wird durch die analoge Anwendung dieser Vorschrift durch die Vertreter dieser Ansicht eingeräumt, dass es explizit ja eben gerade keine Norm gibt, die im Wege direkter Anwendung einen gefährdungshaftungsgleichen Ersatzanspruch zu gewähren vermag. Ausführlich hierzu siehe aber noch sogleich.

3. Arbeitsrechtlicher Sonderweg aus Arbeitnehmerschutzaspekten erforderlich?

Nach der erfolgten Betrachtung und Untersuchung der Zurechnungsprinzipien und ihrem Verhältnis zueinander für den Bereich des allgemeinen bürgerlichen Rechts stellt sich die Frage nach der Übertragbarkeit der gewonnenen Erkenntnisse auf das Arbeitsrecht. Gelten diese Maximen dort uneingeschränkt in gleicher Weise – oder gibt es arbeitsrechtliche Eigenheiten, die eine andere Sichtweise und damit einen arbeitsrechtlichen Sonderweg einfordern? Für beide Seiten lassen sich Argumente finden. Zum einen kann argumentiert werden, dass aufgrund der Besonderheiten des Arbeitsrechts, wie etwa der besonderen Schutzbedürftigkeit des Arbeitnehmers und den Eigenarten aufgrund des persönlich geprägten Dauerschuldverhältnisses andere Maßstäbe anzulegen sind, wodurch sich eine vom allgemeinen bürgerlichen Recht abweichende Beurteilung und Bewertung ergeben könnte.

Andererseits lässt sich in gleicher Weise anführen, dass das Arbeitsrecht zwar als Sonderprivatrecht[643] gewisse Eigenheiten aufweist, aber letztlich als Bestandteil des Bürgerlichen Rechts auch den dort geltenden Maximen und damit den gleichen Zurechnungsprinzipien unterworfen ist, womit sich keine Auswirkungen auf die Haftungsmaßstäbe im Arbeitsrecht ergeben würden. Diese Fragestellung ist im folgenden genauerer Betrachtung zu unterziehen und damit die Geltung des Enumerationsprinzips für die Gefährdungshaftung im Arbeitsrecht zu untersuchen, wovon letztlich auch die Frage der Ersatzfähigkeit von Schäden des schuldlos geschädigten Arbeitnehmers und der Begründung einer etwaigen verschuldens-unabhängigen Einstandspflicht des Arbeitgebers abhängt.

a. Argumente für einen arbeitsrechtlichen Sonderweg

Folglich werden zunächst die Gründe aufgezeigt, die eine Abkehr von der strikten Geltung des Verschuldensprinzips im Bereich des Arbeitsrechts rechtfertigen könnten, sodann erfolgt eine Zusammenschau der Argumente gegen einen solchen arbeitsrechtlichen Sonderweg mit einer sich daran anschließenden Bewertung.

aa. Besondere Schutzbedürftigkeit des Arbeitnehmers?

Das Arbeitsrecht hat seit jeher, bedingt durch die gesellschaftlichen Verhältnisse wie bspw. die fortschreitende Industrialisierung der Arbeit im späten 19. Jahrhundert zu seiner

643 Der Begriff des „Sonderprivatrechts“ soll hier nur schlagwortartig verwendet werden, da er zurecht begrifflich-systematischer Kritik unterliegt. Hierzu siehe etwa *Junker*, Arbeitsrecht, Rn. 5 sowie sogleich.

Entstehungszeit, den Charakter eines Schutzrechts für den einzelnen Arbeitnehmer.[644] Dieser ist aufgrund seiner regelmäßig geringeren wirtschaftlichen Potenz und zudem organisatorisch-strukturellen Unterlegenheit gegenüber dem Arbeitgeber in hohem Maße von diesem abhängig und daher in besonderer Weise schutzbedürftig. Die unterlegene Stellung wird noch dadurch verstärkt, dass der Arbeitnehmer in einem Dauerschuldverhältnis mit persönlichem Gepräge zu seinem Arbeitgeber steht, aus dem er durch den Lohnerhalt für die zu erbringende Arbeitsleistung die entscheidenden Mittel zur Bestreitung des Lebensunterhaltes erwirtschaftet und sich damit die Existenzgrundlage schafft und erhält.[645] Daher ist das Arbeitsverhältnis auch kein bloßer Austausch von Waren gegen Geld, sondern regelt die Erbringung einer menschlichen Leistung, womit die gesamte Person des Arbeitnehmers erfasst wird und dementsprechend ihrer Würde Rechnung getragen werden muss,[646] zumal die berufliche Stellung des einzelnen oftmals auch Maßstab für gesellschaftliche Anerkennung darstellt. Weiterhin wird der Arbeitnehmer durch den faktischen Zwang zur Eingehung eines Arbeitsverhältnisses zwecks Bestreitung des Lebensunterhaltes gleichsam „gezwungen", eine Tätigkeit auszuüben, bei der ohne weiteres Schäden an den eigenen Sachen entstehen können, welche sich auch bei größter Umsicht nicht vermeiden lassen.[647]

Aufgrund dieser tatsächlichen und rechtlichen Gegebenheiten und dem Schutzgedanken des Arbeitsrechts ist der Gesetzgeber in der Pflicht, den Arbeitnehmer nicht schutzlos zu stellen. Diese Sorge um den Arbeitnehmer[648] muss daher auch so weit gehen, ihm einen Schadensersatz bei Schäden zu gewähren, die bei Ausübung einer berufsspezifischen Tätigkeit entstehen, unabhängig vom Vorliegen schuldhaften Handelns des Arbeitgebers.

bb. Überforderung des Verschuldensprinzips?

Als weiterer Grund für eine Durchbrechung des Enumerationsprinzips kann die Überforderung des Verschuldensprinzips zur Lösung der aktuellen bzw. „ewig jungen" rechtlichen Probleme herangezogen werden. Fällen wie dem „Ameisensäurefall"[649] oder vergleichbaren Konstellationen verschuldensunabhängiger Schädigungen kann mittels des Verschuldensdogmas nicht beigekommen werden. Insbesondere im Bereich des Arbeitsrechts als Rechtsgebiet mit ohnehin bereits bestehenden Modifikationen gegenüber dem allgemeinen bürgerlichen Recht und überdies einer weitgehenden richterlichen Rechtsfortbildung wird das Verschuldensprinzip den Anforderungen an einen billigen Scha-

---

644 Ausführlich hierzu Schaub/*ders.*, ArbR-Hdb., § 2, Rn. 5-9; *Söllner/Waltermann*, Arbeitsrecht, § 3, Rn. 27 ff.; MünchArb/*Richardi*, § 2, Rn. 2f. und 15 ff.; *Wollenschläger*, Arbeitsrecht, Rn. 1.

645 *Junker*, Arbeitsrecht, Rn. 7 ff.; Schaub/*ders.*, ArbR-Hdb., § 2, Rn. 5.

646 Schaub/*ders.*, ArbR-Hdb., § 2, Rn. 8.

647 Hierauf wird später noch zurückzukommen sein, vgl. daher dort S. 194.

648 Ausführlich zu den Treue- und Fürsorgepflichten des Arbeitgebers s. die obigen Ausführungen, S. 105 ff.

649 BAG a.a.O.

densausgleich nicht gerecht. Da der Bereich des Arbeitsrechts bisweilen auch als „Sonderprivatrecht" bezeichnet wird, erscheint es daher möglich, auch besondere Zurechnungsprinzipien im Arbeitsrecht zu konstruieren, die von den allgemeinen Haftungsmaximen des Bürgerlichen Rechts abweichen können. Dies lässt sich weiterhin dadurch rechtfertigen, dass sich das Arbeitsrecht durch ständige Neuregelungen und Abweichungen zum allgemeinen bürgerlichen Recht immer mehr emanzipiert hat und es seit jeher die Pläne zu einer umfassenden arbeitsrechtlichen Kodifikation gab, so dass der Gedanke der Einführung eigener Zurechnungsprinzipien im Arbeitsrecht zumindest überlegenswert und nicht vorschnell von der Hand zu weisen ist.

cc. Modifizierung bereits durch Betriebs- und Wirtschaftsrisikolehren erfolgt?

Weiterhin könnten für eine unterschiedliche Handhabung der Zurechnung im Arbeitsrecht die Betriebs- und Wirtschaftsrisikolehren streiten. Durch die Neuregelung des § 615 S. 3 BGB infolge der Schuldrechtsmodernisierung ist der Begriff des Betriebsrisikos in das BGB eingeführt worden,[650] der die Fälle umfasst, in welchen aufgrund einer von keiner Seite zu vertretenden Leistungsstörung die Erbringung der Arbeitsleistung aus betriebstechnischen Gründen unmöglich wird. Davon zu unterscheiden ist das Wirtschaftsrisiko, bei dem die Fortsetzung des Betriebes zwar möglich, aber wegen Auftrags- oder Absatzmangels wirtschaftlich sinnlos wird.[651] Das Wirtschaftsrisiko trägt der Arbeitgeber, das Betriebsrisiko ebenfalls, wenn die Ursache für die Betriebsstörung in der Sphäre des Arbeitgebers liegt bzw. kein Fall vorliegt, in dem sich das Arbeitskampfrisiko verwirklicht hat.[652] Aufgrund dieser Risikozuweisung an den Arbeitgeber ließe sich annehmen, dass diese Grundsätze neben der Frage der Vergütung auch bzgl. erlittener Schäden heranzuziehen sein könnten, da diese durch die Eingliederung des Arbeitnehmers in den fremdbestimmten Organisationsablauf auch -zumindest mittelbare- Folge einer Verwirklichung des betrieblichen Risikos sind. Dieser These kann aber nicht zugestimmt werden. Zum einen verstehen sowohl das BAG in gefestigter Rechtsprechung ebenso wie das Schrifttum unter dem Begriff des Betriebsrisikos nur die Frage der Lohnfortzahlungspflicht und damit ausschließlich das Schicksal der Vergütung.[653] Zum anderen ist dieser Aspekt allenfalls ein Grund für die Postulation eines generellen Entschädigungsgebots des benachteiligten Arbeitnehmers, aber kein Grund, der ein Abweichen vom enumerativen Prinzip der

---

650 *Preis* in ErfKomm, § 615 BGB, Rn. 126; *Wollenschläger*, Arbeitsrecht, Rn. 262.

651 *Preis* in ErfKomm, § 615 BGB, Rn. 126; Schaub/*Linck*, ArbR-Hdb., § 101, Rn. 2 ff.

652 *Wollenschläger*, Arbeitsrecht, Rn. 262 ff.; stärker differenzierend: *Preis* in ErfKomm, BGB, § 615, Rn. 127 ff.

653 Vgl. nur BAG Urt. v. 8.02.1957 = AP Nr. 2 zu § 615 BGB Betriebsrisiko; BAG Urt. v. 22.12.1980 = AP Nr. 70 zu Art. 9 GG Arbeitskampf. Aus dem Schrifttum: *Preis* in ErfKomm, § 615 BGB, Rn. 126 ff.; Schaub/*Linck*, ArbR-Hdb., § 101, Rn. 1; *Picker*, JZ 1979, S. 285 (285). Zur a.A. von *Larenz* s. noch die späteren Ausführungen.

Gefährdungshaftung rechtfertigen würde.[654] Eine Vermengung von Notwendigkeit und Sinn der Haftungsentlastung mit systematischen Gründen ist daher abzulehnen und vermag allein kein Abweichen von derart grundlegenden allgemein anerkannten Prinzipien der Haftungszurechnung zu rechtfertigen.

b. Argumente gegen einen arbeitsrechtlichen Sonderweg

aa. Gründe der Rechtssystematik: Verhältnis der Rechtsgebiete zueinander?

Gegen einen haftungsrechtlichen Sonderweg im Arbeitsrecht spricht der rechtssystematische Aufbau des Bürgerlichen Rechts. Grundsätzliches wird im allgemeinen Bürgerlichen Recht geregelt, Besonderheiten und Modifikationen erfolgen in Einzel- und Spezialgesetzen. Dieses Prinzip beansprucht auch für das Arbeitsrechts Geltung, das zwar bisweilen – durch die Bezeichnung Sonderprivatrecht charakterisiert – gewissen Eigenheiten unterliegt, aber dennoch in seiner Gesamtheit den allgemeinen Prinzipien des Bürgerlichen Rechts folgt, da es sich beim Arbeitsrecht um kein eigenständiges Rechtsgebiet neben dem Bürgerlichen Recht handelt.[655]

Gamillschegs Aussage aus dem Jahr 1962, das Arbeitsrecht habe sich vom veraltetem BGB emanzipiert und stelle ein „eigenes Gebiet mit eigenen Normen, eigenen Grundsätzen, eigenen Auslegungsregeln“[656] dar, übersieht die zivilrechtlichen Ursprünge des Arbeitsrechts in den §§ 611 ff. BGB, die das Arbeitsrecht heute noch immer prägen; ebenso hat sich *Gamillschegs* damit verbundene Kritik am BGB im Lauf der Zeit nahezu selbst erledigt, da dieser bereits 1962 in bezug auf das BGB von einem alternden, überholten Gesetz sprach: Das dem nicht so ist, zeigt die Fortgeltung des BGB vierzig Jahre später auch noch im Jahre 2005, das abgesehen von wenigen Reformen und Änderungen in der

---

654 Richtig daher die von *Becker-Schaffner*, BlStSozArbR 1972, S. 279 (280) und *Medicus*, Jura 1996, S. 561 (562) formulierte Erkenntnis der Geltung des enumerativen Charakters auch im Arbeitsrecht.

655 Ähnlich: *Söllner/Waltermann*, Arbeitsrecht, § 1, Rn. 10. Überzeugend auch *Richardi*, ZfA 1974, S. 3 (5, 18 ff. u. 26 f.), der zwar die Selbständigkeit des Arbeitsrechts als Rechtsdisziplin betont, eine Eigenständigkeit hingegen aber ablehnt, da der Zusammenhang zum allgemeinen Privatrecht zu groß und die dogmatische Entwicklung des BGB weiterhin Rüstzeug auch zur Beantwortung arbeitsrechtlicher Fragestellungen sei, womit weiterhin die Rechtsgedanken des BGB und der allgemeinen Privatrechtsordnung auch im Arbeitsrecht Geltung beanspruchten. Daher ist nach *Richardi*, ZfA 1988, S. 221(254f.) die systematische Einheit des Arbeitsrechts mit dem bürgerlichen Recht vorgegeben und es gelten im Arbeitsrecht keine eigenen Normen oder Grundsätze; nicht die Geltung zivilrechtlicher Grundsätze müsse begründet werden, sondern im Gegenteil ihre Nichtgeltung. Da der Begriff des Arbeitsrechts jedoch sowohl öffentliches als auch privates Recht umfasst, ist diese Aussage natürlich nur auf den privatrechtlichen Teilbereich des Arbeitsrechts zu beschränken, siehe hierzu und zur Systematik des Arbeitsrechts auch Schaub/*ders.*, ArbR-Hdb., § 5, Rn. 1-3.

656 *Gamillscheg*, Mutterschutz und Sozialstaat, S. 57 (78).

jüngeren Vergangenheit in seiner Gesamtheit nicht bzw. zumindest nicht ernsthaft in Frage gestellt wird.

Folglich gelten im Arbeitsrecht die allgemeinen Prinzipien des bürgerlichen Rechts, hierzu zählen auch die Haftungsmaximen als elementare und grundlegende Prinzipien des Bürgerlichen Rechts. Gewiss mag eine andere Behandlung des Arbeitsrechts aufgrund seiner Besonderheiten in Einzelfällen gerechtfertigt sein, allerdings kann diese nur dann auch tatsächlich erfolgen, wenn sie gesetzlich geregelt ist.[657] Die generelle Geltung des Verschuldensprinzips kann also demnach nicht mit der Aussage in Frage gestellt werden, es handele sich im arbeitsrechtlichen Bereich um andere und nicht mit den Konstellationen des BGB vergleichbare Fälle, so dass hier der geschädigte Arbeitnehmer im Falle einer schuldlosen Schädigung durch den Arbeitgeber bedingungslos entschädigt werden müsse. Eine solche Regelung, die *de lege feranda* durchaus rechtspolitisch interessantes Gedankenspiel sein kann, widerspricht dem zivilrechtlichen Zurechnungssystem. Auch in Sondergesetzen dürfen die allgemeinen Prinzipien nicht einfach aus Gründen der Praktikabilität oder „gerechteren" Rechtsgestaltung über Bord geworfen werden.[658] Die Folge wäre ansonsten ein rechtliches Durcheinander, ein Wirrwarr und eine Koexistenz verschiedenster Rechtsanwendungsregeln. Sofern von Grundsätzen abgewichen wird, die das allgemeine bürgerliche Recht statuiert, muss dies im Wege einer gesetzlichen Anordnung erfolgen.[659] Die Rechtssystematik, nach der im deutschen Zivilrecht das Gebot gilt, das Allgemeine in der Kodifikation des BGB zu regeln, Spezialitäten vor diese Klammer zu ziehen und einzelgesetzlich zu regeln, beansprucht auch im Arbeitsrecht Geltung. Letztlich ist nochmals zu betonen, dass das Arbeitsrecht auch kein eigenständiges Rechtsgebiet mit eigener Dogmatik ist, sondern ein Gemenge verschiedenster Vorschriften und Gesetzeswerke, die ihren Ursprung und zivilrechtlichen Geltungsgrund aus den Ideen des Bürgerlichen Gesetzbuches herzuleiten wissen.[660] Deutlich wird dies auch anhand der Tatsache, dass nach wie vor die Schaffung eines eigenen Arbeitsgesetzbuches in weiter Ferne steht[661] und es damit keine Kodifikation gibt, die als Ursprung des Arbeitsrechts bezeichnet werden könnte, diese Rolle haben vielmehr die §§ 611 ff. BGB inne. Das Verhältnis Arbeitsrecht zu allgemeinem Bürgerlichen Recht wird daher von *Richardi*[662] treffend mit

---

657 *Richardi*, ZfA 1988, S. 221 (254 f.).

658 Hier wieder speziell für den Bereich des Arbeitsrechts: *Richardi*, ZfA 1988, S. 221 (254 f.).

659 Vgl. abermals *Richardi*, a.a.O. S. allg. zur Stellung des BAG im Konfliktfeld zwischen Dogmatik und Praktika-bilität der Rechtsanwendung die Einführungsrede der BAG-Präsidentin *Schmidt*, NZA 2005, S. 601 (601 f.).

660 *Söllner/Waltermann*, Arbeitsrecht, § 1, Rn. 10; *Canaris*, RdA 1966, S. 41 (41).

661 Einen kurzen Überblick zum Projekt „Arbeitsgesetzbuch" zeichnen *Söllner/Waltermann*, die die Schaffung eines Arbeitsgesetzbuches als „ewiges Vorhaben" umschreiben, vgl. *Söllner/Waltermann*, Arbeitsrecht, § 1, Rn. 15. Ähnlich auch *Link/Kirtscher*, die die Kodifikationsbemühungen als „unendliche Geschichte" bezeichnen, s. *Link/Kirtscher*, AuA 2004, Nr. 7, S. 18-21; Ebenso *Preis* in ErfKomm, § 611 BGB, Rn. 1 und Schaub/*ders.*, ArbR-Hdb., § 3, Rn. 219 f. mit einer äußerst umfangreichen Schrifttumsübersicht.

662 *Richardi*, ZfA 1974, S. 3 (5).

dem Verhältnis des Steuerrechts zum allgemeinem Öffentlichen Recht verglichen: In beiden Fällen handelt es sich um Sondergebiete mit gewissen Modifikationen, die aber von den Grundsätzen und Prinzipien her sich nach dem allgemeinen zugrundeliegenden Recht richten. Damit gelten im Arbeitsrecht die selben Grundsätze wie im Allgemeinen Bürgerlichen Recht, sofern -wie hier- nichts abweichendes ausdrücklich geregelt ist.

Folglich gilt nach dem hier vertretenen Verhältnis von Arbeitsrecht zu allgemeinem bürgerlichen Recht das Enumerationsprinzip für die Gefährdungshaftung uneingeschränkt fort.

bb. Deutsche Rechtstradition?

Als weiterer Grund gegen die Beschreitung eines arbeitsrechtlichen Sonderweges lässt sich die historische Entwicklung des Verschuldensprinzips anführen: Deren Festschreibung und Normierung im BGB vollzog sich Ende des 19. Jahrhunderts und damit zu einer Zeit, in der bereits durch die fortgeschrittene Industrialisierung die grundsätzlich strukturelle und wirtschaftlich unterlegene Stellung des Arbeitnehmers bekannt war.[663] Dennoch entschied sich der damalige Gesetzgeber in Kenntnis der Situation der Arbeiterschaft gegen eine Anordnung von Gefährdungshaftungstatbeständen und eine verstärkte arbeitgeberseitige Haftung. Lediglich im Bereich des Unfallversicherungsrechts wurde für eintretende Personenschäden eine Gefährdungshaftung eingeführt; dass der Gesetzgeber von weiteren Regelungen absah, muss somit berücksichtigt und als Grund gegen eine weitere Ausdehnung der Gefährdungshaftung angesehen werden, sofern diese nicht vom Gesetzgeber im Wege ausdrücklicher Einzelanordnungen erfolgen.

cc. Bewährung des geltenden Prinzips?

Überdies hat sich die grundsätzliche Geltung des Verschuldensprinzip in der Vergangenheit im Wirtschaftsleben bewährt.[664] Mittels der Statuierung und Ausweitung von Verkehrspflichten unterfallen nunmehr auch solche Konstellationen der Haftung, bei denen ansonsten der Nachweis von Verschulden schwer zu führen wäre. Von diesen Modifikationen wurde in großem Maße auch das Arbeitsrecht betroffen, wo die Reichweite und

---

663 Und mangels ausgeprägtem System des Arbeitnehmerschutzes weitaus unbefriedigender als heutzutage.

664 Zwar gab es seit jeher Reformvorschläge, die bisweilen auch bis in das Stadium eines Referentenentwurfes erwuchsen, sich allerdings letztendlich nicht durchsetzen konnten (vgl. etwa den Referentenentwurf eines Gesetzes zur Änderung und Ergänzung schadensersatzrechtlicher Vorschriften von 1967, der eine deutliche Ausweitung der Gefährdungshaftung vornehmen wollte, sich allerdings dabei weiterhin am Prinzip der enumerativen Festsetzung orientierte; hierzu auch *Strickler*, Die Entwicklung der Gefährdungshaftung, S. 92), Auch die jüngeren Reformen am BGB wie das Schuldrechtsmodernisierungsgesetz oder das 2. Schadensrechtsänderungsgesetz, die an der Dominanz des Verschuldensprinzips nichts geändert haben, zeigen, dass der Reformbedarf derzeit nicht als dringend angesehen wird.

einzelnen Ausprägungen der arbeitgeberseitigen Neben- und Fürsorgepflicht stets zugenommen haben.[665] Gerade diese Anpassungen des bestehenden Systems zeigen jedoch, dass sich das Verschuldensdogma im Grundsatz bewährt hat und an dessen Geltung festgehalten werden soll.[666]

dd. Eingriff in den Vorbehaltsbereich des Gesetzgebers?

Das Arbeitsrecht ist aufgrund seiner zahlreichen Lücken und durch das Fehlen eines umfassenden Arbeitsvertragsgesetzes in besonderem Maße auf Auslegungshilfen der Rechtsprechung angewiesen.[667] Diese starke Stellung des BAG resultiert zum einen daraus, dass manche Materien wie bspw. das Arbeitskampfrecht oder die Arbeitnehmerhaftung so kontrovers sind, dass sich der Gesetzgeber zu keiner Regelung entschließen konnte.[668] Zum anderen gibt es in zahlreichen Gesetzen umfassende Generalklauseln und unbestimmte Rechtsbegriffe, die der Ausfüllung durch das BAG bedürfen.[669]

Überdies hinaus ist die Autonomie im Arbeitsrecht von besonderer Bedeutung und den Organen und Sozialpartnern des Arbeitslebens damit vom Staat weitgehend die Befugnis zur selbständigen Schaffung arbeitsrechtlicher Rechtsnormen verliehen worden.[670]

Insbesondere *Otto* diskutiert daher für den Bereich der Arbeitnehmerhaftung, der ebenfalls nicht normiert ist, ob eine Anerkennung der dort entwickelten Grundsätze in Form der Verschuldenstrias womöglich mittels Gewohnheitsrecht erfolgt sei.[671] Selbiges könnte auch für den Bereich der Arbeitgeberhaftung gelten. Gewohnheitsrecht, das den Rang der Rechtsquelle eines Gesetzes innehat, entsteht durch ständige Rechtsprechung sowie allgemeine Überzeugung von dessen Richtigkeit.[672] Mittels gewohnheitsrechtlicher Anerkennung ließe sich daher eine Gefährdungshaftung unter Umständen konstruieren und damit eine Ausnahme vom Verschuldensprinzip des BGB methodisch begründen. Allerdings ist, wenn man die zahlreichen Stellungnahmen des BVerfG zur Entstehung von Gewohnheitsrecht zusammenfasst, hierfür sowohl erforderlich, dass ein expliziter gesetzgeberischer Wille nicht konterkariert wird, als auch weiterhin die allgemeine Anerkennung des Richterrechts in Fachkreisen.[673] Der Wille des Gesetzgebers, der am Vorrang

665 Hierzu siehe auch bereits die obigen Ausführungen unter S. 105 ff.

666 So auch die Feststellung in der Begründung des Referentenentwurfes von 1967, Bd. 2, S. 3.

667 *Söllner/Waltermann*, Arbeitsrecht, § 1, Rn. 12; *Junker*, Arbeitsrecht, Rn. 73.

668 *Junker*, Arbeitsrecht, Rn. 73. Vgl. auch zu den (Schutz-)Pflichten des BAG: *Schmidt*, NZA 2005, S. 601 (601 f.).

669 *Junker*, a.a.O.

670 Schaub/*ders.*, ArbR-Hdb., § 3, Rn. 7.

671 *Otto/Schwarze*, Die Haftung des Arbeitnehmers, Rn. 63 ff. Allerdings lehnt *Otto* selbst die gewohnheits-rechtliche Verfestigung in diesem Bereich ab, da es hierfür zu viele Zweifel gebe, die von der Rechtswissenschaft erhoben werden, vgl. *Otto/Schwarze*, Die Haftung des Arbeitnehmers, Rn. 64. Ähnlich auch *Junker*, Arbeitsrecht, Rn. 73.

672 *Junker*, Arbeitsrecht, Rn. 73.

673 BVerfG Urt. v. 14.02.1973 = E 34, S. 269 (286 ff.); BVerfG Urt. v. 11.10.1978 = E 49, S. 304 (318 ff.); BVerfG Urt. v. 19.10.1983 = E 65, S. 182 (190 ff.); BVerfG Urt. v. 26.06.1991 = E

des Verschuldensprinzips festhalten möchte, wurde bereits mehrfach aufgezeigt.[674] Überdies hinaus müsste es Einigkeit in der Rechtswissenschaft bezüglich der Konstruktion einer Gefährdungshaftung des Arbeitgebers für erlittene Sachschäden geben. Ohne hier bereits vorwegzugreifen sei bemerkt, dass zwar eine allgemeine Anerkennung der Tatsache, der Arbeitnehmer müsse in bestimmten Fällen auch bei Fehlen schuldhaften Arbeitgeberhandelns entschädigt werden, besteht.[675] Allerdings besteht diese Einigkeit nur für die Rechtsfolgenseite: Bezüglich der Begründung einer verschuldensunabhängigen Haftung werden unzählige Varianten vertreten, um den Arbeitnehmer in methodisch einwandfreier Art und Weise einen Anspruch zuzubilligen.[676]

Folglich fehlt es an den Voraussetzungen zur Begründung einer gewohnheitsrechtlichen Anerkennung einer Ausnahme vom Verschuldensprinzip für die Arbeitgeberhaftung im Arbeitsrecht. Der Wille des Gesetzgebers ist hinreichend manifestiert, womit das BAG nicht im Wege der richterlichen Rechtsfortbildung in den Vorbehaltsbereich der Legislative eingreifen darf,[677] jedenfalls nicht zur Begründung einer generellen Ausnahme vom Verschuldensprinzip im Arbeitsrecht. Diese Aufgabe steht dem Gesetzgeber zu, der bspw. in Form der Schaffung einer weiteren spezialgesetzlichen Regelung oder mittels Einführung einer Generalklausel die Voraussetzung für die Abkehr vom Verschuldensprinzip schaffen müsste.

c. Stellungnahme und Bewertung: Kein arbeitsrechtlicher Sonderweg

Die dargelegten Argumente zeigen, dass es eine Vielzahl von Gründen gibt, die für eine Sonderregelung im Arbeitsrecht streiten, genauso wie sich zahlreiche Kriterien aufführen lassen, die gegen einen arbeitsrechtlichen Sonderweg sprechen, so dass eine Bewertung und Gewichtung der einzelnen Gründe vorzunehmen ist. Von großem Gewicht ist der vom Arbeitsrecht intendierte Schutz des Arbeitnehmers. Das Schutzprinzip, das überhaupt erst Impetus des frühen Gesetzgebers zur Schaffung des Arbeitsrechts war, prägt das Arbeitsrecht entscheidend. Ebenso ist das Arbeitsrecht aufgrund seines unvollständigen Charakters in Ermangelung einer Kodifikation in besonders hohem Maße von den Auslegungs- und Entscheidungshilfen des BAG abhängig, welches somit von wesentlich zentralerer Bedeutung als manch anderes Obergericht ist. Gleichfalls zeigen die in der Praxis auftretenden Fallkonstellationen, dass das Verschuldensprinzip bisweilen mit der

---

84, S. 212 (226f.). Zusammenfassend auch: *Otto/Schwarze*, Die Haftung des Arbeitnehmers, Rn. 66.

674 Siehe bereits oben, vgl. nur die Nachweise in Fn. 514.

675 Siehe die späteren Ausführungen auf Seite 171 ff.

676 Vgl. nur die Darstellung der zahlreichen verschiedenen Lösungswege zur Anspruchsbegründung, S. 179 ff.

677 Zur richterl. Rechtsfortbildung sowie zum Vorbehaltsbereich der Legislative, in dem es der Rechtsprechung grundsätzlich verwehrt ist, einzugreifen: *Kirchhof*, Der Auftrag des Grundgesetzes an die rechtsprechende Gewalt, S. 11 (11 ff.) sowie speziell für den Bereich des Arbeitsrechts *Stollenwerk*, Mankohaftung, S. 136 f.

als „gerecht“ empfundenen Falllösung überfordert ist und damit im Arbeitsrecht keine uneingeschränkte Geltung beanspruchen kann.

Allerdings gibt es im Wesentlichen zwei Gründe von solchem Gewicht, die eine Geltung des Verschuldensdogmas auch im Arbeitsrecht rechtfertigen bzw. gebieten, solange nichts anderes ausdrücklich angeordnet ist und damit also gegen einen arbeitsrechtlichen Sonderweg sprechen: Zum einen verlangt dies die rechtssystematische Stellung des Arbeitsrechts, das eben kein eigenständiges Rechtsgebiet mit anderen Grundsätzen als das allgemeine Bürgerliche Recht darstellt. Vielmehr stellt das Arbeitsrecht einen Sonderbereich mit zahlreichen Modifikationen dar, der jedoch aus den §§ 611 ff. des BGB heraus entstanden ist und dort noch immer festverwurzelt ist. Somit gelten im Arbeitsrecht die gleichen Prinzipien wie im Bürgerlichen Recht, Ausnahmen hiervon bedürfen der expliziten Regelung.[678]

Sodann darf zur Begründung des Verzichts auf das Verschuldenserfordernis auch nicht auf eine erfolgte gewohnheitsrechtliche Verfestigung dieser Ausnahme abgestellt werden: Die tatbestandlichen Voraussetzungen zur Annahme einer solchen gewohnheitsrechtlichen Verfestigung bestehen zum einen aufgrund der nach wie vor bestehenden Diversität des Meinungsspektrums in der Rechtswissenschaft sowie gleichfalls aufgrund des gegenteiligen gesetzgeberischen Willens und der Grundsatzentscheidung für das Verschuldensprinzip nicht.

Da das Arbeitsrecht somit nun resümierend betrachtet keine solchen Besonderheiten oder Eigenarten aufweist, die eine derartige Ablösung von grundlegenden Prinzipien der bürgerlich-rechtlichen Haftungszurechnung zu rechtfertigen vermögen, gilt folglich auch im Arbeitsrecht das Verschuldensprinzip und damit auch der enumerative Charakter der Gefährdungshaftung,[679] ein arbeitsrechtlicher Sonderweg ist abzulehnen.

4. Notwendigkeit des Ausgleichs von Eigenschäden

Wie festgestellt, lässt sich ein Anspruch des geschädigten Arbeitnehmers im Wege einer Gefährdungshaftung aufgrund des enumerativen Charakters dieser Zurechnungsform schwerlich in Einklang mit den Haftungsmaximen des BGB bringen – zumindest erscheint nach den allgemeinen bürgerlich-rechtlichen Zurechungsprinzipien eine Anspruchsbegründung vor nicht unerhebliche Schwierigkeiten gestellt. Es drängt sich somit die Frage auf, ob dieses Ergebnis als vom Gesetzgeber gewolltes Resultat zu akzeptieren oder aber ob ein Ausgleich des geschädigten Arbeitnehmers dennoch zwingend vorzunehmen ist. Wäre letzteres der Fall, so müsste nach weiteren methodischen Konstruktionen gesucht werden, mittels derer ein Ausgleichsanspruch begründet werden könnte.

---

678 *Richardi*, ZfA 1988, S. 221 (254 f.).

679 So auch das BAG in den Ausführungen zum „Ameisensäurefall, BAG a.a.O. = E 12, S. 15 (18 u. 21). Ebenso: *Ziegler*, Der öffentlich-rechtliche und der arbeitsrechtliche Aufopferungsanspruch: ein Vergleich, S. 106.

Wird der Arbeitnehmer zur Erfüllung der Arbeitsleistung tätig und setzt er zur erfolgreichen Erbringung zwingend erforderlich bzw. betrieblich veranlasst sein Eigentum ein, so besteht in Rechtsprechung und Literatur nahezu Einhelligkeit darüber, dass der Arbeitnehmer von schuldlos erlittenen Schäden durch den Arbeitgeber freizustellen ist, sofern die Beschädigung in einem Zusammenhang mit der Erbringung der Arbeitsleistung steht.[680]

Diese Ansicht – die zurecht als herrschende oder durchaus auch allgemeine Ansicht bezeichnet werden darf[681] – basiert auf folgenden Gedanken, die Ausfluß sozialer und wirtschaftlicher Erwägungen sind:[682]

(1) Der Arbeitgeber setzt den Arbeitnehmer zur Verwirklichung arbeitgeberseitiger Interessen ein.[683] Wer mittels anderer Personen seine Ziele verwirklicht, muss für die

---

680 Dieser „Zusammenhang mit der Erbringung der Arbeitsleistung" wird freilich noch zu konkretisieren zu sein. Zunächst soll die grundsätzliche Anerkennung einer Ausgleichspflicht unter gewissen Voraussetzungen hervorgehoben und diskutiert werden. Zur Einhelligkeit der Gewährung eines Ersatzanspruchs s. im Schrifttum:
Canaris, RdA 1966, S. 41 (42); *Müller-Glöge*, in: Richterliches Arbeitsrecht, Festschrift für Thomas Dieterich, S. 387 (391); *Raulf*, Arbeitgeberhaftung bei PKW-Schäden, S. 46; *Hoyningen-Huene*, SAE 1982, S. 51 (52); *Däubler*, JuS 1986, S. 425 (431); *Gick*, JuS 1979, S. 638 (639); *Schumacher*, Die vom Verschulden unabhängige Haftung des Arbeitgebers für arbeitsbedingte Sachschäden des Arbeitnehmers, S. 4; *Preis* in ErfKomm, § 619 a BGB, Rn. 88; *Stoffels* in AR-Blattei SD, 860.1, Rn. 133; *Söllner/Waltermann*, Arbeitsrecht, Rn. 823; MünchArb/*Blomeyer*, § 96, Rn. 61; *Mayer-Maly*, NZA 1991, Beil. 3, S. 3 (12).
Aus der Rechtsprechung: „Grundsatzentscheidung Ameisensäurefall", BAG a.a.O. = E 12, S. 15 ff.
Speziell zum Schaden am arbeitnehmereigenen PKW : BAG Urt. v. 16.11.1978 = NJW 1979, S. 1423 und BAG Urt. v. 8.05.1980 = AP Nr. 6 zu § 611 Gefährdungshaftung des Arbeitgebers. Siehe hierzu auch die zahlreichen weiteren Nachweise aus der Rechtsprechung, detailliert aufgeführt bei *Raulf*, Arbeitgeberhaftung bei PKW-Schäden, S. 6 – 23.

681 Ablehnende Stimmen finden sich kaum, vgl. jedoch *Endlich*, Der KfZ-Unfall des Arbeitnehmers, S. 9 f., der für den speziellen Fall des Einsatzes eines Privat-Pkws seine Ablehnung damit begründet, dass der Arbeitgeber bei Fahrten mit dem KfZ auf die Gefährlichkeit und Gefahrverwirklichung des Tuns keinen Einfluß habe und daher nicht haftbar gemacht werden dürfe. Anders aber auch die mittlerweile ständige Rspr., vgl. nur das BAG seit seinem Urt. v. 8.05.1980 = AP Nr. 6 zu § 611 Gefährdungshaftung des Arbeitgebers.

682 Außerordentlich bedauernswert ist, dass zwar nahezu sämtliche Darstellungen sich unisono auf die „allgemein anerkannte Pflicht" zur Entschädigung des Arbeitnehmers berufen (vgl. hierzu die umfangreichen Nachweise unter Fußnote 678), hingegen allerdings von wenigen Autoren Argumente angeführt werden, warum eine Entschädigung für dermaßen zwingend und notwendig erachtet wird. Positive Ausnahmen, die eine Zusammenschau von Argumenten – wenngleich auch eher stichwortartig – vornehmen sind bspw. *Raulf*, Arbeitgeberhaftung bei PKW-Schäden, S. 46 f. und *Canaris*, RdA 1996, S. 41 (48).

683 Ähnlich *Stoffels* in AR-Blattei SD 860.1, Rn. 169 „Zurechnung zum Betätigungsbereich des Arbeitgebers"; ebenfalls: *Preis* in ErfKomm, § 619 a BGB, Rn. 94 „Betätigungsbereich des AG zuzurechnen".

Folgen derer Handlungen einstehen. Dieser im Bürgerlichen Gesetzbuch anerkannte Grundsatz ist ein bei verschiedenen Zurechnungsnormen zutage tretendes Prinzip: Derjenige, der durch den zielgerichteten Einsatz Dritter seinen „Einflussbereich" oder „Machtbereich" weitet,[684] muss auch für Folgekosten im weitesten Sinn aufkommen. Dieses Prinzip gilt beispielsweise bei der Zurechnungsnorm des § 278 BGB, wonach der Anweisende für seinen Gefahrenkreis verantwortlich ist, auch wenn er sich anderer bedient,[685] ebenso wie es im Auftragsrecht Anwendung findet: Dass das allgemeine Auftragsrecht diesen Gedanken kennt, der auch im Arbeitsverhältnis Geltung beansprucht, wurde vom BAG u.a. in seiner sog. „Sicherheitsschuhe-Entscheidung"[686] betont: „Wer im Interesse eines anderen und auf dessen Wunsch Aufwendungen macht, die durch keine Vergütung abgegolten werden, kann von demjenigen Ersatz verlangen, für den er tätig geworden ist."[687]
Im Unterschied zu der Erfüllungsgehilfenhaftung des § 278 BGB handelt es sich bei der Einstandpflicht des Arbeitgebers jedoch um keine Haftung nach „außen", also nicht gegenüber Dritten, sondern um eine solche im Innenverhältnis zwischen Arbeitgeber und Arbeitnehmer. Dennoch beruht der Gedanke der Zurechnung von Risiko- oder Gefahrenkreisen auf denselben bzw. zumindest parallelen Ausgangspunkten.

(2) Eng damit verknüpft ist auch das Nutzenargument: Der Arbeitgeber zieht den wirtschaftlichen Vorteil aus der Arbeitsleistung.[688] Dieses Argument entspricht den Gedanken, die gleichfalls im Rahmen der Gefährdungshaftung als Grund für die Schadensüberwälzung vorgetragen werden: Wer den Nutzen aus dem Betrieb einer Anlage zieht, muss auch für die daraus resultierenden Risiken einstehen.[689] Auf das Verhältnis Arbeitgeber – Arbeitnehmer umgemünzt: Der Arbeitgeber, der den Nutzen aus dem Arbeitnehmereinsatz davon trägt, muss gleichermaßen für hieraus erwachsene Schäden aufkommen. Zwar handelt es sich -anders als bei der Gefährdungshaftung- wiederum um das Innenverhältnis zwischen Arbeitnehmer und Arbeitgeber und damit nicht um Risiken, die gegenüber unbeteiligten Dritten auftreten, der zugrunde liegende Rechtsgedanke ist aber derselbe.

---

684 Die Verwendung dieser beiden untechnischen Formulierungen sei hier im Hinblick darauf, dass eine methodologische Zuordnung noch erfolgen und nicht bereits hier vorweggenommen werden soll, nachgesehen.

685 Vgl. zum Sinn und Zweck von § 278 BGB Palandt/*Heinrichs*, BGB, § 278, Rn. 1. Ausführlich zur Einstandspflicht beim Einsatz Dritter auch *Hübner*, Schadenszurechnung nach Risikosphären, S. 78 ff.; speziell im Arbeitsrecht: *Denck*, Der Schutz des Arbeitnehmers vor der Außenhaftung, S. 148 ff., insb. S. 151 ff.

686 BAG Urt. v. 21.08.1985 = AP Nr. 19 zu § 618 BGB; Inhalt der Entscheidung war die zur Frage stehende Ersatzpflichtigkeit des Arbeitgebers für verschuldensunabhängig entstandene Beschädigungen an den im Eigentum des Arbeitnehmers stehenden Sicherheitsschuhen.

687 BAG a.a.O.

688 *Canaris*, RdA 1966, S. 41 (48). Ebenso *Klein*, BB 1964, S. 1086 (1089).

689 So *Larenz*, VersR 1963, S. 593 (597). Im Einzelnen s. bereits auch die obigen Ausführungen.

(3) Der Arbeitgeber ist in der Regel wirtschaftlich potenter als der Arbeitnehmer und kann daher für Schäden leichter aufkommen als der Arbeitnehmer.[690] Dieses Argument sozialer Art lässt sich eher als Ausfluss einer Schadensüberwälzung aus Gründen der Billigkeit einordnen. Ähnlich wie die als „Millionärsparagraph“ bezeichnete Vorschrift des § 829 BGB[691] soll hier ein Schadensausgleich damit gerechtfertigt werden, dass aufgrund der höheren wirtschaftlichen Potenz der Arbeitgeber besser in der Lage ist, den Schaden auszugleichen und ihn dieser Ausgleich spürbar weniger belasten würde als den im Regelfall finanziell schwächeren Arbeitnehmer. Weiterhin lässt sich hier neben den Billigkeitsüberlegungen auch der Schutzcharakter des Arbeitsrechts ins Felde führen, der auf dem Gedanken der Fürsorge für den unterlegenen Arbeitnehmer beruht und als arbeitsrechtlich geprägte spezielle Ausformung des konturenlosen „Billigkeitsbegriffs“ betrachtet werden kann.[692]

(4) Der Arbeitgeber hat kraft seines Direktionsrechtes Einfluss auf den Ablauf, die Modalitäten der Arbeitsgestaltung sowie den Einsatz der Arbeitsmittel und damit auch auf die grundsätzliche Möglichkeit zur Gefahrverringerung, er allein beherrscht die Gefahrenlage.[693] Dieses Argument ist auch bekannt aus dem Bereich der Gefährdungshaftung als Grund für eine dortige Haftungsüberleitung. Die potentielle Möglichkeit der Einflussnahme auf den Ablauf bis zur später eingetretenen Risikoverwirklichung zu einem Schaden ist dort anerkannter Grund für eine Haftungsüberwälzung.[694] Dieser Haftungsgrund gilt, abgesehen von dem bereits oben aufgezeigten Unterschied Innen-/ Außenverhältnis, auch im Verhältnis Arbeitnehmer zu Arbeitgeber, wo sich unschwer eine Parallele ziehen lässt: Nur der Arbeitgeber kann durch konkretisierende Anleitungen und Anweisungen (als Folge seines Direktionsrechts nach §§ 106 GewO, 315 BGB) etwaige Risiken verringern, weshalb dieser im Gegensatz zum Arbeitnehmer zumindest in gewisser Art und Weise lenkend eingreifen und das der Tätigkeit zugrunde liegende Risikopotential beeinflussen kann.[695]

(5) Weiterhin kann der Arbeitgeber etwaige Schäden von vornherein in seine Kalkulation miteinbeziehen und ggf. durch den Abschluss entsprechender Versicherungen unvorhergesehenen Kosten vorbeugen.[696] Dieses Argument hat insbesondere im Bereich der

---

690 *Raulf*, Arbeitgeberhaftung bei PKW-Schäden, S. 47.

691 Hierzu und zu der Bezeichnung „Millionärsparagraph“ s. BGH Urt. v. 18.12.1979 = BGHZ 76, S. 279 (284) sowie die obigen Ausführungen zur Haftung aus Gründen der Billigkeit auf den Seiten 128 ff.

692 Zu der Kritik am Begriff der „Billigkeitshaftung“ s. die obigen Ausführungen, S. 128 ff.

693 *Canaris*, RdA 1966, S. 41 (48). Ebenso *Becker*, Die Außenhaftung des Arbeitnehmers, S. 25.

694 *Hehl*, Das Verhältnis von Verschuldens- und Gefährdungshaftung, S. 89; s. auch die obigen Ausführungen auf den Seiten 130 ff. und 146 ff.

695 Zugegebenermaßen ist die Tragweite dieser Beeinflussungsmöglichkeit je nach Tätigkeit stark variierend: Dem Arbeitnehmer, der sich dienstlich in einem Privat-PKW fortbewegt, wird der Arbeitgeber relativ gering anleiten können, während die Gestaltungsmöglichkeiten des Arbeitgebers bspw. für etwaige Sachschäden an der Kleidung durch Aufstellung von Verhaltensvorschriften / Unfallverhütungsvorschriften am Arbeitsplatz weitaus größer sind.

696 *Canaris*, RdA 1996, S. 41 (48).

Benutzung von Privat-Kraftfahrzeugen Geltung, wo die Versicherungswirtschaft spezielle Dienstreisekaskoversicherungen anbietet, deren Kosten der Arbeitgeber als Betriebsausgaben geltend machen kann.[697] Die Möglichkeit der Versicherbarkeit derartiger Risiken besteht jedoch grundsätzlich ebenfalls für den Arbeitnehmer im Wege des Abschlusses einer eigenen Kasko-Versicherung. Folglich ist es nicht zwingend, dem Arbeitgeber die Aufgabe der Absicherung des Schadensrisikos mittels Abschluss einer Versicherung zuzuweisen, dies könnte gleichfalls der Arbeitnehmer tun. Haftungsgrund ist vielmehr wiederum nicht rechtliche Notwendigkeit, sondern vielmehr Ausfluss der sozial motivierten Überlegung, den regelmäßig strukturell unterlegenen Arbeitnehmer zu schützen. Folglich ist das Argument der Versicherbarkeit des Risikos am ehesten als weiterer Billigkeitsaspekt im Sinne des Arbeitnehmerschutzes und der als „gerecht“ empfundenen Schadenszuweisung einzuordnen.

(6) Schlussendlich lässt sich als Grund für eine Schadenstragungspflicht des Arbeitgebers anführen, dass der Arbeitnehmer auf das Arbeitsverhältnis zur eigenen Existenzsicherung angewiesen ist und sich daher den damit verbundenen Schadensrisiken schwerlich entziehen kann. Darüber hinaus zahlt der Arbeitgeber als Ausgleich für dieses Risiko auch keine besondere Vergütung zur Risikoabgeltung.[698] Aufgrund dieses auf den Arbeitnehmer rechtstatsächlich wirkenden Zwanges zur Eingehung schadenträchtiger Situationen, in denen die Belastung mit betrieblich veranlassten und faktisch nicht entrinnbaren Eigenschäden droht, darf nicht noch eine zusätzliche Aufbürdung von Kosten erfolgen. Auch dieses Argument stellt primär auf die Billigkeit der Schadloshaltung des Arbeitnehmers zulasten des Arbeitgebers ab.

Bei einer Zusammenschau der Kriterien und Argumente wird erkennbar, dass es sich bei der Schadensüberwälzung auf den Arbeitgeber um einen Akt wertender Zurechnung handelt,[699] wobei aufgrund der aufgezeigten Gründe eine derartige Schadensüberwälzung in Abkehr zum Grundsatz *casum sentit dominus* – zumindest unter gewissen Voraussetzungen – allgemein als „gerecht“ und wünschenswert erachtet wird.

Bei aller grundsätzlichen Einigkeit über die Entschädigungspflicht des Arbeitgebers muss jedoch das Ziel im Vordergrund stehen, klar umrissene Prinzipien festzulegen, wann eine Ersatzfähigkeit gegeben ist. Es stellt sich also die Frage nach der Abgrenzung zwischen allgemeinem Lebensrisiko (= Schadensfall ist vom Arbeitnehmer selbst zu tragen) und den Risiken, die dem Zuweisungsbereich des Arbeitgebers (= Schadensausgleich ist von diesem zu übernehmen) unterfallen.[700] Weiterhin muss ein Begründungsansatz entwickelt werden, mittels dessen sich die Statuierung der Ersatzpflicht des Arbeitgebers methodisch widerspruchsfrei zu den Zurechnungsprinzipien des Bürgerlichen Rechts konstruieren lässt. An den unterschiedlichen Argumentationsansätzen, die zur Rechtfertigung der Schadensüberwälzung dienen, wird bereits deutlich, dass diese nicht völlig frei im

697 *Raulf*, Arbeitgeberhaftung bei PKW-Schäden, S. 151 f.
698 So *Stoffels* in AR-Blattei SD, 860.1, Rn. 178.
699 *Preis* in ErfKomm, § 619 a BGB, Rn. 94.
700 *Raulf*, Arbeitgeberhaftung bei PKW-Schäden, S. 47.

Raum stehen, sondern mit dem jeweils zugrunde liegenden dogmatisch-methodologischen Begründungsansatz ihrer Vertreter korrelieren: Die Befürworter einer Haftungsüberwälzung in Form einer Risikohaftung betonen demnach stärker den Gedanken der verschiedenen Risikosphären und des Nutzens- und Beeinflussbarkeitsarguments,[701] während bspw. die Vertreter anderer Ansätze die Ausgleichspflicht aufgrund vertraglicher Verpflichtung[702] oder infolge der Risiken im Falle des Tätigwerdens für einen anderen stärker hervorheben möchten und andere wiederum zur Haftungsüberwälzung auf auftragsrechtliche Wertungen zurückgreifen möchten.[703]

Letztendlich kann aber anhand der vorgebrachten Argumente, die eine Schadloshaltung des Arbeitnehmers zu Lasten des Arbeitgebers rechtfertigen, nicht ohne weiteres auf den zugrundeliegenden methodischen Ansatz geschlossen werden, da sich die einzelnen Begründungen oftmals in Teilbereichen überschneiden und die dargelegten Zurechnungsgründe – abgesehen von ihrer Gewichtung – oftmals in ihrer Gesamtheit vorgetragen werden.[704] Festzuhalten bleibt vorerst zumindest, dass eine Ausgleichspflicht des Arbeitgebers unter gewissen Voraussetzungen allgemein anerkannt ist und hierfür ein Konglomerat von sozialen und wirtschaftlichen Gründen vorgetragen wird, die bisweilen bereits von den allgemeinen Zurechnungsprinzipien des BGB her bekannt sind bzw. starke Parallelen hierzu aufweisen.

b. These: Schadensausgleich ist auch verfassungsrechtlich geboten und zwingend

Die vorgetragenen Argumente haben allesamt ihre Berechtigung und erscheinen darüber hinaus aus sozialen und wirtschaftlichen Aspekten gleichfalls einleuchtend, ja bisweilen sogar geboten. Dennoch haftet allen Argumenten in gewisser Weise der Ruch einer lediglich wertenden Betrachtung mit einer Schlussfolgerung und einem Ergebnis aus einem Gemenge von Gerechtigkeits- und Billigkeitsgründen an. Letztlich erscheint jedes einzelne Argument für sich isoliert betrachtet zwar plausibel, allerdings auch in gewisser Weise beliebig. Muss eine Haftungszurechnung aus Gründen der sozialen Schutzbedürftigkeit des Arbeitnehmers zwingend erfolgen? Ist es wirtschaftlich und sozial unbedingt notwendig, den Schaden auf den Arbeitgeber überzuwälzen? Sind Konstellationen denkbar, in denen eine Schadenstragung durch den Arbeitnehmer selbst vorzunehmen ist? Muss der Arbeitnehmer stets voll entschädigt werden? Die Beantwortung dieser Fragen könnte

701 Vgl. bspw. *Canaris*, RdA 1996, S. 41(48).

702 So *Koch*, Der Eigenschaden des Arbeitnehmers, S. 77 ff., als Vertreter der Entgelttheorie.

703 So die klar formulierte Ansicht des BAG in der „Sicherheitsschuhe-Entscheidung", BAG a.a.O.

704 So finden sich die dargelegten Zurechnungskriterien für eine Schadloshaltung in ihrer Gesamtheit bereits bei *Canaris*, RdA 1996, S. 41 (48), ebenso wie bei *Raulf*, Arbeitgeberhaftung bei PKW-Schäden, S. 46 f., obwohl diese zur Begründung eines Ersatzanspruches unterschiedliche Zurechnungsansätze (Gedanken der Risikohaftung, vgl. nur den ähnlich lautenden Titel *Canaris*' Aufsatzes bzw. eine Anspruchsbegründung über § 670 BGB analog, s. *Raulf*, Arbeitgeberhaftung bei PKW-Schäden, S. 153) vertreten.

mittels einer eindeutigeren und präziseren Antwort erfolgen, wenn der Schadensausgleich des Arbeitnehmers nicht bloß gemeinhin als recht und billig empfunden würde, sondern darüber hinaus auch aufgrund rechtlicher Vorgaben zwingend vorzunehmen wäre.[705]

aa. Aufgrund Vergleiches zur beschränkten Arbeitnehmerhaftung

Womöglich lassen sich zur Anerkennung der grundsätzlichen Erforderlichkeit eines Ausgleichs von verschuldensunabhängig eingetretenen Schäden sogar verfassungsrechtliche Vorgaben heranziehen,[706] insbesondere wenn ein Vergleich der Arbeitgeberhaftung mit der Arbeitnehmerhaftung (= dem innerbetrieblichen Schadensausgleich im engeren bzw. klassischen Sinn) erfolgt: Schädigt der Arbeitnehmer bei Verrichtung einer betrieblichen Tätigkeit den Arbeitgeber, so gelten bekanntlich die Grundsätze der beschränkten Arbeitnehmerhaftung und damit eine Abstufung der Schadensverantwortlichkeit des Arbeitnehmers in Form einer Trias, die sich – grob vereinfacht – wie folgt darstellen lässt:[707]

(1) Bei leicht fahrlässigem Handeln ist der Arbeitnehmer von jeglicher Haftung freizustellen.
(2) Bei „normaler" Fahrlässigkeit erfolgt eine Quotelung des Schadens, wobei die Umstände des Einzelfalls wie die persönlichen Lebensverhältnisse, das Einkommen des Arbeitnehmers, die Pfändungsfreibeträge sowie die Begleitumstände des Schadensfalles u.ä. zu berücksichtigen sind.
(3) Bei grober Fahrlässigkeit hat der Arbeitnehmer den Schaden selbst zu tragen, nur ausnahmsweise bei völliger Unzumutbarkeit der Schadenstragung durch den Arbeitnehmer kann eine Quotelung erfolgen. Generell keine Haftungsfreistellung erfolgt in Fällen gröbster Fahrlässigkeit sowie selbstverständlich bei vorsätzlichem Handeln.

Anerkannter Zweck des innerbetrieblichen Schadensausgleiches ist es, dem Arbeitgeber, der die Arbeitsbedingungen und die Organisation des Betriebes gestaltet, auch die daraus resultierenden Betriebs- und Arbeitsgefahren zuzurechnen.[708] Die Grundsätze des innerbetrieblichen Schadensausgleiches gelten daher sowohl im Falle der Beschädigung einer arbeitgebereigenen Sache, wie auch im Falle der Schädigung einer im Eigentum ei-

705 Zur Beachtung grundgesetzlicher Schutzpflichten im Arbeitsrecht s. jüngst *Schmidt*, NZA 2005, S. 601 (601 f.).

706 Diese interessanten Gedanken äußert *Müller-Glöge*, in: Richterliches Arbeitsrecht, Festschrift für Thomas Dieterich, S. 387 (392). Aufgegriffen und fortgeführt wird diese Überlegung auch von *Blomeyer* in MünchArb/*Blomeyer*, § 96, Rn. 68. S. auch bereits hierzu *ders.*, Der Eigenschaden des Arbeitnehmers, S. 77 (83) im Jahr 1994.

707 Ausführlich zu den Einzelheiten vgl. das Standardwerk zur Arbeitnehmerhaftung von *Otto/Schwarze*, Die Haftung des Arbeitnehmers sowie *Busemann*, Die Haftung des Arbeitnehmers gegenüber Arbeitgeber u. Dritten, Rn. 34 ff. Einen instruktiven kurzen Überblick geben *Preis* in ErfKomm, § 619 a BGB, Rn. 9 ff. oder Schaub/*Linck*, ArbR-Hdb., § 52, Rn. 49. Die Besonderheiten der neueren Entwicklung bedingt durch die Schuldrechtsmodernisierung betonend: *Otto*, Neujustierung der Risikoverteilung bei der Arbeitnehmerhaftung, S. 97 (98 ff.).

708 BAG (GS) Beschl. v. 27.09.1994 = E 78, S. 56 ff.; ebenso: Staudinger/*Richardi*, BGB, § 611, Rn. 501.

nes Dritten stehenden Sache. Im ersten Fall wird der Arbeitnehmer von der Schadensersatzverpflichtung gegenüber seinem Arbeitgeber befreit, im zweiten Fall steht dem Arbeitnehmer ein Freistellungsanspruch gegenüber seinem Arbeitgeber zu.[709] Insbesondere letztere Alternative gewinnt in der Praxis immer mehr an Bedeutung, da der Freistellungsanspruch sich nicht nur auf Schäden am Eigentum Dritter bei Tätigkeiten außerhalb des Betriebes bezieht, sondern vor allem in dem Fall relevant wird, wenn der Arbeitgeber in seinem Betrieb geleaste Maschinen, Werkzeuge etc. einsetzt – und der Arbeitnehmer oftmals gar nicht weiß, in wessen Eigentum die Sache steht, mit der er seine Arbeit verrichtet.

Die dargestellte Freistellung des Arbeitnehmers in den Fällen des innerbetrieblichen Schadensausgleiches ist einhellig anerkannt und entspricht höchstrichterlicher Rechtsprechungspraxis, so dass bisweilen sogar die Verfestigung dieser Grundsätze in Form von Gewohnheitsrecht diskutiert wird.[710] Zudem ist die Einschränkung der Arbeitnehmerhaftung aus verfassungsrechtlichen Überlegungen geschuldet: Anerkannt ist, dass die Grundrechtsnormen nicht nur subjektive Abwehrrechte des Einzelnen gegenüber dem Staat enthalten, sondern zugleich Grundentscheidungen für alle Bereiche des Rechts, also auch für die Gesetzgebung und das Zivilrecht darstellen.[711] Keine bürgerlich-rechtliche Vorschrift darf in Widerspruch zu den Prinzipien stehen, die in den Grundrechten zum Ausdruck kommen.[712] Das gilt, wie das BAG betont hat, auch für die gesetzlichen Haftungsgrundsätze des Bürgerlichen Gesetzbuches, die mit ihren wirtschaftlichen Folgen unter Umständen einschneidende Auswirkungen auf Lebensgestaltung und Berufsausübung des Schadens-ersatzpflichtigen auslösen können,[713] womit sie die Schutzbereiche des Art. 2 Abs. 1 GG und des Art. 12 Abs. 1 GG berühren. Auch wenn die freiheitsbeschränkenden Wirkungen nicht unmittelbare Folge staatlicher Eingriffe sind, sondern das Vertragshaftungsrecht des BGB vielmehr freiwillig übernommene Leistung- und Sorgfaltspflichten voraussetzt und folglich auf privatautonomen Entscheidungen beruht, ist der Gesetzgeber bei der Ausgestaltung der Haftungsprinzipien nicht völlig frei.[714] Vielmehr müssen auch hier die objektiv-rechtlichen Vorgaben des Grundgesetzes beachtet und folglich bei strukturellen Ungleichgewichtslagen schützend eingegriffen werden, um so einen ange-

709 Ausführlich siehe *Otto/Schwarze*, Die Haftung des Arbeitnehmers, Rn. 474 ff.

710 *Otto/Schwarze*, Die Haftung des Arbeitnehmers, Rn. 63 ff.

711 Vgl. hierzu insbesondere für den Bereich des Arbeitsrechts *Boemke/Gründel*, ZfA 2001, S. 245 (246 ff., 252) sowie *Schmidt*, NZA 2005, S. 601 (601 f.); s. auch *Waltermann*, Sozialrecht, § 1, Rn. 13.

712 BVerfG v. 22.11.1951 = E 7, S. 198 (205 f.); BVerfG v. 7.02.1990 = E 81, S. 242 (254).

713 BAG (GS) Beschl. v. 27.09.1994 = E 78, S. 56 (65). Ausführlich zu den beeinträchtigten Grundrechtspositionen s. auch *Sandmann*, Die Haftung von Arbeitnehmern, Geschäftsführern und leitenden Angestellten, S. 122 ff.

714 Zur berechtigten Kritik an der Freiwilligkeit der Eingehung des Vertragsverhältnisses des Arbeitnehmers s. *Köbler*, NJW 1969, S. 1413 (1415) sowie die sogleich folgenden Ausführungen.

messenen Ausgleich der Grundrechtspositionen beider Vertragspartner zu ermöglichen.[715] Diese verfassungsrechtlichen Anforderungen geschuldeten Ergebnisse sind bei der Frage der Ausgestaltung der Arbeitnehmerhaftung im Zivilrecht zu berücksichtigen, wobei eine sachgerechte Risikoverteilung der unabdingbaren Berücksichtigung des Betriebsrisikos im Wege praktischer Konkordanz zu den beeinträchtigten Grundrechten des Arbeitgebers aus den Art. 12 Abs. 1, Art. 2 Abs. 1 und Art. 14 Abs. 1 GG zu erfolgen hat. Ein dezidierte Ausgestaltung und nähere Definierung des Mindestschutzes muss aber nicht vom Gesetzgeber vorgeschrieben, sondern kann durchaus mittels einer entsprechenden Anwendung des § 254 BGB vorgenommen werden. Der derzeitige richterrechtliche Weg mit der Aufstellung einer Verschuldenstrias und dem abgestuften Haftungsfolgen wird diesem Maßstab jedenfalls gerecht.[716] Die Modifizierungen des Verschuldensmaßstabs im Bereich der Arbeitnehmerhaftung sind daher im Ergebnis zwingend zu berücksichtigen, gleich, ob man dies dogmatisch im Wege einer analogen Anwendung der Mitverschuldensvorschrift des § 254 BGB[717] oder – wie bisweilen nach erfolgter Schuldrechtsmodifizierung vertreten – durch direkte Anwendung des § 276 Abs. 1 S. 1 BGB[718] als Folge eines insoweit modifizierten Verschuldensmaßstabs bewerkstelligen will.[719]

---

715 BAG (GS) Beschl. v. 27.09.1994 = E 78, S. 56 (66). Zustimmend: MüKo-*Henssler*, BGB, § 619 a, Rn. 12, 9. Speziell für den Bereich des Arbeitsrechts weitere Bsp. anführend *Boemke/Gründel*, ZfA 2001, S. 245 (252 f.).

716 BAG (GS) Beschl. v. 27.09.1994 = E 78, S. 56 (65 ff.). Allerdings gibt der Senat in dieser Entscheidung das Erfordernis der gefahrgeneigten Arbeit auf, hiervon bleiben aber die auch schon vorher aufgestellten Grundsätze beim Verschuldensmaßstab unberührt, wie der Senat selbst anerkennt und hierzu Bezug auf die vorherige Rechtsprechung, z.B. das BAG Urt. v. 24.11.1987 = E 57 S. 55, nimmt.

717 So vornehmlich der Weg der höchstrichterlichen Rechtsprechung: BAG Beschl. v. 21.09.1993 = AP Nr. 102 zu § 611 BGB Haftung des Arbeitnehmers; BAG Beschl. v. 27.09.1994 = AP Nr. 103 zu § 611 BGB Haftung des Arbeitnehmers = E 78, S. 56 ff.; BAG Urt. v. 19.02.1998 = AP Nr. 115 zu § 611 BGB Haftung des Arbeitnehmers, vollständig abgedruckt unter AP Nr. 8 zu § 254 BGB; BAG Urt. v. 05.02.2004 = AP Nr. 126 zu § 611 BGB Haftung des Arbeitnehmers.

718 So die Gesetzesbegründung zu der geänderten Fassung des § 276 BGB nach Durchführung des Schuldrechtsmodernisierungsgesetzes: BT-Drucks. 14/6857, S. 48. So wohl auch *Däubler*, NZA 2001, S. 1329 (1331). Ebenso Palandt/*Heinrichs*, BGB, § 276, Rn. 40. Vergleiche zum ganzen *Preis* in ErfKomm, § 619 a BGB, Rn. 10 und insbesondere die ausführliche Darstellung bei MüKo-*Henssler*, BGB § 619 a, Rn. 10 f.

719 Richtigerweise ist auch nach der Schuldrechtsreform weiterhin auf § 254 BGB als Anknüpfungspunkt der privilegierten Arbeitnehmerhaftung abzustellen. *Waltermann* begründet dies damit, dass es sich bei der Arbeitnehmerhaftung nicht um eine Frage des Haftungsgrundes und somit um das „ob“ der Haftung handele, sondern um die Zuweisung der Haftungsfolgen. Die Gegenüberstellung des arbeitgeberseitigen Organisationsrisikos des Betriebes mit dem individuellen Arbeitnehmerverschulden sei eine über § 254 BGB zu lösende Abwägungsfrage. Die gesetzliche Begründung lässt diese bereits bisher von der Rechtsprechung angewandte Anknüpfung der Arbeitnehmerhaftung an § 254 BGB weiterhin zu und führt im Hinblick auf § 276 BGB aus, es sei der Rechtsprechung „aber unbenommen, bei der bisherigen dogmatischen Begründung der Beschränkung der Arbeitnehmerhaftung zu bleiben“ [BT-Drucks.

Bei der Haftung des Arbeitgebers für Eigenschäden seines Beschäftigten ist kein anderer Maßstab anzulegen, die Situation weist bei einer wertenden, vergleichenden Betrachtung solche Gemeinsamkeiten zur Arbeitnehmerhaftung auf, die eine Entschädigung des Arbeitnehmers gleichsam aus verfassungsrechtlichen Vorgaben unabdingbar erscheinen lassen: Auch bei der Arbeitgeberhaftung handelt es sich letztlich – da Teil der Enthaftung des Arbeitnehmers und damit des innerbetrieblichen Schadensausgleiches – um Haftungsentscheidungen, deren wirtschaftliche Folgen den Arbeitnehmer empfindlich treffen können und gleichermaßen einschneidende Auswirkungen auf die Lebensgestaltung des Geschädigten zur Folge haben. Für den Arbeitnehmer wird es regelmäßig unerheblich sein, ob er aufgrund einer Schädigung an einer fremden Sache Schadensersatz zu leisten hat oder aber in Folge der Eigenschädigung eine Einbuße an seinen Rechtsgütern erleidet. Die Höhe der finanziellen Belastung ist in beiden Konstellationen identisch. Daher erscheint es auch im Bereich der Arbeitgeberhaftung für unerlässlich, aufgrund der allgemeinen Werteentscheidungen der Grundrechte für das Zivil- und v.a. das Arbeitsrecht[720] eine Korrektur vorzunehmen, wenn aufgrund einer betrieblichen Veranlassung arbeitnehmereigene Sachen beschädigt oder zerstört werden. Andernfalls käme die Verpflichtung des Arbeitnehmers (zumindest zur vollständigen) Tragung des ihm entstandenen Schadens einem unverhältnismäßigen Eingriff in seine Grundrechte der Berufsfreiheit und Allgemeinen Handlungsfreiheit gleich,[721] da das Entstehen von Schäden – gleich an welchen Rechtsgütern – aufgrund des fortdauernden und intensiven Kontaktes der Vertragsparteien in der Natur des Arbeitsverhältnisses liegt und sich das Schadensrisiko nie völlig abstellen, sondern allenfalls minimieren lässt.[722] Daher muss auch hier im Sinne einer Abwägung der beeinträchtigen arbeitgeber- und arbeitnehmerseitigen Rechtsgüter das Ergebnis dahingehend ausfallen, bei Eigenschäden dem Arbeitnehmer einen Ersatzanspruch gegen seinen Arbeitgeber zuzugestehen: Der Arbeitgeber ist zum einen in der Lage, die Schadensfolgen leichter aufzufangen, bspw. durch Bildung entsprechender Rücklagen oder Berücksichtigung bei den Produktpreisen, zum anderen kann er den Betriebsablauf und die Arbeitsorganisation durch Anweisungen steuern und durch Aufstellung von Verhaltensvorschriften auf die Arbeitssicherheit einwirken sowie weiterhin die Einbringung arbeitnehmereigener Sachen in schadensträchtige Unternehmenssektionen

---

14/6857, S. 48]. Die Rechtsprechung zieht in ihren jüngeren Urteilen uneingeschränkt, ja sogar ohne in irgendeiner Weise überhaupt auf die Überlegungen des Gesetzgebers Bezug zu nehmen, weiterhin § 254 BGB als Anknüpfungspunkt der Arbeitnehmerhaftung heran, s. bspw. BAG Urt. v. 18.04.2002 = E 101, S. 107 ff. Vgl. hierzu zustimmend *Waltermann*, RdA 2005, S. (98) 99 f. Ebenso *Krause*, NZA 2003, S. 577 (585); MüKo-*Henssler*, BGB, § 619 a, Rn. 10 f.; *Otto*, Jura 2002, S. 1 (8); *ders.*, RdA 2002, S. 129 (133).

720 Zu dieser Funktion der Grundrechte vgl. *Boemke/Gründel*, ZfA 2001, S. 245 (246 ff., 252).

721 Vgl. hierzu schon die Ausführungen soeben; s. auch BAG (GS) Beschl. v. 27.09.1994 = E 78, S. 56 (65 ff.).

722 Einen Überblick über diese These belegende Untersuchungen und deren Auswirkungen am Arbeitsplatz gibt bspw. *Reinhardt*, Die dogmatische Begründung der Haftungsbeschränkung des Arbeitnehmers, § 10, S. 134 ff.

betrieblich regeln. Zudem zieht er den Nutzen aus der Erbringung der Arbeitsleistung.[723] Die Auferlegung einer Schadensersatzpflicht des Arbeitgebers muss daher zumindest dann bestehen, wenn der Schaden betrieblich veranlasst ist, es sich also nicht um eine Belastung des Arbeitgebers mit dem allgemeinen Lebensrisiko des Arbeitnehmers handelt.[724] Andernfalls würde der dem Arbeitgeber regelmäßig strukturell und wirtschaftlich unterlegene Arbeitnehmer unangemessen und somit grundgesetzwidrig in seiner Berufsausübungsfreiheit und Allgemeinen Handlungsfreiheit benachteiligt, zumal dieser auf die Eingehung eines Arbeitsverhältnisses zur Bestreitung des Lebensunterhaltes regelmäßig angewiesen ist.[725]

Weiterhin lässt sich vorbringen, dass es auch im Hinblick auf den Gleichbehandlungsgrundsatz des Art. 3 Abs. 1 GG bedenklich ist, entstandene Schäden am Eigentum des Arbeitnehmers nicht in den innerbetrieblichen Schadensausgleich mit einzubeziehen und diese somit anders zu behandeln als Schäden an arbeitnehmerfremden Sachen. Eine unmittelbare Übertragung der zur Arbeitnehmerhaftung entwickelten verfassungsrechtlichen Grundsätze auf die Eigenschadensproblematik lässt sich nicht vornehmen, handelt es sich doch um verschiedene haftungsrechtliche Fallgestaltungen. Eine Heranziehung und Übertragung der Grundsätze der beschränkten Arbeitnehmerhaftung kann folglich nur dann vorgenommen werden, wenn zwischen Arbeitnehmer- und Arbeitgeberhaftung solche Gemeinsamkeiten vorliegen, als dass eine Übertragung gerechtfertigt erscheint. Auf den ersten Blick erscheinen jedoch wenig Parallelen zwischen diesen beiden Konstellationen zu bestehen, handelt es sich im einen Fall doch um Sachen, die im Eigentum des Arbeitnehmers stehen, in den anderen Fällen hingegen um im Eigentum Dritter stehender Sachen. Der zur Rechtfertigung der Ungleichbehandlung notwendige sachliche Grund könnte somit durch die unterschiedliche rechtliche Eigentumslage in den beiden verglichenen Konstellationen gegeben sein.

Bei eingehender Betrachtung gelangt man jedoch zu dem Schluss, dass es letztlich eine Frage des Zufalls sein kann, an welcher Sache der Schaden eintritt:

Setzt der Arbeitnehmer bspw. ein eigenes Werkzeug zu einer betrieblich veranlassten Reparatur ein, weil der Betriebshandwerker im Moment nicht verfügbar ist und wird dabei das Werkzeug beschädigt, liegt ein Fall der Arbeitgeberhaftung vor. Beschädigt der Arbeitnehmer hingegen bei der Reparatur infolge leichter Unachtsamkeit ein sich im Eigentum des Arbeitgebers oder eines Dritten befindliches Werkzeug, so liegt ein Fall der Arbeitnehmerhaftung vor. Nach dieser Konstellation ist der Arbeitnehmer unter Anwendung der Grundsätze der privilegierten Arbeitnehmerhaftung nicht ersatzpflichtig. Hieran wird deutlich, dass es letztlich eine Frage des Zufalls ist, ob der Arbeitnehmer ersatzpflichtig wird bzw. eine Ersatzzahlung erhält. Einzig und allein die Frage nach den Eigentumsverhältnissen entscheidet über die Rechtsfolgen, ungeachtet des womöglich bei-

---

723 Im Einzelnen s. bereits auch schon oben, S. 165 ff.

724 So schon BAG (GS) Beschl. v. 27.09.1994 = E 78, S. 56 (67) zur verfassungsrechtlich unerlässlichen Beschränkung der Arbeitnehmerhaftung.

725 Zum faktischen Zwang zur Eingehung eines Arbeitsverhältnisses s. sogleich, S. 193 ff.

den Konstellationen zugrunde liegenden vergleichbaren bzw. ähnlichen Gedankens der Gefahrtragung durch den Arbeitgeber.

Unter Anwendung der Grundsätze der beschränkten Arbeitnehmerhaftung ist es daher für den Arbeitnehmer im Hinblick auf seine finanzielle Belastung mit den Schadensfolgen „günstiger“, mit geringem Verschulden eine arbeitgebereigene Sache zu beschädigen, als den Einsatz einer eigenen Sache vorzunehmen. Dieser Unterschied lässt sich aufgrund der Gemeinsamkeiten, die zwischen beiden Konstellationen bestehen, schwerlich rechtfertigen:

Beiden Konstellationen gemeinsam ist, dass die Sache – unabhängig von den Eigentumsverhältnissen – durch eine Handlung des Arbeitnehmers beschädigt worden ist. Zudem erfolgte die Beschädigung der Sache in beiden Fällen im Zusammenhang mit der Verrichtung einer betrieblichen Tätigkeit. Im Falle der privilegierten Arbeitnehmerhaftung verbleibt dem Arbeitnehmer jedoch kein Schaden, da dieser bei geringem Verschulden von den Haftungsfolgen freigestellt wird. Im Falle des Einsatzes einer eigenen Sache hingegen würde dem Arbeitnehmer ein Schaden verbleiben, wenn kein Ausgleich im Sinne der verschuldensunabhängigen Arbeitgeberhaftung erfolgte.

Im Hinblick auf das Gleichbehandlungsgebot erscheint diese Differenzierung nicht als genügend gerechtfertigt: Ein sachlicher Grund ist bei formaler Betrachtung zwar durch die verschiedenen Eigentumsverhältnisse gegeben, allerdings ist dieser Grund nicht von derartigem Gewicht, als dass er die Ungleichbehandlung von Schäden an arbeitnehmereigenen Sachen und Schäden an arbeitgebereigenen Sachen rechtfertigen könnte. Zwar tritt der Schaden in dem einen Fall auf Seiten des Arbeitgebers oder eines Dritten ein, die Ersatzpflicht und damit verbundene Kosten werden vom Arbeitnehmer aber mittels des Freistellungsanspruches auf den Arbeitgeber übertragen, so dass im Ergebnis der Arbeitnehmer einen Schaden herbeiführt, aber durch die Grundsätze des innerbetrieblichen Schadensausgleiches nicht für diesen einstehen muss.

Bei der in Rede stehenden Arbeitgeberhaftung tritt der Schaden an den Sachen des Arbeitnehmers ein, ohne dass ein schuldhaftes Handeln des Arbeitnehmers oder des Arbeitgebers vorliegt. Es darf in derartig gelagerten Konstellationen keinen Unterschied machen, in wessen Eigentum die Sache steht, da sie in beiden Fällen bei einer betrieblichen Tätigkeit zur Erreichung eines betrieblichen Zweckes und zur Erbringung der Arbeitsleistung eingesetzt wird. *Müller-Glöge*[726] teilt diese Ansicht und führt zur Bekräftigung in diesem Zusammenhang den Beispielsfall zweier Arbeitnehmer an, von denen der eine im eigenen Arbeitsanzug arbeite, der andere hingegen in einem vom Arbeitgeber gemieteten Arbeitsanzug und denen beiden beim Schweißen in Folge leichter Unachtsamkeit ein Schaden an den Anzügen entstehe. Bei Ablehnung einer verschuldensunabhängigen Arbeitgeberhaftung wären, so *Müller-Glöge*, die Konsequenzen denkwürdig und schwer verständlich: Der Arbeitnehmer, der in seinem eigenen Anzug arbeitet, erhält keinen Er-

726 *Müller-Glöge*, in: Richterliches Arbeitsrecht, Festschrift für Thomas Dieterich, S. 387 (392).

satz vom Arbeitgeber, während der Kollege, der im gemieteten Anzug seiner Arbeit nachgeht, einen Freistellungsanspruch gegen seinen Arbeitgeber durchsetzen kann.

Es ist damit festzuhalten, dass es bei der späteren Frage der Ersatzpflicht nicht verschiedentlich behandelt werden darf, ob der Arbeitnehmer seine eigenen Sachen auf Bitten des Arbeitgebers einsetzt oder er aber eine firmeneigene oder geleaste Sache benutzt. Hierin ist *Müller-Glöge* voll inhaltlich zuzustimmen. Bei Aberkennung einer verschuldensunabhängigen Arbeitgeberhaftung hätte dies ansonsten zur Folge, dass der Arbeitnehmer bei einem geleasten Firmen-PKW einen Schaden in vorwerfbarer Weise herbeiführt, aber von sämtlichen Folgen freigestellt wird, während bei der Verwendung des eigenen PKWs ein Schadenseintritt den Arbeitnehmer belasten würde: Zwar nicht in Form eines Ersatzanspruches, aber in Form der Belastung durch die eigene Schadenstragung. Diese Ungleichbehandlung lässt sich dann nicht rechtfertigen, wenn der Arbeitnehmer sein Eigentum zur Erfüllung des Betriebszweckes einsetzt und muss daher bei Vergleich mit den Grundsätzen der privilegierten Arbeitnehmerhaftung und der hierzu bestehenden Parallelität dazu führen, dass eine Entschädigung des Arbeitnehmers im Hinblick auf das Gleichheitsgebot auch im Falle der verschuldensunabhängigen Schädigung seitens des Arbeitgebers erfolgt.[727] Der beiden Konstellationen einheitlich zugrunde liegende Gedanke ist die Zuweisung des – untechnisch formuliert – Arbeits- oder Betriebsrisikos an den Arbeitgeber, wenn der Arbeitnehmer in dessen Risikosphäre betrieblich tätig wird. Dies macht eine Gleichbehandlung beider Haftungskonstellationen zwingend erforderlich. Eine Ausgleichspflicht des Arbeitgebers für verschuldensunabhängig eingetretene Sachschäden des Arbeitnehmers ist daher durch das Gleichbehandlungsgebot mit der beschränkten Arbeitnehmerhaftung verfassungsrechtlich abzuleiten; diese Prämisse gilt für Schäden, die im Zusammenhang mit einer betrieblichen Tätigkeit entstehen und beansprucht ihre Geltung durch die bei einem Vergleich mit der privilegierten Arbeitnehmerhaftung hervorgetretenen Gemeinsamkeiten.

bb. Aufgrund Vergleiches zu beamtenrechtlichen Vorschriften

Ein weiterer und – soweit ersichtlich – bisher noch von keiner Seite ausdrücklich vorgebrachter Aspekt ist ein Vergleich der Arbeitnehmereigenschadensproblematik mit beamtenrechtlichen Vorschriften.[728] Bei anfänglicher Betrachtung erscheint dies zunächst verwunderlich, da seit Schaffung des Beamtenversorgungsgesetzes (BeamtVG) mit dem dor-

---

727 MünchArb/*Blomeyer*, § 96, Rn. 68; Ebenso *ders.*, Der Eigenschaden des Arbeitnehmers, S. 77 (83); ähnlich, aber vorsichtiger formulierend und die Konsequenzen nur andeutend: *Müller-Glöge*, in: Richterliches Arbeitsrecht, Festschrift für Thomas Dieterich, S. 387 (392).

728 Lediglich der Gesetzesentwurf der SPD-Fraktion zur Kodifizierung eines Arbeitnehmerhaftungsgesetzes (BT-Drucks. 12/5551 v. 11.08.1993 und BT-Drucks. 13/2195 v. 22.08.1995) nimmt hierauf in seiner Begründung kurz Bezug, verkennt dabei aber die Einzelheiten der Regelung. Siehe hierzu später, S. 235 ff.

tigen § 32 S. 1 eine den Sachschadensersatz regelnde Vorschrift existiert.[729] Gleichheitsüberlegungen könnten es damit als zwingend erscheinen lassen, auch dem Arbeitnehmer einen solchen Anspruch zuzugestehen. Im Ergebnis vermag dieser Gedanke aber nicht zu überzeugen. Ob die unterschiedliche Stellung von Beamten zu Arbeitnehmern aufgrund öffentlich-rechtlichen Dienst- und Treueverhältnisses einerseits und privatrechtlichem Arbeitsvertrag andererseits einen hinreichenden Rechtfertigungsgrund darzustellen vermag, erscheint bereits zweifelhaft,[730] kann aber dahingestellt bleiben, da der Vergleich bei genauerer Betrachtung aus anderen Gründen ohnehin scheitern muss: Die Regelung des § 32 BeamtVG erfordert zum einen das Vorliegen eines „Dienstunfalls", mithin also eines Personenschadens, zum anderen ist sie eine bloße Ermessensnorm. Sachschadensersatz nach § 32 BeamtVG kann folglich nur dann gewährt werden, wenn der Beamte auch körperlich verletzt worden ist.[731] Hat das in Betracht kommende Geschehen hingegen nur einen Sachschaden bewirkt, so bestimmt sich der Ersatz nach den Vorschriften der Landesbeamtengesetze.[732] Auch hiernach steht die Zusprechung von Ersatz aber regelmäßig im Ermessen des Dienstherrn. Zwar ist das Ermessen stets pflichtgemäß auszuüben, dennoch

729 § 32 BeamtVG „Erstattung von Sachschäden und besondere Aufwendungen", dessen S. 1 wie folgt lautet: "Sind bei einem Dienstunfall Kleidungsstücke oder sonstige Gegenstände, die der Beamte mit sich geführt hat, beschädigt oder zerstört oder abhanden gekommen, so kann dafür Ersatz geleistet werden".

730 Vgl. zu den Besonderheiten von Beamten und den besonderen wechselseitigen Pflichten zwischen Dienstherrn und Beamten Schaub/*ders.*, ArbR-Hdb., § 36, Rn. 46; ausführlich: *Wind/Schimana/Wichmann/Langer*, Öffentl. Dienstrecht, Rn. 58 ff. u. 199 ff. Im Ergebnis wird wohl eine Gleichbehandlung von Beamten und Arbeitnehmern nicht zwingend sein, da Beamte durch die öffentlich-rechtliche Ausgestaltung ihres Dienstverhältnisses eine gänzlich andere Stellung als Arbeitnehmer innehaben. Das Verhältnis Beamter – Dienstherr ist damit in einem viel stärkeren Maß durch Treue- und Fürsorgepflichten ausgestaltet als dass eines Arbeitnehmers, so dass beamtenrechtliche Vorschriften bereits aus diesem Grunde nicht aus verfassungsrechtlichen Gleichheitserwägungen auf Arbeitnehmer entsprechend angewendet werden müssen. Dies betonen auch die Begründungen die hierzu ergangenen Gerichtsentscheidungen, die maßgeblich darauf abstellen, dass zwischen Beamten und eine Staat eine besondere Fürsorgepflicht besteht, die aus dem öffentlich-rechtlichen Treueverhältnis resultiere, vgl. OVG Lüneburg Urt. v. 7.12.1993 = NVwZ-RR 1994, S. 601 (601 ff.) sowie die Erläuterungen von Kümmel/Werhahn/*Ritter*, BeamtVG, § 32, Rn. 2 m.w.N. Allgemein zu einem Vergleich der Arbeitssituation von Arbeitnehmern und Beamten vgl. *Reinhardt*, Die dogmatische Begründung der Haftungsbeschränkungen des Arbeitnehmers, § 13, S. 195 ff.

731 Schütz/*Schnellenbach*, BeamtVG, § 32, Rn. 4; Kümmel/Werhahn/*Ritter*, BeamtVG, § 32, Rn. 7.

732 Vgl. bspw. § 91 Abs. 1 S. 1 Landesbeamtengesetz NRW: „Sind in Ausübung des Dienstes Kleidungsstücke oder sonstige Gegenstände, die üblicherweise im Dienst mitgeführt werden, beschädigt oder zerstört oder abhanden gekommen, so kann hierfür Ersatz geleistet werden." Entsprechende Regelungen sind aber nicht in allen Ländern vorhanden, gleichfalls fehlt eine gesetzliche Grundlage auch im Bund, wo lediglich die Richtlinien für Billigkeitszuwendungen bei im Dienst entstandenen Sachschäden gelten, vgl. Rundschreiben BMF i.d.F. v. 23.10.1967, MBl. Fin 1968, S. 359. S. auch Kümmel/Werhahn/*Ritter*, BeamtVG, § 32, Rn. 29.

hat der einzelne Beamte keinen Rechtsanspruch auf Ersatz seiner Schäden.[733] Folglich können die beamtenrechtlichen Regelungen sowohl aufgrund ihrer tatbestandlichen Voraussetzungen wie auch aufgrund der bestehenden Unterschiede zwischen Arbeitnehmern und Beamten nicht im Wege verfassungsrechtlicher Gleichheitserwägungen zur zwingenden Anspruchsbegründung für Arbeitnehmer herangezogen werden. Allein die Tatsache, dass im Beamtenrecht eine Norm zum Ausgleich verschuldensunabhängig entstandener Sachschäden existiert, verdeutlicht jedoch, dass die generelle Ersatzfähigkeit auch in anderen Rechtsgebieten bei Vorliegen gewisser Voraussetzungen anerkannt ist.

c. *Zusammenschau*

Die Haftung des Arbeitgebers für Sachschäden des Arbeitnehmers, auch im Falle fehlenden arbeitgeberseitigen Verschuldens, ist unstreitig anerkannt. Die Notwendigkeit einer derartigen Entschädigungszahlung beruht zum einen auf den dargestellten wirtschaftlichen und sozialen Einzelargumenten, kann darüber hinaus aber in Form von verfassungsrechtlichen Vorgaben begründet werden. Eine Einstandspflicht des Arbeitgebers ist daher bei Bestehen bestimmter, noch genauer zu konkretisierender Anforderungen anzuerkennen und zwingend vorzunehmen.

5. *Denkbare Lösungswege zur methodologischen Begründung eines Ersatzanspruches*

Trotz der dargestellten Einigkeit und gleichfalls verfassungsrechtlichen Gebotenheit in Bezug auf das Erfordernis der Begründung eines Ersatzanspruchs des Arbeitnehmers ist dessen methodische Herleitung nach wie vor äußerst strittig.[734] Zwar wendet die Rechtsprechung in den letzten Jahren und Jahrzehnten regelmäßig die Aufwendungsersatzvorschrift des § 670 BGB in analoger Weise zur Zusprechung eines Ersatzanspruches an[735] – was auch von einem Großteil des Schrifttums begrüßt wird[736] – dennoch ist dieser Weg nicht gefeit vor teilweise berechtigter und sogar grundsätzlicher Kritik,[737] so dass auch

---

733 So der Umkehrschluss aus der Regelung des § 32 S. 3 BeamtVG, die vorschreibt, dass im Rahmen einer ersten Hilfeleistung entstandene Schäden zu ersetzen sind sowie die Ausführungen von Schütz/*Schnellenberg*, BeamtVG, § 32, Rn. 14. Ebenso Kümmel/Werhahn/*Ritter*, BeamtVG, § 32, Rn. 5.

734 *Preis* in ErfKomm, § 619 a BGB, Rn. 88; *Stoffels* in AR-Blattei SD, 860.1, Rn. 133.

735 Ausgangspunkt dieser Entwicklung war die grundlegende Entscheidung des BAG im „Ameisensäurefall", BAG (GS) Beschl. v. 10.11.1961 = E 12, S. 15 ff.; seitdem ständige Rspr. des BAG, zuletzt: BAG 14.12.1995 = AP BGB § 611 Nr. 13 zu Gefährdungshaftung des Arbeitgebers.

736 Vgl. nur statt aller: *Däubler*, JuS 1986, S. 425 (431) ebenso wie *Gick*, JuS 1979, S. 638 (643), jeweils mit weiteren Nachweisen; allgemein zum Meinungsstand: *Preis* in ErfKomm, § 619 a, Rn. 90 f.

737 Problematisch ist bspw. die Berücksichtigung von arbeitnehmerseitigem Mitverschulden gem. § 254 BGB, die gilt ebenso für die herkömmliche Definition des Aufwendungsbegriffs. Als

zahlreiche alternative Begründungsansätze entwickelt worden sind, die im folgenden dargestellt und erörtert werden sollen:

a. Anspruchsherleitung aus arbeitsvertraglicher Regelung

aa. Aufgrund expliziter Anordnung eines Ersatzanspruchs im Arbeitsvertrag

Ein Anspruch des Arbeitnehmers auf Ersatz seiner erlittenen Schäden ließe sich unproblematisch durch den Arbeitsvertrag selbst begründen, wenn dieser einen Passus enthielte, nach dem sich der Arbeitgeber zum Ersatz verschuldensunabhängig entstandener Sachschäden bereit erklären würde, die in einem Kontext mit der Arbeitserbringung stehen. Aufgrund der Vertragsautonomie im Bürgerlichen Recht wäre eine solche Regelung ohne weiteres möglich; da sie dem Arbeitnehmer darüber hinaus zusätzliche Rechte gewähren würde, wäre sie auch im Hinblick auf etwaige AGB-Prüfungen unbedenklich.[738]

Allerdings wird der Arbeitsvertrag in der Regel vom Arbeitgeber gestellt, so dass der Arbeitnehmer wenige Einwirkungsmöglichkeiten auf den Inhalt des Arbeitsvertrags hat und eine derartige Regelung schwerlich durchsetzen könnte.[739] Etwas anderes gilt jedoch in den Fällen hochbezahlter Spitzenkräfte, deren Arbeitsbedingungen oftmals das Ergebnis langwieriger Verhandlungen sind, an deren Ende ein individuell ausformulierter Arbeitsvertrag steht. In den „klassischen" Fällen der Arbeitgeberhaftung,[740] die oftmals aufgrund der Ableistung körperlicher oder industrieller Arbeit mit einem höheren Schadensrisiko verbunden sind, wird sich ein Arbeitsvertrag allerdings in der Praxis kaum finden lassen, in dem sich der Arbeitgeber zur vertraglichen Übernahme verschuldensunabhängig entstandener Schäden bereit erklärt.

bb. Durch ergänzende Auslegung des Arbeitsvertrags

Bei Fehlen einer derartigen expliziten arbeitsvertraglichen Regelung könnte ein Ersatzanspruch möglicherweise aber aus dem Arbeitsvertrag mittels ergänzender Vertragsauslegung generiert werden. Die ergänzende Vertragsauslegung beruht darauf, dass bei der Abwicklung des Vertrages ein Problem entsteht, dass von den Parteien bei Abschluss des Vertrages übersehen wurde bzw. zwar gesehen wurde, aber dennoch ungeregelt blieb.[741]

---

weiterer Kritikpunkt wird die Einführung einer Gefährdungshaftung im Widerspruch zum Enumerationsprinzip und damit „durch die Hintertür" vorgebracht. Im Einzelnen hierzu siehe die folgenden detaillierten Ausführungen auf den Seiten 205 ff.

738 Zur Privatautonomie im Arbeitsrecht: *Preis* in ErfKomm, § 611 BGB, Rn. 255; ausführlich: *Loritz*, ZfA 2003, S. 629 ff. Zur viel problematischeren Frage der Disposivität der verschuldensunabhängigen Haftung siehe die späteren Ausführungen, S. 221 ff.

739 *Preis* in ErfKomm, § 611 BGB, Rn. 256 f.

740 Man denke hier bspw. an die Konstellation im BAG-Klassiker „Ameisensäurefall", BAG a.a.O., bei dem der Geschädigte als nicht-ständiger Hafenarbeiter beschäftigt wurde.

741 *Kötz*, Vertragsauslegung, S. 219 (231).

Bei der ergänzenden Vertragsauslegung handelt es sich also um eine Lückenschließung, bei der „dasjenige zu ermitteln und zu berücksichtigen ist, was die Parteien zwar nicht erklärt haben, was sie aber in Anbetracht des gesamten Vertragszwecks erklärt haben würden, wenn sie den offen gebliebenen Punkt in ihren Vereinbarungen ebenfalls geregelt hätten und hierbei zugleich die Gebote von Treu und Glauben und der Verkehrssitte beachtet hätten".[742]

Festzustellen ist folglich, ob ein Regelungsdefizit vorliegt und bejahendenfalls, wie die Vertragsparteien diese Lücke geschlossen hätten. Bei genauer Betrachtung lässt sich bereits im Fall der Eigenschadensproblematik das Vorliegen einer Regelungslücke in Abrede stellen: Das Bürgerliche Recht ermöglicht durch seine Zurechnungsprinzipien eine unstreitige Schadensverteilung. Es gilt der Schadenstragungsgrundsatz *casum sentit dominus,* und zwar solange, bis etwas Abweichendes angeordnet wird. Da dies vorliegend nicht der Fall ist, gelten die Grundsätze des Verschuldensprinzips, eine Anspruchsbegründung des Arbeitnehmers ist damit nicht möglich. Selbst wenn man zu der Bejahung einer Regelungslücke kommen und das allgemeine Haftungsrecht nicht für ausreichend zur Lösung der vorliegenden Problematik erachten sollte, so ist zu berücksichtigen, dass die Lückenfüllung nach dem hypothetischen beiderseitigen Parteiwillen zu erfolgen hat. Mehr als fraglich erscheint, ob sich auf Seiten des Arbeitgebers ein dahingehender Wille konstruieren lässt, auch im Falle fehlenden Verschuldens für arbeitsbedingte Schäden des Arbeitnehmers aus übernommener vertraglicher Verpflichtung einstehen zu wollen. Dies hieße für den Arbeitgeber das Eingehen einer zusätzlichen konstitutiven Verpflichtung zum Schadensersatz. Derartige Konsequenzen werden vom Arbeitgeber nicht gewollt sein, da dieser regelmäßig nur in den gesetzlich zwingend vorgeschriebenen Fällen ersatzpflichtig sein will. Daher muss die Herleitung eines Ersatzanspruches im Wege ergänzender Vertragsauslegung als Fiktion bezeichnet werden, die zwar dem Parteiwillen des Arbeitnehmers gerecht werden mag, vom Arbeitgeber aber ungewollt sein wird, da seinerseits ein diesbezüglicher hypothetischer Wille zur Begründung einer vertraglichen Schadensersatzverpflichtung nicht bestehen wird. Auch mittels ergänzender Vertragsauslegung lässt sich damit nicht in überzeugender Weise ein Ersatzanspruch für verschuldensunabhängig entstandene Schäden aus dem Arbeitsvertrag „herauslesen".

b. Anspruchsherleitung mittels der Entgelttheorie

aa. Darstellung

Einen weiteren, ebenfalls auf vertraglicher Ebene angesiedelten Ansatz vertritt *Koch,*[743] der einen Entschädigungsanspruch des Arbeitnehmers gleichfalls aus dem Arbeitsvertrag herleiten möchte. Allerdings geht *Koch* dabei zurecht davon aus, dass sich weder eine ex-

---

742 BGH Urt. v. 18.12.1954 = BGHZ 16, S. 71 (76). Siehe auch BGH Urt. v. 22.04.1953 = BGHZ 9, S. 273 (278) und BGH Urt. v. 29.04.1987 = BGHZ 84, S. 1 (7).

743 *Koch*, Der Eigenschaden des Arbeitnehmers, S. 87 ff.

plizite, noch im Wege der ergänzenden Auslegung gewonnene arbeitsvertragliche Einstandspflicht für verschuldensunabhängig entstandene Arbeitnehmerschäden überzeugend begründen lässt. Daher leitet *Koch* die Entschädigungspflicht aus dem Arbeitsvertrag in Verbindung mit dem Anspruch nach § 612 Abs. 2 BGB her: Ein Schaden, der das durch den Arbeitslohn abgegoltene Maß übersteigt, soll nach *Koch* einen zusätzlichen Anspruch auf „übliche Vergütung" nach § 612 Abs. 2 BGB auslösen.[744] Diese Theorie wird von der Literatur als Entgelttheorie bezeichnet,[745] da sie die Einstandspflicht des Arbeitgebers nicht als Schadensersatzleistung begreift, sondern in ihr ein im Gegenseitigkeitsverhältnis stehendes Vergütungsäquivalent erblicken möchte. Folglich ist die Einstandspflicht des Arbeitgebers nach der Entgelttheorie kein Kompensationsanspruch für erlittene Vermögensschäden, sondern eine -als Teil der Vergütung geschuldete- Gegenleistungspflicht des Arbeitgebers für das Tätigwerden des Arbeitnehmers.

bb. Vorzüge dieses Ansatzes

Vorteilhaft an diesem Lösungsweg ist, dass es sich um eine systemkonforme Lösung handelt, da mit dem Weg über § 612 BGB eine Norm des Arbeitsvertragsrechts zur Anspruchsbegründung herangezogen wird.[746] Zudem bildet der Arbeitsvertrag die Grundlage des Arbeitsverhältnisses und regelt die gegenseitigen Pflichten der Vertragsparteien, worunter nicht nur die Hauptleistungspflichten fallen, sondern sich ebenfalls Schutz- und Sorgfaltspflichten, Treue- und Loyalitätspflichten, die Gewährung von Urlaubsgeld, Gratifikationen oder sogar Leistungen zur Altersversorgung subsumieren lassen, die allesamt in einem Austauschverhältnis stehen.[747] Diese Mannigfaltigkeit und Vielzahl der wechselseitigen Pflichten lasse erkennen, dass keine Vertragspartei bereit sei, Leistungen, gleich welcher Art, ohne Gegenleistung zu erbringen.[748] Selbiges müsse bei der Frage nach der Äquivalenz von Leistung und Gegenleistung für in Vollzug der Arbeit eingesetzter und hierbei beschädigter Sachen des Arbeitnehmers gelten, weil nicht davon ausgegangen werden könne, dass der Arbeitnehmer überobligationsmäßige Anstrengungen und Opfer erbringen wolle.[749]

Maßgeblich für diese Betrachtung ist immer das jeweilige „Leistungsbild" des Arbeitnehmers,[750] wobei der Arbeitsvertrag zur Feststellung und Konkretisierung des Berufsbildes dienen soll. Zur Veranschaulichung gibt *Koch* hierfür folgendes Beispiel an die Hand: Bspw. müsse die Sekretärin für die beim Bücken zerrissenen Strümpfe selbst aufkommen, da das Stellen von Kleidung und deren natürliche Abnutzung vom Arbeitsentgelt umfasst

744 *Koch*, Der Eigenschaden des Arbeitnehmers, S. 77 ff.
745 So bspw. genannt von *Blomeyer*, MünchArb/*Blomeyer*, § 96, Rn. 66.
746 So *Raulf*, Arbeitgeberhaftung bei PKW-Schäden, S. 53.
747 *Koch*, Der Eigenschaden des Arbeitnehmers, S. 79.
748 *Koch*, Der Eigenschaden des Arbeitnehmers, S. 79.
749 *Koch*, Der Eigenschaden des Arbeitnehmers, S. 79 f.
750 So der von *Däubler* (JuS 1986, S. 425 ff., Fußnote 126 auf S. 432) verwendete Ausdruck.

sei.[751] Entstehe jedoch ein Schaden, bspw. bei einer Dienstfahrt mit dem eigenen PKW, ohne dass der Arbeitgeber ein besonders angepasstes Kilometergeld gewähre, dass etwaige Schäden kompensiere, so könne nach der Entgelttheorie der Arbeitnehmer den Arbeitgeber auf Ersatz des Schadens in Anspruch nehmen; Anspruchsgrundlage hierbei sei dann der Arbeitsvertrag i.V.m. den §§ 611, 612 Abs. 2 BGB.[752]

cc. Kritik und Bewertung

Allerdings hat sich die Entgelttheorie *Kochs* nicht durchsetzen können, obwohl diese die oben aufgezeigten Vorteile aufzuweisen vermag. Problematisch ist an dieser Theorie ist indes, dass sie zum einen keinen dogmatisch überzeugenden Ansatz für die Berücksichtigung arbeitnehmerseitigen Mitverschuldens vorweisen kann, sondern lediglich auf eine Billigkeitsprüfung ausgewichen werden muss.[753] In letzter Konsequenz muss der Vergütungsanspruch demnach mangels Bezugs zu einer „üblichen Vergütung" ausschließlich nach Billigkeitsgesichtspunkten bestimmt werden, was nach *Blomeyer* bereits allein zur generellen Ablehnung der Entgelttheorie führen muss.[754] Zum anderen –so *Däublers* Kritik an der Entgelttheorie- besteht neben Abgrenzungsproblemen insbesondere die Gefahr, dass der Arbeitgeber durch eine von ihm initiierte Vertragsgestaltung das Risiko einseitig zu Lasten des Arbeitnehmers verschieben kann.[755] Diese Gefahr lässt sich insofern nicht leugnen, als dass der Arbeitgeber bspw. durch vertragliche Formulierungen getreu „Der Arbeitnehmer erhält für verschuldensunabhängig eingetretene Schäden keinen Ersatz" oder etwa „Zum Leistungsbild des Beschäftigten gehören auch der zeitweise Einsatz arbeitnehmereigener Gegenstände wie die Benutzung des eigenen Pkws" durch eine Konkretisierung des Leistungsbildes des Arbeitnehmers der potentiellen Ersatz-pflicht entgegenwirken könnte.[756]

Weiterhin erscheint in Hinblick auf das Erfordernis der Bestimmtheit und Bestimmbarkeit des Arbeitslohnes problematisch, dass nach *Koch* die „übliche Vergütung" im Schadensfall erst *ex post*, also nach Eintritt des Schadensfalles, bemessen werden kann

---

751 *Koch*, Der Eigenschaden des Arbeitnehmers, S. 109.

752 Vergleiche zum ganzen *Koch*, Der Eigenschaden des Arbeitnehmers, insb. S. 103 ff. sowie die S. 109 ff.

753 MünchArb/*Blomeyer*, § 96, Rn. 66.

754 MünchArb/*Blomeyer*, § 96, Rn. 66.

755 *Däubler*, JuS 1986, S. 425, Fn. 126 auf S. 432.

756 Allerdings würde dies wohl dann vom Arbeitgeber oftmals mittels vorformulierter Arbeitsvertragsbedingungen erfolgen, die dann der AGB-Kontrolle nach den §§ 305, 307 ff., 310 Abs. 4 S. 2 BGB zugänglich wären und unter Umständen korrigiert werden müssten, so dass das Argument *Däublers* ein wenig seiner Schlagkraft verliert. Allerdings war der Arbeitnehmer auch vor der nun durch § 310 Abs. 4 S. 2 BGB erlaubten Anwendung der AGB-Vorschriften auf Arbeitsverträge nicht völlig schutzlos: Eine Inhaltskontrolle, allerdings in abgeschwächter Form, war nach Maßgabe der Gebote von Treu und Glauben, § 242 BGB, möglich. Zur Frage der Abdingbarkeit der arbeitgeberseitigen Haftung siehe aber noch ausführlich die späteren Ausführungen, S. 221 ff.

und soll.[757] Zu kritisieren ist hieran, dass das Arbeitsentgelt jedoch zum einen von vornherein bestimmt ist bzw. bestimmbar sein muss,[758] sowie zum anderen regelmäßig periodisch ausgezahlt wird. Gleichfalls vermag die Entgelttheorie nicht die im Rahmen der verfassungsrechtlichen Untersuchung dargestellten Parallelen zur beschränkten Arbeitnehmerhaftung herauszustreichen und einen gemeinsamen Lösungsweg aufzuzeigen, was einen weiteren gewichtigen Kritikpunkt an *Kochs* Entgelttheorie ausmacht. Trotz der genannten Vorzüge der Entgelttheorie, die diese aufgrund ihrer Anknüpfung an arbeitsrechtliche Vorschriften als Versuch einer systemkonformen Lösung aufweist, begegnen ihr die dargelegten grundsätzlichen Bedenken, weshalb sie zur methodischen Bewältigung der verschuldensunabhängigen Arbeitgeberhaftung nicht in der Lage und somit abzulehnen ist.[759]

c. Anspruchsbegründung aus der arbeitgeberseitigen Fürsorgepflicht

Vereinzelt wurde und wird diskutiert, einen verschuldensunabhängigen Ersatzanspruch aus der arbeitgeberseitigen Fürsorgepflicht zu generieren. Insbesondere nach *Achterberg* lässt sich zur methodisch einwandfreien Begründung eines Ersatzanspruches des Arbeitnehmers gegen den Arbeitgeber ausschließlich die Fürsorgepflicht heranziehen:[760] Als Folge arbeitgeberseitiger Fürsorgepflicht müsse dieser für Schäden des Arbeitnehmers aufkommen, die bei der Ausübung einer schadensgeneigten Tätigkeit entstanden seien.[761] Die genaue Abgrenzung zwischen freiwilligen Leistungen des Arbeitgebers und solchen, die aufgrund der Fürsorgepflicht des Arbeitgebers zwingend diesem aufzuerlegen sind, müsse mittels der Verkehrsanschauung zwar hinreichend präzise abgegrenzt werden, lasse sich aber bewerkstelligen.[762] Dieser Lösungsansatz hat auch teilweise in der Rechtspre-

757 *Koch*, Der Eigenschaden des Arbeitnehmers, S. 99.

758 Siehe zum Erfordernis der Bestimmtheit bzw. Bestimmbarkeit des Arbeitslohnes *Preis* in ErfKomm, § 612 BGB, Rn. 1: „Bei Fehlen einer Vergütungsvereinbarung würde es wegen der fehlenden Einigung über einen wesentlichen Vertragspunkt (Dissens §§ 154, 155) nicht zum Vertragsschluss kommen.“ Zwar lässt sich mittels der Vorschrift des § 612 Abs. 1, 2 BGB ein Vergütungsanspruch sowie dessen Höhe fingieren, dies hilft jedoch nicht darüber hinweg, dass nach der Entgelttheorie erst nach Eintritt des Schadensfalle sich die Vergütung bestimmen lässt, vorher also unbestimmt und auch mangels Wissen um Schadenseintritt und -objekt völlig unbestimmbar ist.

759 Gleicher Ansicht ist, soweit ersichtlich, das einhellige Schrifttum, vgl. etwa *Däubler*, S. 425, Fn. 126 auf Seite 432; MünchArb/*Blomeyer*, § 96, Rn. 66; *Reichold*, NZA 1994, S. 488, Fn. 57 auf Seite 492; *Stoffels* in AR-Blattei SD, 860.1, Rn. 150, der sogar so weit geht und *Kochs* Ansatz als „überaus lebensfremd anmutende Konstruktion“ beschreibt, die „zu einer diffusen Billigkeitsrechtsprechung“ führen würde.

760 *Achterberg*, AcP 164, S. 14 (47). Ähnlich auch *Klein*, BB 1963, S. 1488 (1489).

761 *Achterberg*, a.a.O.

762 *Achterberg*, a.a.O.

chung Anerkennung gefunden.[763] Anspruchsgrundlage des Ersatzanspruches ist hierbei nicht die Verletzung einer vertraglichen Pflicht in Verbindung mit § 280 Abs. 1 BGB, da dieser Anspruch ein vorwerfbares, pflichtwidriges Verhalten des Arbeitnehmers voraussetzt, sondern allein das Bestehen der Fürsorgepflicht, aus der unmittelbar ein Anspruch auf den Ausgleich entstandener Sachschäden erwachse.[764]

Achterberg ist insoweit zuzustimmen, dass das grundsätzliche Bestehen einer arbeitgeberseitigen Treue- bzw. Fürsorgepflicht heute unstreitig anerkannt ist.[765] Die Fürsorgepflicht ist elementarer Bestandteil des Arbeitsverhältnisses und im Laufe der Zeit immer stärker durch die Rechtsprechung ausgestaltet worden. Da die Treue- und Fürsorgepflicht jedoch nach wie vor nur vereinzelt gesetzlich normiert worden ist (so bspw. die Regelung des § 618 BGB[766]), bedarf sie weiterhin der Konkretisierung. Als Grundlage der Fürsorge- und Treuepflicht muss nach der erfolgten Schuldrechtsmodernisierung zwar nicht mehr auf § 242 BGB zurückgegriffen werden, da der Gesetzgeber in § 241 Abs. 2 BGB eine Regelung der vertraglichen Rücksichtspflichten vorgenommen hat. Allerdings besitzt diese Norm nur generalklauselartigen Charakter, weshalb die Begründung eines eigenen Anspruchs auf Ersatz verschuldensunabhängiger Schäden aus der Fürsorgepflicht zurecht Bedenken aufwirft. Insbesondere der Vorwurf der Überstrapazierung der Fürsorgepflicht steht hier berechtigterweise im Raum:[767]Bei der Konkretisierung der Fürsorgepflichten ist, insbesondere, wenn es um die Begründung von Ansprüchen geht, aus Gründen der Rechtssicherheit besondere Behutsamkeit und Zurückhaltung erforderlich.[768] Zurecht betont *Gick*, dass mittels des generalklauselartigen Instituts der Fürsorgepflicht in das arbeitsvertragliche Gefüge und die arbeitsvertragliche Balance von Rechten und Pflichten nicht für diese Frage eingegriffen werden dürfe, da die Fürsorgepflicht viel zu allgemein sei, um aus ihr eine Antwort auf die spezielle Frage einer verschuldensunabhängigen

---

763 Vgl. die Ausführungen des LAG Frankfurt a.M. Urt. v. 2.08.1972 = BB 1963, S. 1488 f. sowie insbesondere den Ober- und Leitsatz der Entscheidung. In dem zugrundeliegenden Fall war ein Arbeitnehmer bei Eisglätte mit seinem PKW verunfallt. Da der Unfall auf dem Weg zu einem Kundenbesuch stattfand und kein Firmen-PKW verfügbar war, begehrte der Arbeitnehmer Ersatz für den Schaden am eigenen PKW. Das LAG sprach dem Arbeitnehmer Ersatz unter Hinweis auf die arbeitgeberseitige Fürsorgepflicht zu, die dies erfordere. Allerdings verwirrt, dass das LAG dann als Anspruchsgrundlage die Aufwendungsersatzvorschrift des § 670 BGB in entsprechender Anwendung heranzieht, und damit auftragsrechtliche Vorschriften mit den Fürsorgepflichten im Arbeitsverhältnis vermengt.

764 Zum ganzen auch *Schumacher*, Die vom Verschulden unabhängige Haftung des Arbeitgebers für arbeitsbedingte Sachschäden des Arbeitnehmers, S. 30.

765 Hierzu und zu den allenfalls noch begrifflichen Streitigkeiten s. die obigen Ausführungen, S. 105 ff.

766 S. bereits oben, a.a.O.

767 LAG Hamm Urt. v. 31.10.1978 = NJW 1979, S. 943 (943); BAG (GS) Beschl. v. 10.11.1961 = E 12, S. 15 ff. = NJW 1962, S. 411 ff. = AP § 611 BGB Nr. 2 zu Gefährdungshaftung des Arbeitgebers.

768 *Gick*, JuS 1979, S. 638 (639).

Haftung des Arbeitgebers herzuleiten.[769] Ein Verdichten der Fürsorgepflicht zu einer Anspruchsgewährung im Einzelfall ist somit generell abzulehnen. Folglich lässt sich eine Einstandspflicht des Arbeitgebers für verschuldens-unabhängig entstandene Schäden nicht aus der Fürsorgepflicht als Erfüllungspflicht begründen, sondern nur im Falle der schuldhaften Verletzung dieser Pflicht.[770]

d. Anspruchsbegründung aus den Geboten von Treu und Glauben

Gemäß § 242 BGB sind bei der Leistungserbringung die Erfordernisse von Treu und Glauben mit Rücksicht auf die Verkehrssitte zu beachten. In Einzelfällen können durch die Gebote von Treu und Glauben auch Leistungspflichten begründet werden.[771] Denkbar wäre damit auch eine Anspruchsbegründung der Ersatzpflicht des Arbeitgebers aus der Norm des § 242 BGB. Allerdings ist die Konstruktion einer Ersatzpflicht in den Fällen verschuldensunabhängigen Handelns durch § 242 BGB unzweifelhaft abzulehnen und wurde, soweit ersichtlich, aufgrund der fulminanten Kritik an einer derartigen Lösung, bisher auch nicht ernsthaft vertreten.[772] Gegen eine Anspruchsherleitung sprechen die gleichen Argumente, die bereits im Rahmen der Fürsorgepflicht aufgezählt wurden. Wenn sich bereits aus der speziell arbeitsrechtlichen Treue- und Fürsorgepflicht, die eine bereichsbezogene Ausformung des § 242 BGB für das Arbeitsrecht darstellt, ein Ersatzanspruch nicht herleiten lässt, so muss dies erst recht für die allgemeine Vorschrift des § 242 BGB gelten. Überdies lassen sich weitere Kritikpunkte anbringen: Wenn bereits im Rahmen der Entgelttheorie von einer „Billigkeitsformel" gesprochen wird, so muss diese Kritik noch in viel stärkeren Maße für eine Anspruchsherleitung aus § 242 BGB gelten. Dem Problem der verschuldensunabhängigen Haftung des Arbeitgebers ist daher mittels § 242 BGB in keinster Weise beizukommen.[773]

---

769 *Gick*, a.a.O.

770 Zu den Einzelheiten siehe die obigen Ausführungen, S. 87 ff. Vgl. auch die Ausführungen des BAG im „Ameisensäurefall", BAG (GS) Beschl. v. 10.11.1961 = E 12, S. 15 (17 ff.).

771 Bspw. wird die Begründung von Ansprüchen durch § 242 BGB im Rahmen des Rechtsinstitutes der Erwirkung diskutiert, vgl. etwa Palandt/*Heinrichs*, BGB, § 242, Rn. 87.

772 Lediglich *Fitz*, Risikozurechnung bei Tätigkeit in fremden Interesse, S. 31 ff. gesteht der Lösung über Treu und Glauben eine „je nach Einzelfall elastische" Entscheidung zu, die interessengerecht erfolgen könnte und daher Vorteile biete. Allerdings gesteht *Fitz* sodann selbst ein, dass eine derartige Lösung nicht völlig überzeugen könne, da sie sich als „dogmatisch anfechtbar" (S. 33) erweise.

773 So im Ergebnis auch *Isele*, JuS 1962, S. 184 (186). Entschieden ablehnend auch: *Küchenhoff*, Die Haftung des Arbeitgebers für Sachschäden des Arbeitnehmers im Betriebe bei gefährlicher Arbeit, S. 153 (159 f.). *Canaris* umschreibt eine Anspruchsbegründung durch Stützung auf § 242 BGB daher auch zurecht als „offensichtliche Verlegenheits- und Scheinlösung", die zu einer „uferlosen Billigkeitsrechtsprechung" führen würde, vgl. *Canaris*, RdA 1966, S. 41 (42).

e. Herleitung eines Ersatzanspruchs aus dem privatrechtlichen Aufopferungsgedanken

Wie oben aufgezeigt,[774] kennt das bürgerliche Recht auch den Aufopferungsgedanken als Ansatzpunkt zur Begründung einer Schadensersatzpflicht. Dieser Gedanke kann womöglich auch bei der Frage der Herleitung einer Einstandspflicht des Arbeitgebers fruchtbar gemacht werden. Der Weg der Heranziehung des zivilrechtlichen Aufopferungsanspruches wurde bspw. von *Küchenhoff*[775] und *Ziegler*[776] beschritten und bei Problemen mit der direkten Anwendung die Konstruktion eines allgemeinen Aufopferungsanspruchs erwogen, der langer deutscher Rechtstradition entspräche: Bereits das preußische Allgemeine Landrecht vom 1. Juni 1794, das in seiner Einleitung in den §§ 74 f. einen Aufopferungs- und Entschädigungsanspruch kannte, habe dieser Entwicklung den Weg gebahnt. Als Konsequenz seiner Überlegungen postuliert *Küchenhoff* den folgenden von ihm entwickelten Rechtssatz, der sowohl im allgemeinen Zivilrecht sowie in seiner modifizierten Form auch im Arbeitsrecht Geltung beanspruchen könne: „Die Betriebsgemeinschaft hat den Arbeitnehmer, welcher seine besonderen Rechte dem Wohl des Betriebes aufzuopfern hat, in Höhe des Opfers zu entschädigen. Entschädigungspflichtig ist der Unternehmer."[777] Allerdings begegnet die Konstruktion eines arbeitsrechtlichen Aufopferungsanspruches durchgreifenden Bedenken, so dass auch von *Küchenhoff* selbst wenig später eine Revidierung seines Ansatzes erfolgte.[778]

Gewichtiges Argument gegen die Anerkennung eines Aufopferungsanspruches als Grundlage der Einstandspflicht des Arbeitgebers für Arbeitnehmereigentum ist die Befürchtung der Konterkarierung des deliktsrechtlichen Haftungssystems:[779] Dieses sieht in den §§ 823 ff. BGB ein genau abgestuftes System zwischen absolut geschützten Rechtsgütern und sonstigen Interessen vor. Des weiteren droht bei Anerkennung zivilrechtlicher Aufopferungsansprüche im Arbeitsrecht eine Umgehung des Verschuldensmaßstabes, da

---

774 Siehe auch die obigen Ausführungen zur Eingriffs- und Aufopferungshaftung.

775 *Küchenhoff*, RdA 1963, S. 7 (9); *ders.*, Die Haftung des Arbeitgebers für Sachschäden des Arbeitnehmers im Betriebe bei gefährlicher Arbeit, S. 153 (164). Allerdings differenziert *Küchenhoff* nicht ausreichend zwischen dem Aufopferungsgedanken und der Anknüpfung an einen bestimmten Zustand (Zustandshaftung). Zu den Unterschieden und der im Rahmen dieser Arbeit vorgenommenen Betrachtung siehe bereits oben, S. 109 ff. Ablehnend auch *Fitz*, Risikozurechnung bei Tätigkeit in fremden Interesse, S. 38 ff.

776 *Ziegler*, Der öffentlich-rechtliche und der arbeitsrechtliche Aufopferungsanspruch: ein Vergleich, S. 122.

777 *Küchenhoff*, Die Haftung des Arbeitgebers für Sachschäden des Arbeitnehmers im Betriebe bei gefährlicher Arbeit, S. 153 (166).

778 *Küchenhoff*, RdA 1963, S. 7 (9). Im Anschluß an die Entscheidung des BAG im sog. „Ameisensäurefall" (BAG, a.a.O.) änderte *Küchenhoff* seine Ansicht dahingehend, dass er die entsprechende Anwendung des § 670 BGB durch das BAG als Aufopferungsanspruch besonderer Art ansah, ohne hierfür mehr auf ungeregelte Rechtssätze oder die Regelungen der Aufopferung im BGB abzustellen.

779 So zutreffend *Gick*, JuS 1979, S. 638 (641) mit Verweis auf *Konzen*, Aufopferung im Zivilrecht, S. 152 ff.

das System der Aufopferung als Anspruchsvoraussetzung kein Vertretenmüssen erfordert. Dies hätte eine nicht zu vereinbarende Ausweitung der Haftung ohne Verschulden zur Folge.[780]

Schumacher kritisiert überdies an der Heranziehung des Aufopferungsprinzips, dass von einem Eingriff als erforderliche Tatbestandsvoraussetzung nur dann gesprochen werden könne, wenn die Schädigung bewusst herbeigeführt werde,[781] sich der Arbeitnehmer also wissentlich schädigen müsse, da eine bewusste Eingriffshandlung der Aufopferungslage wesensgemäß sei.[782] Andernfalls gelange man zu einer reinen Verursachungshaftung, welche im Zivilrecht allgemein abgelehnt werde.[783] Weiterhin ist zu bedenken, dass die Fälle der Aufopferung regelmäßig nur in Konstellationen relevant werden, in denen es an einer vertraglichen Bindung ermangelt. Im Verhältnis Arbeitnehmer – Arbeitgeber besteht jedoch durch den Arbeitsvertrag eine Sonderverbindung, die abschließende Regelungen enthält und dem Bereich der außervertraglichen Aufopferung aufgrund des Primats des Vertragsrechts und der dadurch gewährleisteten Privatautonomie vorgehen muss.[784]

Nach alledem lässt sich also die Erkenntnis festhalten, dass der Aufopferungsgedanke zur Begründung einer arbeitgeberseitigen Einstandspflicht nicht herangezogen werden darf.[785] Dies verbietet sich aus den zahlreichen dargestellten Gründen von grundsätzlicher und dogmatischer Relevanz. Das Aufopferungsprinzip ist daher auf die gesetzlich geregelten Fälle zu beschränken; es verbietet sich im Wege weiter Analogieschlüsse einen Ersatzanspruch für verschuldensunabhängige Einstandspflichten zu konstruieren.

f. Herleitung eines Ersatzanspruches im Wege der Betriebsrisikolehre

Sodann ist zu diskutieren, ob sich ein Ersatzanspruch womöglich aus dem Rechtsgedanken der grundsätzlichen Tragung des Betriebsrisikos durch den Arbeitgeber herleiten

---

780 *Konzen*, Aufopferung im Zivilrecht, S. 156.

781 *Schumacher*, Die vom Verschulden unabhängige Haftung des Arbeitgebers für arbeitsbedingte Sachschäden des Arbeitnehmers, S. 55.

782 *Schumacher*, Die vom Verschulden unabhängige Haftung des Arbeitgebers für arbeitsbedingte Sachschäden des Arbeitnehmers, S. 61. Diese Argumentation ist beachtlich, allerdings darf hierbei auch nicht verkannt werden, dass selbige Kritikpunkte in ähnlicher Weise bei dem bundesarbeitsgerichtlichen Lösungsweg Geltung beanspruchen können. Hier kreist der Streit allerdings nicht um den Eingriffsbegriff, sondern darum, ob ein Schaden auch eine Aufwendung im Sinne von § 670 BGB darstellen kann. Vgl. insoweit noch die späteren Ausführungen, S. 201 ff.

783 *Schumacher*, a.a.O. Allgemein zur reinen Kausalitätshaftung s. auch bereits die obigen Ausführungen, S. 104.

784 So vorsichtig *Stoffels* in AR-Blattei SD 860.1, Rn. 151; andere Ansicht jedoch *Ziegler*, S. 116 ff., der neben dem Arbeitsvertrag und damit dem Bestehen einer vertraglichen Bindung Aufopferungsansprüche anerkennen möchte.

785 *Fitz*, Risikozurechnung bei Tätigkeit in fremden Interesse, S. 38 ff.; *Gick*, JuS 1979, S. 638 (641).

lässt.[786] Hintergrund dieser Überlegung ist der Gedanke, der als allgemeiner Rechtssatz Einzug ins Zivilrecht gefunden hat, dass derjenige, der zu seinem Nutzen andere Personen einsetzt, neben den dadurch erlangten Vorteilen und Gewinn an Nutzen gleichfalls für die entstandenen Risiken einzustehen hat.[787] Umgemünzt auf das Arbeitsrecht also die Überlegung, dass der Arbeitgeber als Nutznießer und Verantwortlicher für die Betriebsorganisation neben dem erwirtschafteten Gewinn auch für auftretende Risiken einstehen muss.[788] Für einen derartigen Ansatz spricht nach *Larenz* zum einen die Problembewältigung durch Heranziehung eines spezifisch arbeitsrechtlichen Gedankens, sowie weiterhin die -bereits anderweitig vorgetragene- Billigkeitserwägung, dass dem Arbeitgeber der Nutzen der Tätigkeit zusteht und er daher gleichfalls Schäden des einzelnen Arbeitnehmers mit Leichtigkeit auffangen kann und aus Wertungsgesichtspunkten auch tragen muss.[789]

Das BAG hat in seiner vielbeachteten „Ameisensäureentscheidung“[790] zu diesem Lösungsansatz Stellung bezogen und ausgeführt, das Betriebsrisiko habe in seiner Entwicklung in Rechtsprechung und Wissenschaft einen mittlerweile ganz bestimmten und konkretisierten Sinngehalt erhalten: Mit dem Begriff des Betriebsrisikos werde unstreitig nur die Pflicht des Arbeitgebers zur Vergütungsfortzahlung bei solchen den Betrieb ganz oder teilweise lahmlegenden Ereignissen, die weder vom Arbeitgeber noch vom Arbeitnehmer zu vertreten sind, charakterisiert.[791] Auch wenn vereinzelt der Begriff des Betriebsrisikos in einem weiteren Zusammenhang gebraucht werde, könne dies eine Anspruchsherleitung nicht begründen, da eine solche fälschliche Verwendung des Betriebsrisikobegriffes zur Verwirrung beitrage und sich gegen die allgemein übliche Bezeichnung in der Rechtswissenschaft stelle.[792]

---

786 So *Larenz*, Anmerkung zu BAG (GS) Beschl. v. 10.11.1961 = SAE 1962, S. 198 f. mit deutlichen Worten: „Unverständlich ist dagegen die Abweisung des Gedankens des Betriebsrisikos“. Ausführlich auch zu diesem Gedanken, allerdings als Grund einer Haftungsbeschränkung im Rahmen der Arbeitnehmerhaftung: *Annuß*, Die Haftung des Arbeitnehmers, S. 98 ff.

787 So bereits *Canaris*, RdA 1966, S. 41 (45); ebenso *Annuß*, Die Haftung des Arbeitnehmers, S. 98 m.w.N.

788 Vgl. aus der Rspr. nur BAG Urt. v. 28.04.1970 = AP Nr. 55 zu § 611 BGB Haftung des Arbeitnehmers.

789 *Larenz*, Anmerkung zu BAG (GS) Beschl. v. 10.11.1961 = SAE 1962, S. 199. Zugegebenermaßen ist dieser Gedanke nicht bloß ein Argument für die Anwendung der Betriebsrisikolehre, sondern eine allgemeine Wertung aus sozialen Gründen, die auch im Rahmen anderer Begründungsansätze herangezogen werden kann.

790 BAG (GS) Beschl. v. 10.11.1961 = E 12, S. 15 (21 f.).

791 BAG (GS) Beschl. v. 10.11.1961 = E 12, S. 15 (21).

792 *Isele*, JuS 1962, S. 184 (187); *Richardi*, JZ 1986, S. 796 (799). Ebenso: BAG (GS) Beschl. v. 10.11.1961 = E 12, S. 15 (22). Abermals betont das BAG, dass man bei einem gegenteiligen Ergebnis und der Konstruktion eines Anspruches im Wege der Betriebsrisikolehre in Wirklichkeit zu einem gefährdungshaftungsähnlichen Anspruch gelange. Aufgrund der Geltung des Enumerationsprinzips verbiete sich dieser Weg aber.

Anhand dieses Disputs zwischen *Larenz* und dem BAG wird erkennbar, dass es sich bei der Frage der Heranziehung der Betriebsrisikolehre zur Anspruchsbegründung nur vordergründig um ein bloßes Definitionsproblem handelt, dessen Auswirkungen beträchtlich sind und vom Grundverständnis der Betriebsrisikolehre abhängen. Zunächst lässt sich im Einklang mit dem BAG feststellen, dass der Begriff des Betriebsrisikos heutzutage derart gefestigt ist, dass er ausschließlich die Frage des Fortbestehens der Vergütungsansprüche des Arbeitnehmers im Falle eines Arbeitskampfes bzw. bei sonstigen Konstellationen der Annahmeunmöglichkeit umfasst.[793] Eine weitergehende Bedeutung kommt dem Begriff des Betriebsrisikos damit nach allgemeiner Ansicht nicht zu.[794] Folglich ist dem BAG bei alleiniger Betrachtung der herkömmlich verwandten Begrifflichkeit uneingeschränkt zuzustimmen, selbst wenn – wie *Larenz* dies zurecht behaupten mag – der Begriff des Betriebsrisikos im Entscheidungsjahr 1961 möglicherweise noch nicht so gefestigt war wie heute; die Entwicklung der letzten Jahrzehnte hat die dargestellte Konkretisierung des Begriffes zur Folge gehabt, so dass heutzutage auch eine

Anspruchsbegründung nicht mehr ernsthaft im Wege der Betriebsrisikolehren vertreten wird. Allerdings ist die bisherige ausschließliche Verwendung des Betriebsrisikobegriffes zur Beurteilung der Frage des Vergütungsausfallrisikos allein kein hinreichender Grund, um eine denkbare Ausweitung der bisherigen begrifflichen Bedeutung abzulehnen. Bei einer extensiven Auslegung des Betriebsrisikobegriffes ließe sich der darin verkörperte „Sphärengedanke“ durchaus als Ausfluss der generell gültigen Überlegung anerkennen, der Arbeitgeber habe für alle aus der betrieblichen Sphäre erwachsenen Risiken aufzukommen und einzustehen und hieraus ein eigenes haftungsrechtliches Zurechnungsprinzip gewinnen. Zurecht betont *Annuß* daher, dass der Begriff des „Betriebsrisikos" hier zwar nicht mit dem gleichlautenden *terminus technicus* aus dem Recht der Leistungsstörungen verwechselt werden dürfe, aber zwischen beiden Anwendungsbereichen doch immerhin gewisse Verbindungslinien erkennbar seien, handele es sich doch in beiden Fällen im Ergebnis um eine angemessene Risikoverteilung.[795] Ebenfalls lassen sich Argumente sozialer und wirtschaftlicher Art heranführen, weshalb eine derartige Einstandspflicht des Arbeitgebers bestehen müsse bzw. wünschenswert sei,[796] womit die Be-

---

793 Dies zeigt auch eine Zusammenschau über Definitionen des Betriebsrisiko-Begriffes in den einschlägigen Werken, vgl. etwa Schaub/*Linck*, ArbR-Hdb., § 101, Rn. 1 ff.; HWK-*Krause*, § 615 BGB, Rn. 112 ff.; *Preis* in ErfKomm, § 615 BGB, Rn. 126 ff.; MünchArb/*Boewer*, § 79, Rn. 1 ff.; *Wollenschläger*, Arbeitsrecht, Rn. 261 ff.; *Junker*, Arbeitsrecht, Rn. 288 ff.; *Söllner/Waltermann*, Arbeitsrecht, Rn. 800 ff.

794 Vgl. hierfür die Darstellungen der soeben zitierten Werke, die ihre Ausführungen allesamt auf den dargestellten Vergütungsaspekt beschränken und in keinerlei Weise von einer weiteren Anwendung der Betriebsrisikolehre sprechen, bzw. diesbezüglich Überlegungen anstellen.

795 *Annuß*, Die Haftung des Arbeitnehmers, S. 100. S. auch *Becker*, Die Außenhaftung des Arbeitnehmers, S. 18.

796 S. hierzu die Darstellung der oben aufgeführten Argumente zum generellen Erfordernis der Begründung einer arbeitgeberseitigen, verschuldensunabhängigen Haftung bei Vorliegen bestimmter Voraussetzungen, S. 165 ff.

triebsrisikolehre zu einem eigenen Zurechnungsgrund erwachsen könnte. Diese Bewertung gewinnt weiteres Gewicht bei einer Betrachtung der historischen Wurzeln der Lehre vom Betriebsrisiko: Bereits das Reichsgericht berief sich zur Begründung der Betriebsrisikolehre im Kieler Eisenbahnstreik im Jahr 1923 auf den „anerkannten Gedanken der sozialen Arbeits- und Betriebsgemeinschaft" und nahm eine Aufteilung des betrieblichen Risikos zwischen Arbeitnehmer und Arbeitgeber vor.[797]

Eine solche beabsichtigte Ausdehnung des Betriebsrisikobegriffes zur Erfassung der verschuldensunabhängigen Arbeitgeberhaftung ist dennoch im Ergebnis abzulehnen.[798] Der Grund dafür ist, dass eine derartige Ausweitung *de facto* der Einführung einer Gefährdungshaftung des Arbeitgebers gleichkäme, welche aber aufgrund des enumerativen Charakters nur vom Gesetzgeber vorgenommen werden darf.[799] Ferner würde eine solche Vorgehensweise zur Begründung eines neuartigen Schadensersatzanspruches führen, was eine Aufgabe darstellt, die in den Vorbehaltsbereich des Gesetzgebers fällt und daher nicht von den Gerichten vorgenommen werden darf. Auch das Argument, die Schaffung der Betriebsrisikolehre durch die reichsgerichtliche Rechtsprechung sei gleichermaßen ein solcher Akt gewesen, kann als tragfähiges Argument nicht herangezogen werden – hierfür fehlt es bereits an der Gleichartigkeit der beiden Tatbestände: Die Entwicklung der Betriebsrisikolehre ist die Konstruktion einer anspruchserhaltenden bzw. das Erlöschen eines Anspruchs verhindernden Theorie. Bei der Herleitung einer arbeitgeberseitigen, verschuldens-unabhängigen Einstandspflicht handelt es sich hingegen um die Schaffung, die Begründung eines neuen Anspruchs. Daher ist auch mit der Betriebsrisikolehre, die *Annuß* treffend als „rhetorisches Allzweckargument zur Erzielung beliebiger Ergebnisse"[800] kritisiert, dem Problem der Arbeitgeberhaftung nicht in methodisch einwandfreier Weise beizukommen. Die Betriebsrisikolehre ist somit nur bei Fragen bzgl. des Vergütungsausfallrisikos heranzuziehen, eine Anwendung auf andere Fallkonstellationen ist hingegen abzulehnen.[801]

797 RG Urt. v. 6.02.1923 = RGZ 106, S. 272 (275 f.). Siehe auch *Picker*, JZ 1979, S. 285 (286).

798 *Annuß*, Die Haftung des Arbeitnehmers, S. 100 f., der sich im Rahmen der Arbeitnehmerhaftung zur Betriebsrisikolehre äußert und diese aber auch generell als rein normative Billigkeitsbegründung ablehnen will.

799 BAG (GS) Beschl. v. 10.11.1961 = E 12, S. 15 (22); *Gick*, JuS 1979, S. 638 (640). Allgemein zur Geltung des Enumerationsprinzips im Bürgerlichen Recht s. S. 132 und S. 135 ff. sowie zur Geltung des Enumerationsprinzips auch im Arbeitsrecht s. S. 139 ff.

800 So zurecht, allerdings auf die beschränkte Arbeitnehmerhaftung bezogen: *Annuß*, Die Haftung des Arbeitnehmers, S. 100 f.

801 *Isele*, JuS 1962, S. 184 (187); *Gick*, JuS 1979, S. 638 (640); BAG (GS) Beschl. v. 10.11.1961 = E 12, S. 15 (22). Ebenso *Richardi*, JZ 1986, S. 796 (799), allerdings in Bezug auf die beschränkte Arbeitnehmerhaftung, wobei die grundsätzliche Kritik an der extensiven Auslegung des Betriebsrisikobegriffes uneingeschränkt auch auf den Bereich der Arbeitgeberhaftung übertragbar sein dürfte.

g. Anspruchsherleitung mit Zurechnungsgründen der Risikohaftung im weiteren Sinn

Die Gefährdungshaftung lässt sich dem Bereich der Risikohaftung zuordnen, allerdings ist hierbei hervorzuheben, dass diese beiden Begriffe nicht völlig kongruent sind, auch wenn sie bisweilen synonym verwendet werden. Richtigerweise muss jedoch die Risikohaftung als Oberbegriff verstanden werden, der mehrere Prinzipien der Haftung ohne Verschulden umfasst.[802] Daher differenziert die folgende Darstellung unter dem Oberbegriff „Haftung für Risiken" zwischen der herkömmlichen Gefährdungshaftung und dem insbesondere von *Canaris*[803] verfolgten Ansatz der Risikohaftung als eigenständiger Fallgruppe.

aa. Gefährdungshaftung

Müller-Glöge hat der Gefährdungshaftung bei Haftungsfragen des Arbeitgebers ein „Doppelleben" bescheinigt, weil diese zwar die Überschriften der Gesetzesentscheidungen in Sammelwerken präge, aber nicht die inhaltlichen Ausführungen bestimme.[804] Diese Aussage ist dahingehend zu präzisieren, dass die Gefährdungshaftung die inhaltlichen Ausführungen keineswegs bloß „nicht bestimmt", sondern vielmehr die Möglichkeit der Heranziehung einer Gefährdungshaftung in den Ausführungen des Bundesarbeitsgerichts stets unisono abgelehnt wird.[805] Dieser Ansicht des Bundesarbeitsgerichts ist im Ergebnis auch zu folgen, da ein entsprechender Gefährdungshaftungstatbestand nicht existiert und sich aufgrund der Geltung des Enumerationsprinzips für Gefährdungshaftungstatbestände ein solcher auch nicht im Wege der Rechtsfortbildung konstruieren lässt.[806] Damit muss nach hier vertretener Ansicht in stringenter Gedankenführung die Begründung einer Gefährdungshaftung bereits aus methodischen Gründen von vornherein ausgeschieden werden.

Ungeachtet dessen ist gleichwohl zu hinterfragen, ob – bei gedanklicher Außerachtlassung des Enumerationsprinzips – für eine derartige Konstruktion überhaupt die notwendige Vergleichbarkeit zu anderen Gefährdungshaftungstatbeständen besteht, die eine rechtsfortbildende Analogie überhaupt erst rechtfertigen würde. Abgesehen von der dogmatischen Kritik bedingt durch die Geltung des Enumerationsprinzips will bspw. *Schumacher* eine Rechtsfortbildung und die Schaffung einer Gefährdungshaftung bereits deshalb ablehnen, weil sich der Arbeitnehmer bewusst in den Gefahrenkreis des Arbeitgebers begebe und darüber hinaus die Möglichkeit habe, aktiv an der Gefahrbeherrschung zu

802 *Schumacher*, Die vom Verschulden unabhängige Haftung des Arbeitgebers für arbeitsbedingte Sachschäden des Arbeitnehmers, S. 65; *Larenz*, JuS 1965, S. 373 (374); *Canaris*, RdA 1966, S. 41 (43). Vgl. hierzu auch die obigen allgemeinen Ausführungen zu den Zurechnungsprinzipien des Bürgerlichen Gesetzbuches, S. 125 ff.

803 *Canaris*, RdA 1966, S. 41 ff.

804 *Müller-Glöge*, in: Richterliches Arbeitsrecht, Festschrift für Thomas Dieterich, S. 387 (387 f.).

805 BAG a.a.O.

806 Siehe hierzu die umfangreichen obigen Ausführungen.

partizipieren.[807] Einer der Geltungsgründe der Gefährdungshaftung bestehe jedoch darin, dass derjenige für die Folgen einzustehen habe, der potentiell auf die Gefahr einwirken könne.[808] An dieser Einwirkungsmöglichkeit des Arbeitgebers auf den Arbeitnehmer fehle es im Arbeitsverhältnis trotz des umfassenden Weisungsrechtes des Arbeitgebers, so dass die Konstruktion einer Gefährdungshaftung aufgrund fehlender inhaltlicher Parallelität ausscheiden müsse. Zwar könne der Arbeitgeber Betriebsabläufe organisieren, leiten und überwachen, dennoch besitze der Arbeitgeber keine weitergehende Möglichkeit der Gefahrbeherrschung, da die genaue Umsetzung der Dienstanleitungen Sache des Arbeitnehmers sei.[809]

Diese Betrachtung *Schumachers* erscheint jedoch ein wenig zu idealistisch. Die Stellung des Arbeitnehmers als autonomer Arbeiter, der nach Erhalt einer Dienstanweisung überlegt, wie diese am besten umzusetzen sei und dann nach seinem eigenen Plan vorgeht, mag vielleicht für Angestellte höherer Leitungsebenen zutreffen, die über einen gewissen eigenen Entscheidungsspielraum verfügen. Allerdings werden derartige Arbeitnehmer primär geistige Tätigkeiten anstelle körperlicher Arbeit verrichten. Damit werden nur in wenigen Fällen Sachschäden entstehen, da solche Beschädigungen typischerweise Folge körperlicher Arbeit sind, wie es auch die Fallkonstellation in dem vom BAG zu beurteilenden „Ameisensäurefall" zeigt.[810] Arbeitnehmer, die bspw. Fließbandtätigkeiten verrichten, haben einen äußerst geringen bis gar keinen Entscheidungsspielraum über die Gestaltung und Ausübung der Dienstanweisungen, sondern müssen nach präzisen Vorgaben die Arbeiten ausführen. Hierbei ist der Arbeitsablauf oftmals so detailliert vorgeplant, dass jede einzelne Bewegung nach bestimmten Vorgaben zu erfolgen hat, um einen reibungslosen Ablauf der Gesamtproduktion zu gewährleisten. Von der Möglichkeit der Gefahreinwirkung oder gar Gefahrbeherrschung wird sich damit bei derartiger Arbeit schwerlich sprechen lassen, wo die einzige Einwirkungsmöglichkeit des Arbeitnehmers darin besteht, im Notfall einen „Stopp"-Knopf betätigen zu können. Allerdings lassen sich ebenfalls Berufsbilder finden, bei denen der Arbeitnehmer einen größeren Einfluß auf den Ablauf und damit auf die Gefahrbeherrschung hat. Hiervon geht *Schumacher* aus, der zur Stützung seiner These das Berufsbild eines Straßenbahnfahrers heranzieht und darlegt, in welchen Situationen dieser eigenverantwortlich entscheiden müsse.[811]

807 *Schumacher*, Die vom Verschulden unabhängige Haftung des Arbeitgebers für arbeitsbedingte Sachschäden des Arbeitnehmers, S. 73 f.

808 *Schumacher*, Die vom Verschulden unabhängige Haftung des Arbeitgebers für arbeitsbedingte Sachschäden des Arbeitnehmers, S. 72. Vgl. zu den Geltungsgründen der Gefährdungshaftung gleichfalls die obigen Ausführungen auf den Seiten 146 ff.

809 *Schumacher*, S. 73 f.

810 Der geschädigte Arbeitnehmer hatte hier die Stellung eines nicht-ständigen Hafenarbeiters inne, zu dessen Aufgaben die Verladung von Fracht gehörte, s. BAG (GS) Beschl. v. 10.11.1961 = E 12, S. 15 (15).

811 *Schumacher*, S. 74: Der Einfluß des Arbeitgebers bestehe hier lediglich in der Übergabe des Zuges, der Aufstellung einer Fahrtroute und der Aufstellung des Zeitplans. Sämtliche sonstigen Entscheidungen, die während der Arbeit anfielen, treffe der Arbeitnehmer.

Dieser Argumentation *Schumachers* kann jedoch selbst hier nicht uneingeschränkt gefolgt werden. Seine Ausführungen in Bezug auf die Entscheidungsbefugnisse des Straßenbahnfahrers sind zwar richtig, allerdings schließt sich hieran die Folgefrage an, welche Sachschäden denn der Straßenbahnfahrer an seinem Eigentum während der Fahrt erleiden sollte. Anders als bei Dienstfahrten mit dem eigenen KfZ wird der Straßenbahnzug regelmäßig im Eigentum des Arbeitgebers stehen. Auch die zumeist sitzend ausgeübte Tätigkeit als Fahrer birgt keine großen Gefahren für Eigentumsgegenstände des Arbeitnehmers, abgesehen von eventuell eintretenden gewöhnlichen Abnutzungserscheinungen an der Kleidung, für die aber unstreitig kein Ersatz geleistet wird. Wie dargelegt ist bei einer Tätigkeit als Fabrikarbeiter oder bei Ausführung sonstiger körperlicher Tätigkeiten, bei denen aufgrund des Kontakts zu maschinellen Fertigungsanlagen oder sonstigen mechanischen Hilfsmitteln weitaus häufiger Schädigungen entstehen, der Entscheidungsspielraum weitaus geringer bzw. besteht *de facto* gar nicht, so dass von einer weitgehenden Möglichkeit der Gefahrbeherrschung durch den Arbeitnehmer keineswegs gesprochen werden kann. Ausnahmen zu dieser Regelmäßigkeit mag es zwar geben, aufgrund dieser aber die grundsätzliche Gefahrbeherrschungsmöglichkeit des Arbeitgebers negieren zu wollen, erscheint wenig einsichtig.

Folglich lässt sich festhalten, dass der Arbeitnehmer bei schadensträchtiger Arbeit regelmäßig nur eine Einwirkungsmöglichkeit von untergeordnetem Gewicht hat, die eigentliche Gefahrbeherrschung aber vom Arbeitgeber vorgenommen wird. Die Beeinflussungsmöglichkeiten von Arbeitnehmer und Arbeitgeber können dabei auch schwerlich als gleichrangig bezeichnet werden, da selbst im Falle der Abwesenheit des Arbeitgebers der Arbeitnehmer seine Tätigkeit nach bestimmten Anordnungen und Vorgaben des Arbeitgebers durchführen wird bzw. dieser in der Lage ist, jederzeit neue und geänderte Weisungen zu erlassen.

Auch der zweite Kritikpunkt *Schumachers*, der Arbeitnehmer setze sich durch Eingehung des Arbeitsverhältnisses ja bewusst der Gefahr aus und könne demnach nicht mittels einer Gefährdungshaftung Ersatz verlangen, kann so nicht aufrecht erhalten werden und zur grundsätzlichen Ablehnung der Gefährdungshaftung herangezogen werden. Das Arbeitsverhältnis dient dem Arbeitnehmer zur Erwirtschaftung und zum Erhalt der Existenzgrundlage. Es wird vom Arbeitnehmer zwar freiwillig durch Abschluss des Arbeitsvertrages eingegangen, dennoch bleibt dem Arbeitnehmer kaum eine Alternative.[812] Folglich kann nicht davon gesprochen werden, dass sich der Arbeitnehmer freiwillig den Schadensrisiken aussetzt, sondern dies aus zwingender sozialer Notwendigkeit tut.

Dies wird bekräftigt durch die Ansicht des Gesetzgebers, der in mehreren Vorschriften der Gefährdungshaftung deutlich zum Ausdruck hat kommen lassen, dass er bei sozialer Notwendigkeit der Inanspruchnahme einer Gefahr tragenden Einrichtung eine Gefährdungshaftung nicht unter dem Aspekt der freiwilligen Gefahraussetzung verneint.[813]

---

812 *Köbler*, NJW 1969, S. 1413 (1415).

813 *Esser*, Gefährdungshaftung, S. 109.

Deutlich wird diese Intention des Gesetzgebers insbesondere an den Vorschriften über Massenbeförderungsmittel, §§ 7 ff., 8 a StVG.

Festzuhalten ist damit, dass eine Gefährdungshaftung des Arbeitgebers allein aufgrund der strikten Geltung des Enumerationsprinzips nicht zu begründen ist; die Eigenart des Verhältnisses Arbeitgeber – Arbeitnehmer hingegen vermag keine Ablehnung zu rechtfertigen.

bb. Risikohaftung, insbesondere im Sinne des Verständnisses von Canaris

Neben der bekannten Gefährdungshaftung wird insbesondere von *Canaris* eine Anspruchsbegründung im Wege der „Risikozurechnung“ oder „Risikohaftung“ vertreten, da nach *Canaris*' Verständnis der Begriff der Gefährdungshaftung vielmehr die Fälle der Anlagen- und Halterhaftung kennzeichnet, weshalb sich im Bereich der Arbeitgeberhaftung der Begriff der Risikohaftung besser eigne, da dieser das spezifische Tätigkeitsrisiko des Arbeitnehmers treffender charakterisiere.[814] Insofern differenziert *Canaris* bei seinen Überlegungen bzgl. der methodologischen Konstruktion einer Einstandspflicht zwischen einer Herleitung aus Gefährdungshaftungsgrundsätzen und aus dem Prinzip der „Risikozurechnung“. *Canaris* legt hierbei Wert darauf, den von ihm entwickelten Ansatz als Ausfluss einer Risikohaftung zu begreifen, die sich von der Gefährdungshaftung unterscheidet, bspw. im Hinblick darauf, dass für die Risikohaftung das Enumerationsprinzip nicht gelte,[815] weshalb dieser Lösungsansatz sich unproblematisch mit den Haftungsprinzipien und den hierzu geltenden Grundsätzen des BGB vertrage und damit auch eine Konterkarierung des Enumerationsprinzips nicht zu befürchten sei.

Überdies ist nach *Canaris* ein Schadensausgleich bereits durch das Gerechtigkeitsgebot des Gleichheitssatzes gefordert: Der Fall der Arbeitgeberhaftung sei vergleichbar mit der Inanspruchnahme des Geschäftsherrn durch den Geschäftsführer im Rahmen des Auftragsrechts nach § 670 BGB, weshalb es Willkür wäre, den Arbeitnehmer vorliegend nicht zu entlasten.[816] Dennoch lehnt *Canaris* die Heranziehung der Aufwendungsersatzvorschrift des § 670 BGB, auch in entsprechender Weise, ab. Den Befürwortern einer derartigen Anspruchsherleitung wirft er vor, lediglich den hinter § 670 BGB tiefer liegenden allgemeinen Rechtsgedanken der Risikohaftung zu verwenden, aber hierfür mit § 670 BGB eine für die Arbeitgeberhaftung unpassende Norm heranzuziehen.[817]

Die maßgeblich von *Canaris* geprägte Risikohaftungstheorie hat in der Rechtswissenschaft große Zustimmung erfahren[818] und wird bisweilen sogar als herrschende Lehre be-

---

814 *Canaris*, RdA 1966, S. 41 (43).

815 *Canaris*, RdA 1966, S. 41 (47).

816 *Canaris*, RdA 1966, S. 41 (47 f.); zum Verstoß gegen das Gleichheitsgebot durch die unterschiedliche Behandlung s. bereits oben, S. 171 ff.

817 *Canaris*, RdA 1966, S. 41 (47 ff.).

818 Vgl. bspw. *Blomeyer*, Der Eigenschaden des Arbeitnehmers, S. 77 (84 ff.); *Müller-Glöge*, in: Richterliches Arbeitsrecht, Festschrift für Thomas Dieterich, S. 387 (412 f.). Zwar spricht *Müller-Glöge* von einer Gefährdungshaftung, da er diese aber an den Zurechnungsgedanken

zeichnet.[819] Das Verdienst des Risikoansatzes liegt insbesondere darin, auf die parallel gelagerte Interessenkonstellation bei der privilegierten Arbeitnehmerhaftung hingewiesen zu haben.[820]

aaa. Parallelität zur privilegierten Arbeitnehmerhaftung

In der Literatur[821] und auch in der Rechtsprechung[822] sind die Parallelen der Arbeitgeberhaftung zur privilegierten Arbeitnehmerhaftung ebenfalls nicht unbeachtet geblieben: Bereits in der Entscheidung des Großen Senates erkannte dieser zwar gewisse Parallelen zur Arbeitnehmerhaftung, lehnte jedoch eine Anspruchsbegründung durch Heranziehung der im Rahmen der privilegierten Arbeitnehmerhaftung entwickelten Grundsätze ab. Dem folgt auch ein gewichtiger Teil der Literatur.[823]

Maßgebliches und regelmäßig vorgebrachtes Argument der Kritiker ist, dass der Versuch einer Anspruchsbegründung allein durch einen Vergleich mit der privilegierten Arbeitnehmerhaftung scheitern muss, weil letztere lediglich einen bereits bestehenden Anspruch modifiziert, aber keinen eigenständigen Schadensersatzanspruch begründet.[824] Dieses Argument ist an sich richtig, wird doch mittels der Grundsätze der privilegierten Arbeitnehmerhaftung ein bereits bestehender Schadensersatzanspruch gegen den Arbeitnehmer durch Modifizierung des Verschuldensmaßstabes nur gekürzt, bzw. bei leichter Fahrlässigkeit „fallengelassen".

Die Arbeitgeberhaftung zeichnet sich hingegen dadurch aus, dass der Arbeitnehmer nach Beschädigung einer arbeitnehmereigenen Sache einen Anspruch gegen den Arbeitgeber durchsetzen und geltend machen möchte. In diesem Fall besteht kein vorheriger Anspruch, der modifiziert oder abgeschwächt wird. Vielmehr ist das Ziel der Überlegungen die Neu-Konstruktion eines Anspruches.

Es stellt sich damit die Frage, ob eine Anspruchsmodifizierung einer Anspruchsbegründung gleichzusetzen ist bzw. zumindest ähnlich behandelt werden kann. Zurecht führen die Kritiker an, dass zwischen der bloßen Modifizierung und einer Neuschaffung eines Anspruchs ein dogmatischer Unterschied besteht: „Neuschaffungen" von Ansprüchen

---

des § 670 BGB festmachen will, handelt es sich aber trotz unterschiedlicher Bezeichnung um einen der Risikohaftungstheorie entsprechenden bzw. nahestehenden Ansatz.

819 *Preis* in ErfKomm, § 619 a BGB, Rn. 90 f. Die Inanspruchnahme ergebe sich aus Risikozurechnungserwägungen, was *Preis* auch mit dem Begriff einer gerechten Verteilung des Betriebsrisikos umschreibt.

820 *Preis* in ErfKomm, § 619 a BGB, Rn. 91; *Blomeyer*, Der Eigenschaden des Arbeitnehmers, S. 77 (85); *Canaris*, RdA 1966, S. 41 (47 f.); MünchArb/*Blomeyer*, § 96, Rn. 67.

821 So bspw. *Gick*, JuS 1979, S. 638 (640).

822 Siehe bereits die Ausführungen des Großen Senates in seinem Beschl. v. 10.11.1961 = E 12, S. 15 (19 ff.).

823 *Gick*, JuS 1979, S. 638 (640); *Achterberg*, AcP 164, S. 14 (47); *Isele*, JuS 1962, S. 184 (186). Ebenso BAG (GS) Beschl. v. 10.11.1961 = E 12, S. 15 (19 f.).

824 *Gick*, JuS 1979, S. 638 (640); *Achterberg*, AcP 164, S. 14 (47); *Isele*, JuS 1962, S. 184 (186). Ebenso BAG (GS) Beschl. v. 10.11.1961 = E 12, S. 15 (19 f.).

sind Aufgabe des Gesetzgebers, die Rechtsprechung und –lehre hingegen dürfen derartige Eingriffe in den Vorbehaltsbereich der Legislative grundsätzlich nicht vornehmen.[825] Wie jedoch ein Vergleich zum Bürgerlichen Recht zeigt, kennt dieses im Rahmen der Treu- und Glaubens-Vorschrift des § 242 BGB sowohl die Rechtsfigur der Modifizierung eines Anspruchs, diskutiert wird aber ebenfalls dessen Begründung.

Beispielhaft lassen sich hier die Fallgruppen der Verwirkung[826] und der Erwirkung[827] eines Rechtes heranführen. Im Rahmen der Verwirkung kann durch die illoyale verspätete Geltendmachung eines Rechts dieses verlustig gehen, während bei der Rechtsfigur der Erwirkung eine Entstehung, eine Begründung eines Anspruchs erfolgt. Voraussetzung zur Anspruchsentstehung bei der Erwirkung ist die über einen längeren Zeitraum vorangegangene wiederholte Handhabe, durch welche schutzwürdiges Vertrauen entstanden ist. Deutlich wird die grundsätzliche Anerkennung der Möglichkeit einer Anspruchsbegründung auch bei dem arbeitsrechtlichen Pendant zur Erwirkung, der betrieblichen Übung: Bei Wiederholung bestimmter Verhaltensweisen des Arbeitgebers, aus denen der Arbeitnehmer schließen kann, ihm solle eine Leistung auf Dauer gewährt werden, erfolgt die Begründung eines Anspruchs des Arbeitnehmers auf die vormals regelmäßig gewährte Leistung.[828] Das Recht kennt also Anspruchsbegründungen auch ohne gesetzliche Anordnung. Unter Umständen ließe sich damit sogar der Anspruch des Arbeitnehmers auf Ersatz seiner Eigenschäden auf den Tatbestand der betrieblichen Übung stützen, hierfür ist allerdings unstreitig Voraussetzung, dass der Arbeitgeber in der Vorzeit einen derartigen Ausgleich uneingeschränkt vorgenommen hatte. Insofern ist die betriebliche Übung gleichsam wie die Rechtsfigur der Erwirkung nicht zur erstmaligen Begründung eines Ersatzanspruches zielführend bzw. geeignet. Allerdings lässt sich anhand der dargestellten Rechtsfiguren verdeutlichen, dass dem Bürgerlichen Recht und vor allem dem Arbeitsrecht die Möglichkeit der Anspruchsbegründung trotz fehlender ausdrücklicher Normierung nicht fremd ist.

Hieraus nun aber den Schluss ziehen zu wollen, eine Anspruchsbegründung für Eigenschäden des Arbeitnehmers lasse sich durch einen Vergleich mit der privilegierten Arbeitnehmerhaftung ohne weiteres kreieren, ist dennoch verfehlt: Sowohl der Fall der Erwirkung eines Rechts wie auch der Fall der betrieblichen Übung basieren auf vorangegangener Handhabung einer gewissen Praxis, auf die nun ein Anspruch bestehen soll. Damit lassen sich diese Rechtsfiguren als Fälle einer Art Anspruchsbegründung aufgrund

---

825 Siehe hierzu bereits die obigen Ausführungen, S. 163.

826 S. bereits BGH Beschl. v. 25.03.1965 = BGHZ 43, S. 289 (292); BAG Urt. v. 9.07.1958 = E 6, S. 165 (167).

827 So diskutiert bspw. von *Hanau*, AcP 165, S. 220 (261 f.); *Canaris*, Die Vertrauenshaftung im deutschen Privatrecht, S. 372 ff.

828 So das BAG in ständiger Rechtsprechung: BAG Urt. v. 16.01.2002 = BuW 2002, S. 878 (878 f.); BAG Urt. v. 12.01.1994 = NZA 1994, S. 694 (695).

in Anspruch genommenen Vertrauens charakterisieren, die dem Bereich der Vertrauenshaftung oder der Anspruchsbegründung aus Vertrauensaspekten nahe stehen.[829]

Von diesen Konstellationen unterscheidet sich die Arbeitgeberhaftung jedoch insofern, als es sich bei der Arbeitgeberhaftung um die erstmalige Herleitung eines Anspruchs handelt, ohne dass vorher im laufenden Arbeitsverhältnis eine diesbezügliche Übung vorgelegen haben muss.[830] Etwas Gegenteiliges gutheißen zu wollen und hier eine Anspruchsschaffung zu begründen, wäre das Betreiben einer bloßen, rein ergebnisorientierten Billigkeitsjurisprudenz aus Wertungsüberlegungen, losgelöst vom Gesetz.

Die Rechtsprechung hat sodann noch einen weiteren Grund ins Feld geführt, weshalb eine Anspruchsbegründung bei Eigenschäden nicht mit der Vergleichsziehung zur privilegierten Arbeitnehmerhaftung zu bewerkstelligen sei. Der Große Senat beruft sich hierbei auf die verschiedenen Eigentumsverhältnisse bei den beiden in Rede stehenden Konstellationen: Im Bereich der Arbeitnehmerhaftung stehe die Schädigung einer arbeitgebereigenen oder fremden Sache im Raume, während bei der Eigenschadenproblematik Schädigung und Eigentum in einer Person zusammenfielen, mithin also „keine dritte Person im Spiel"[831] sei. Die Schlagkraft dieses Arguments ist jedoch gering, letztlich können die verschiedenen Eigentumsverhältnisse nicht allein ausreichend seien, um eine unterschiedliche Handhabung zu rechtfertigen, da es sich im Ergebnis als bloßer Zufall erweisen könne, wessen Eigentum geschädigt und damit in wessen Rechtskreis eingegriffen wird.[832] Abschließend betrachtet ist also festzuhalten: Die verschiedenen Eigentumsverhältnisse rechtfertigen keine unterschiedliche Behandlung der beiden Haftungskonstellationen. Allerdings ist der Ansicht der Kritiker[833] dahingehend zuzustimmen, dass eine bloße Modifizierung eines bereits bestehenden Anspruchs nicht mit der Begründung oder Herleitung eines erst neu zu schaffenden Schadensersatzanspruches gleichzusetzen ist.

bbb. These: Gleicher zugrunde liegender Gedanke der Risikozurechnung

Nunmehr stellt sich die Frage, ob der Ansatz zur Lösung der vorliegenden Problematik richtig gewählt ist und nicht möglicherweise ein anderer sein muss: Es hat kein Vergleich

---

829 So *Canaris*, Die Vertrauenshaftung im deutschen Privatrecht, S. 372 f. zum Rechtsinstitut der Erwirkung, welches systematisch in die Gruppe der Vertrauenshaftungstatbestände einzuordnen sei.

830 Anders kann lediglich der Fall zu beurteilen sein, wenn der Arbeitgeber bisher den Ersatz von Arbeitnehmereigenschäden stets vorgenommen hatte und sich nunmehr darauf beruft, eine diesbezügliche Rechtspflicht habe nie bestanden. In diesem Fall könnten die Voraussetzungen der betrieblichen Übung verwirklicht sein, wobei allerdings zu beachten ist, dass sich eine betriebliche Übung stets auf einen Betrieb oder zumindest eine bestimmte Arbeitnehmergruppe beziehen muss und eine Einzelfallbegünstigung nicht ausreichend ist. Siehe umfassend hierzu und auch allgemein zur betrieblichen Übung: MünchArb/*Richardi*, § 13, Rn. 1 ff.

831 BAG (GS) Beschl. v. 10.11.1961 = E 12, S. 15 (20).

832 Hierzu siehe bereits die ausführliche Diskussion auf den Seiten 171 ff.

833 *Gick*, JuS 1979, S. 638 (640); *Achterberg*, AcP 164, S. 14 (47); *Isele*, JuS 1962, S. 184 (186). Vgl. auch BAG (GS) Beschl. v. 10.11.1961 = E 12, S. 15 (19 f.).

des Eigenschadensausgleiches mit der privilegierten Arbeitnehmerhaftung zu erfolgen, sondern vielmehr ist zu diskutieren, ob beide Ansätze nicht auf identischen rechtlichen Wertungen beruhen, wobei der Arbeitnehmerhaftung lediglich der konstruktive „glückliche Zufall“ zur Seite steht, dass es zur Berücksichtigung des Risikogedankens hier keiner neuartigen Anspruchsherleitung bedarf. Der Schluss, dass sowohl Arbeitgeber- wie auch Arbeitnehmerhaftung Ausfluss des Gedanken sind, der Arbeitgeber müsse das „Organisationsrisiko“ oder auch das „Betriebsrisiko“[834] des Unternehmens tragen, liegt nahe.

Wie bereits im Rahmen der Erforderlichkeit eines Schadensausgleiches diskutiert, kann die Frage, ob im Einzelfall eine Konstellation der Arbeitgeber- oder der Arbeitnehmerhaftung vorliegt, bloßer Zufall sein. Es erscheint damit durchaus möglich, dass beide Haftungsformen von dem gleichen Risikozurechnungsprinzip geprägt sind.[835] Schließlich ist sowohl dem Freistellungsanspruch bei der Arbeitnehmerhaftung als auch der Eigenschadensproblematik gemeinsam, dass eine Abwälzung von Schäden, die der Arbeitnehmer erlitten hat, auf den Arbeitgeber vorgenommen wird.[836] Damit ergänzen sich Arbeitnehmerhaftung und Arbeitgeberhaftung und bilden gemeinsam den innerbetrieblichen Schadensausgleich in seiner Gesamtheit, da sie erst im Zusammenwirken zur Enthaftung des Arbeitnehmers führen.[837]

Bei beiden Konstellationen handelt es sich um die Frage, welcher der beiden Arbeitsvertragsparteien – untechnisch gesprochen – das „Betriebsrisiko“ oder das Wirtschaftsrisiko zuzuweisen ist. Es ist anerkannt und wird aus dem oben dargelegten Strauß von Argumenten klar ersichtlich, dass dies der Arbeitgeber sein soll, einschränkend formuliert: Zumindest unter gewissen, noch zu präzisierenden Voraussetzungen ist dies allgemein anerkannt.

Dies ist ein Ergebnis, dass aber dennoch nicht weiter zu helfen vermag: Zwar wurde nun mehrfach die Parallelität der Interessenlage und des wertungsmäßigen Gleichlaufes aufgezeigt, dies genügt aber nicht, um einen Anspruch in methodisch einwandfreier Weise zu schaffen. Allein aufgrund der Vergleichbarkeit der Sachverhalte eine Gleichbehandlung der beiden Fallkonstellationen vorzunehmen, ist das Verfolgen einer rein ergebnisorientierten Billigkeitsjurisprudenz. Diese mag – wie hier im Falle der Arbeitgeberhaftung – ein gerechtes und wünschenswertes Ergebnis zur Folge haben, kann und darf aber dennoch nicht dazu gereichen, die Zielerreichung ohne Rücksicht auf die Rechtssystematik zu betreiben. Alles andere lässt sich nicht mit dem deutschen Rechtssystem vereinbaren

834 Die Verwendung des Begriffes „Betriebsrisiko“ erfolgt hier in untechnischer Weise und bezeichnet nicht das Leistungsstörungsausfallrisiko der Lohnzahlung, sondern die „Gefahrtragungspflicht“ des Arbeitgebers für seinen Betrieb. Diese Bezeichnung ist zwar missverständlich, aber dennoch geläufig. Zu dieser Kritik s. bspw. auch *Waltermann*, RdA 2005, S. 98 (99).

835 Ähnlich, wenngleich auch vorsichtiger formulierend: *Blomeyer*, Der Eigenschaden des Arbeitnehmers, S. 77 (85).

836 *Otto/Schwarze*, Die Haftung des Arbeitnehmers, Rn. 620.

837 *Otto/Schwarze*, Die Haftung des Arbeitnehmers, Rn. 620.

und wäre überdies ein klarer Verstoß gegen alle Gebote der Rechtsklarheit und Rechtssicherheit.

So sehr die Aussage, bei der privilegierten Arbeitnehmerhaftung und der verschuldens-unabhängigen Arbeitgeberhaftung handele es sich um einzelne Segmente, die erst zusammen den innerbetrieblichen Schadensausgleich in seiner Gesamtheit darstellen, sprich also „zwei Seiten einer Medaille" bilden, stimmen mag und so sehr diese Gleichbehandlung auch verfassungsrechtlich geboten sein mag, bei Betrachtung der derzeitigen rechtlichen Gegebenheiten kann eine Anspruchsgenerierung nicht ausschließlich mittels Risikoüberlegungen gerechtfertigt werden. Weiterhin ist zu beachten, dass die Haftung beruhend auf dem Gedanken der gerechten Zuweisung des „Wirtschaftsrisikos" der Gefährdungshaftung sehr nahe steht, auch wenn es im Verhältnis Arbeitnehmer – Arbeitgeber nicht um die klassischen Fälle des Einstehen-Müssens für den Betrieb gefährlicher Anlagen geht.

Daher kann auch eine von *Canaris* als Risikohaftung charakterisierte Anerkennung einer Einstandspflicht des Arbeitgebers im Wege einer vom Gesetz losgelösten „Gefährdungshaftung" für Schäden an eigenen Sachen erst erfolgen, wenn durch einen Gesetzgebungsakt ein Rechtsinstitut der Risikohaftung oder auch Gefährdungshaftung geschaffen wird.[838] Solange jedoch eine solche Regelung nicht existiert, kann sie nicht ohne Heranziehung einer diese Gedanken verkörpernden Norm durch die Rechtslehre geschaffen werden.[839]

cc. Zwischenergebnis

Die Risikohaftung beruht auf dem richtigen Gedanken, dass Arbeitnehmer- und Arbeitgeberhaftung Ausfluss des gleichen Prinzips, nämlich der Zuweisung des „Wirtschaftsrisikos" des Betriebs an den Arbeitgeber sind. Nicht die Arbeitgeberhaftung ist an der Arbeitnehmerhaftung zu messen und mit ihr zu vergleichen, vielmehr sind beide Segmente Teil des innerbetrieblichen Schadensausgleiches und der Enthaftung des Arbeitnehmers, die auf dem übergeordneten Gedanken beruhen, den Arbeitnehmer von gewissen Schäden freizustellen. Es kann damit zwar keinen wertungsmäßigen Unterschied machen, wo der Schaden zunächst eintritt, dennoch besteht zwischen der Arbeitnehmerhaftung und der Arbeitgeberhaftung ein dogmatischer Unterschied: Die Modifizierung eines bestehenden Anspruchs darf von der Rechtslehre vorgenommen werden, nicht aber dessen Neubegründung. Folglich hat die Arbeitnehmerhaftung nur den „glücklichen Zufall" auf ihrer Seite, dass es sich hierbei lediglich um eine Anspruchsmodifizierung handelt. Ansonsten ist die Interessenlage parallel, ein Ausgleich zwingend gleichförmig vorzunehmen. Allerdings kann diese Erkenntnis nicht dazu verwendet werden, einen Anspruch zu begründen, wenn man sich nicht dem Vorwurf einer lediglich ergebnisorientierten und rechtssystematisch undifferenzierten Rechtsbetreibung aussetzen möchte. Die gewonnenen Erkenntnisse ge-

838 So auch die eindeutige Schlussfolgerung von *Blomeyer* in MünchArb/*Blomeyer*, § 96, Rn. 68.
839 S. hierzu *Blomeyer*, a.a.O.

nügen nicht, um einen Anspruch auf diesem Wege – ohne Heranziehung einer Norm des Bürgerlichen Gesetzbuches – zu generieren.

Die Risikohaftungstheorie ist damit abschließend von ihrem Inhalt her als einleuchtend und plausibel zu qualifizieren, allerdings von ihrem Lösungsweg her dogmatisch problematisch und mit den aufgezeigten deutlichen Schwächen behaftet. Im Vergleich zu den bisherigen dargestellten Lösungsansätzen weist sie klare Vorteile auf, hat aber aufgrund ihrer Schwäche dazu geführt, dass die Rechtsprechung und ein Großteil der Literatur mit der im folgenden darzustellenden Aufwendungsersatzlösung einen anderen Lösungsansatz entwickelt haben:

h. Die Aufwendungsersatzlösung nach dem Rechtsgedanken des § 670 BGB

Das Bundesarbeitsgericht[840] und ein Großteil der Literatur[841] leiten den Ersatzanspruch des Arbeitnehmers aus einer analogen Anwendung der Aufwendungsersatzvorschrift des § 670 BGB her. Nach der auftragsrechtlichen Vorschrift des § 670 BGB ist der Auftraggeber dann zum Ersatz verpflichtet, wenn der Beauftragte zum Zwecke der Ausführung des Auftrags Aufwendungen macht, die er nach den Umständen für erforderlich halten darf. Über den Verweis in § 675 BGB ist die Aufwendungsersatzvorschrift des § 670 BGB auch im Arbeitsrecht anwendbar,[842] so dass die Idee nicht fern liegt, das Problem des Arbeitnehmereigenschadens über eine analoge Anwendung des § 670 BGB zu lösen.

aa. Die Ausführungen des Großen Senats 1961 als Ausgangspunkt

Die erstmalige höchstrichterliche Beachtung der Arbeitnehmereigenschadensproblematik erfolgte durch den Beschluß des Bundesarbeitsgerichts[843] im sog. „Ameisensäure-" oder auch „Korbflaschenfall". Der dortige Kläger war als nichtständiger Hafenarbeiter mit dem Verladen von mit Ameisensäure gefüllten Korbflaschen beschäftigt. Nach dem Verladen von bereits nahezu 100 Flaschen platzte bei einer vom Kläger getragenen Korbflasche der Glasboden ab. Die austretende Ameisensäure beschädigte die arbeitnehmereigene Kleidung und verletzte diesen darüber hinaus. Bezüglich Ersatz des Sachschadens verlangte der Kläger eine Summe von 91,75 DM. Sowohl Arbeits- als auch Landesarbeitsgericht

---

840 Zurückgehend auf den Beschluß des Großen Senats v. 10.11.1961 = E 12, S. 15 ff.; seitdem ständige Rspr.

841 Vgl. nur Schaub/*Koch*, ArbR-Hdb., § 85, Rn. 1; MünchArb/*Blomeyer*, § 96, Rn. 68; *Boemke*, Arbeitsrecht, § 8, Rn. 2; *Wollenschläger*, Arbeitsrecht, Rn. 304; *Junker*, Arbeitsrecht, Rn. 316; *Gick*, JuS 1979, S. 638 (643); *Däubler*, JuS 1986, S. 425 (431 f.); *Ring*, BuW 2004, S. 252 (252); *Schiefer*, NJW 1993, S. 966 (967 ff.); *Busemann*, Die Haftung des Arbeitnehmers gegenüber Arbeitgeber und Dritten, Rn. 73; wohl auch *Nägele*, NZA 1997, S. 1196 (1197 f.).

842 Hierzu siehe noch sogleich ausführlich.

843 BAG (GS) Beschl. v. 10.11.1961 = E 12, S. 15 ff.

lehnten eine Zusprechung von Ersatz ab, da es am zwingend erforderlichen arbeitgeberseitigen Verschulden fehle und damit eine Entschädigung kategorisch ausscheiden müsse.

Das BAG hingegen hat die Zusprechung von Ersatz unter bestimmten Voraussetzungen anerkannt, obwohl eine Haftung grundsätzlich nur bei Vorliegen von Verschulden in Betracht komme. Allerdings gelte dies dann nicht, wenn es sich um Sachschäden handele, die bei Vollzug einer gefährlichen Arbeit entstehen und außergewöhnlich seien, so dass der Arbeitnehmer nach Art des Betriebs oder nach der Art der Arbeit mit deren Eintritt nicht damit zu rechnen hatte. In diesem Fall, so fährt das BAG fort, habe der Arbeitgeber dem Arbeitnehmer Wertersatz für die Beschädigung oder Vernichtung seiner Sachen zu leisten. Zur methodischen Konstruktion dieses Ersatzanspruches biete der in § 670 BGB zum Ausdruck gekommene allgemeine Rechtsgedanke eine angemessene Lösung. Die Anwendbarkeit von § 670 BGB auch im Bereich der abhängigen Arbeit ermögliche die Verweisung des § 675 BGB. Dies gelte nach Ansicht des Großen Senats auch dann, wenn man den abhängigen Arbeitsvertrag aus dem Geschäftsbesorgungsbegriff im Sinne des § 675 BGB ausscheide und hierunter nur eine selbständige Tätigkeit wirtschaftlicher Art innerhalb einer fremden Interessensphäre verstünde. Der Grundsatz des § 670 BGB sei nämlich so selbstverständlich und von der Sache her so notwendig, als dass er auch im Bereich der abhängigen Beschäftigung analoge Geltung beanspruchen dürfe. Zu beachten sei nach Ansicht des Bundesarbeitsgerichts allerdings, dass der Aufwendungsbegriff im Bereich des Auftragsrechts weiter zu fassen sei, da der Beauftragte dort unentgeltlich tätig werde und nicht wie der Arbeitnehmer eine Vergütung erhalte. Auch dies sei ein weiterer Grund, eine Anwendung des § 670 BGB nur in entsprechender Weise vorzunehmen.

Sodann sah sich der Große Senat aber vor ein begriffliches Problem gestellt. Der Wortlaut der Norm des § 670 BGB spricht von „Aufwendungen", während es sich in den Fällen der Arbeitgeberhaftung um „Schäden" handelt. Der Unterschied zwischen Aufwendungen und Schäden besteht darin, dass Aufwendungen ein willentliches Vermögensopfer darstellen, während Schäden eine unfreiwillige Einbuße sind. Das BAG bediente sich in diesem Zusammenhang der auch heute noch zur Unterscheidung heranzuziehenden Formel, wonach Aufwendungen gemacht, Schäden hingegen erlitten werden.[844] Auch wenn es bei Schäden an der Finalität in Bezug zur Auftragsdurchführung fehle, darf diese Abscheidung nach Ansicht des Großen Senates nicht rein formal erfolgen. Daher sei auch im Auftragsrecht anerkannt, unter den Begriff der Aufwendung auch gewisse Schäden zu subsumieren. Da zudem der Gesetzgeber die endgültige Klärung und Ausfüllung dieser Begriffe der Rechtsprechung überlassen habe, wie auch die Motive des Gesetzgebers zeigten,[845] ist nach dem BAG im Sinne der Fortsetzung der bisherigen Rechtsprechung des Reichsgerichts und des Bundesgerichtshofs auch für bestimmte Schäden Ersatz zu gewähren.

Nach diesen allgemeinen Feststellungen bilanziert der Große Senat im Hinblick auf § 670 BGB, dass sich damit eine „feste Rechtsgrundlage für die Entscheidung der vorge-

---

844 BAG (GS) Beschl. v. 10.11.1961 = E 12, S. 15 (25).

845 Motive II, S. 541.

legten Rechtsfrage"[846] gefunden habe. Bei der sodann vorzunehmenden Frage der Konkretisierung der zu ersetzenden Schäden stellt das BAG fest, dass eine Ersatzpflicht nur für solche Schäden besteht, die

1. in Vollzug einer gefährlichen Arbeit entstanden sind und
2. derart außergewöhnlich sind, dass der Arbeitnehmer nach der Art des Betriebes und der Art seiner Tätigkeit nicht damit zu rechnen brauchte.

Ausschließlich bei derartigen Schäden könne von einer Abgeltung durch die Vergütungszahlung nicht mehr gesprochen werden, da dies ansonsten einer überobligatorischen Belastung des Arbeitnehmers gleichkäme. Abschließend betont der Große Senat jedoch, dass den Arbeitgeber keine Schadensersatzpflicht im herkömmlichen Sinne trifft, sondern dieser lediglich verpflichtet ist, Wertersatz zu leisten.

bb. Kritik an den Ausführungen des Großen Senats

Im Schrifttum haben die Ausführungen des Großen Senats sowohl Zustimmung, wie auch Ablehnung erfahren. Neben grundsätzlicher, methodischer Kritik[847] an der Beschreitung eines Lösungsweges über die auftragsrechtliche Vorschrift des § 670 BGB sind insbesondere die vom Großen Senat entwickelten einzelnen Haftungsvoraussetzungen kritisiert worden. Schwerpunkt dieser Kritik ist hierbei das vom BAG eingeforderte kumulativ zu erfüllende Erfordernis der Gefährlichkeit der Arbeit und der Außergewöhnlichkeit des Schadens.[848] Die Frage, ob eine Arbeit gefährlich ist, kann nur dann fundiert beantwortet werden, wenn dies durch den vermehrten und häufigen Eintritt von Schadensfällen belegt ist. Damit ist eine Arbeit also dann als gefährlich anzusehen, wenn der Eintritt von Schadensfällen üblich und gewöhnlich ist. Ein außergewöhnlicher Schaden kann hingegen nur ein solcher Schaden sein, der so selten ist, dass mit seinem Eintritt nicht gerechnet werden musste. Außergewöhnliche Schäden treten daher selten auf, ansonsten wären sie als übliche und gewöhnliche Schäden zu qualifizieren. Hieraus folgt aber auch die Konsequenz, dass die verrichtete Arbeit an sich nicht als besonders gefährlich einzustufen war. Wäre sie das gewesen, so wäre der Eintritt eines Schadens eben nicht außergewöhnlich, sondern üblich gewesen. Bei konsequenter Beachtung der vom Großen Senat aufgestellten Kriterien hätte der Arbeitnehmer somit immer das Nachsehen: Bejaht man die Gefährlichkeit der Arbeit, so muss man die Außergewöhnlichkeit des Schadenseintrittes ablehnen. Bejaht

---

846 BAG (GS) Beschl. v. 10.11.1961 = E 12, S. 15 (26).

847 Hierzu s. v.a. *Canaris*, Risikohaftung bei schadensgeneigter Tätigkeit, RdA 1966, S. 41 (42) und *Küchenhoff*, Die Haftung des Arbeitgebers für Sachschäden des Arbeitnehmers im Betriebe bei gefährlicher Arbeit, S. 153 (171). Ähnlich, wenngleich auch eher begrifflich kritisierend: *Becker-Schaffner*, BlStSozArbR 1972, S. 279 (280).

848 *Schumacher*, a.a.O., S. 35 f.; *von Hoyningen-Huene*, SAE 1982, S. 51 (52), *Klein*, BB 1963, S. 1488 (1488); *Hanau/Gamillscheg*, Die Haftung des Arbeitnehmers, S. 97 f.

man das Vorliegen eines außergewöhnlichen Schadens, so kann dieser regelmäßig nicht bei gefährlicher Arbeit eingetreten sein.[849]

cc. Die Fortentwicklung und der aktuelle Stand der Rechtsprechung

Dennoch hielten die Gerichte zunächst den vom Großen Senat entwickelten Kriterien die Treue. So schloß sich der dritte Senat des Bundesarbeitsgerichts anfänglich noch den vom Großen Senat aufgestellten Erfordernissen vollumfänglich an und lehnte in einem Urteil, in dem es um die Ersatzfähigkeit eines Schadens am arbeitnehmereigenen PKW ging, eine Ersatzpflicht ab.[850] Eine solche Einstandspflicht bestehe in Fortführung der vom Großen Senat aufgestellten Haftungsvoraussetzungen nur dann, wenn der Unfall Folge einer gefährlichen Arbeit gewesen sei und sich zusätzlich als außergewöhnlich erwiesen habe.[851]

Wenig später änderte der 3. Senat aufgrund der massiven Kritik die Haftungsvoraussetzungen jedoch dahingehend ab, dass er eine Ersatzpflicht bereits dann für gegeben hielt, wenn der Schaden nach Art und Umfang ungewöhnlich sei; ferner seien im Falle eines Mitverschuldens des Arbeitnehmers die Grundsätze des innerbetrieblichen Schadensausgleiches zu beachten und eine entsprechende Quotelung des Anspruchs vorzunehmen.[852] Dieses Urteil wurde in der Literatur begrüßt, da hiermit erstmals der Brückenschlag zur Lehre der gefahrgeneigten Arbeit und eine Angleichung der zu beiden Fallgruppen entwickelten Rechtsgrundsätze erfolgte.[853] Der mittlerweile zuständige 8. Senat hat die Voraussetzungen bei einer erneuten Beschäftigung mit der Problematik abermals modifiziert und fordert nun zur Bejahung eines Aufwendungsersatzanspruches, dass der entstandene Schaden

1. im Betätigungsbereich des Arbeitgebers entstanden ist,
2. der Arbeitnehmer für den Schaden keine besondere Vergütung erhalten hat
3. der Schaden weiterhin nicht zum Lebensbereich des Arbeitnehmers gehört und
4. den Arbeitnehmer kein überwiegendes Mitverschulden trifft.[854]

---

849 *Müller-Glöge*, in: Richterliches Arbeitsrecht, Festschrift für Thomas Dieterich, S. 387 (393 f.); *Schumacher*, a.a.O., S. 36.

850 BAG Urt. v. 16.11.1978 = AP Nr. 5 zu § 611 BGB Gefährdungshaftung des Arbeitgebers.

851 BAG Urt. v. 16.11.1978 = AP Nr. 5 zu § 611 BGB Gefährdungshaftung des Arbeitgebers.

852 BAG Urt. v. 05.05.1980 = AP Nr. 6 zu § 611 BGB Gefährdungshaftung des Arbeitgebers.

853 MünchArb/*Blomeyer*, § 96, Rn. 63.

854 Siehe zu diesen Voraussetzungen: BAG, Urt. v. 11.08.1988 und v. 20.04.1989 = AP Nr. 7 und 9 zu § 611 BGB Gefährdungshaftung des Arbeitgebers. Vgl. auch die Darstellung bei HWK-*Krause*, § 619 a BGB, Rn. 99 f. (zu Krit. 1), Rn. 104 f. (zu Krit. 2) und Rn. 101 (zu Krit. 3) oder *Preis* in ErfKomm, § 619 a BGB, Rn. 93 (zu Krit. 1), Rn. 103 ff. (zu Krit. 2), Rn. 94 ff. (zu Krit. 3). Dass ein Mitverschulden des Arbeitnehmers den Erstattungsanspruch nicht von vornherein ausschließt, anerkennt das BAG seit seiner Entscheidung aus dem Jahre 1980 (BAG Urt. v. 8.05.1980 = AP Nr. 6 zu § 611 Gefährdungshaftung des Arbeitgebers), wobei in jüngeren Urteilen vom BAG herausgestrichen wird, dass bei der Berücksichtigung des Mitverschuldens die gleichen Grundsätze wie im Bereich der beschränkten Arbeitnehmerhaftung zu gelten hätten, jedoch ohne dass vom BAG die Parallelität der beiden Bereiche des innerbe-

Dem Betätigungsbereich des Arbeitgebers sind dabei alle Schadensrisiken zuzurechnen, die in einem irgendwie gearteten Zusammenhang mit der zu erbringenden Arbeitsleistung stehen und die der Arbeitgeber selbst hätte tragen müssen, wenn er die Arbeitsleistung persönlich vorgenommen hätte bzw. er dem Arbeitnehmer eigene Gegenstände zur Erbringung der Arbeitsleistung zur Verfügung gestellt hätte. Das Kriterium der Betätigungs- und Lebensbereiche hat der 8. Senat auch in seinen jüngeren Urteilen 1991[855], 1995[856] und 1997[857] herangezogen, so dass sich allmählich eine weitere Verfestigung dieser Haftungsvoraussetzungen einzustellen scheint. Dennoch verweisen alle Urteile in ihrer Begründung immer noch auf den Beschluss des Großen Senates aus dem Jahr 1961, obwohl sich dieser – abgesehen von der Heranziehung des § 670 BGB in entsprechender Weise zur Anspruchsbegründung – von seinen Voraussetzungen durchaus von den nunmehr gültigen Kriterien des Bundesarbeitsgerichts unterscheidet.

dd. Akzeptanz der Aufwendungsersatzlösung in der Literatur

Trotz mittlerweile jahrelanger Praktizierung der Aufwendungsersatzlösung durch das BAG in den letzten Jahren und Jahrzehnten, ist die Kritik seitens der Literatur an diesem Lösungsweg nie völlig verstummt. Auch wenn ein Großteil der Literatur die Heranzie-

---

trieblichen Schadensausgleiches ausdrücklich erwähnt wird, vgl. BAG Urt. v. 27.01.2000 = AP Nr. 31 zu § 611 BGB Musiker und BAG Urt. v. 17.07.1997 = AP Nr. 14 zu § 611 BGB Gefährdungshaftung des Arbeitgebers. S. hierzu auch *Preis* in ErfKomm, § 619 a BGB, Rn. 108 ff. und HWK-*Krause*, § 619 a BGB, Rn. 108.

855 BAG Urt. v. 14.11.1991 = AP Nr. 10 zu § 611 BGB Gefährdungshaftung des Arbeitgebers: „Die Regelung des § 670 BGB wird insoweit (...) entsprechend auf Schäden angewandt, die in einem inneren adäquaten Zusammenhang mit der Tätigkeit stehen und nicht durch die Vergütung abgegolten sind."

856 BAG Urt. v. 16.03.1995 = AP Nr. 12 zu § 611 BGB Gefährdungshaftung des Arbeitgebers: „In entsprechender Anwendung von § 670 BGB hat der Arbeitnehmer Anspruch auf den Ersatz von Schäden, die ihm bei Erbringung der Arbeitsleistung ohne Verschulden des Arbeitgebers entstehen. Voraussetzung ist, dass der Schaden nicht dem Lebensbereich des Arbeitnehmers, sondern dem Betätigungsbereich des Arbeitgebers zuzurechnen ist und der Arbeitnehmer ihn nicht selbst tragen muss, weil er dafür eine besondere Vergütung erhält."
Und BAG Urt. v. 14.12.1995 = AP Nr. 13 zu § 611 BGB Gefährdungshaftung des Arbeitgebers:
„Um einen Einsatz im Betätigungsbereich des Arbeitgebers handelt es sich, wenn ohne den Einsatz des Arbeitnehmerfahrzeugs der Arbeitgeber ein eigenes Fahrzeug einsetzen und damit dessen Unfallgefahr tragen müsste." (so das BAG zu einem Schaden durch Einsatz eines arbeitnehmereigenen Privat-Pkw).

857 BAG Urt. v. 17.07.1997 = AP Nr. 14 zu § 611 BGB Gefährdungshaftung des Arbeitgebers: „Um einen Einsatz im Betätigungsbereich des Arbeitgebers handelt es sich, wenn ohne den Einsatz des Arbeitnehmerfahrzeugs der Arbeitgeber eine eigenes Fahrzeug einsetzen und damit dessen Unfallgefahr tragen müsste." (so das BAG zu einem Schaden durch Einsatz einer arbeitnehmereigenen Zugmaschine).

hung des § 670 BGB und dessen analoge Anwendung begrüßt,[858] so ist den Kritikern darin Recht zu geben, dass der Lösungsansatz der Rechtsprechung durchaus dogmatische Schwächen aufweist.[859] Der Hauptkritikpunkt besteht in dem Vorwurf, die Aufwendungsersatzlösung entferne sich zu weit von den Voraussetzungen, die für die Begründung einer Analogie erforderlich und unabdingbar seien.[860] Insbesondere sei die Aufwendungsersatzlösung aufgrund der Gleichstellung von Schäden mit Aufwendungen und durch die Unmöglichkeit der Anwendbarkeit der Mitverschuldensvorschrift des § 254 BGB dogmatisch bedenklich.[861]

aaa. Die Kritik an der generellen Anwendbarkeit des § 670 BGB auf Arbeitsverträge

Nach dem Wortlaut des Gesetzes gilt die Aufwendungsersatzvorschrift des § 670 BGB unmittelbar für das Auftragsrecht, das sich dadurch auszeichnet, dass die „Geschäftsbesorgung" unentgeltlich erfolgt:[862] Dem Beauftragten, der unentgeltlich tätig wird, soll zumindest ein Anspruch auf Ersatz seiner getätigten Auslagen zustehen, wenn er diese zum Zwecke der Ausführung seines Auftrags macht und sie nach den Umständen für erforderlich halten durfte. Zwar verweist § 675 BGB für den Geschäftsbesorgungsvertrag auf § 670 BGB, allerdings nicht direkt auf den Arbeitsvertrag. Da somit die Abgrenzung nicht über den Begriff der Unentgeltlichkeit geschieht, sondern über den Begriff der Geschäftsbesorgung erfolgen muss,[863] stellt sich die Frage nach der näheren Bestimmung des Begriffs der Geschäftsbesorgung. Von der Bestimmung des Geschäftsbesorgungsbegriffes hängt damit die Entscheidung ab, ob sich die Vorschrift des § 675 BGB auch auf Arbeitsverträge anwenden lässt.

Zunächst ist festzustellen, dass die Begriffe Geschäftsbesorgungsvertrag und Arbeitsvertrag keineswegs identisch sind, sondern sich nach herkömmlichen und weit verbreitetem Verständnis dadurch unterscheiden, dass ein Geschäftsbesorgungsvertrag eine „selbständige Tätigkeit wirtschaftlichen Charakters im Interesse eines anderen innerhalb einer

---

858 Schaub/*Koch*, ArbR-Hdb., § 85, Rn. 1; MünchArb/*Blomeyer*, § 96, Rn. 68; *Boemke*, Arbeitsrecht, § 8, Rn. 2; *Wollenschläger*, Arbeitsrecht, Rn. 304; *Junker*, Arbeitsrecht, Rn. 316; *Gick*, JuS 1979, S. 638 (643); *Däubler*, JuS 1986, S. 425 (431 f.); *Ring*, BuW 2004, S. 252 (252).

859 Palandt/*Sprau*, BGB, § 670, Rn. 9/10 spricht bspw. von einer "methodisch unsauberen" Vorgehensweise.

860 *Larenz*, SAE 1962, S. 197 (197 ff.); *Canaris*, RdA 1966, S. 41 (48); *Koch*, Der Eigenschaden des Arbeitnehmers, S. 49 ff.; *Mayer-Maly*, NZA 1991, Beil. 3, S. 13 f.

861 Die vorgebrachte Kritik stellt bspw. *Müller-Glöge*, in: Richterliches Arbeitsrecht, Festschrift für Thomas Dieterich, S. 387 (391) dar. Ebenso MünchArb/*Blomeyer*, § 96, Rn. 65, der zwar auch die Kritik darstellt, sich im Ergebnis aber ebenso für einen Lösungsweg über § 670 BGB in analoger Anwendung entscheidet, Rn. 68. Ablehnend hingegen *Koch*, Der Eigenschaden des Arbeitnehmers, S. 56 und *Schumacher*, Die vom Verschulden unabhängige Haftung des Arbeitgebers für arbeitsbedingte Sachschäden des Arbeitnehmers, S. 36 ff.

862 S. Wortlaut des § 662 BGB sowie hierzu ebenfalls MüKo-*Seiler*, BGB, § 662, Rn. 25 ff.

863 MüKo-*Seiler*, BGB, § 675, Rn. 1 f.

fremden wirtschaftlichen Interessensphäre"[864] darstellt. Ein Arbeitsvertrag hingegen zeichnet sich durch das Tätigwerden des dienstverpflichteten Arbeitnehmers für den Arbeitgeber aus, wobei die wirtschaftliche Abhängigkeit, die Weisungsgebundenheit und die Eingliederung in den Organisationsablauf und den Betrieb des Arbeitgebers das Gegenteil von dem umschreiben, was man als „selbständig" bezeichnen könnte.[865]

Legt man zur Abgrenzung dieses Verständnis zugrunde, kommt dem Begriff der Geschäftsbesorgung in § 675 BGB eine eigenständige Bedeutung zu, die enger als in den §§ 662 ff. und 677 ff. BGB zu verstehen ist. Daher ist nach dieser als Trennungstheorie bezeichneten Sichtweise die entgeltliche Geschäftsbesorgung in § 675 BGB dadurch gekennzeichnet, dass sich der Geschäftsbesorger gegenüber dem Geschäftsherrn dazu verpflichtet, eine selbständige Tätigkeit wirtschaftlicher Art zur Wahrung fremder Vermögensinteressen auszuführen.[866] Nur bei einer selbständigen Wahrnehmung fremder Interessen innerhalb einer fremden Vermögenssphäre, also bei Angelegenheiten, deren Wahrnehmung grundsätzlich Sache des Vermögensinhabers ist, ist im Gegensatz zu gewöhnlichen Dienst- oder Werkverträgen die Anwendung der genannten Auftragsvorschriften gerechtfertigt.[867]

Nach diesem Verständnis lässt sich ein Arbeitsvertrag keineswegs als Geschäftsbesorgung charakterisieren. Daher ist es gut vertretbar, eine Anwendung des § 670 BGB über den Weg des § 675 BGB auf den Arbeitsvertrag von vornherein abzulehnen, wofür bspw. *Köbler* plädiert, der auf die gefestigte Definition des Geschäftsbesorgungsbegriffes verweist und etwaige Abweichungen hiervon als nicht überzeugende Scheinlösungen aus Gerechtigkeitsgründen charakterisiert und entschieden ablehnt.[868]

Das BAG aber will ungeachtet dessen die Vorschrift des § 670 BGB auch auf Arbeitsverträge anwenden und führt hierfür einen *Erst-recht-Schluß* an: Wenn selbst der in der Regel wirtschaftlich und strukturell überlegene Beauftragte einer Geschäftsbesorgung einen Ersatzanspruch für Aufwendungen geltend machen könne, so müsse dies in gleicher Weise für den schutzbedürftigeren Arbeitnehmer gelten.[869] Definiert man den Geschäftsbesorgungsbegriff lediglich als Tätigkeit für einen anderen im weiteren Sinn und lässt man hierunter auch unselbständige Tätigkeiten fallen – so wie es bisweilen auch vertreten wird – stellt sich die soeben diskutierte Streitfrage erst gar nicht. Zu diesem weiteren Verständnis des Geschäftsbesorgungsbegriffs, welches die Geschäftsbesorgung lediglich als eine abgekürzte Ausdrucksweise für ein Rechtsverhältnis versteht, das die auftragsrechtli-

---

864 BGH Urt. v. 11.11.1958 = DB 1959, S. 167 (168).

865 Schaub/*ders.*, ArbR-Hdb., § 36, Rn. 1 ff.; HWK-*Thüsing*, Vor. § 611 BGB, Rn. 19 ff. insb. Rn. 40.

866 BGH Urt. v. 25.04.1966 = BGHZ 45, S. 223 (228 f.); BGH Urt. v. 11.11.1958 = DB 1959, S. 167 (168); BGH Urt. v. 25.10.1988 = NJW 1989, S. 1216 (1217); BGH Urt. v. 17.10.1991 = NJW-RR 1992, S. 560 (560 f.).

867 BGH Urt. v. 25.04.1966 = BGHZ 45, S. 223 (228 f.); MüKo-*Heermann*, BGB, § 675, Rn. 3 m.w. Nachweisen.

868 *Köbler*, NJW 1969, S. 1413 (1413 f.).

869 BAG (GS) Beschl. v. 10.11.1961 = E 12, S. 15 (24).

chen Rechtsfolgen auslöst, neigt generell die arbeitsgerichtliche Rechtsprechung.[870] Diese Sichtweise hat den Vorteil, im Fall der Arbeitgeberhaftung unproblematisch und direkt die §§ 670, 675 Abs. 1 BGB anwenden zu können. In der jüngeren Literatur hat diese Ansicht hingegen wenig Gefolgschaft gefunden. Einer ihrer Befürworter ist bspw. *Ehmann*, der die geschäfts-besorgungsrechtlichen Elemente des § 675 Abs. 1 BGB vielmehr als allgemeine Regelungen des Schuldrechts ansieht, die in Form von Nebenpflichten für jeden Vertrag, insb. auch für Dienst- und Arbeitsverträge ihre Geltung beanspruchen könnten.[871]

Allerdings erscheint aufgrund der gefestigten jahrzehntelangen Entwicklung des Geschäftsbesorgungsbegriffes – dessen nähere Ausgestaltung der Gesetzgeber ausdrücklich in die Hände der Rechtswissenschaft gelegt hat – die der Trennungstheorie zugrunde liegende Bedeutung sachgerechter. Zwar lässt sich gegen diese das Argument der systemwidrigen Diskrepanz zwischen Auftrags- und Geschäftsbesorgungsbegriff vorbringen, allerdings wird nur diese Sichtweise dem Auftrag des Gesetzgebers gerecht, den Begriff der Geschäftsbesorgung im § 675 Abs. 1 BGB näher zu bestimmen.[872] Ebenfalls steht diese Sichtweise im Einklang mit den Überlegungen der zweiten Kommission, die nicht in jedem Dienst- oder Werkvertrag eine Geschäftsbesorgung erblicken wollte.[873] Für eine derartige Auslegung des Geschäftsbesorgungsbegriffes lässt sich zudem im Gesetz eine objektive Stütze finden, denn andernfalls käme dem Relativsatz in § 675 Abs. 1 BGB „der eine Geschäftsbesorgung zum Gegenstand hat“ rein deklaratorische Bedeutung zu, wie *Heermann* zutreffend ausführt.[874]

Die arbeitsrechtlichen Vertreter der Aufwendungsersatzlösung umgehen diese begrifflichen Schwierigkeiten teilweise, indem sie sich entweder gar nicht mit dem Problem der Anwendbarkeit des § 675 Abs. 1 BGB auf Arbeitsverträge auseinandersetzen,[875] den

---

870 Diese Theorie wird aufgrund der Einheitlichkeit der Geschäftsbesorgungsbegriffe in den §§ 662 ff, 675 Abs. 1 und 677 ff. BGB als Einheitstheorie bezeichnet. Sie klingt in mehreren arbeitsgerichtlichen Entscheidungen an, vgl. bereits die Ausführungen im „Ameisensäurefall“, BAG a.a.O., E 12, S. 15 (24): „Sieht man im Begriff des Dienstvertrages, der „eine Geschäftsbesorgung zum Gegenstand hat“, in § 675 BGB den gleichen allgemeinen Begriff der Geschäftsbesorgung, wie er in den §§ 662 ff. BGB für den unentgeltlichen Auftrag und den §§ 677 ff. BGB für die Geschäftsführung ohne Auftrag zugrunde liegt, nämlich die Tätigkeit für einen anderen, *wofür theoretisch und praktisch vieles spricht*, so gilt § 670 über § 675 auch für abhängige Arbeitsverträge“ [Hervorhebung vom Verfasser]. Wesentlich deutlicher für eine Anwendbarkeit auch auf Arbeitsverträge, allerdings ohne weitere Begründung: BAG Urt. v. 17.06.1998 = E 89, S. 149 (162) oder BAG Urt. v. 21.09.1966 = E 19, S. 83 (86).

871 Erman/*Ehmann*, BGB, Vor. § 662, Rn. 70 f.

872 Vgl. hierzu MüKo-*Heermann*, BGB, § 675, Rn. 12.

873 Prot. II S. 377.

874 MüKo-*Heermann*, BGB, § 675, Rn. 12.

875 Vgl. bspw. BAG Urt. v. 16.11.1978 = NJW 1979, S. 1423 (1423) oder LAG Hamm Urt. v. 31.10.1978 = NJW 1979, S. 943 (943).

weiteren Geschäftsbesorgungsbegriff vertreten[876] oder argumentieren, der Rechtsgedanke der von § 675 BGB in Bezug genommenen Vorschriften treffe auch auf solche Vorschriften zu, die keine selbständige Tätigkeit wirtschaftlicher Art zur Folge hätten.

Nach alledem erscheint jedoch die analoge Anwendung der Vorschrift im Sinne der Trennungslösung überzeugender.[877] Die Voraussetzungen für eine analoge Anwendung der Norm sind unzweifelhaft gegeben, die Interessenlage ist allemal vergleichbar – wiederum kann hier die Schutzbedürftigkeit des Arbeitnehmers angeführt werden, die eine analoge Anwendung des Geschäftsbesorgungsbegriffes auch auf Arbeitsverträge rechtfertigt. Letztlich handelt es sich sowohl bei der Geschäftsbesorgung als auch bei einem Arbeitsvertrag um das entgeltliche Tätigwerden für einen anderen. Wenn bei Wahrnehmung dieser Tätigkeit Aufwendungen gemacht werden, so kann es keinen Unterschied machen, ob dem ein Rechtsverhältnis zugrunde liegt, das sich durch selbständiges oder unselbständiges Tätigwerden auszeichnet. Das Bedürfnis der Anwendung des § 675 BGB besteht bei unselbständigen Verträgen noch in viel erheblicherem Maße, da hier die Fremdbestimmtheit der Tätigkeit und die Eingebundenheit des Arbeitnehmers in einen festgelegten Arbeitsablauf einen Ausgleichsanspruch rechtfertigen. Die generelle Heranziehung und Anwendung der §§ 670, 675 Abs. 1 BGB in entsprechender Weise ist daher eine in vollem Umfang nachvollziehbare wie gleichsam überzeugende Analogie.

bbb. Die Kritik am Begriff der Aufwendung

Weiterhin rankt sich die Kritik der Gegner der Aufwendungsersatzlösung um den Aufwendungsbegriff und wird hier noch in viel größerer Heftigkeit und Intensität diskutiert als bei der Frage der generellen Anwendbarkeit der §§ 670, 675 Abs. 1 BGB auf das Arbeitsrecht und auf Arbeitsverträge: Aufwendungen sind *per definitionem* Vermögensopfer, die der Beauftragte zum Zwecke der Ausführung des Auftrags freiwillig oder auf Weisung des Auftraggebers macht, sowie ferner solche, die sich als notwendige Folge der Ausführung ergeben.[878] Problematisch im Rahmen des Aufwendungsbegriffes ist seit jeher die Frage, ob ebenso Schäden Aufwendungen darstellen können. Auch der Rechtsprechung ist die hierzu gängige Unterscheidungsformel „Aufwendungen werden gemacht,

876 So die vorsichtigen Ausführungen des BAG im „Ameisensäurefall“, BAG (GS) Beschl. v. 10.11.1961 = E 12, S. 15 (24), das im Ergebnis aber eine genaue Festlegung scheut.

877 Die Entscheidung zwischen Einheitslösung und Trennungslösung darf in Bezug auf die praktischen Folgen nicht überbewertet werden, da nach beiden Theorien – sei es im Wege direkter Anwendung, sei es mittels entsprechender Heranziehung der Norm – die rechtlichen Folgen im Ergebnis identisch sind.

878 BGH Urt. v. 16.12.1952 = BGHZ 8, S. 222 (229); BGH Beschl. v. 5.07.2000 = NJW 2000, S. 3712 (3714 f.); BGH Urt. v. 6.12.1962 = BGHZ 38, S. 302 (304); BGH Urt. v. 6.07.1977 = BGHZ 69, S. 235 (241 ff.); ebenso bereits das Reichsgericht: RG Urt. v. 1.07.1918 = RGZ 95, S. 51 (53); RG Urt. v. 19.11.1928 = RGZ 122, S. 298 (303); RG Urt. v. 12.12.1922 = RGZ 106, S. 26 (28).

Schäden werden erlitten“[879] bekannt. Allerdings lehnte das BAG in seiner Entscheidung aus dem Jahr 1961 die Unterscheidung zwischen Aufwendungen und Zufallsschäden nach dem alleinigen Kriterium der Freiwilligkeit ab. Diese Differenzierung sei zu formal und verkenne daher das Wesen der Sache.[880]

Die Literatur hingegen kritisiert an dieser Vorgehensweise, dass eine solche Handhabung dem zentralen Element des Aufwendungsbegriffes – nämlich der Freiwilligkeit – nicht gerecht wird. Gerade dem Freiwilligkeitserfordernis komme beim Aufwendungsbegriff jedoch besondere Bedeutung zu, handele es sich hierbei doch um das maßgebliche Abgrenzungskriterium zum Schaden.[881] Die Kritiker dieser von der Rechtsprechung vorgenommenen Ausdehnung des Aufwendungsbegriffes wollen daher eine Zurechnung nicht über die extensive Auslegung des Aufwendungsbegriffes mittels § 670 BGB analog vornehmen, sondern knüpfen an den Gedanken der Risikozurechnung an,[882] der auch in § 110 Abs. 1 HGB zum Ausdruck kommt[883] und im Hinblick auf die geäußerte Kritik an dem Aufwendungsbegriff methodisch unproblematischer erscheint. Nicht die methodisch unscharfe extensive Auslegung des Aufwendungsbegriffes sei der vorzugswürdige Lösungsansatz, sondern die Ausgleichung des Schadens im Wege einer Risikohaftung des Geschäftsherrn bzw. hier des Arbeitgebers.[884]

Die Beurteilung der Frage, ob auch Zufallsschäden Aufwendungen im Sinne von § 670 BGB darstellen, wird jedoch nicht erst seit der Entscheidung des BAG im Ameisensäurefall kontrovers diskutiert. Die Ursprünge dieses Streites lassen sich bis in das Römische Recht zurückverfolgen, das die gleiche Streitfrage der Abscheidung von Aufwendungen zu Schäden kannte und gleichfalls lebhaft diskutierte.[885] Der Gesetzgeber wusste ebenso bei der Schaffung des BGB um die Streitigkeiten den Aufwendungsbegriff betreffend, was aus den Ausführungen in den Motiven deutlich wird, entschied sich aber dennoch gegen eine Festsetzung einer Definition, da aufgrund „der Verschiedenheit der in Betracht kommenden Fälle“ eine endgültige Klärung durch die Rechtsprechung und Rechtslehre vorgenommen werden sollte.[886] Diese Regelungslücke nimmt nun die verbreitete Ansicht in Anspruch, um dem Arbeitnehmer einen Anspruch aus § 670 BGB bei Zufallsschäden zuzugestehen. Über das an sich fehlende Erfordernis der Freiwilligkeit bei Zufallsschäden helfe folgende Überlegung hinweg: Zwar sei nicht das Erleiden des Scha-

879 BAG (GS) Beschl. v. 10.11.1961 = E 12, S. 15 (25).

880 BAG (GS) Beschl. v. 10.11.1961 = E 12, S. 15 (25).

881 *Müller*, JZ 1968, S. 769 (769).

882 Dies besonders deutlich herausstreichend: *Canaris*, RdA 1966, S. 41 (47 ff.).

883 Mit der Regelung des § 110 Abs. 1 HGB, welche den Ersatz von Aufwendungen und Verlusten des Gesellschafters regelt, wird nach allg. Ansicht dem sog. Veranlassungsprinzip Rechnung getragen, vgl. Koller/*ders.*, HGB, § 110, Rn. 1 und BGH Urt. v. 30.05.1969 = NJW 1960, S. 1568 (1569). Der dort hervor tretende Gedanke ähnelt den Risiko- bzw. Interessenzurechnungsgedanken, die auch die Befürworter der Risikohaftung betonen.

884 *Canaris*, RdA 1966, S. 41 (49); ähnlich auch *Larenz*, SAE 1962, S. 197 (198 f.).

885 Siehe hierzu MüKo-*Seiler*, BGB, § 670, Rn. 14 mit weiteren Nachweisen.

886 Mot. II, S. 541 sowie Protokolle II, S. 367, 369.

dens freiwillig gewesen, jedoch sei die Eingehung der Tätigkeit und damit die Übernahme eines Gefahrenpotentials samt Schadensrisiko freiwillig geschehen. Dies genüge, um das für Aufwendungen erforderliche Freiwilligkeitserfordernis zu bejahen.

Dieser Lösungsweg muss sich dem berechtigten Vorwurf aussetzen, es handele sich hierbei um eine „methodisch unsaubere“[887] Vorgehensweise. Sowohl Aufwendung als auch Schaden stellen eine Vermögensminderung, einen Vermögensabfluss dar. Das Charakteristische und prägnante Abgrenzungskriterium ist einzig darin zu erblicken, dass es bei Schäden am Finalitäts- und Freiwilligkeitserfordernis fehlt. In diesem Rahmen lässt sich auch das zwar weniger juristische, vielmehr semantische, aber dennoch zutreffende Argument der Bedeutung der beiden Wörter im allgemeinen Sprachgebrauch anführen: So findet sich in Meyers Enzyklopädischem Lexikon für den Begriff der Aufwendung die Aussage, es handele sich hierbei um eine Aufopferung von Vermögenswerten, die auf dem freien Willen beruhen müsse,[888] während der Begriff des Schadens gleichfalls als Einbuße geldwerter Güter definiert wird[889] und sich damit semantisch einzig durch den Verzicht auf das Freiwilligkeitserfordernis auszeichnet. Auf dieses Erfordernis verzichten zu wollen, heißt damit die Unterscheidung zwischen Zufallschäden und Aufwendungen ins Konturenlose zu verwischen.

Auch die von den Befürwortern der Aufwendungsersatzlösung vorgenommene Konstruktion der Vorverlagerung des Freiwilligkeitserfordernisses vermag nicht recht zu überzeugen und ist darüber hinaus auch ein intrasystematischer Bruch mit der bisherigen Rechtsprechung, die nach wie vor betont, Aufwendungen müssten für den konkreten Einzelfall entstehen,[890] könnten damit nicht erst ex post nach Schadenseintritt festgestellt werden. Genau dies geschieht aber bei der Anerkennung von Zufallsschäden als Aufwendungen, da derartige Schäden bereits begrifflich mit der planmäßigen Aufopferung von Vermögenswerten zur Erreichung eines bestimmten Ziels nicht in Einklang gebracht werden können. Ein zufälliger Schadenseintritt ist eben nicht vorhersehbar, ihm fehlt es an der Finalität. Auf all diese Erfordernisse zu verzichten und stattdessen den „rechtlichen Kunstgriff“ der freiwilligen Eingehung des Schadensrisikos heranzuziehen, erscheint in hohem Maße konstruiert. Auch das vom BAG im Ameisensäurefall vorgetragene Argument, die Unterscheidung zwischen Aufwendungen und Zufallsschäden dürfe nicht rein formal vorgenommen werden, da sie ansonsten das Wesen der Sache verkenne,[891] hilft hier nicht weiter. Dieses Argument ist vielmehr Grund für die generelle Bejahung und Anerkennung einer Entschädigungspflicht des Arbeitgebers, hingegen nur eine wenig überzeugende Rechtfertigung für die Subsumtion von Zufallsschäden unter § 670 BGB, selbst im Falle analoger Normanwendung.

---

887 So bezeichnet von Palandt/*Sprau*, BGB, § 670, Rn. 9/10.

888 Meyers enzyklopädisches Lexikon, Erläuterung des Begriffs „Aufwendung“, Band 3, S. 50.

889 Meyers enzyklopädisches Lexikon, Erläuterung des Begriffs „Schaden“, Band 20, S. 793.

890 BGH Beschl. v. 5.07.2000 = NJW 2000, S. 3712 (3714 f.).

891 BAG (GS) Beschl. v. 10.11.1961 = E 12, S. 15 (25).

Abschließend bleibt damit festzuhalten, dass aufgrund der fehlenden begrifflichen Fassung des Aufwendungsbegriffes durch den Gesetzgeber große Unklarheit herrscht. Aufgrund dieses Freiraumes lässt sich der Zufallsschaden zwar auch als Aufwendung im Sinne des § 670 BGB einordnen, dies muss dann aber um den Preis klarer Definitionen, den Verstoß gegen den allgemeinen Sprachgebrauch und unter Zuhilfenahme „methodisch unsauberer"[892] Konstruktionen erfolgen.

ccc. Die Kritik an der Konstruktion zur Berücksichtigung von Mitverschulden

Neben den dargelegten Bedenken bezüglich der Subsumtion von Zufallsschäden unter den Aufwendungsbegriff ist weiterhin die Berücksichtigung von arbeitnehmerseitigem Mitverschulden problembehaftet. Unstreitig verstößt es gegen Treu und Glauben, dem Arbeitnehmer, der einen Eigenschaden teilweise selbst verschuldet hat, einen vollen Ersatzanspruch gegen den Arbeitgeber zuzugestehen.[893] Es liegt daher nahe, den Anspruch des Arbeitnehmers unter (u.U. entsprechender) Anwendung der Mitverschuldensvorschrift des § 254 BGB anspruchsmindernd nach Grad des eigenen Verschuldens zu kürzen.

Allerdings gilt es in diesem Zusammenhang zwei Fragen zu beantworten: Zum einen die Frage nach der grundsätzlichen Anwendbarkeit des § 254 BGB im Rahmen des Aufwendungsersatzanspruches des § 670 BGB, zum anderen die Frage, ob hierbei ebenfalls die Grundsätze der privilegierten Arbeitnehmerhaftung in entsprechender Weise zu berücksichtigen sind, der Arbeitnehmer also bei Vorliegen gewisser Verschuldensgrade privilegiert zu behandeln ist.

(1) Grundsätzliche Anwendbarkeit des § 254 BGB

Nach § 254 BGB ist bei der Entstehung eines Schadens ein mitwirkendes Verschulden des Geschädigten zu berücksichtigen. Die bürgerlich-rechtliche Mitverschuldensvorschrift gilt gegenüber allen Schadensersatzansprüchen, gleich auf welchem Rechtsgrund sie beruhen.[894] Im Zusammenhang mit der Aufwendungsersatzvorschrift des § 670 BGB ist eine unmittelbare Heranziehung des § 254 BGB aber insofern methodisch problematisch, da es sich bei dem Ersatz von Aufwendungen um keinen üblichen Schadensersatzanspruch des Bürgerlichen Rechts handelt. Dennoch wird nahezu einhellig eine (analoge) Anwendung des § 254 BGB befürwortet, um auf diese Weise eine Schadensquotelung herbeizufüh-

892 Diese Worte verwendend: Palandt/*Sprau*, BGB, § 670, Rn. 9/10.

893 *Däubler*, JuS 1986, S. 425 (432); Allgemein zu § 254 BGB als Ausprägung des Grundsatzes von Treu und Glauben s. auch Palandt/*Heinrichs*, BGB, § 254, Rn. 1; BGH Urt. v. 14.03.1961 = BGHZ 34, S. 355 (363 ff.); BGH Urt. v. 18.04.1997 = NJW 1997, S. 2234 (2235).

894 Palandt/*Heinrichs*, BGB, § 254, Rn. 1; MüKo-*Oetker*, BGB, § 254, Rn. 7.

ren.[895] Auch das BAG stellte sich in seinen Ausführungen zum Ameisensäurefall auf diesen Standpunkt, gab aber weiterhin zu bedenken, dass die Heranziehung des § 254 BGB überdies auch gar nicht notwendig sei: Bei einem arbeitnehmerseitigen Mitverschulden könne bereits der Anspruch nach dem Tatbestand des § 670 BGB entfallen, da hiernach nur solche Aufwendungen zu ersetzen seien, die bei einem nach den Umständen erforderlichem Handeln nötig gewesen wären – eine solche Erforderlichkeit scheide jedoch bei einem arbeitnehmerseitigen Mitverschulden aus.[896] Im Verlaufe der weiteren bundesarbeitsgerichtlichen Rechtsprechung wurde diesem Gedanken jedoch keine weitere Beachtung geschenkt. Inzwischen wird vom zuständigen 8. Senat eine alleinige Anwendung der Mitverschuldensvorschrift des § 254 BGB vorgenommen, ohne bei einem Vorliegen von Mitverschulden den Anspruch bereits an den Tatbestandsvoraussetzungen des § 670 BGB scheitern zu lassen.[897] Diese Entwicklung ist zu begrüßen, da es bei der angestrengten Parallelität zwischen Aufwendungen und Schäden nur gedanklich stringent ist, die Berücksichtigung von Mitverschulden mittels der Vorschrift des § 254 BGB vorzunehmen. Zudem ist die Heranziehung des § 254 BGB anstelle der „Tatbestandslösung“[898] über die Erforderlichkeits-/ Angemessenheitsklausel des § 670 BGB insofern vorzugswürdig, da nur so die Einheitlichkeit der Berücksichtigung von Mitverschulden gewährleistet wird und weiterhin die bereits zu § 254 BGB entwickelten Grundsätze übertragen werden können.[899]

Den verbleibenden Kritikern[900] einer Anwendung der Mitverschuldensvorschrift im Rahmen des § 670 BGB kann entgegnet werden, dass die Vorschrift des § 254 BGB eine spezielle Ausprägung des Grundsatzes von Treu und Glauben ist[901] und damit für das Zusammentreffen mit jedwedem Zurechnungsgrund gelten muss.[902] Die Anwendung des § 254 BGB erscheint darüber hinaus auch als folgerichtige und logische Konsequenz,

---

895 MünchArb/*Blomeyer*, § 96, Rn. 68; *Boemke*, Arbeitsrecht, § 8, Rn. 9; *Gick*, JuS 1979, S. 638 (642); *Däubler*, JuS 1986, S. 425 (432). Ebenso die Rspr.: BAG Urt. v. 8.05.1980 = AP Nr. 6 zu § 611 Gefährdungshaftung des Arbeitgebers.

896 BAG (GS) Beschl. v. 10.11.1961 = E 12, S. 25 (28).

897 Vgl. die beiden Entscheidungen BAG v. 11.08.1988 und v. 20.04.1989 = AP Nr. 7 und 9 zu § 611 BGB Gefährdungshaftung des Arbeitgebers.

898 Dieser Begriff ist für den bezeichneten Lösungsweg nicht üblich, erscheint aber doch treffend und soll daher im folgenden verwendet werden, wenn die Berücksichtigung von Mitverschulden bereits an der Tatbestandsvoraussetzung der Erforderlichkeit / Angemessenheit des § 670 BGB festgemacht werden soll.

899 Zu denken ist hier beispielsweise an den innerbetrieblichen Schadensausgleich, der nach Ansicht der Rechtsprechung auch nach der Schuldrechtsmodernisierung weiterhin an § 254 BGB festzumachen ist, siehe hierzu auch bereits die obigen Ausführungen auf S. 173 unter Fußnote 719. Zu der Anwendung der Grundsätze des innerbetrieblichen Schadensausgleiches im Rahmen von § 254 BGB s. sogleich unter (2).

900 *Koch*, Der Eigenschaden des Arbeitnehmers, S. 63; Staudinger/*Wittmann*, BGB, § 670, Rn. 3.

901 BGH Urt. v. 18.04.1997 = NJW 1997, S. 2234 (2235); BGH Urt. v. 14.03.1961 = BGHZ 34, S. 355 (363 ff.). Ebenso: Palandt/*Heinrichs*, BGB, § 254, Rn. 1.

902 *Raulf*, Arbeitgeberhaftung bei PKW-Schäden, S. 106.

wenn man Zufallschäden unter den Aufwendungsbegriff subsumieren möchte: Tut man dies, wie von einem Großteil der Literatur und der höchstrichterlichen Rechtsprechung gefordert, so erscheint es aus intrasystematischen Gründen naheliegend, dann auch auf die Anwendung der Mitverschuldensvorschrift für Schadensersatzansprüche zurückzugreifen.

Abschließend ist damit festzuhalten, dass eine Berücksichtigung von Mitverschulden zwingend vorzunehmen ist, da es sich hierbei um eine Ausprägung des Treu- und Glaubensgrundsatzes handelt. Diese Berücksichtigung wird am besten durch eine Heranziehung des § 254 BGB gewährleistet, der als spezielle Normierung des Treu- und Glauben-Grundsatzes der Tatbestandslösung über die Angemessenheits-/ Erforderlichkeitsklausel des § 670 BGB überlegen ist.[903]

(2) Berücksichtigung der Grundsätze der privilegierten Arbeitnehmerhaftung bei der Arbeitgeberhaftung

Da im Rahmen der privilegierten Arbeitnehmerhaftung der Arbeitnehmer durch die Modifizierungen des Verschuldensmaßstabes bevorzugt wird, stellt sich die Frage nach der Berücksichtigung dieser Grundsätze auch im Bereich der Arbeitgeberhaftung. Soll also der Arbeitnehmer, der eine eigene Sache durch eine leicht fahrlässige Handhabe bei einer betrieblich veranlassten Tätigkeit beschädigt, dennoch vollen Ersatz verlangen können? Diese Frage ist mittlerweile eindeutig bejahen, da die Rechtswissenschaft nahezu unstreitig anerkennt, dass bei einer Berücksichtigung von arbeitnehmereigenem Mitverschulden auch die Grundsätze zur privilegierten Arbeitnehmerhaftung Anwendung finden müssen.[904]

Dem hat sich auch das BAG angeschlossen, dass nach anfänglicher Skepsis und Ablehnung der Heranziehung der Grundsätze zur beschränkten Arbeitnehmerhaftung nunmehr anerkennt, dass eine Anwendung der im Rahmen der privilegierten Arbeitnehmer-

---

903 A.A. jedoch *Raulf*, Arbeitgeberhaftung bei PKW-Schäden, S. 107 f., der eine Heranziehung von § 254 BGB für obsolet erachtet. Aufgrund der Prüfung der Verhältnismäßigkeit bzw. Angemessenheit im Rahmen von § 670 BGB verbleibe genügend Raum um eine Berücksichtigung von Mitverschulden bereits hier vorzunehmen. Allerdings vermögen *Raulfs* Ausführungen nicht recht zu überzeugen. Die Nachteile einer derartigen „Tatbestandslösung" liegen darin, dass sie die Anwendung der für § 254 BGB entwickelten Grundsätze und Modifikationen (bspw. die Grundsätze der beschränkten Arbeitnehmerhaftung, hierzu s. noch sogleich unter [2]) nicht einfach übernehmen kann, ohne hierfür wieder weiteren Argumentationsaufwands zu bedürfen. Zusätzlich verkennt diese Ansicht auch die trotz gewisser Unterschiede vorliegende Parallelität bzw. wertungsstrukturelle Vergleichbarkeit zwischen einem Anspruch nach § 670 BGB und sonstigen Schadensersatzansprüchen.

904 Schaub/*Koch*, ArbR-Hdb., § 85, Rn. 9; MünchArb/*Blomeyer*, § 96, Rn. 64 u. 74; *Preis* in ErfKomm, § 619 a BGB, Rn. 108; *Otto/Schwarze*, Die Haftung des Arbeitnehmers, Rn. 644; *Däubler*, JuS 1986, S. 425 (432); *Gick*, JuS 1979, S. 638 (642 f.); *Reichold*, NZA 1994, S. 488 (493); *Müller-Glöge*, in: Richterliches Arbeitsrecht, Festschrift für Thomas Dieterich, S. 387 (399 f.).

haftung entwickelten Grundsätze zwingend vorzunehmen ist.[905] Mittlerweile entspricht die Heranziehung der Grundsätze des innerbetrieblichen Schadensausgleiches oberstgerichtlicher üblicher Rechtsprechung, was die Judikate des 8. Senats des Bundesarbeitsgerichts in den letzten Jahren bewiesen haben.[906] Dies hat also zur Folge, dass der Arbeitgeber bei geringer persönlicher Vorwerfbarkeit im Sinne leichter Fahrlässigkeit des Arbeitnehmers grundsätzlich vollen Ersatz zu leisten hat, bei „normaler" Fahrlässigkeit des Arbeitnehmers der Schaden anteilig unter Berücksichtigung der Einzelfallumstände, Billigkeitsgrundsätze und Zumutbarkeitserwägungen aufgeteilt wird und bei einer grob fahrlässigen Schadensverursachung der Ersatzanspruch des Arbeitnehmers vollständig entfällt.[907] Zu den Gründen der Anwendung des Maßstabs der Arbeitnehmerhaftung muss an dieser Stelle nicht mehr viel gesagt werden. Sie erklärt sich aus der Parallelität und den gleichen zugrundeliegenden Risikogedanken, die sowohl Arbeitgeber- als auch die Arbeitnehmerhaftung tragen.[908] Dass eine grundsätzliche Berücksichtigung des Mitverschuldens zu erfolgen hat, ist ein Gebot des Treu und Glaubens.[909] Dass dann aber auch die Privilegierungen, die aus der Eigenart des Arbeitsverhältnisses als persönlich geprägtem Dauerschuldverhältnis resultieren, entsprechend angewendet werden, ist eine Konsequenz, die aufgrund der strukturellen Gleichheit zwingend zu erfolgen hat.

ee. Zwischenergebnis

Die Aufwendungsersatzlösung, deren Ursprung auf die Ausführungen des Großen Senats im Jahr 1961 zurückgeht, bietet einen Lösungsweg, der sich durch Heranziehung einer bürgerlich-rechtlichen Norm des besonderen Schuldrechts auszeichnet. Dadurch gelingt es einerseits, einen Bogen vom Arbeitsrecht zum allgemeinen bürgerlichen Recht zu schlagen: Die Aufwendungsersatzlösung verdeutlicht, dass die Ursprünge des Haftungsrechts und Ausgangspunkte der Überlegungen im Bürgerlichen Gesetzbuch beheimatet sind und auch für den Bereich des „Sonderprivatrechts"[910] der Arbeitnehmer den zu wählenden Ausgangspunkt der Betrachtung darstellen müssen.[911]

Andererseits muss sich die Aufwendungsersatzlösung nicht vorwerfen lassen, sie schwebe losgelöst von gesetzlichen Normen im Raum und ermögliche eine Schadenskompensation, die das Recht so eigentlich gar nicht vorsieht. Dieses weitere Verdienst

905 BAG Urt. v. 8.05.1980 = AP Nr. 6 zu § 611 BGB Gefährdungshaftung des Arbeitgebers.

906 Vgl. bspw. nur BAG Urt. v. 17.07.1997 = AP Nr. 14 zu § 611 BGB Gefährdungshaftung des Arbeitgebers und BAG Urt. v. 27.01.2000 = AP Nr. 31 zu § 611 BGB Musiker.

907 MünchArb/*Blomeyer*, § 96, Rn. 74; *Müller-Glöge*, in: Richterliches Arbeitsrecht, Festschrift für Thomas Dieterich, S. 387 (399 f.).

908 MünchArb/*Blomeyer*, § 96, Rn. 74; *Otto/Schwarze*, Die Haftung des Arbeitnehmers, Rn. 644 ff.

909 S. bereits die obigen Ausführungen.

910 Zur Kritik an diesem Begriff s. bereits oben, S. 160 ff.

911 Zu dieser „Rückbesinnung" des Arbeitsrechts zum allg. bürgerlichen Recht s. die obigen Ausführungen zum Verhältnis beider Rechtsgebiete unter Gliederungspunkt C-III-3.

führt dazu, dass im Gegensatz zu anderen Lösungswegen die Aufwendungsersatzlösung nicht als eine lediglich rein ergebnisorientierte Billigkeitsjurisprudenz bezeichnet werden kann, sondern vielmehr eine Subsumtion am Wortlaut der Norm ermöglicht.

Unmittelbar an diesem Punkt lässt sich aber die Kritik an der Aufwendungsersatzlösung anknüpfen. Denn so klar sind die Tatbestandsvoraussetzungen der Aufwendungsersatzlösung keineswegs. Der Weg über § 670 BGB ist nur möglich, wenn die Norm analog, bei genauer Betrachtung sogar „doppelt" analog angewandt wird: Die generelle Anwendung der §§ 670, 675 Abs. 1 BGB auf Arbeitsverträge macht eine entsprechende Anwendung aufgrund der herkömmlichen Definition des Geschäftsbesorgungsbegriffes als selbständige Tätigkeit erforderlich. Weiterhin und zurecht methodisch weitaus kritikbehafteter ist die Subsumtion von Zufallsschäden unter den Aufwendungsbegriff. Die von den Befürwortern herangezogene Konstruktion der Vorverlagerung des Freiwilligkeitserfordernisses wirkt, wie bereits deren Bezeichnung nahe legt, in hohen Maße konstruiert, zumal durch die faktische Aufgabe des Freiwilligkeitserfordernisses die Abgrenzung zwischen Schäden und Aufwendungen verwischt und ein konturenloser Begriff des „Vermögensabflusses" geschaffen wird. Die Heranziehung der Mitverschuldensvorschrift des § 254 BGB auf der Rechtsfolgenseite mag hier schon leichter fallen, auch wenn bei gestrenger Anwendung diese Norm nur auf Schadensersatz-, und nicht auf Aufwendungsersatzansprüche passt. Allerdings handelt es sich bei der Berücksichtigung eines Mitverschuldens nach § 254 BGB um eine spezielle Ausprägung des allgemeinen Rechtsgedankens von Treu und Glauben, so dass dessen entsprechende Anwendung nicht zu beanstanden ist. Zudem wird so die – zwingend gebotene – Heranziehung der Grundsätze der beschränkten Arbeitnehmerhaftung im Rahmen der Arbeitgeberhaftung möglich.

Die Aufwendungsersatzlösung weist damit, trotz ihrer genannten Vorteile, mehrere Schwächen auf. Das ist auch der Grund, warum an ihr in der Literatur nach wie vor heftige Kritik geübt wird.[912] Einen methodisch vor jeglicher Kritik gefeiten Lösungsweg vermag die Aufwendungsersatzlösung daher ebenfalls nicht zu offerieren.

6. *These: Trotz Kritik ist die Aufwendungsersatzlösung vorzugswürdiger Ansatz, der zudem teilweise mit Gesichtspunkten der Risikozuweisung nach Canaris begründet ist*

Die vorangegangenen Ausführungen haben gezeigt, dass zahlreiche Vorschläge zur Anspruchsbegründung diskutiert werden: Vorschläge zur Anspruchsbegründung durch ergänzende Vertragsauslegung oder im Wege der Entgelttheorie, mittels Heranziehung des Aufopferungsgedankens, der Fürsorgepflicht oder basierend auf Treu und Glauben, in Form von Betriebsrisikoüberlegungen, der Konstruktion einer Gefährdungshaftung oder – dem nahestehend – in Form des Risikoprinzips und schlussendlich mittels der vor allem von der Rechtsprechung favorisierten Aufwendungsersatzlösung nach § 670 BGB.

912 Vgl. nur *Canaris*, RdA 1996, S. 41 ff. und *Koch*, Der Eigenschaden des Arbeitnehmers, S. 56 ff. sowie aus jüngerer Zeit MünchArb/*Blomeyer*, § 96, Rn. 65 ff. m.w.N.

Die Vielzahl der Theorien, deren Bandbreite das komplette bürgerliche Recht durchmisst, gibt Zeugnis über die methodischen Schwierigkeiten, die eine Anspruchsbegründung bereitet. Die hierdurch zutage tretende Hilflosigkeit hat daher auch Lösungsansätze hervorgebracht, die so fulminanter und grundsätzlicher Kritik unterliegen, dass eine Heranziehung sich schwerlich vertreten lässt.[913]

Von den dargestellten Ansätzen sind zur dogmatisch annähernd plausiblen Bewältigung des vorliegenden Problems daher nur die Aufwendungsersatzlösung und die Gefährdungshaftungslösung bzw. genauer bezeichnet die Haftung aus Risikozurechnungserwägungen in der Lage. Allerdings muss sich das Risikoprinzip die Ermangelung einer gesetzlichen Grundlage vorwerfen lassen und ist folglich dem Einwand der Konstruktion eines gefährdungshaftungsgleichen Zurechnungsprinzips „durch die Hintertür" sowie hiermit eines Verstoßes gegen das Enumerationsprinzip ausgesetzt.[914] Die Aufwendungsersatzlösung hingegen ist insofern bedenklich, als dass sie einer krampfhaften Heranziehung einer „nicht wirklich richtig passenden" Norm nahe kommt, womit sie in weiten Teilen konstruiert erscheint.

Vorzug der Risikohaftung ist es, die Parallelen zur beschränkten Arbeitnehmerhaftung verdeutlicht zu haben. Dennoch bedarf die Zurechnung aus Risikoerwägungen der Anknüpfung an eine Norm – sie kann nicht losgelöst als an sich zwar richtiger Rechtsgedanke im Raume schweben. Andernfalls droht hier berechtigterweise der Vorwurf einer Billigkeitsjurisprudenz und rein ergebnisorientierten Beliebigkeitsrechtsprechung laut zu werden, welchen ein zeitgemäßes, berechenbares, strukturiertes und hohe Rechtssicherheit anstrebendes Rechtssystem strikt von sich weisen muss. Im Gegensatz hierzu bietet die Aufwendungsersatzlösung den Vorzug, dem Rechtsanwender mit der Vorschrift des § 670 BGB eine Norm an die Hand geben zu können, auch wenn deren Anwendung hier im Einzelnen durchaus kritikbehaftet ist. Dennoch ist dieser Weg zur Bewältigung der vorliegenden Problematik vorzugswürdig und sollte daher vorerst weiterhin herangezogen werden, um den gebotenen Ausgleich des Arbeitnehmers dogmatisch bewältigen zu können – wenngleich auch mangels einer geeigneteren Alternative in Form einer „Notlösung" bzw. eines „Provisoriums".[915]

Hierbei sollte man sich aber bei der Anwendung des § 670 BGB der Tatsache bewusst sein, dass die Vorschrift als Ausfluss des Risikoprinzips zu verstehen ist.[916] Demnach haftet der Arbeitgeber in Folge der zutreffenden Überlegung, als Verantwortlicher für den Betrieb und Gestalter der Arbeitsbedingungen und des -ablaufes das Risiko für Zufallsschäden tragen zu müssen, die dem Arbeitnehmer bei betrieblich veranlassten Tätigkeiten

---

913 Im Einzelnen s. oben, insb. sei hier auf die Lösungsansätze mittels reiner Billigkeitsüberlegungen verwiesen.

914 Zu dieser Kritik vgl. auch MünchArb/*Blomeyer*, § 96, Rn. 68.

915 Vgl. zu dem Dilemma des BAG bei seiner Rechtsfindung zwischen grundgesetzlichen Vorgaben einerseits und mangelnden gesetzlichen Regelungen andererseits die kritischen Ausführungen der neuen BAG-Präsidentin *Schmidt*, vorgetragen im Rahmen der Amtseinführungsrede am 2.03.2005 in Erfurt, NZA 2005, S. 601 (601 f.).

916 S. im Einzelnen noch sogleich.

an eigenen Gegenständen entstehen. Die Zurechnung der Haftung sollte somit in Form einer Synthese erfolgen: Die Aufwendungsersatzlösung bietet durchaus Gelegenheit, Risikozurechnungserwägungen mit aufzunehmen und entsprechend zu berücksichtigen.[917] Dem entspricht auch der hinter der Regelung des § 670 BGB in seiner direkten Anwendung zutage tretende Gedanke: Der Geschäftsführer soll Ersatz derjenigen Aufwendungen verlangen können, die er für den Geschäftsführer bei Verrichtung der Geschäftsführung verauslagt. Zwar erfolgt hier eine Zurechnung von finalen Vermögensopfern, deren bewusste Preisgabe zur Zweckerreichung vorgesehen war. Nichts anderes kann jedoch für Schäden gelten, die bei der Ausführung erlitten werden. Sinn ist, dass der Geschäftsführer keine finanziellen Nachteile infolge des Tätigwerdens für einen anderen erleiden soll. Etwaige bei Ausführung eingetretene Schäden sind gleichermaßen aus Anlass der Tätigkeit entstanden – und daher der Risikosphäre des Auftraggebers zuzurechnen. Für den Arbeitgeber und den bei ihm beschäftigten Arbeitnehmer kann nichts anderes gelten. Dem Argument, der Arbeitnehmer erhalte anders als der Geschäftsführer oder Beauftrage eines (unentgeltlich zu besorgenden) Auftrags ein Gehalt und damit eine gewisse Abgeltung, kann in zweifacher Weise entgegnet werden: Zum einen ist die Aufwendungsersatzvorschrift über § 675 Abs. 1 BGB auch bei der (entgeltlichen) Geschäftsbesorgung anwendbar, zum anderen erhält der Arbeitnehmer ja nur Ersatz für solche Schäden, die arbeitsinadäquat und damit nicht durch das Gehalt bereits abgegolten sind. Für „arbeitsalltägliche" Beschädigungen wird kein Ersatz geschuldet[918] und eine solche Abwälzung des allgemeinen Lebensrisikos auf den Arbeitgeber im Schrifttum auch zurecht von keiner Seite verlangt.

Die Aufwendungsersatzlösung, die § 670 BGB analog bzw. „mehrfach" analog anwendet, ist von den derzeitig diskutierten Varianten die vorzugswürdigste und daher auch weiterhin heranzuziehen, um dem Arbeitnehmer den verfassungsrechtlich geschuldeten Ersatz zu gewähren. Die insbesondere von *Müller-Glöge* vorgeschlagene Anerkennung einer auf Risikogedanken beruhenden und vom Gesetz losgelösten Gefährdungshaftung ist ebenso wie der von *Canaris* geprägte Ansatz der reinen Risikohaftung abzulehnen, jedenfalls als alleinige „Anspruchsgrundlage". Hierzu fehlt es an einer gesetzlichen Normierung.[919] Allerdings sind die in diesen Überlegungen zutage tretenden Prinzipien bei der Anwendung des § 670 BGB mit zu berücksichtigen. Letztlich lässt sich sogar der Gedanke formulieren, dass die Aufwendungsersatzvorschrift lediglich Aufhänger und äußere Gestalt des Ersatzanspruches ist, dessen Inhalt aber maßgeblich von Risikozurechnungserwägungen dominiert und geprägt wird. Dass die Aufwendungsersatzlösung letzten Endes mit Gesichtspunkten der Risikozuweisung begründet ist, zeigt bspw. die Anwendung

917 Vgl. hierzu auch zustimmend MünchArb/*Blomeyer*, § 96, Rn. 68.

918 Als klassisches Beispiel für einen arbeitsalltäglichen und nicht ersetzbaren Schaden führt das BAG in diesem Zusammenhang (das zugegebenermaßen ein wenig klischeehafte Beispiel) des beim Bücken der Sekretärin durch eine Laufmasche erfolgten Strumpfhosenschadens an, BAG (GS) Beschl. v. 10.11.1961 = E 12, S. 15 (27).

919 MünchArb/*Blomeyer*, § 96, Rn. 68.

der Norm des § 670 BGB im Bereich des Auftragsrechts und der Geschäftsführung ohne Auftrag: Die mittlerweile herrschender Ansicht[920] entsprechende Heranziehung der Norm zur Begleichung begleittypischer Zufallsschäden wird gemeinhin darauf gestützt, dass das Schadensrisiko bei einer wertenden Betrachtung eher vom Auftraggeber bzw. Geschäftsherrn als von dem Beauftragten bzw. Geschäftsführer zu tragen sei,[921] was gleichsam Ausdruck einer Zurechnung nach Risiko- oder Veranlassungsgesichtspunkten darstellt. Auch im Handelsrecht wird im Rahmen der Vorschrift des § 110 Abs. 1 HGB seit jeher eine solche Zurechnung vorgenommen, wonach dem in Gesellschaftsangelegenheiten tätigen Gesellschafter gleichermaßen Aufwendungen und Schäden zu ersetzen sind, da dieser bei seiner Tätigkeit *für* die Gesellschaft, also beim Tätigwerden *für* einen anderen, die Einbuße erlitten hat.[922] Durch diese Entwicklung entschärfen sich auch die diskutierten Gegensätze und bestehenden Unterschiede zwischen Risikohaftungstheorie und Aufwendungsersatzlösung: Die allgemein anerkannte Ausweitung der Ansprüche auf Zufallsschäden und dessen verstärkte Begründung mit Risikogedanken in jüngerer Zeit[923] hat dazu geführt, dass sich beide Lösungsansätze einander angenähert haben und die Aufwendungsersatzlösung bereits Risikoerwägungen beinhaltet. Auch wenn manche Darstellungen noch eine strikte Abscheidung von Risikozurechnungsgedanken im Anwendungsbereich des § 670 BGB vornehmen,[924] so ist bereits im allgemein bürgerlich-rechtlichen Anwendungsbereich der Norm zurecht anerkannt, dass die Ausdehnung der Ersatzansprüche auch auf Schäden als Ausdruck einer Risikozurechnung zu erfolgen hat,[925] sich eine klare Abscheidung zwischen beiden Ansätzen damit allenfalls noch theoretisch konstruieren lässt, beide Lösungswege sich aber nicht mehr sinnvoll trennen lassen, da Risikozurechnungsüberlegungen längst in der Anwendung der Norm einen festen Platz gefunden haben. Die weitere rechtliche Entwicklung und Handhabe des Ersatzes von Schäden im Rahmen des § 670 BGB bleibt zwar für eine abschließende Beurteilung noch abzuwarten, dennoch bestätigen die dargestellten jüngeren Begründungsansätze der Rechtswissenschaft die These, dass Risikohaftungstheorie und Aufwendungsersatzlösung ähnliche Wertungen zugrunde liegen – die Unterschiede beider Lösungswege jedenfalls nicht so fundamental verschieden sind, wie *Canaris* dies im Jahr 1966 noch annehmen wollte.

Bei der Anwendung der Aufwendungsersatzlösung ist diese rechtliche Wertung vorerst im Hinterkopf zu behalten; verfehlt erscheint es jedenfalls, das BAG für die Heran-

---

920 Statt aller: BGH Urt. v. 4.05.1993 = MDR 1993, S. 621 und Hk-BGB/*Schulze*, § 670, Rn. 8.

921 Den Aspekt der Risikozurechnung betonend: *Schreiber*, Jura 1997, S. 442 (443); *Giesen*, Jura 1996, S. 225 (233); MüKo-Seiler, BGB, § 670, Rn. 14, s. auch § 683, Rn. 18.

922 Palandt/*Sprau*, BGB, § 670, Rn. 12; Hk-BGB/Schulze, § 670, Rn. 9; vgl. auch Koller/*ders*., HGB, § 110, Rn. 1.

923 S. nur HK-BGB/*Schulze*, § 670, Rn. 9.

924 Vgl. bspw. Palandt/*Sprau*, BGB, § 670, Rn. 12, der die Risikozurechnung als völlig eigenständigen Lösungsweg im Rahmen der Ausweitung des Ersatzanspruches auf Schäden nach § 670 BGB darstellt.

925 *Schreiber*, Jura 1997, S. 442 (443); Hk-BGB/*Schulze*, § 670, Rn. 9; ähnlich MüKo-*Seiler*, BGB, § 670, Rn. 14.

ziehung des § 670 BGB zur Anspruchsbegründung zu kritisieren. Dieses wird aufgrund verfassungsrechtlich zwingender Vorgaben tätig, um dem Arbeitnehmer den aus den grundgesetzlichen Schutzpflichten resultierenden Mindeststandard zu gewähren. Dass es dabei Regelungsdefizite gibt, ist eine Kritik, die dem Gesetzgeber gegenüber anzubringen ist, der es der Rechtsprechung seit langer Zeit überlassen hat, die Aufgabe der Entschädigung des Arbeitnehmers vorzunehmen, ohne den Gerichten hierbei die nötigen gesetzlichen Instrumentarien zur Seite zu stellen.

7. Kodifikationsbedarf und Auftrag an den Gesetzgeber

Die vorangegangenen Überlegungen führen zu folgendem Ergebnis: Zwar muss im Einklang zum geltenden Recht dem Arbeitnehmer ein Ersatzanspruch im Falle verschuldensunabhängigen Handelns des Arbeitgebers zugestanden werden, sowohl die methodische Begründung eines solchen Anspruchs als auch dessen Konstruktion vermögen jedoch nur mit erheblichen Schwierigkeiten und daher eher schlecht als recht zu gelingen. Wer der Kritik in dieser Schärfe nicht beitreten mag, wird jedoch redlicherweise zumindest anerkennen müssen, dass der derzeitige Lösungsweg in verschiedener Hinsicht eine „methodisch unsaubere“[926] Vorgehensweise darstellt. Der Gesetzgeber ist also gefordert und in der Pflicht, Abhilfe zu schaffen. Diese Erkenntnis ist nicht neu.[927] In der Vergangenheit gab es wiederholt Vorschläge und Gesetzesentwürfe verschiedenster Stellen, die der Arbeitgeberhaftung endlich eine unstreitige Grundlage schaffen wollten. Die bedeutendsten dieser Vorschläge sollen im folgenden kurz dargestellt werden,[928] bevor anschließend ein eigener Entwurf präsentiert wird, der sich von den bisherigen Entwürfen von seinem Ansatz her teilweise unterscheidet.

Vorab ist jedoch noch eine weitere, entscheidende Frage zu beantworten. Wenn das Bemühen die Präsentation eines Vorschlags zum Ziele haben soll, der Anspruch erhebt, die dargestellte Problematik abschließend zu regeln, so kann er sich nicht nur auf die Schaffung einer dogmatisch und methodisch einwandfreien Anspruchsgrundlage beschränken. Ebenfalls muss diese Regelung die – und dieser Frage kommt in der Praxis immense Bedeutung zu – Möglichkeiten der Abdingbarkeit der Haftungsgrundsätze mitberücksichtigen, also die Frage, ob der zu präsentierende Gesetzesentwurf dispositiver Natur sein oder aber einseitig zwingendes Arbeitnehmerschutzrecht darstellen soll. Diese noch zu gewinnende Erkenntnis wird ebenfalls bei der Beurteilung und Bewertung der

---

926 So die Worte von Palandt/*Sprau*, BGB, § 670, Rn. 9/10.

927 S. etwa hierzu schon *Blomeyer*, Der Eigenschaden des Arbeitnehmers, S. 77 (87 f.); *Otto/Schwarze*, Die Haftung des Arbeitnehmers, Rn. 651.

928 Überblicke zu den bisherigen Entwürfen finden sich auch bei *Ramm*, Entwürfe zu einem Arbeitsvertragsgesetz; bei *Otto/Schwarze*, Die Haftung des Arbeitnehmers, Rn. 651 sowie bei *Raulf*, Arbeitgeberhaftung für PKW-Schäden, S. 161 ff. Speziell zur Frage der beschränkten Arbeitnehmerhaftung s. den Überblick von *Walker*, JuS 2002, S. 736 (742 f.).

bisher vorgelegten Entwürfe von Bedeutung sein, droht doch in der Rechtspraxis ansonsten die Gefahr, dass sich eine generelle Handhabe dahingehend entwickeln wird, die Haftung abzudingen.[929] Hier muss der Rechtssicherheit wegen klargestellt werden, ob und bejahendenfalls unter welchen Voraussetzungen dies möglich sein soll, handelt es sich bei dieser Frage doch um ein Problem von beträchtlicher (wirtschaftlicher) Bedeutung, dessen Lösung ansonsten weiterhin durch die Rechtsprechung im Wege richterrechtlicher Rechtsfortbildung vorgenommen werden müsste.

a. Abdingbarkeit der Haftungsgrundsätze: De lege lata – de lege ferenda

Wie aufgezeigt, wird durch die Schaffung einer Haftungsnorm zwar ein methodisch einwandfreier Weg der Haftungsbegründung ermöglicht, die praktische Relevanz dieser Norm wird sich aber anhand der Frage ihrer Abdingbarkeit beurteilen lassen müssen, steht und fällt also damit, welchen Maßstab man hier anlegt. Eine völlige Disposivität wird unlängst dazu führen, dass Arbeitsverträge einen vorformulierten Passus bspw. dergestalt erhalten werden, nach dem „von den gesetzlich geregelten Grundsätzen der Arbeitgeberhaftung abgewichen wird, solange dem Arbeitgeber kein schuldhaftes Handeln nachzuweisen ist“[930]. Eine völlig starre Regelung, die aufgrund ihrer Einordnung als zwingendes Arbeitnehmerschutzrecht auch einer einzel- oder tarifvertraglichen Abrede nicht zugänglich wäre, erscheint ebenso zweifelhaft und macht zudem flexible Lösungen unmöglich. Wohlgemerkt darf flexibel hier nicht zwingend mit schutzverkürzend und arbeitnehmerbelastend verstanden werden. Vielmehr geht es hier um andere Konstellationen. Soll es bspw. dem Arbeitgeber untersagt werden, abweichendes zu regeln, falls dieser es aus betriebswirtschaftlichen Gründen vorziehen sollte, lieber ein um einen „Risikozuschlag“ erhöhtes Entgelt zu zahlen, um damit vor unerwarteten und schwer kalkulierbaren etwaigen

---

929 Ebenso *Krause*, NZA 2003, S. 577 (585) für den Bereich der beschränkten Arbeitnehmerhaftung.

930 Allerdings darf dieses Problem auch nicht überbewertet werden, da der Arbeitnehmer zumindest im Bereich vorformulierter Vertragsbedingungen durch die Vorschriften der §§ 305 – 310 BGB geschützt werden wird. Ausführlich zur AGB-Kontrolle von Vertragsbedingungen, insbesondere im Arbeitsrecht: *Thüsing/Leder*, BB 2005, S. 938 ff. Zur streitigen, im Ergebnis aber zu bejahenden und hier nicht weiter zu vertiefenden Frage der Verbrauchereigenschaft des Arbeitnehmers s. bspw. *Preis* in ErfKomm, § 611 BGB, Rn. 208 oder HWK-*Gotthardt*, § 310 BGB, Rn. 2-6, jeweils m.w.N. Jüngst wohl auch in diese Richtung tendierend das BAG, vgl. BAG Urt. v. 25.05.2005 – 5 AZR 572/04, n.v. in seiner Pressemitteilung Nr. 31/05, dass einen Vertrag zwischen Arbeitgeber und Arbeitnehmerin als „Verbrauchervertrag gem. § 310 Abs. 3 BGB“ einordnet. Umfassend zum Streitstand, allerdings im Ergebnis a.A. als *Preis* und *Gotthardt*: *Rolfs*, Arbeitsrecht, § 13 BGB, Rn. 1-15. Selbst wenn man sich dieser Ansicht anschließt und den Arbeitnehmer im Einklang mit dem relativen Verbraucherbegriff bei Abschluss des Arbeitsvertrages als Unternehmer i.S.v. § 14 BGB einordnet, so wäre der Arbeitnehmer gleichfalls keineswegs schutzlos, da er immer noch über die Angemessenheitskontrolle des § 307 Abs. 2 u. 1 BGB vor unangemessenen Haftungsfreizeichnungen des Arbeitgebers geschützt wäre.

Forderungen befreit zu sein? Soll die strikte Unabdingbarkeit auch dann gelten und ein vermeintlicher Schutz dem Arbeitnehmer aufgezwungen werden, selbst wenn dieser durch einen besonders besonnenen und vorsichtigen Umgang im Ergebnis mittels Auszahlung einer Risikoprämie besser gestellt würde? Bei aller Diskussion um die Vorzüge und Nachteile im Rahmen der Aufstellung von Grundsätzen für einen gerechten Ausgleich darf jedoch nicht lediglich mit Wertungsaspekten argumentiert werden. Vorrangig sind mögliche (verfassungs-)rechtliche Erfordernisse in die Überlegungen miteinzubeziehen. Ansonsten droht die Gefahr, dass man zwar eine billige Lösung findet, die aber weder dogmatisch begründet, noch juristisch fundiert ist und ihrerseits wiederum der Kritik ausgesetzt wäre.

aa. Darstellung: Rechtslage bei der beschränkten Arbeitnehmerhaftung

Aufgrund der mehrfach betonten Parallelen zur beschränkten Arbeitnehmerhaftung liegt es auf der Hand, zunächst vergleichend die dortige Situation darzustellen. Zwar gibt es auch hier keine gesetzliche Kodifizierung, jedoch bereits eine gefestigte Rechtsprechung und ein breit gefächertes Meinungsspektrum in der Literatur, das sich mit dieser Frage beschäftigt.

Das BAG hat in seinen Entscheidungen mehrfach verdeutlicht, dass es die Regelungen zur Beschränkung der Arbeitnehmerhaftung als einseitig zwingendes Arbeitnehmerschutzrecht ansieht, von dem weder einzel- noch kollektivvertraglich zum Nachteil des Arbeitnehmers abgewichen werden dürfe.[931] Erst im Februar 2004 hat der 8. Senat des Bundesarbeitsgerichts diese Judikatur erneut bestätigt,[932] so dass diesbezüglich bereits von einer gefestigten Rechtsprechung gesprochen werden kann.[933] Die arbeitsrechtliche Literatur hat sich der höchstrichterlichen Ansicht aus Erfurt überwiegend angeschlossen,[934] wobei es jedoch auch Stimmen gibt, die eine Abdingbarkeit bejahen möchten. Prominenter Befürworter einer solchen nahezu uneingeschränkten Disposivität der Haftungsgrundsätze ist bspw. *Preis,*[935] der seine Ansicht mit den erfolgten Neuregelungen durch das Schuldrechtsmodernisierungsgesetz begründet. Aufgrund der Einordnung der

931 BAG Urt. v. 17.09.1998 = AP Nr. 2 zu § 611 BGB Mankohaftung; BAG Urt. v. 2.12.1999 = AP Nr. 3 zu § 611 BGB Mankohaftung; BAG Urt. v. 27.01.2000 = AP Nr. 31 zu § 611 BGB Musiker.

932 BAG Urt. v. 5.02.2004 = DB 2004, S. 1266 (1266 f.).

933 Vgl. nur *Waltermann*, RdA 2005, S. 98 (98). Ebenso *Otto*, JuS 2002, S. 1 (8) und ausführlich *Krause*, NZA 2003, S. 577 (585).

934 Schaub/*Linck*, ArbR-Hdb., § 52, Rn. 80; *Otto*, Jura 2002, S. 1 (8); MüKo-*Henssler*, BGB, § 619 a, Rn. 12 (ebenso bereits *Müller-Glöge* in der Vorauflage, § 611, Rn. 467); *Waltermann*, RdA 2005, S. 98 (108 f.); *Taube*, Die Haftung des Arbeitnehmers nach der Schuldrechtsreform, S. 144; *Schwarze*, RdA 2001, S. 178 (179 f.); *Peifer*, ZfA 1996, S. 69 (74 f.); *Däubler*, NZA 2001, S. 1329 (1331 f.); so wohl auch *Walker*, JuS 2002, S. 736 (741); HWK-*Krause*, § 619 a BGB, Rn. 46 und *ders.* ausführlich in NZA 2003, S. 577 (585 f.).

935 *Preis* in ErfKomm, § 619 a BGB, Rn. 11. Dem folgend *Gotthardt*, Arbeitsrecht nach der Schuldrechtsreform, Rn. 195. Ähnlich auch jüngst *Thüsing/Leder*, BB 2005, S. 1563 (1569).

Haftungsprivilegierungen in das allgemeine System des BGB und Zuordnung an die § 276 bzw. § 254 BGB würden die vormaligen richterrechtlichen Haftungsmaßstäbe nunmehr nur noch eine durch das Schuldrechtsmodernisierungsgesetz anerkannte Fortbildung des dispositiven privatrechtlichen Haftungsrechts darstellen, die somit unproblematisch abdingbar seien.[936] Der notwendige Arbeitnehmerschutz werde überdies durch die Vorschriften zur Inhaltskontrolle nach den §§ 305 bis 310 BGB gewährleistet, die nach Schuldrechtsmodernisierung durch den Wegfall der arbeitsrechtlichen Bereichsausnahme auch eine Kontrolle arbeitsvertraglicher Regelungen ermöglichten.[937] Es erscheint aber mehr als fraglich, ob der Gesetzgeber bei der Schuldrechtsmodernisierung diesen Gedanken im Hinterkopf hatte und in Kenntnis der bisherigen Rechtsprechung entsprechende Änderungen vornehmen wollte. Zwar hat der Gesetzgeber in seiner Begründung zum Schuldrechtsmodernisierungsgesetz darüber nachgedacht, die Grundsätze des innerbetrieblichen Schadensausgleiches fortan aus einer vertraglichen Haftungsbeschränkung mit § 276 Abs. 1 BGB als dogmatischer Grundlage herzuleiten, was eher ein Indiz für eine Abdingbarkeit der Regelung im Sinne von *Preis* ist, gleichwohl es jedoch der Rechtsprechung ausdrücklich unbenommen belassen, weiterhin § 254 BGB als dogmatische Grundlage zur Verortung der Haftung heranzuziehen.[938] Zum einen überzeugt die Anknüpfung der Grundsätze der beschränkten Arbeitnehmerhaftung an § 276 Abs. 1 BGB ohnehin nicht,[939] zum anderen streitet gegen eine Abdingbarkeit in Folge der Schuldrechtsmodernisierung, dass der Gesetzgeber ausdrücklich klargestellt hat, dass die in Kraft getretenen Änderungen auf die Frage der Folgen bei arbeitnehmerseitigen Pflichtverletzungen keine Auswirkung haben sollen, sondern vielmehr denen von der Rechtsprechung entwickelten Grundsätzen „künftig eine tragfähige Grundlage geben“[940] und diese ausdrücklich bestätigen. Die hierdurch erfolgte Zuweisung des betrieblichen Risikos auf den Arbeitgeber in Abweichung zu allgemeinen Grundsätzen ist einhellig anerkannt und kann daher nicht zur Disposition stehen. Wäre Gegenteiliges der Wunsch des Gesetzgebers gewesen, so hätte es hierzu einer besonderen Anordnung bedurft – eine solche besteht gera-

---

936 *Preis* in ErfKomm, § 619 a BGB, Rn. 11; *Gotthardt*, Arbeitsrecht nach der Schuldrechtsreform, Rn. 195.

937 *Preis* in ErfKomm, § 619 a BGB, Rn. 11. Dem wiederum folgend: *Gotthardt*, Arbeitsrecht nach der Schuldrechtsreform, Rn. 195. Zu den einzelnen Kontrollmaßstäben: *Thüsing/Leder*, BB 2005, S. 938 ff. sowie *dies.*, BB 2005, S. 1563 (1569).

938 BT-Drucks. 14/6857 v, S. 48, abrufbar auch im Internet unter http://www.parlamentsspiegel.de

939 Statt aller: *Waltermann*, RdA 2005, S. 98 (99 f.). Ausführlich hierzu s. bereits die obigen Ausführungen, S. 173.

940 Vgl. nur den Wortlaut der BT-Drucks. 14/6857 v. 31. August 2001, S. 48: „Die Bundesregierung hat im Anschluss an die vom Bundesrat angesprochenen Bedenken, die Löwisch in NZA 2001, 465 ff. erhoben hat, geprüft, ob sich bei der Regelung der Folgen von Pflichtverletzungen im Hinblick auf Arbeitnehmer Änderungen ergeben. Sie ist zu dem Ergebnis gelangt, dass die im Grundsatz nicht der Fall ist, weil die neuen Vorschriften den von der Rechtsprechung entwickelten Grundsätzen der Arbeitnehmerhaftung künftig eine tragfähige Grundlage geben. Sie stellen sie nicht nur nicht in Frage, sie bestätigen sie vielmehr.“

de nicht, Gegenteiliges ist der Fall. Diese Sichtweise kann zudem grundgesetzliche Erwägungen für sich fruchtbar machen.[941] Insbesondere *Henssler* verdeutlicht die bestehende verfassungsrechtliche Verankerung der Haftungsprivilegierung als Ausfluss einer erfolgten Konkordanz zwischen arbeitnehmer- und arbeitgeberseitigen Grundrechten.[942] Es sei zwingend, den Arbeitnehmer aufgrund der überlegenen Organisationshoheit des Arbeitgebers zu schützen, hierfür diene § 254 BGB in entsprechender Anwendung als dogmatische Grundlage zur Verortung dieser Zurechung.[943] Ein völliger Verzicht auf arbeitnehmerschützende Regelungen im Bereich des Haftungsrechts verbietet sich somit aus verfassungsrechtlichen Gründen, wie das BAG in seiner Senatsentscheidung aus dem Jahr 1994 überzeugend dargelegt hat.[944] *Preis* geht nicht darauf ein, wie er diesen Konflikt mit den grundgesetzlichen Vorgaben lösen will; alleine hierfür infolge der Schuldrechtsreform eingetretene Änderungen anzuführen, vermag nicht recht zu überzeugen, zumal diese dargelegten Veränderungen ohnehin umstritten sind und sich aufgrund der eindeutigen Gesetzesbegründung eher ein gegenteiliger Schluss ziehen lässt. In Bezug auf die verfassungsrechtliche Reichweite dieser Problematik sind diese bloß einfachgesetzlichen Änderungen ohnehin von untergeordneter Bedeutung, können sie doch nicht die grundgesetzlichen und zutreffend vom BAG herausgestrichenen Wertungen konterkarieren. Trotz all dieser Kritik lässt sich der Frage nach der Abdingbarkeit der spezifischen arbeitsrechtlichen Haftungsgrundsätze nicht bloß ein schlichtes „Nein“ entgegensetzen, vielmehr hat die Betrachtung differenzierter zu erfolgen. Vorzugswürdig erscheint ein Mittelweg zu den aufgezeigten Sichtweisen, zumal man bei genauerer Betrachtung feststellt, dass die dargelegten Positionen gar nicht so weit voneinander entfernt liegen, wie es zunächst wirken mag.[945] Wenn man Sinn und Zweck der Rechtsprechung hinterfragt, so ist unschwer zu erkennen, dass der Schutz des Arbeitnehmers und dessen Entlastung von bestimmten Gefahren und Risiken bezweckt ist, die man eher dem Arbeitgeber zuweisen möchte. Berücksichtigt man diesen Zweck, so gelangt man zu dem Ergebnis, dass ein Abweichen von gewissen Einzelheiten durchaus möglich sein kann, solange nur das Schutzniveau in seiner Gesamtheit nicht absinkt. Dies hat das BAG ausdrücklich anerkannt, wie an den

---

941 Vgl. hierzu auch die obigen Ausführungen zu den widerstreitenden Arbeitnehmer- und Arbeitgeberinteressen, die Ausfluß grundgesetzlicher Wertungen sind, S. 172 ff. sowie insbesondere die bereits dort herangezogenen Ausführungen des BAG (GS) Beschl. v. 27.09.1994 = E 78, S 55 (65 ff.).

942 MüKo-*Henssler*, BGB, § 619 a, Rn. 12 und 9 m.w.N. zur verfassungsrechtlichen Untermauerung dieser These. Zu verfassungsrechtlichen Dimension s. ebenfalls *Stollenwerk*, Mankohaftung, S. 121 ff. Vgl. ferner BAG (GS) Beschl. v. 27.09.1994 = E 78, S. 56 ff. In seiner Entscheidung betont der Große Senat, dass er eine Beschränkung der Arbeitnehmerhaftung im Hinblick auf die verfassungsrechtliche Gewährleistung der Berufsfreiheit und der allgemeinen Handlungsfreiheit für geboten erachtet, da die existenzielle Absicherung des Arbeitnehmer nur bei Zugestehung eines Mindestschutzes gewährleistet sei.

943 MüKo-*Henssler*, BGB, § 619 a, Rn. 9. Ebenso erst jüngst *Waltermann*, RdA 2005, S. 98 (99 f.).

944 BAG (GS), Beschl. v. 27.09.1994 = E 78, S. 55 (66 f.).

945 So auch *Krause*, NZA 2003, S. 577 (585).

Ausführungen in seiner Entscheidung deutlich wird, in der sich das BAG dahingehend erklärt hat, dass es von Verfassungs wegen zwar geboten sei, einen Mindestschutz zu gewähren, zugleich die nähere Ausgestaltung aber Gesetzgeber und Rechtsprechung zu überlassen seien.[946] Der somit notwendige Arbeitnehmerschutz wird gleichermaßen effektiv gewährleistet, wenn auf einer Seite zwar eine Haftungsverschärfung erfolgt, auf der anderen Seite aber dafür durch Zahlung eines Risikoentgelts ein materieller Ausgleich stattfindet.[947] Eine derartige Abweichung muss sowohl im Wege von Kollektivvereinbarungen, als auch mittels einzelvertraglicher Ausgestaltung möglich sein.[948] Damit entschärft sich die Frage nach der Abdingbarkeit. Formal gesehen lässt man zwar damit abweichende Regelungen zu, die bspw. auch die anerkannte Verschuldenstrias modifizieren können. Da allerdings die Wahrung des Gesamtniveaus Grenze abweichender Formulierungen ist, wird der Arbeitnehmer vor solchen Regelungen geschützt, die ihn materiell

946 So explizit das BAG (GS), Beschl. v. 27.09.1994 = E 78, S. 56 (66): „Das bedeutet jedoch nicht, dass der Gesetzgeber bei der Ausgestaltung der Haftungsfolgen völlig frei wäre. Er muss vielmehr die objektiv-rechtlichen Vorgaben beachten und bei strukturellen Ungleichgewichtslagen schützend eingreifen (...) Dabei gebührt ihm zwar ein weiter Gestaltungsspielraum, die Vernachlässigung der unterschiedlichen Vertragsstärke im Arbeitsleben und die einseitige Belastung des Arbeitnehmers mit dem vollen Haftungsrisiko ohne Rücksicht auf das Betriebsrisiko des Arbeitgebers wären aber nicht mit dem Grundgesetz vereinbar" und wenig später: „Wie der Mindestschutz näher zu definieren ist, den der Gesetzgeber auf dem Gebiete des Vertragshaftungsrechts zur Verfügung stellen muss, braucht nicht abschließend geklärt zu werden".

947 Überzeugend hier *Krause*, NZA 2003, S. 577 (585). Ebenso MüKo-*Henssler*, BGB, § 619 a, Rn. 12, der wie dargelegt die Arbeitnehmerprivilegierungen zwar grundsätzlich als verfassungsrechtlich geboten erachtet, aber eine Überwälzung der Haftungsrisiken gegen eine entsprechende Prämie durchaus für möglich erachtet. Hierfür plädierend auch *Stollenwerk*, Mankohaftung, S. 147 ff.

948 In der Praxis werden sich wohl die entscheidenden Konstellationen im Bereich vorformulierter Vertragsbedingungen bewegen. Für das vorherrschende Schrifttum stellt sich diese Frage speziell nach der Abdingbarkeit der entwickelten Haftungsprivilegierungen des Arbeitnehmers mittels allg. Geschäftsbedingungen zumeist nicht, da dort die Haftungsgrundsätze als einseitig zwingend angesehen werden. Die weitere Entwicklung bleibt abzuwarten. Nach der hier dargestellten Ansicht erscheint es jedoch nur konsequent, formularmäßige Bedingungen auch in allg. Geschäftsbedingungen zuzulassen, sofern das „Gesamtniveau" nicht zulasten des Arbeitnehmers verschlechtert wird. Ob als Anknüpfungspunkt dann ein Abweichen von „wesentlichen gesetzlichen Grundgedanken" nach § 307 Abs. 2, Abs. 1 S. 1 BGB dienen wird oder aber die Besonderheiten des Arbeitsrechts über § 310 Abs. 4 S. 2 BGB zu berücksichtigen sind, kann gleichfalls noch nicht abschließend beurteilt werden. Maßgeblich hierbei ist im Wesentlichen, ob man die Haftungsbeschränkungen des Arbeitnehmers als Richterrecht betracht, oder aber eher als bei § 254 BGB verortetes Gewohnheitsrecht. In jedem Fall wird bei dieser Beurteilung aufgrund der verfassungsrechtlichen Verankerung der Haftungsprivilegierung ein entsprechend hoher Schutzstandard zu gewährleisten sein, vgl. hierzu MüKo-*Henssler*, BGB, § 619 a, Rn. 12. Allgemein zur Berücksichtigung von Richterrecht in arbeitsvertraglichen Nebenabreden s. *Thüsing/Leder*, BB 2005, S. 938 (938 ff.).

schlechter stellen würden. Beherzigt man dies, so kann überdies eine Brücke zum Bereich der Mankohaftung geschlagen werden.[949]

In diesem speziellen Bereich der Arbeitnehmerhaftung ist seit jeher die Zulässigkeit sog. Mankoabreden, nach denen der Arbeitnehmer Kassenfehlbestände mit eigenen Mitteln auszugleichen hat, anerkannt, wenn dem Arbeitnehmer ein *kompensatorisches Moment*[950] gewährt wird. Auch hier ist eine Abdingbarkeit mittels privat- oder kollektivautonomer Regelungen nur dann möglich, wenn sie in Form schutzniveauerhaltender oder -verbessernder Modifizierungen erfolgen, eine Verschärfung des Haftungsumfangs nur dann, wenn ein angemessenes Mankogeld gewährt wird,[951] dass bei Fehlleistungen allenfalls vollständig bis zur Höhe der Erfolgsprämie abgeschmolzen werden darf, jedoch keine weiter gehende Einstandspflicht des Arbeitnehmers darüber hinaus anordnen darf.[952]

Resümierend betrachtet lässt sich also folgendes Fazit ziehen: Die Grundsätze der Arbeitnehmerhaftung sind weiterhin an § 254 BGB als dogmatische Grundlage der gerechten Zuweisung von Betriebsrisikogedanken verhaftet. Der ständigen Rechtsprechung des BAG ist insofern zu folgen, dass abweichende Abreden – gleich in welcher Form vereinbart – nicht zulässig sind, soweit das Gesamtniveau des Arbeitnehmerschutzes hierdurch abgesenkt wird.

bb. Darstellung: Rechtslage bei der Arbeitgeberhaftung

Nach Darstellung des Meinungsspektrums bezüglich der Möglichkeit abweichender vertraglicher Formulierungen von den Grundsätzen der Arbeitnehmerhaftung stellt sich im Bereich der Arbeitgeberhaftung nun die Frage, ob hier aufgrund der aufgezeigten Gemeinsamkeiten von Arbeitnehmer- und Arbeitgeberhaftung als spiegelbildliche Seiten des gemeinsamen Komplexes des innerbetrieblichen Schadensausgleiches zwingend die gleichen Maßstäbe heranzuziehen sind oder eine andere Behandlung praktikabel bzw. überhaupt möglich ist. Verfehlt erscheint es jedenfalls, die Bereiche der Arbeitnehmer- und Arbeitgeberhaftung bei der Frage der Dispositivität von vornherein getrennt zu betrachten und für jeden Teilbereich eigene Grundsätze festsetzen zu wollen, ohne die Zusammenhänge zwischen beiden Konstellationen zu diskutieren.[953]

---

949 Allgemein zur Mankohaftung und den dort entwickelten Grundsätzen *Otto/Schwarze*, Die Haftung des Arbeitnehmers, Rn. 294 ff., MünchArb/*Blomeyer*, § 59, Rn. 72 ff. sowie ausführlich auch *Deinert*, RdA 2000, S. 22 ff. Zur Anwendbarkeit der Grundsätze des innerbetrieblichen Schadensausgleichs auf die Mankohaftung s. bspw. HWK-*Krause*, § 619 a BGB, Rn. 49; MünchArb/*Blomeyer*, § 59, Rn. 86 u. 82, jeweils mit weiteren Nachweisen.

950 Diesen Begriff verwendet *Preis*, Vertragsgestaltung, S. 320 ff. und S. 462.

951 Überzeugend *Deinert*, RdA 2000, S. 22 (32 ff., 37). Ebenso HWK-*Krause*, § 619 a BGB, Rn. 51.

952 *Söllner/Waltermann*, Arbeitsrecht, Rn. 820.

953 So aber ohne Begründung und daher schwerlich überzeugend *Holtmann*, Arbeitsunfall und Haftungsrisiken, Rn. 125 ff., die nur bezüglich der Arbeitgeberhaftung Ausführungen zur Ab-

Die Rechtsprechung, die über Fragen der Abdingbarkeit der Arbeitgeberhaftung zu entscheiden hatte, urteilt hier zurückhaltender als im Falle der Arbeitnehmerhaftung und hält sich im Hinblick auf eindeutige Stellungnahmen bedeckt.[954] Dies mag verwundern, erscheint es doch in sich konsequent, wenn das BAG hier die gleichen Maßstäbe wie bei der Arbeitnehmerhaftung anlegen würde. Diesen Schritt hat die Literatur hingegen vollzogen. Nahezu unisono lautet es dort, dass die bei der Arbeitnehmerhaftung entwickelten Grundsätze über die Disposivität der Haftung auch im Bereich der arbeitgeberseitigen Haftung Geltungsanspruch erheben dürfen.[955] Dieses Ergebnis ist zu begrüßen, verdeutlicht es doch die im Rahmen der Arbeit mehrfach aufgezeigten Parallelen zwischen Arbeitnehmer- und Arbeitgeberhaftung:[956] Beide Konstellationen eint das verfassungsrechtliche Gebot zur Enthaftung des geschädigten Arbeitnehmers. Zudem gibt es im Bereich der Abdingbarkeit der Haftungsgrundsätze keine neuen, bislang unberücksichtigt gebliebenen Tatsachen, die eine unterschiedliche Behandlung hier gebieten würden.

Darüber hinaus lässt sich noch ein weiteres Argument ins Felde führen, dass für eine Abdingbarkeit bei angemessener Ausgleichszahlung streitet und in der Literatur und vom BAG in dieser Deutlichkeit noch nicht hervorgehoben worden ist: Die von der Rechtsprechung entwickelten und von der Literatur einmütig anerkannten Tatbestandsvoraussetzungen eines Ausgleichsanspruchs sehen vor, dass der Schaden im Betätigungsbereich des Arbeitgebers entstanden ist, der Arbeitnehmer für den Schaden keine besondere Vergütung erhalten hat und der Schaden weiterhin nicht zum Lebensbereich des Arbeitnehmers gehört.[957] Hieran wird deutlich, dass bereits im Rahmen der Tatbestandsvoraussetzungen eine Ausgleichszahlung, welche ohne weiteres auch pauschal bemessen sein kann,[958] zu berücksichtigen ist und zum Entfallen des Anspruchs führen kann. Präziser: Erhält der Arbeitnehmer einen angemessenen geldwerten Ausgleich, so entsteht sein Anspruch erst gar nicht. Damit ist es im Falle einer adäquaten Kompensation ohne weiteres

---

dingbarkeit macht, den Bereich der Arbeitnehmerhaftung zwar ebenfalls ausführlich darstellt, hier aber die entscheidende und relevante Frage der Abdingbarkeit der Haftungsgrundsätze völlig unerwähnt lässt.

954 Vgl. BAG Urt. v. 27.01.2000 = E 93, S. 295 ff. Der erkennende 8. Senat ließ diese Frage offen, urteilte aber, dass eine Abweichung jedenfalls dann möglich sei, wenn eine (u.U. auch pauschal zu bemessende) Risikovergütung gezahlt werde.

955 Vgl. nur MüKo-*Henssler*, BGB, § 619 a, Rn. 12, 20; *Preis* in ErfKomm, § 619 a BGB, Rn. 111; HWK-*Krause*, § 619 a BGB, Rn. 104; MünchArb/*Blomeyer*, § 96, Rn. 71 und 76.

956 Vgl. nur die Ausführungen auf den Seiten 170 ff.

957 Siehe zu allen drei Voraussetzungen: BAG, Urt. v. 11.08.1988 = AP Nr. 7 zu § 611 BGB Gefährdungshaftung des Arbeitgebers und BAG Urt. v. 20.04.1989 = AP 9 zu § 611 BGB Gefährdungshaftung des Arbeitgebers. Ebenso MünchArbR/*Blomeyer*, § 96, Rn. 64; *Preis* in ErfKomm, § 619 a BGB, Rn. 92 sowie bereits die obigen Ausführungen, S. 171 ff.

958 Dies verdeutlicht insb. die Rechtsprechung des BAG zu den Ersatzansprüchen des Arbeitnehmers im Falle der Beschädigung des zu betrieblichen Zwecken eingesetzten Pkws, vgl. BAG Urt. v. 16.11.1978 = E 31, S. 147 (147 ff.) und besonders betont vom BAG in seinem Urt. v. 8.05.1980 = E 33, S. 108 (108 ff.) = AP Nr. 6 zu § 611 Gefährdungshaftung des Arbeitgebers.

möglich, den Anspruch des Arbeitnehmers von vornherein auszuschließen. Ob man dies als Frage der Disposivität betrachten will, oder bereits eine Abscheidung auf Tatbestandsebene vornimmt, ist reine Definitionsfrage und vermag am Ergebnis nichts zu verändern. Anders als bei der im Bereich der beschränkten Arbeitnehmerhaftung dargestellten Mankohaftung wird man aber hier bei Auskehrung eines angemessenen Geldbetrages dem geschädigten Arbeitnehmer einen Ersatzanspruch gegen seinen Arbeitgeber versagen müssen, selbst wenn der eingetretene Schaden den gewährten „Risikozuschlag" übersteigt. Diese im Vergleich zur Mankohaftung unterschiedliche Behandlung rechtfertigt sich dadurch, dass der Arbeitnehmer durch eine ihm vorher gewährte Ausgleichszahlung mittels Abschluss von Versicherungen -bspw. im Fall des beschädigten Privat-Pkw durch Eingehen einer Vollkasko-Versicherung- vorbeugen kann. Tut er dies nicht, so ist es zwar sein gutes Recht, den Risikozuschlag nach eigenem Belieben einzusetzen. Allerdings verbietet sich im Schadensfalle dann eine nachträgliche Inanspruchnahme des Arbeitgebers: Dieser hat durch die Zahlung eines angemessen Zuschlags das Ausreichende seinige getan, um dem Arbeitnehmer einen adäquaten Ausgleich für die Zuweisung des betrieblichen Risikos zu gewähren.

cc. Folgerungen und Zwischenergebnis

Dass der Arbeitnehmer besonderen Schutzes bedarf und hierfür die Wahrung gewisser Mindeststandards notwendig ist, ist eine Erkenntnis, die wohl von keiner Seite ernsthaft bestritten werden wird und die in dieser Pauschalität als allgemeingültig angesehen werden kann, gebietet dies doch unter anderem das dem Arbeitsrecht zugrunde liegende soziale Schutzprinzip.[959] Sowohl die beschränkte Arbeitnehmerhaftung wie auch die Ansprüche in den Fällen der Eigenschadensproblematik versuchen, diesem Gesamtziel gerecht zu werden. Dabei ist aber zu beachten, dass nicht das „Wie" des Schutzes des Arbeitnehmers zwingend vorgeschrieben ist, sondern lediglich das „Ob". Mit anderen Worten: Ein gewisses Schutzniveau muss dem Arbeitnehmer zugestanden werden, bei der näheren Ausformulierung besteht aber ein weiter Gestaltungsspielraum für Gesetzgeber und Vertragsparteien.

Vor allem *Henssler* betont diese Erkenntnis, wenn er bzgl. der Notwendigkeit der Haftungsbeschränkungen einerseits im Einklang mit dem BAG verfassungsrechtliche Vorgaben heranzieht, auf der anderen Seite aber ebenso deutlich macht, dass ein Abweichen hiervon möglich ist, solange dem Arbeitnehmer eine adäquate Kompensation gewährt wird.[960]

---

959 Vgl. ausführlich zu den Grundgedanken des Arbeitsrechts und dem hier verankerten Sozialen Schutzprinzip MünchArb/*Richardi*, § 6, Rn. 15 ff. Ebenso Schaub/*ders.*, ArbR-Hdb., § 2, Rn. 5 ff.

960 MüKo-*Henssler*, BGB, § 619 a, Rn. 12 und 9 sowie zur weiteren verfassungsrechtlichen Stützung der These *Dieterich*, NZA 1996, S. 673 (676), der ebenfalls darlegt, dass zwar eine volle Arbeitnehmerhaftung nicht mit der verfassungsrechtlichen Gewährleistung der Berufs- und

In jedem Fall bleibt aber festzuhalten, dass die bestehenden Gemeinsamkeiten von Arbeitnehmer- und Arbeitgeberhaftung zwingend auch bezüglich des Punktes der Abdingbarkeit eine einheitliche Behandlung erfordern. Ebenso wie nach vorzugswürdiger Ansicht die Arbeitnehmerhaftung der Vertragsgestaltung im Wege kollektiv- oder einzelvertraglicher Regelungen unterliegt, ebenso unterliegt auch die Arbeitgeberhaftung der Vertragsgestaltung durch die Arbeitsvertragsparteien. Diese dürfen aber nur insoweit abweichende Regelungen vornehmen, solange das Schutzniveau nicht abnimmt. Eine materielle Verschlechterung der Lage des Arbeitnehmers darf damit nicht erfolgen, bei der hier vorzunehmenden Betrachtung ist aber auch eine Berücksichtigung von Ausgleichszahlungen zur Risikoabgeltung als Kompensation mit einzubeziehen. Anerkennt und beherzigt man dies, so wird sich nicht nur eine Regelung finden lassen, die den Arbeitnehmer angemessen schützt und auch den arbeitgeberseitigen Interessen gerecht wird, sondern überdies die vom BAG ins Stammbuch geschriebenen verfassungsrechtlichen Vorgaben angemessen umsetzt.

b. Überblick über die bisherigen Gesetzgebungsvorschläge und Entwürfe

Nachdem somit nun eine Klärung bzgl. der Möglichkeiten der Disposivität der Arbeitgeberhaftung herbeigeführt worden ist, können die gewonnenen Erkenntnisse mit den bereits vorliegenden Ergebnissen verknüpft werden und neben einem darstellendem Überblick über die vormaligen Gesetzesentwürfe eine umfassende Bewertung der bisherigen Kodifikationsbemühungen vorgenommen werden. Hierbei wird schnell deutlich, dass die Bemühungen um die Schaffung einer der Arbeitgeberhaftung zugrundelegenden Norm weit zurück gehen und schon vor rund 30 Jahren Versuche unternommen worden sind, eine gesetzliche Regelung vorzunehmen, um der Eigenschadensproblematik gerecht zu werden.

aa. Entwurf der Arbeitsgesetzbuchkommission 1977

Bereits im Jahr 1977 veröffentlichte eine von der Bundesregierung eingesetzte und mit 23 Sachverständigen besetzte Kommission unter dem Vorsitz von *Wilhelm Herschel* einen ersten Entwurf,[961] der sich u.a. der Frage der Eigenschadensproblematik annahm. Aufge-

---

der allg. Handlungsfreiheit vereinbar ist, die nähere Ausgestaltung der Haftungsbeschränkungen aber Sache der Zivilrechtsordnung sei, die dies im Wege der Rechtsfortbildung und -auslegung vorzunehmen habe und insofern ein vorgegebenes Ziel habe, den Weg dorthin aber selbst gestalten dürfe. Vgl. hierzu auch die Ausführungen des BAG (GS) Beschl. v. 27.09.1994 = E 78, S. 56 ff. zur grundsätzlichen Schutzbedürftigkeit des Arbeitnehmers durch Haftungsbeschränkungen.

961 Der Kommissionsbericht wurde herausgegeben vom Bundesminister für Arbeit und Sozialordnung, Referat Presse- und Öffentlichkeitsarbeit, Bonn 1977; komplett abgedruckt bei *Ramm*, Entwürfe zu einem Arbeitsvertragsgesetz, S. 401 ff. Ein auszugsweiser Abdruck findet sich auch bei *Otto/Schwarze*, Die Haftung des Arbeitnehmers, Rn. 651.

griffen wurden diese Regelungen wortgleich ebenfalls von *Lieb*[962] im Jahr 1983 in seinem Gutachten zur Überarbeitung des Schuldrechts.[963] Grund beider Kodifikationsvorschläge war die weitgehende Zersplitterung und Unübersichtlichkeit des Arbeitsrechts. Angesichts der Tatsache, dass es sich beim Arbeitsrecht um ein Rechtsgebiet handelt, dass die Rechte und Pflichten von nahezu 20 Millionen Arbeitnehmern im betrieblichen Alltag regele, nehme dieses Vorhaben einen besonderen Stellenwert ein.[964] Die Regelung des § 50 im dritten Unterabschnitt des Entwurfes den Ersatz von Eigenschäden betreffend lautete dort wie folgt:

§ 50 Aufwendungsersatz

(1) Der Arbeitgeber ist verpflichtet, dem Arbeitnehmer die durch die ihm obliegende Arbeitsleistung oder Weisungen des Arbeitgebers entstandenen Aufwendungen zu ersetzen, soweit die Aufwendungen erforderlich waren oder von dem Arbeitnehmer den Umständen nach für erforderlich gehalten werden durften und nicht üblicherweise bereits durch das Arbeitsentgelt oder durch einen vereinbarten pauschalen Aufwendungsersatz als angemessen abgegolten anzusehen sind.

(2) Als Aufwendungen im Sinne des Absatzes 1 gelten auch Sachschäden, die der Arbeitnehmer im Vollzug einer Arbeit erleidet, mit denen er nach Art des Betriebs und der zu verrichtenden Arbeit nicht zu rechnen brauchte, oder die aus Gefahren herrühren, die mit der Arbeitsausführung untrennbar verbunden sind. Der Anspruch ist ausgeschlossen, wenn der Sachschaden vom Arbeitnehmer vorsätzlich oder grob fahrlässig verursacht worden ist.

Dieser Lösungsvorschlag lässt aufgrund seiner Formulierungen erkennen, dass die Ausführungen des Großen Senats im „Ameisensäurefall" Pate bei der Erarbeitung des Entwurfes gestanden und diesen entscheidend mitgeprägt haben. Insbesondere die Formulierung in Abs. 2 des Entwurfes „mit denen er nach Art des Betriebes nicht zu rechnen brauchte" lassen erkennen, dass hier auf den Gedanken des BAG abgestellt wird, nur Ersatz für solche Schäden gewähren zu wollen, die arbeitsunüblich und damit außergewöhnlich sind.[965] Weiterhin beschränkt der Entwurf den Ersatz auf Sachschäden und lässt damit einen Ersatz für Vermögensschaden außen vor; die Ersatzfähigkeit von Vermögensschäden ist jedoch mittlerweile allgemein anerkannt.[966] Zudem sieht der Entwurf durch seine Formulierung in Abs. 2 entstandene Schäden als nach Abs. 1 zu ersetzende Aufwendungen an. Diese Verwischung begrifflicher Konturen ist zum einen unnötig, da ohne weiteres eine Einstandspflicht auch für Zufallsschäden normierbar gewesen wäre, zum

962 *Lieb*, Dienstvertrag, S. 183 ff.

963 *Lieb*, Dienstvertrag, S. 233, der die Formulierungen der Arbeitsgesetzbuchkommission übernimmt und in seinem Entwurf als § 5 Abs. 1 (für Aufwendungen) und § 5 Abs. 2 (für Schäden) eingefügt hat.

964 So die Ausführungen des Bundesministers für Arbeit und Sozialordnung in der Einführung zum Entwurf der Arbeitsgesetzbuchkommission.

965 Zur Kritik an einer Beschränkung der Ersatzansprüche auf außergewöhnliche Schäden s. bereits S. 203.

966 S. nur BAG Urt. v. 11.08.1988 = E 59, S. 203 ff.; *Blomeyer*, Der Eigenschaden des Arbeitnehmers, S. 87 (89f.) mit weiteren Nachweisen.

anderen ist ihr aus den oben genannten weiteren begrifflichen Gründen nicht zu folgen.[967] Gleichfalls wird durch die Anknüpfung an den Aufwendungsbegriff nicht genügend verdeutlicht, dass es sich bei dem Haftungsgrund vorrangig um Risikozurechnungserwägungen von Gefahrquellen handelt.[968] Vor allem aber – und dies ist dem Entwurf als gewichtigster Kritikpunkt entgegenzuhalten – streicht die vorgeschlagene Regelung nicht die Gemeinsamkeiten und Parallelen zur Arbeitnehmerhaftung heraus. Der Bereich der Arbeitnehmerhaftung findet innerhalb des Entwurfes von 1977 in § 26 eine Regelung,[969] die damit in einem völlig anderen Abschnitt und ohne jeglichen Zusammenhang zur Arbeitgeberhaftung steht. Angesichts der aufgezeigten Parallelen beider Spielarten des innerbetrieblichen Schadensausgleiches überzeugt dies nicht; wünschenswert wäre es gewesen, durch eine einheitliche Regelung die Gemeinsamkeiten zu betonen. Daher und aufgrund der heutigen neueren Erkenntnisse und (anerkannten) Änderungen der Haftungsvoraussetzungen durch die jüngere Rechtsprechung ist die 1977 vorgeschlagene Regelung als Lösungsmodell als überholt anzusehen.[970]

bb. Entwurf von Musielak, *Rechtsgutachten 1980*[971]

Musielak hat in seinem 1980 erstellten Rechtsgutachten im Rahmen der Überarbeitungsüberlegungen zum Schuldrecht den Bereich der entgeltlichen Geschäftsbesorgung untersucht und ist hierbei insbesondere der Frage nachgegangen, ob es sich empfiehlt, Vorschriften über Auskunftspflichten, die Rechenschaftslegung, die Herausgabe, die Weisungsbefolgung und – hier von Relevanz – den Aufwendungsersatz in einer als Sachwaltervertrag bezeichneten Regelung zusammenzufassen. Als Ergebnis seiner Untersuchungen präsentiert *Musielak* eine Einfügung und Neufassung im siebenten Abschnitt des zweiten Buches des BGB. Der zehnte Titel soll dort die Überschrift „Sachwaltervertrag" erhalten und die bisherigen Vorschriften über Auftrag, entgeltliche Geschäftsbesorgung und Beraterverträge bzgl. Vermögensinteressen in den neugefassten §§ 662 – 675 a BGB vereinheitlichen.[972] Die Vorschrift, den Ersatz von Schäden regelnd, findet sich in § 672 BGB wieder, direkt im Anschluss an den den Ersatz von Aufwendungen regelnden § 671 BGB.

---

967 S. bereits S. 209 ff.

968 So die obigen Ausführungen. Ebenso auch: MünchArb/*Blomeyer*, § 96, Rn. 68.

969 Die Überschrift des § 26 lautet: Beschränkung der Arbeitnehmerhaftung. Die Vorschrift normiert im wesent-lichen die allgemein anerkannte Trias der Haftungsgrundsätze und differenziert zwischen den verschiedenen Fahrlässigkeitsgraden und vorsätzlichem Handeln.

970 Ebenso, wenngleich sich auf die bloße Feststellung beschränkend: *Otto/Schwarze*, Die Haftung des Arbeitnehmers, Rn. 651.

971 *Musielak*, Entgeltliche Geschäftsbesorgung, S. 1209 ff.

972 Abgedruckt ist dieser Vorschlag bei *Musielak*, Engeltliche Geschäftsbesorgung, S. 1310 – 1313.

§ 672

(1) Der Geschäftsherr ist verpflichtet, auch einen ohne sein Verschulden eingetretenen Schaden zu ersetzen, der dem Sachwalter in Vollzug der vertraglichen Aufgabe entstanden ist, wenn der Schaden durch eine besondere mit der vertraglichen Aufgabe verbundene Gefahr verursacht wird oder infolge einer Weisung des Geschäftsherrn eintritt.

(2) Ein Anspruch nach Absatz 1 besteht nicht, wenn ein Schaden der eingetretenen Art durch die Vergütung abgegolten werden soll oder wenn der Schaden durch ein Verhalten des Sachwalters herbeigeführt wird, das er zur Erfüllung seiner vertraglichen Aufgabe den Umständen nach nicht für erforderlich halten darf. Ist streitig, ob ein Schaden durch die Vergütung abgegolten ist, so trifft die Beweislast den Sachwalter.

Der Entwurf von *Musielak* hebt sich dadurch hervor, dass er eine Regelung der Eigenschadensproblematik nicht speziell für das Arbeitsrecht vornimmt, sondern *Musielak* eine mehrere Vertragstypen umfassende Norm im besonderen Schuldrecht vorlegt und damit insbesondere die Vorschriften des Auftragsrechts und der entgeltlichen Geschäftsbesorgung modifiziert. Hier liegt aber das Problem: Nach *Musielaks* Verständnis des Sachwalters handelt es sich hierbei um einen durch Dienst- oder Werkvertrag selbständig Tätigen (vgl. § 662 Abs. 1 des Entwurfes), was der Arbeitnehmer gewiss nicht ist,[973] wie auch *Musielak* selbst eingesteht.[974] Aus diesem Grunde könnten die Regelungen damit allenfalls entsprechend auf den Arbeitnehmer angewendet werden,[975] was sich sicherlich dadurch rechtfertigen ließe, dass dieser ebenso im Interesse eines anderen tätig wird und aufgrund der strengeren Weisungsgebundenheit und des faktisch regelmäßig nicht vorliegenden Entscheidungsspielraumes bei Ausführung der Aufgaben noch viel größeren Schutzes bedürfe.[976] Allein der Grund, dass eine Anwendung auf den Arbeitnehmer nur im Wege der Analogie erfolgen könnte, spricht gegen die Übernahme dieses Vorschlages – soll doch gerade das Ziel der Bemühungen sein, einen Entwurf vorzulegen, der die bisherigen Anwendungsprobleme im Rahmen des § 670 BGB durch die erforderliche entsprechende Anwendung vermeidet. Daher ist inhaltlich zu dem Entwurf nur so viel anzumerken: Positiv ist, dass der Gesetzgebungsvorschlag die Möglichkeit der Abgeltung des Schadens durch eine Vergütung vorsieht, allerdings wird die Regelung dem notwendigen Arbeitnehmerschutz hier nicht gerecht: Da der Entwurf nicht auf den Bereich des Arbeitsrechts zugeschnitten ist, wird nicht deutlich, dass eine Abgeltung nur dann möglich ist, wenn sie in Form eines zusätzlich zu gewährenden Risikoentgeltes erfolgt. Weiterhin vermag der Entwurf mangels spezieller arbeitsrechtlicher Bezugnahme auch keine Be-

---

973 Vgl. hier nur den klassischen Arbeitnehmerbegriff, der sich u.a. durch unselbständiges, weisungsabhängiges Tätigwerden für einen Anderen aufgrund privatrechtlichen Vertrages auszeichnet. Ausführlich zu Geschichte, Entstehung und Voraussetzungen des Arbeitnehmerbegriffs: *Preis* in ErfKomm, § 611 BGB, Rn. 44 ff.

974 *Musielak*, Entgeltliche Geschäftsbesorgung, S. 1222 ff.

975 Dies entgeht offenbar *Blomeyer*, Der Eigenschaden des Arbeitnehmers, S. 77 (88 f.), der in seinem Aufsatz auf den Vorschlag *Musielaks* verweist, ohne jedoch klarzustellen, dass dessen Regelungen nur für einen selbständig Tätigenden Anwendung finden sollen.

976 Zu der Eingebundenheit des Arbeitnehmers in einen fremden Organisationsablauf vgl. nur die Ausführungen auf den Seiten 192 ff.

rücksichtigung der zur beschränkten Arbeitnehmerhaftung in Form der Verschuldenstrias entwickelten Grundsätze vorzunehmen. Ebenso bleibt auch der Gesamtzusammenhang als Teilaspekt des innerbetrieblichen Schadensausgleiches im Unklaren, was gegen einen derartigen Gesetzgebungsvorschlag in Form eines mehrere Vertragsarten umfassenden Anspruches spricht.

cc. Entwurf des Arbeitskreises Deutsche Rechtseinheit im Arbeitsrecht 1992 (ArbVG-E)

Einen wiederum speziell auf das Arbeitsrecht zugeschnittenen Vorschlag in Form einer umfassenden Gesamtlösung sieht hingegen der Entwurf des Arbeitskreises Deutsche Rechtseinheit im Arbeitsrecht von 1992 vor. Nach der ersten Ziffer des Art. 30 (Arbeit und Soziales) des Deutschen Einigungsvertrages vom 31. August 1990 wurde es zur erklärten Aufgabe des gesamtdeutschen Gesetzgebers, das Arbeitsvertragsrecht „möglichst bald einheitlich neu zu kodifizieren"[977]. Da jedoch weder das Regierungsprogramm der ersten gesamtdeutschen Regierung das Gesetzgebungsgebot aufgenommen hatte, noch der Bundesarbeitsminister eine Kommission einsetzte, um eine Umsetzung zu verwirklichen, wurde von Arbeitsrechtswissenschaftlern der beiden früheren deutschen Teilstaaten in dem gemeinsamen Arbeitskreis „Deutsche Rechtseinheit im Arbeits- und Sozialrecht" ein Diskussionsentwurf ausgearbeitet, der daraufhin dem Deutschen Juristentag zugeleitet und dort im September 1992 verabschiedet wurde.[978] Dieser Entwurf sah in seinem § 55 folgende Regelung der Arbeitgeberhaftung bei Eigenschäden des Arbeitnehmers vor:[979]

§ 55 Sachschäden
Sachschäden des Arbeitnehmers, die durch die Erfüllung seiner Arbeitsaufgabe notwendig entstehen oder die durch Weisungen des Arbeitgebers veranlasst sind, hat der Arbeitgeber zu ersetzen.

Dieser Entwurf zeichnet sich beim Vergleich zu dem Entwurf der Arbeitsgesetzbuchkommission dadurch aus, dass er nicht mehr den –zurecht kritikbehafteten- Begriff der Aufwendung verwendet, sondern richtigerweise von Schäden spricht. Für den Ersatz von arbeitsnotwendigen Aufwendungen sah der ArbVG-E 92 eine eigenständige Regelung in § 54 vor, wonach der Arbeitgeber für arbeitsbedingte Aufwendungen gleichfalls ersatzpflichtig sein sollte, auf Verlangen sogar in Form der Gewährung eines Vorschusses. Diese deutliche Trennung zwischen Schäden und Aufwendungen wird den in der Rechtswis-

---

977 Einigungsvertrag vom 31.08.1990 = BGBl. II 1990, S. 885 ff., der dortige Art. 30 Abs. 1 Nr. 1 (Arbeit und Soziales) lautet: „Es ist Aufgabe des gesamtdeutschen Gesetzgebers, das Arbeitsvertragsrecht sowie das öffentlich-rechtliche Arbeitszeitrecht einschließlich der Zulässigkeit von Sonn- und Feiertagsarbeit und den besonderen Frauenarbeitsschutz möglichst bald einheitlich neu zu kodifizieren". Abgedruckt auch in Ergänzungsband MüKo, BGB, Sonderausgabe, Zivilrecht im Einigungsvertrag. S. auch *Altemann*, AuA 1995, S. 269 (269).

978 *Ramm*, Entwürfe zu einem deutschen Arbeitsvertragsgesetz, S. 7

979 Abgedruckt als Gutachten D zum 59. DJT 1992; zum hier relevanten, die Arbeitgeberhaftung betreffenden § 55 des Entwurfes s. auch *Reichold*, NZA 1994, S. 488 (488 ff.).

senschaft vorherrschenden dogmatischen Bedenken gegenüber dem Aufwendungsbegriff im Rahmen des Lösungsweges nach § 670 BGB gerecht und ist daher zu begrüßen.

Allerdings bleibt der Entwurf trotz dieses Vorzugs noch hinter den Erwartungen an eine heute zu wünschende und ideale Regelung zurück: Zum einen beschränkt sich die Vorschrift ausdrücklich auf den Ersatz von Sachschäden, Vermögensschäden bleiben damit nach wie vor unberücksichtigt. Zum anderen lässt die Vorschrift vieles im Unklaren. Zwar ist sie angesichts ihrer Kürze übersichtlich und einprägsam, jedoch hätte die Möglichkeit einer Kodifizierung genutzt werden sollen, um streitige und ungelöste Punkte der Eigenschadensproblematik abschließend und präziser zu formulieren. Wünschenswert wäre z.B. ein ausdrücklicher Hinweis auf die Heranziehung der Grundsätze der beschränkten Arbeitnehmerhaftung im Hinblick auf die Frage nach dem Vertretenmüssen gewesen. Zudem wird wie 1977 die Chance vertan, den innerbetrieblichen Schadensausgleich einheitlich zu regeln. Weiterhin fehlt eine Regelung bzgl. der Disposivität der aufgestellten Haftungsgrundsätze. Dies ist eine Schwäche des Entwurfes, da gerade im Arbeitsrecht die Verwendung von Arbeitsvertragsmustern und Einheitsverträgen hoch im Kurs steht. Allzu schnell würde sich in diesen der pauschale Hinweis finden, dass die Haftung des Arbeitgebers für verschuldensunabhängig entstandene Schäden ausgeschlossen ist.[980]

Gleichfalls vermisst man im Entwurfstext detaillierte Haftungsvoraussetzungen. Zugegeben behält die Vorschrift dadurch zwar eine gewisse Elastizität ebenso wie die Rechtsprechung so die Möglichkeit erhält, die Vorschrift bei der Rechtsanwendung noch auszufüllen. Der Grund für das Fehlen weiterer Voraussetzungen ist aber wohl eher darin zu erblicken, dass es keinen Konsens innerhalb der Entwurfsverfasser über die genauen Einzelheiten gab und die Vorschrift damit den „größten gemeinsamen Nenner" darstellt. Dahingestellt bleibt auch die Frage, ob die Anfertigung einer Kodifikation eines einheitlichen Arbeitsvertragsrechtsbuches eine derartig umfassende Aufgabe war, dass womöglich nicht alle Einzelheiten abschließend erörtert werden konnten. Dies sind aber letztlich nur Mutmaßungen, welche daher nicht überbewertet werden sollten.

dd. Gesetzesantrag des Freistaates Sachsen vom 23.05.1995[981]

Im Mai 1995 brachte das Bundesland Sachsen ebenfalls einen Entwurf für ein Arbeitsvertragsgesetz (ArbVG) in den Bundesrat ein. Unter dem Titel „Aufwendungsersatz" findet sich in § 55 des ArbVG die Regelung zum Ersatz von Eigenschäden:

§ 55 Sachschäden
Sachschäden des Arbeitnehmers, die durch die Erfüllung seiner Arbeitsaufgabe trotz Beachtung zumutbarer Sorgfalt entstehen oder die durch Weisungen des Arbeitgebers veranlasst sind, hat der Arbeitgeber zu ersetzen. § 254 BGB bleibt unberührt.

---

980 Zur Frage und Problematik der AGB-Prüfungen derartiger Klauseln s. bereits obige Ausführungen, S. 221 ff.

981 BR-Drucks. 293/95 v. 23.05.1995, abrufbar auch im Internet unter http://www.parlamentsspiegel.de.

Dieser Entwurf basiert nahezu wörtlich auf dem oben genannten Entwurf des Arbeitskreises Deutsche Rechtseinheit. Die hieran geäußerte Kritik[982] trifft auf den Entwurf des Freistaates Sachsen ebenfalls zu. Als weitere Kritik im Sinne eines „Schritts zurück" lässt sich überdies noch anführen, dass durch die Regelung der Eigenschadensproblematik im Abschnitt „Aufwendungsersatz" wieder überflüssige Unklarheiten geschaffen werden. Dieser Entwurf vermag daher auch nicht zu überzeugen.

ee. Gesetzesantrag der Fraktion der SPD vom 11.08.1993[983] und 22.08.1995[984]

Die SPD-Fraktion sowie federführend die Abgeordneten *Pick* und *Däubler-Gmelin* haben sich ebenfalls um die Schaffung eines „Gesetzes zur Regelung der Arbeitnehmerhaftung" verdient gemacht und ihren Antrag sowohl 1993, wie auch 1995 in den Bundestag eingebracht.[985] Als Motiv für ihren Entwurf führen die Antragssteller zutreffend aus, dass die Haftungsproblematik im Arbeitsrecht bisher nur unzureichend gesetzlich geregelt sei und an die Grenzen zulässiger richterlicher Rechtsfortbildung stoße.[986] Der Entwurf sieht die Einfügung der §§ 619 a bis 619 f. in das BGB vor, um so die Arbeitnehmerhaftung umfassend zu regeln. Der den Ersatz von Eigenschäden des Arbeitnehmers erfassende § 619 d BGB sollte hiernach lauten:

§ 619 d Schäden an Gegenständen des Arbeitnehmers
Erleidet der Arbeitnehmer bei betrieblichen oder dienstlichen Tätigkeiten an Gegenständen, die er mit Billigung oder Duldung des Arbeitgebers benutzt oder mit sich geführt hat, einen Schaden, so hat der Arbeitgeber diesen zu ersetzen. Hat der Arbeitnehmer den Schaden durch Vorsatz verursacht, so steht ihm gegenüber dem Arbeitgeber kein Aufwendungsersatzanspruch zu. Hat der Arbeitnehmer durch grobe Fahrlässigkeit den Schaden verursacht, so hat der Arbeitgeber nur den Betrag zu ersetzen, der drei Nettomonatsvergütungen des Arbeitnehmers übersteigt. (...).

Dieser Gesetzesentwurf ist weitestgehend gelungen. Das Vorhaben, ein einheitliches Arbeitsvertragsgesetzbuch zu schaffen, wird als momentan unrealistisches Vorhaben abgetan und sich daher durch die Beschränkung der Normierung auf Haftungsfragen einem der Punkte gewidmet, bei dem der Handlungsbedarf am größten ist. Zudem ist die einheitliche Regelung des innerbetrieblichen Schadensausgleiches in aufeinanderfolgenden Vorschriften zu begrüßen, da so die oben aufgezeigten Parallelen verdeutlicht werden.[987]

---

982 Siehe soeben, S. 233 f.

983 BT-Drucks. 12/5551 v. 11.08.1993, abrufbar auch im Internet unter http://www.parlamentsspiegel.de.

984 BT-Drucks. 13/2195 v. 22.08.1995, abrufbar auch im Internet unter http://www.parlamentsspiegel.de.

985 Im Einzelnen waren hierbei rund 40 Bundestagsabgeordnete beteiligt, zur kompletten Liste s. die BT-Drucks.

986 So BT-Drucks. 12/5551 und 13/2195 unter Punkt „A. Problem".

987 Diesen Gedanken führt auch die Begründung des Entwurfes an, vgl. die Entwurfs-Begründung zu § 619 d: „§ 619 d berücksichtigt, dass der Arbeitnehmer auch Eigenschäden erleiden kann. Deren Ersatz ist nach den gleichen Grundsätzen der privilegierten Arbeitneh-

Allerdings beinhaltet der Gesetzentwurf auch unglückliche Formulierungen: Durch die Benutzung des Begriffes „Aufwendungen" in § 619 d S. 2 trägt der Entwurf wieder zu einer Vermengung von Schäden und Aufwendungen bei. Diese Formulierung ist missverständlich, die Antragssteller hätten besser getan, hierauf zu verzichten. Ebenfalls ist unverständlich, warum die Verfasser von einer Regelung der Dispositivität der Eigenschadenshaftung abgesehen haben, obwohl der Entwurf für die Arbeitnehmerhaftung eine solche Regelung enthält.[988]

Auf Rechtsfolgenseite ist am Vorschlag zu monieren, dass der Arbeitnehmer auch bei „gewöhnlicher" Fahrlässigkeit einen vollen Anspruch gegen den Arbeitgeber behält und selbst bei grob fahrlässigen Eigenverhalten außergewöhnliche hohe Schäden vom Arbeitgeber ersetzt verlangen kann. Die beim innerbetrieblichen Schadensausgleich regelmäßig vorgenommene Berücksichtigung der Einzelfallumstände wird so nicht mehr ermöglicht, gleichermaßen wie das vom Entwurf vorgesehene Haftungsmodell das Schadensrisiko zu Lasten des Arbeitgebers verschiebt.[989]

ff. Gesetzesantrag des Landes Brandenburg vom 12.09.1996[990]

Der Gesetzesantrag des Landes Brandenburg aus dem Jahr 1996, der am 12.09.1996 von der Landesregierung in den Bundesrat eingebracht wurde, hat seine Wurzeln ebenfalls in den Gedanken des Arbeitskreises Deutsche Rechtseinheit im Arbeitsrecht aus dem Jahre 1992. § 55 des Antrages lautet:

---

merhaftung zu regeln, wenn Gegenstände des Arbeitnehmers beschädigt werden (...)". Als weitere Begründung zur Notwendigkeit eines Eigenschadenausgleichs führen die Antragssteller die Regelung des § 32 S. 1 Beamtenversorgungsgesetz (BeamtVG) an, die einen Anspruch des Beamten für Eigenschadensfälle bereits vorsehe. Zur Kritik an der Heranziehung des § 32 BeamtVG, der das Vorliegen eines „Dienstunfalls" erfordert und daher hier nicht direkt passt, s. bereits oben, S. 177 ff.

988 § 619 e S. 1 „Abweichende Haftungsregelungen" des Entwurfes lautet: „Eine tarifvertragliche oder einzel-vertragliche Haftungsregelung ist unwirksam, soweit sie von §§ 619 a und 619 b zuungunsten des Arbeitnehmers abweicht". Auf die Regelung des § 619 d wird damit kein Bezug genommen, so dass die Frage nach deren Abdingbarkeit unbeantwortet im Raum stehen bleibt. Soll hier eine Abdingbarkeit möglich sein, da der Entwurf kein Verbot enthält? Oder sind die Grundsätze entsprechend auch für die Arbeitgeberhaftung heranzuziehen? Auch die Gesetzesbegründungen schweigen sich darüber aus (vgl. BT-Drucks. 13/2195 und 12/555, Begründung zu § 619 e), was eine nicht akzeptable Schwäche des vorlegten Entwurfes darstellt.

989 In den Fällen der Arbeitnehmerhaftung gewährt die Rspr. regelmäßig nur vollen Ersatz bei leichter Fahrlässigkeit, während bei „gewöhnlicher" Fahrlässigkeit regelmäßig eine Quotelung unter Berücksichtigung der Einzelfallumstände stattfindet und bei grober Fahrlässigkeit nur ausnahmsweise der Arbeitgeber haftet, vgl. zu dieser „Haftungstrias" nur *Otto/Schwarze*, Die Haftung des Arbeitnehmers, Rn. 163 ff.

990 BR-Drucks. 671/96 v. 12.09.1996, abrufbar auch im Internet unter http://www.parlamentsspiegel.de.

§ 55 Schäden des Arbeitnehmers
Sach- und Vermögensschäden des Arbeitnehmers, die bei der Erfüllung der Arbeitsleistung entstehen und die nicht durch einen entsprechenden zusätzlichen Vergütungsbestandteil abgegolten sind, hat der Arbeitgeber zu ersetzen. § 99 gilt entsprechend.

Die Verweisung auf § 99 nimmt hierbei auf die Regelungen zur Enthaftung des Arbeitnehmers Bezug. Obwohl damit ein deutlicher Verweis auf die Parallelen zur Arbeitnehmerhaftung erfolgt und der Entwurf überdies im Vergleich zu seinen Vorgängervorschriften erstmalig einen Ersatz auch für Vermögensschäden gewährt, ist an dem brandenburgischen Entwurf zu monieren, dass die Begrenzung auf Schäden bei „Erfüllung der Arbeitsleistung" zu eng gesteckt ist.[991] Eine haftungsbegründende Tätigkeit ist auch außerhalb der Erfüllung der arbeitsvertraglichen Pflichten denkbar, bspw. bei Bitten des Arbeitgebers zur Wahrnehmung von Tätigkeiten, die laut Arbeitsvertrag nicht geschuldet sind, vom Arbeitgeber aber dennoch gewünscht und vom Arbeitnehmer befolgt werden. Zu denken ist hier an Fallkonstellationen, in denen sich der Arbeitnehmer eigenmächtig zum Einsatz eigener Gegenstände entscheidet, um effektiv und schnell zu handeln. Bspw. wird man auch dem Büroangestellten zugestehen müssen, eine lockere Schraube eines Aktenschrankes mit dem eigenen Schraubendreher festzuziehen, auch wenn dies sicherlich arbeitsvertraglich nicht geschuldet, gleichwohl aber im objektiven Interesse des Arbeitgebers liegen wird. Ebenfalls von praktischer Relevanz wird der Fall sein, dass der Arbeitnehmer seinen Privat-Pkw einsetzt, um bspw. dringend benötigte Materialien zu beschaffen oder auch nur den Arbeitgeber zum Bahnhof zu fahren. In keinem dieser Fälle ist der Arbeitnehmer zur Vornahme dieser Handlung arbeitsvertraglich verpflichtet, dennoch entspricht dies dem betrieblichen Interesse und wird wohl auch allgemein als „üblich" angesehen werden. Unstreitig muss auch in solchen Fällen Ersatz gewährt werden. Insoweit wäre der Entwurf der Potsdamer Landesregierung daher noch zu modifizieren bzw. zu ergänzen, gleichfalls wie zur Frage der Dispositivität der Ansprüche eine Klarstellung vorzunehmen wäre.

gg. Entwurf von Blomeyer

Blomeyer hat sich ebenfalls um die Schaffung einer entsprechenden Vorschrift verdient gemacht und seine Überlegungen umfassend begründet.[992] Sein Vorschlag, den er 1994 in der Festschrift für *Kissel*[993] veröffentlicht hat, lautet wie folgt:

---

991 So *Otto/Schwarze*, Die Haftung des Arbeitnehmers, Rn. 651.

992 *Blomeyer*, Der Eigenschaden des Arbeitnehmers, S. 87 (95).

993 Arbeitsrecht in der Bewährung – Festschrift für Otto Rudolf Kissel zum 65. Geburtstag (1994).

Vermögensschäden des Arbeitnehmers, die in einem notwendigen Zusammenhang mit der Erfüllung der Vertragspflichten durch den Arbeitnehmer entstanden sind, hat der Arbeitgeber zu ersetzen, soweit nicht der Arbeitnehmer das Schadensrisiko gegen angemessenes Entgelt übernommen hat oder ein Ersatzanspruch gegenüber einem anderen besteht. Die Ersatzpflicht des Arbeitgebers wird bei einem mitwirkenden Verschulden des Arbeitnehmers nach Maßgabe des § ... ausgeschlossen bzw. gemindert.

Im Vergleich zu den bisherigen dargestellten Regelungen kommt der Vorschlag *Blomeyers* einer optimalen Lösung sehr nahe: Der Entwurf enthält keine Beschränkungen mehr auf Sachschäden und vermeidet durchweg den umstrittenen Begriff der Aufwendung. Stattdessen hebt *Blomeyer* durch die Verwendung des Begriffes „Schadensrisiko" hervor, dass er den Haftungsgrund primär in Risikozurechnungserwägungen erblicken möchte.[994]

Ebenfalls zeichnet sich der Gesetzgebungsvorschlag dadurch aus, dass er die Möglichkeit der vorherigen Abgeltung des Schadensrisikos durch angemessenes Entgelt erwähnt und den Arbeitgeber nur subsidiär in Anspruch nehmen will, solange ein Anspruch gegenüber einem anderen besteht. Leider stellt *Blomeyer* in diesem Zusammenhang nicht dar, wie er den Fall des rechtlichen Bestehens eines Anspruch behandeln will, der sich aber als nicht durchsetzbar oder vollstreckbar erweist. Hier wäre die Klarstellung wünschenswert gewesen, ob der Arbeitnehmer dann den eigenen Schaden tragen oder aber hilfsweise der Arbeitgeber aufkommen muss. All dies sind aber marginale Unzulänglichkeiten, die die Rechtsprechung im Wege der Rechtsan-wendung und -auslegung beseitigen und aufklären kann.

Durch den abschließenden Verweis auf eine die Arbeitnehmerhaftung regelnde Vorschrift zeigt *Blomeyer* überdies auf, dass für die Arbeitgeberhaftung die gleichen Grundsätze bei der Berücksichtigung von Mitverschulden zu gelten haben und verdeutlicht damit die Parallelität beider Haftungskonstellationen,[995] wenngleich eine gemeinsame Darstellung der Regelungen zum innerbetrieblichen Schadensausgleich noch wünschenswerter gewesen wäre. Ferner fehlt eine Aussage über die Möglichkeit der Abdingbarkeit dieser Grundsätze. Auch einen diese Unklarheiten beseitigenden Passus sollte eine entsprechende Vorschrift beinhalten.

---

994 Dass *Blomeyer* dieser Sichtweise nahesteht, macht er auch an anderer Stelle deutlich, vgl. bspw. *Blomeyer* in MünchArb/*Blomeyer*, § 96, Rn. 68: „Solange eine solche Regelung noch nicht existiert, lässt sich die Gefährdungshaftung auf die Vorschriften über den Aufwendungsersatz stützen, die auch Risikozurechnungserwägungen Raum geben".

995 In der Begründung seines Entwurfes betont *Blomeyer* zudem nochmals, dass es keinen Unterschied machen dürfe, ob der Arbeitnehmer eigene Sachen wie bspw. sein Brillengestell beschädige oder er fremde Sachen, z.B. die Arbeitsbekleidung beschädige. S. *Blomeyer*, Der Eigenschaden des Arbeitnehmers, S. 87 (95).

hh. Entwurf von Otto *und* Schwarze

Auch *Otto* und *Schwarze* haben in ihrem Standardwerk zur Arbeitnehmerhaftung[996] eine Regelung der Eigenschadensproblematik vorgenommen:

Der Arbeitgeber hat den Arbeitnehmer für den Schaden angemessen zu entschädigen, der durch betrieblich veranlasste Tätigkeit des Arbeitnehmers verursacht wird. Die Ersatzpflicht entfällt, wenn der Schaden auch ohne die betrieblich veranlasste Tätigkeit eingetreten wäre oder wenn der Schaden zum üblichen Lebensaufwand gehört. Die Ersatzpflicht entfällt außerdem, soweit der Arbeitnehmer das Schadensrisiko gegen angemessenes Entgelt übernommen hat. § 254 BGB findet Anwendung.

Dieser Vorschlag ist an den Entwurf von *Blomeyer*[997] angelehnt, wie *Otto* und *Schwarze* durch entsprechenden Verweis ausdrücklich kenntlich machen. Insofern kann größenteils auf die dortigen Ausführungen verwiesen werden. Unterschiede bestehen allenfalls in sprachlichen Formulierungen, während *Blomeyer* als Voraussetzung der Ersatzfähigkeit von „einem notwendigen Zusammenhang mit der Erfüllung der Vertragspflichten" spricht, verwenden *Otto* und *Schwarze* hingegen die Formulierung der „betrieblich veranlassten Tätigkeit". In der Sache ist dies gleichbedeutend, da Aufgaben, die einen notwendigen Zusammenhang zur Arbeitsleistung aufweisen, regelmäßig auch im objektiven betrieblichen Interesse stehen werden und damit als betrieblich veranlasst zu qualifizieren sind. Allerdings stellen *Otto* und *Schwarze* noch weitere Kausalitätsüberlegungen heraus, bei deren Vorliegen sie eine Anspruchsbegründung ausscheiden möchten, während *Blomeyer* dafür die vorrangige Inanspruchnahme eines Dritten statuiert. Weiterhin gelingt *Otto/Schwarze* die Einbettung der Eigenschadensproblematik in eine allgemeine, auch die Arbeitnehmerhaftung umfassende, Regelung.[998] Ebenfalls bieten beide Entwürfe durch Verwendung ausfüllungsbedürftiger Rechtsbegriffe wie bspw. der Formulierung „angemessen" der Rechtsprechung genügend Raum zur Konkretisierung der Voraussetzungen anhand der bisherigen eigenen Judikate. Einziger wesentlicher Kritikpunkt an diesem Vorschlag bleibt damit der auch schon bei *Blomeyer* bemängelte fehlende Hinweis bzgl. der Frage der Dispositivität der Regelung.

ii. Entwurf von Raulf

Abschließend ist noch der Gesetzesentwurf von *Raulf* zu diskutieren, der sich 1999 mit der Eigenschadensproblematik befasst und ebenfalls einen entsprechenden Gesetzesentwurf ausgearbeitet hat:[999]

---

996 Vgl. das schon mehrfach zitierte Werk von *Otto/Schwarze*, Die Haftung des Arbeitnehmers, Rn. 651 und 454.

997 Soeben dargestellt, S. 220.

998 *Otto/Schwarze*, Die Haftung des Arbeitnehmers, Rn. 454.

999 *Raulf*, Arbeitgeberhaftung bei PKW-Schäden, S. 172 f.

(1) Sach- und Vermögensschäden des Arbeitnehmers, die in einem ausreichenden, qualifizierten Zusammenhang mit dem Arbeitsverhältnis stehen und infolge eines vom Arbeitgeber veranlassten oder in seinem objektiven Interesse liegenden Einsatzes des Privateigentums des Arbeitnehmers entstanden sind, hat der Arbeitgeber zu ersetzen.

(2) Die Haftung des Arbeitgebers ist insoweit ausgeschlossen, als das Schadensrisiko bereits von vornherein durch einen vom Arbeitgeber gezahlten zusätzlichen Vergütungsbestandteil abgegolten ist. Dies ist namentlich dann der Fall, wenn dem Arbeitnehmer durch die zusätzliche Vergütung die Möglichkeit eröffnet ist, einen möglichen Schaden am dienstlich eingesetzten Privat-Pkw durch Abschluß einer Kraftfahrzeugvollkaskoversicherung abzudecken. Der Haftungsausschluß erstreckt sich nicht auf einen üblichen Selbstbehalt.

(3) Die Haftung des Arbeitgebers ist auch dann ausgeschlossen, wenn dem Arbeitnehmer ein Ersatzanspruch gegen einen im Verhältnis zum Arbeitgeber vorrangig haftenden Dritten zusteht und der Arbeitnehmer diesen Anspruch auf zumutbare Weise durchsetzen kann.

(4) Ein einzelvertraglich vereinbarter Ausschluß der Haftung des Arbeitgebers ist nur dann rechtswirksam, wenn damit eine im Sinne des Absatzes 2 ausreichende Ausgleichszahlung verbunden ist.

(5) Hat der Arbeitnehmer den Schaden vorsätzlich oder grob fahrlässig verursacht, entfällt die Haftung des Arbeitgebers. Bei mittlerer Fahrlässigkeit ist der Schaden zwischen Arbeitnehmer und Arbeitgeber quotal aufzuteilen.

(6) Die Haftung des Arbeitgebers ist ausgeschlossen, wenn sie nicht innerhalb von sechs Monaten vom Zeitpunkt des Schadensereignisses an schriftlich geltend gemacht wird.

(7) Bei Zahlungsunfähigkeit des Arbeitgebers steht der Anspruch des Arbeitnehmers einem Anspruch auf rückständiges Arbeitsentgelt gemäß § 183 Abs. 1 des Sozialgesetzbuches III – Arbeitsförderung – SGB III gleich.

(8) Diese Vorschrift findet entsprechende Anwendung, wenn der Schaden des Arbeitnehmers in Ausführung einer betriebsverfassungsrechtlichen Aktivität entstanden ist.

Am Vorschlag von *Raulf* sticht zunächst die Ausführlichkeit und Detailliertheit der Regelungen hervor. Der Vorschlag nimmt sehr ausführlich zu etwaigen auftretenden Einzelproblemen Stellung. Hervorzuheben ist weiterhin, dass sich *Raulf* in seinem Vorschlag auch der Frage der Abdingbarkeit der Arbeitgeberhaftung widmet, was vorherige Darstellungen und Entwürfe in dieser Deutlichkeit noch nicht unternommen haben.

Dennoch ist die Länge der Regelung nicht ausschließlich vorteilhaft: Zwar mag sich ein allgemeiner Trend dahingehend erkennen lassen, neue Regelungswerke immer ausführlicher abzufassen; ob dies begrüßenswert ist, mag jedoch der Leser selbst beurteilen. Es sei jedoch angemerkt: Detaillierte Regelungen neigen dazu, alle etwaig erdenklichen Probleme zu umfassen. Hierdurch tendieren diese zur Spezialität: So wird auch an *Raulfs* Entwurf deutlich, dass er sich insbesondere der Problematik bei KfZ-Schäden widmet. Diese Schadensproblematik ist in der Praxis durchaus relevant, wie die vergleichsweise häufige Befassung des Bundesarbeitsgerichts mit dieser Thematik beweist.[1000] Den kompletten Regelungsvorschlag aber auf die Fälle der Schäden am Pkw zuzuschneiden (vgl. insbesondere die Regelungen in Abs. 2) erscheint wenig überzeugend – vor allem dann,

1000 Siehe bspw. die Urteile BAG Urt. v. 16.11.1978 = NJW 1979, S. 1423 (1423) und BAG Urt. v. 8.05.1980 = AP Nr. 6 zu § 611 Gefährdungshaftung des Arbeitgebers. Vgl. hierzu auch *Nägele*, NZA 1997, S. 1196 (1197 f.).

wenn der Gesetzgebungsvorschlag allgemeine Geltung für jegliche Arten von Schäden beanspruchen will. Der Vorteil generalisierender Klauseln liegt gerade darin, dass diese sich durch eine gewisse Flexibilität auszeichnen, die den Fortbestand und die Anwendung der Klausel auch im Rahmen zukünftiger Entwicklungen ermöglichen. Die Kunst besteht also darin, eine Regelung zu erschaffen, die einen Kompromiss zwischen generalisierenden, ausfüllungsfähigen Regelungen auf der einen und einer dennoch präzisen Formulierung von Tatbestandsvoraussetzungen auf der anderen Seite darstellt. Hierin vermag *Raulfs* Vorschlag nicht recht zu überzeugen, er verliert sich zu sehr in Einzelheiten.

Weiterhin ist zu kritisieren, dass eine Einbeziehung der Grundsätze der beschränkten Arbeitnehmerhaftung in den Gesetzgebungsvorschlag ebenfalls nicht erfolgt. Zwar erwähnt *Raulf* noch abschließend, es erscheine sinnvoll, die Arbeitnehmerhaftung innerhalb des gleichen Abschnitts wie die Eigenschadenproblematik zu behandeln, den letzten und entscheidenden Schritt, die Parallelen durch eine gemeinsame Regelung zu verdeutlichen, geht *Raulf* dann jedoch nicht mehr, sondern beruft sich schlicht auf „systematische Erwägungen“[1001] für sein Vorhaben, was er begründungslos im Raum stehen lässt. Ebenfalls ist verwunderlich, dass sich *Raulf* in keinerlei Weise mit den Vorschlägen von *Otto*[1002] auseinandersetzt, der doch immerhin im Bereich des innerbetrieblichen Schadensausgleichs mit als führend bezeichnet werden kann und sich besonders um die Haftung des Arbeitnehmers verdient gemacht hat.[1003]

c. Entwurf eines eigenen Gesetzgebungsvorschlags

Die Darstellung hat gezeigt, dass alle Entwürfe das Ziel verfolgen, durch Einführung eines Gefährdungshaftungstatbestandes bzw. der Einführung einer Risikohaftung den derzeitigen Rechtsgrundlagenproblemen des Zivilrechts im Rahmen der Anspruchsbegründung zu entgegnen versuchen. Insoweit besteht Einigkeit. Allerdings schließt sich hieran unmittelbar die Frage an, in welcher Form oder mit welchem Regelungsumfang der Eigenschadensproblematik Herr zu werden ist. Bereits am Anfang der Überlegungen ist somit die erste grundlegende Weichenstellung vorzunehmen, da im Wesentlichen drei Wege gangbar erscheinen. Eine der bestehenden denkbaren Möglichkeiten ist die Schaffung eines die gesamten arbeitsrechtlichen Regelungen umfassenden Arbeitsvertragsrechtsbuches.

1001 *Raulf*, Arbeitgeberhaftung bei PKW-Schäden, S. 173.

1002 vgl. *Otto/Schwarze*, Die Haftung des Arbeitnehmers, Rn. 651. Auch in den Vorauflagen widmete sich *Otto* bereits Fragen der Arbeitgeberhaftung und stellte entsprechende Gesetzesvorschläge dar.

1003 Dies beweisen eindrucksvoll die zahlreichen Aufsätze und Werke von *Otto*, in denen er sich arbeitsrechtlichen Haftungsfragen gewidmet hat. Vgl. erst jüngst im Jahre 2004 wieder *Otto*, Neujustierung der Risikoverteilung bei der Arbeitnehmerhaftung, S. 97 ff.

Für diesen Weg haben sich die Entwürfe der Arbeitsgesetzbuchkommission[1004] (1977), des Arbeitskreises Deutsche Rechtseinheit im Arbeitsrecht (1992) und die Gesetzesanträge der Bundesländer Freistaat Sachsen (1995) und Brandenburg (1996) entschieden. So sehr ein solches Gesetzwerk wünschenswert ist um den in vielen Einzelgesetzen verhafteten Vorschriften eine eigene Systematik und einen selbständigen Regelungsstandort zu gewähren, so ist gleichermaßen die Chance der Verwirklichung eines solchen Vorhabens zu bedenken: Die Kodifikation und Zusammenführung der bestehenden arbeitsrechtlichen Einzelgesetze in ein einheitliches Arbeitsvertragsrechtsbuch ist zwar aufgrund des Postulats des Einigungsvertrages noch immer angestrengtes Ziel,[1005] liegt bei realistischer Betrachtung derzeit aber in weiter Ferne.[1006] Die derzeitigen rechtspolitischen Diskussionen weisen andere Schwerpunkte auf, bspw. erscheinen Diskussionen um Einschränkung, Aufweichung oder gar völliger Abschaffung des Kündigungsschutzes weitaus höhere Stellenwerte einzunehmen, ebenso wie die Probleme und Auswirkungen der Umsetzung europäischer Richtlinien, aktuelles Beispiel hier die europäischen Antidiskriminierungsrichtlinien.[1007] Zudem wird aufgrund der derzeitigen Entwicklungen immer stärker deutlich, dass das nationale Arbeitsrecht in vielen Bereichen durch europäische Vorgaben beeinflusst wird,[1008] so dass die Kodifikation eines deutschen Arbeitsvertragsrechtsbuches so fragwürdig ist wie nie zuvor.

Auch wenn bei der Frage der Eigenschadensproblematik das BAG in gefestigter Rechtsprechung dem Arbeitnehmer einen Ersatzanspruch zugesteht, wird die Normierung eines ausdrücklichen Anspruchs -und einer damit in den Augen der Öffentlichkeit auf den ersten Blick zusätzlich arbeitgeberbelastenden Maßnahme- vermutlich Unverständnis herbeiführen und Worte von Regelungswut, Bürokratisierung oder einer weiteren Belastung für den deutschen Wirtschaftsstandort im internationalen Wettbewerb heraufbeschwören. Aufgrund dieser rechtstatsächlichen Umstände ist im folgenden ein Vorschlag zu präsentieren, der Abstand von einer Regelung im Sinne eines neuen Arbeitsgesetzbuches nimmt, da die Verwirklichung eines solchen Vorhabens augenblicklich nicht realisierbar erscheint, die Frage der Arbeitgeberhaftung aber gleichwohl gesetzlich geregelt werden muss.

Nach Ausscheiden dieser Möglichkeit bleiben zwei weitere Varianten im Raume, mittels derer eine Ersatzverpflichtung begründet werden könnte. Einerseits ist es möglich,

---

1004 Bzw. ebenso *Lieb*, Dienstvertrag, S. 233, s. auch bereits oben, S. 229 ff.

1005 Vgl. nur *Altemann*, AuA 1995, S. 269 (269).

1006 So auch *Link/Kirtscher*, AuA 2004, Nr. 7, S. 18 (18); ebenso der Gesetzentwurf der SPD-Fraktion v. 22.08.1995, BT-Drucks. 13/2195 unter „A. Problem".

1007 Antirassismus-Richtlinie 2000/43/EG v. 29.06.2003; Rahmen-Richtlinie 2000/78/EG v. 27.11.2000; Revidierte Gleichbehandlungs-Richtlinie 2002/73/EG v. 23.09.2002.

1008 Vgl. erst jüngst die Auswirkungen auf das nationale Recht durch die vom EuGH erfolgte Entscheidung in der Rechtssache Junk (EuGH v. 27.01.2005 = BB 2005, S. 331 im Zusammenhang mit der Massenentlassungs-Richtlinie 98/59/EG) und damit dem Begriff der Entlassung zukommende neue Bedeutung, die wohl eine Änderung des § 17 KSchG unumgänglich machen wird.

eine generelle, d.h. zwar im besonderen Schuldrecht verankerte, jedoch auf mehrere Vertragstypen anwendbare allgemeine Verpflichtung des Geschäftsherrn zum Ersatz von bei Ausführung der Tätigkeit entstandenen Schäden zu konstruieren. Es könnte damit bspw. die Vorschrift des § 670 BGB durch Einfügung eines Satzes 2 dahingehend ergänzt werden, dass der Geschäftsführer neben dem Aufwendungsersatz auch Ersatz für die Schäden verlangen kann, die ihm bei Ausführung des Auftrags entstanden sind. Derartige Überlegungen wurden in der Literatur vor der Schuldrechtsreform geäußert,[1009] haben sich aber nicht durchsetzen können. Erscheint eine solche Lösung zum einen aufgrund der erst jüngst erfolgten Schuldrechtsmodernisierung bereits praktisch kaum durchsetzbar, so begegnet sie auch konstruktiven Schwierigkeiten. Im Rahmen von *Musielaks* Entwurf wurde bereits dargelegt, dass eine Norm, die den Anspruch genereller Geltung bzw. zumindest der Geltung für einen über das Arbeitsrechts hinausgehenden Anwendungsbereich beansprucht, die arbeitsrechtlichen Besonderheiten nicht angemessen berücksichtigen kann, selbst wenn es sich bei der Risikohaftung im Falle des Tätigwerdens im Interesse eines anderen um einen allgemein anerkannten, auch den §§ 670, 675 BGB zugrunde liegenden Rechtsgedanken handelt.[1010]

Somit hat auch diese Möglichkeit auszuscheiden. Übrig bleibt damit nur die Möglichkeit eines arbeitsrechtlichen Sonderweges, also die Konstruktion eines Ersatzanspruches nur auf den Bereich des Arbeitsrechts zu beschränken,[1011] wie es auch bereits die Anträge der SPD-Fraktion (1993 und 1995) und die Entwürfe der meisten Vertreter im Schrifttum (*Otto/Schwarze*, *Blomeyer* und *Raulf*) vorsehen. Eine Lösung der Problematik im Wege der Einfügung einer bzw. mehrerer Normen in das geltende Haftungsrecht bzw. des im BGB normierten Arbeitsrechts hat von den dargestellten Varianten am ehesten Aussicht, in näherer Zukunft verwirklicht zu werden. Für eine solche Vorgehensweise sprechen jedoch nicht ausschließlich Gründe der Praktikabilität. Verdeutlicht wird hierdurch auch, dass es sich bei arbeitsrechtlichen Haftungsfragen um Sachverhalte handelt, deren Wurzeln in den Zurechnungsprinzipien des allgemeinen Zivilrechts zu suchen sind. Ebenfalls lassen sich durch die rein auf arbeitsrechtliche Fallgestaltungen zugeschnittene Lösung die im Rahmen der Darstellung aufgezeigten Besonderheiten hinsichtlich Abdingbarkeit, etwaiger Kompensationsmöglichkeiten und Modifizierungen des Verschuldensmaßstabs einbinden. Als Standort innerhalb des BGB erscheint die Einfügung in der Nähe des § 619 BGB am sinnvollsten, da dort die Fürsorgepflichten des Arbeitgebers geregelt werden und die nachfolgende Norm des § 619 a BGB die Beweislast bei der Haftung des Arbeitnehmers regelt. Eine dortige Ansiedelung der Arbeitgeberhaftung entspricht auch der

---

1009 Diesen Weg hat vor allem *Musielak*, Entgeltliche Geschäftsbesorgung, S. 1290 ff., beschritten.

1010 So schon *Canaris*, RdA 1966, S. 41 (47). Ebenso *Blomeyer*, Der Eigenschaden des Arbeitnehmers, S. 77(89).

1011 Den Begriff der arbeitsrechtlichen Teilregelung oder des arbeitsrechtlichen Sonderwegs hat bereits *Blomeyer* verwendet und mit Inhalt gefüllt, vgl. *Blomeyer*, Der Eigenschaden des Arbeitnehmers, S. 77 (88 f.).

Vorgehensweise einiger Literaturwerke, die die Arbeitgeberhaftung innerhalb der Kommentierung des § 619 a BGB vornehmen.[1012] Auch der Gesetzgebungsvorschlag der Abgeordneten *Pick*, *Däubler-Gmelin* et al. bzw. der SPD-Bundestagsfraktion aus der Mitte der 90er Jahre wählte diesen Weg und wollte die Arbeitgeberhaftung in einer neu einzufügenden Norm „§ 619 d BGB" fixieren.[1013] Bezüglich des Inhaltes der neu zu schaffenden Vorschrift sollte eine die Grundsätze der beschränkten Arbeitnehmerhaftung mit umfassende Regelung erfolgen, um so den gemeinsamen Zusammenhang zu illustrieren und eine einheitliche Vorschrift zur Enthaftung des Arbeitnehmers zu schaffen. Als amtliche Überschrift der Norm bietet sich die Bezeichnung als „Innerbetrieblicher Schadensausgleich" an. Weiterhin erscheint es sinnvoll, im Rahmen der Regelung eine Legaldefinition der „betrieblich veranlassten Tätigkeit" vorzunehmen, da dieser Begriff wenig Trennschärfe aufweist, bei der Abgrenzung der arbeitnehmer- von der arbeitgeberseitigen Risikosphäre aber von entscheidender Bedeutung ist: Nach richtiger und herrschender Ansicht ist der innerbetriebliche Schadensausgleich nicht auf solche Konstellationen anzuwenden, die dem allgemeinen Lebensrisiko des Arbeitnehmers zuzurechen sind, womit die hier vorzunehmende Unterscheidung über den Anwendungsbereich und die Reichweite des innerbetrieblichen Schadensausgleiches entscheidet. All dies Gesagte berücksichtigend erbietet sich folgender Entwurf als sinnvoll an:

§ 619 b BGB Innerbetrieblicher Schadensausgleich

(1) Fügt der Arbeitnehmer bei einer betrieblich veranlassten Tätigkeit dem Arbeitgeber einen Schaden zu, so haftet er nicht, wenn ihm nur leicht fahrlässiges Handeln zur Last fällt. Im Übrigen findet eine quotale Aufteilung des Schadens zwischen Arbeitnehmer und Arbeitgeber statt, wobei die Umstände des Einzelfalles angemessen zu berücksichtigen sind. Insbesondere sind hierbei die bisherige Beschäftigungsdauer, die Schadenshöhe, die wirtschaftliche Lage des Arbeitnehmers, bestehende Unterhaltspflichten sowie etwaige ähnliche Vorfälle in der Vergangenheit zu berücksichtigen. Bei grober Fahrlässigkeit findet eine Aufteilung des Schadens nur ausnahmsweise statt; bei vorsätzlichem Handeln haftet der Arbeitnehmer uneingeschränkt.

(2) Haftet der Arbeitnehmer einem Dritten gegenüber für einen durch eine betrieblich veranlasste Tätigkeit entstandenen Schaden, so ist der Arbeitgeber unter Berücksichtigung der Vorgaben des Abs. 1 verpflichtet, den Arbeitnehmer freizustellen. Haftungsbegrenzungen zwischen Arbeitgeber und Drittem entfalten ihre Wirkung auch zugunsten des Arbeitnehmers. Wird der Arbeitgeber von einem Dritten aus § 831 BGB in Anspruch genommen, so ist die Möglichkeit der Exculpation nach § 831 Abs. 1 S. 2 BGB ausgeschlossen.[1014]

(3) Erleidet der Arbeitnehmer bei einer betrieblich veranlassten Tätigkeit einen Schaden, so hat der Arbeitgeber diesen zu ersetzen. Bei arbeitnehmerseitigem Mitverschulden gelten die

---

1012 So verfährt bspw. *Preis* in ErfKomm, § 619 a BGB, Rn. 88 ff.; ebenso: HWK-*Krause*, § 619 a BGB, Rn. 96 ff.

1013 Vgl. hierzu die Gesetzesentwürfe, BT-Drucks. 13/2195 v. 22.08.1995 sowie BT-Drucks. 12/5551 v. 11.08.1993, abrufbar auch im Internet unter http://www.parlamentsspiegel.de.

1014 Die Regelung der Absätze 1 und 2 zur Arbeitnehmerhaftung fußen im Wesentlichen auf den Überlegungen von *Otto/Schwarze*, Die Haftung des Arbeitnehmers, Rn. 454, die sich in ihrem Standardwerk ausführlich mit einem Gesetzgebungsvorschlag zur Arbeitnehmerhaftung befasst haben und deren Ausführungen im Wesentlichen nichts hinzuzufügen ist.

Grundsätze des Abs. 1 in entsprechender Anwendung. Die Haftung des Arbeitgebers ist ausgeschlossen, wenn der Schaden der Sphäre des alltäglichen Lebensaufwandes zuzurechnen ist.

(4) Als betrieblich veranlasst gelten solche Tätigkeiten, die in unmittelbarem Zusammenhang mit der Erbringung der Arbeitsleistung stehen, auf Weisung des Arbeitgebers erfolgen oder im objektiven Interesse des Betriebes stehen.[1015] *Nimmt der Arbeitnehmer Tätigkeiten wahr, die in einem nahen Zusammenhang mit dem Betrieb stehen, so gelten auch diese als betrieblich veranlasst, solange der Arbeitnehmer keine eigenen Interessen verfolgt.*[1016]

§ 619 c BGB Abdingbarkeit

Die Vorschriften des innerbetrieblichen Schadensausgleiches sind nur dann zu Lasten des Arbeitnehmers abdingbar, wenn diesem ein zusätzliches und angemessenes Risikoabgeltungsentgelt, das gesondert von der Vergütung nach §§ 611 f. BGB auszuweisen ist, gewährt wird.

IV. Fazit und Ausblick

Im Hinblick auf die dem Bürgerlichen Gesetzbuch zugrundeliegenden Haftungsprinzipien wird die Einfügung dieser beiden Normen keine wesentlichen Auswirkungen zur Folge haben, sondern lediglich die Schaffung eines weiteren vom Verschulden losgelösten Haftungstatbestandes bedeuten, mittels dessen dem billigen und (verfassungs-) rechtlich gebotenen Ausgleich des Arbeitnehmers Rechnung getragen wird. Sicherlich bleibt der

1015 Die Definition der „betrieblich veranlassten Tätigkeit" ist aufgrund der Konturenlosigkeit des Begriffes nicht immer einfach vorzunehmen, aber nach Aufgabe des vormaligen Kriteriums der gefahrgeneigten Tätigkeit durch das BAG unumgänglich. Grundsätzlich geht es hier um die Abgrenzung zweier Risikosphären, der des Arbeitnehmers und der des Arbeitgebers. Der Arbeitgeber soll nicht das allgemeine Lebensrisiko des Arbeitnehmers tragen, gleichfalls wie der Arbeitnehmer nicht das Betriebsrisiko aufgebürdet bekommen soll. Die Rspr. schließt hierbei auch solche Tätigkeiten unter dem Begriff der betrieblichen Veranlassung mit ein, die der Arbeitnehmer im objektiven Interesse des Betriebs ausführt (BAG Urt. v. 12.06.1992 = NZA 1993, S. 547), wobei unter Umständen selbst fehlerbedingte Beurteilungen von der Haftungserleichterung umfasst werden, sofern ein naher Zusammenhang zur Erbringung der Arbeitsleistung besteht. Vgl. hierzu auch MünchArb/*Blomeyer*, § 59, Rn. 36 ff. sowie HWK-*Krause*, § 619 a BGB, Rn. 21 ff.

1016 Hiermit wird klargestellt, dass die schadensstiftende Tätigkeit auch dann als betrieblich veranlasst gilt, wenn der Arbeitnehmer zwar aufgrund einer Fehlbeurteilung des betrieblichen Interesses tätig wird, in der konkreten Situation aber vermeintlich davon ausging und ausgehen durfte, im Sinne betrieblicher Interessen zu handeln. Vgl. hierzu BAG v. 26.11.1969 AP Nr. 50 zu § 611 BGB Haftung des Arbeitnehmers. In dem dieser Entscheidung zugrundeliegendem Sachverhalt versuchte ein Raupenfahrer, eine in einem Sumpfloch versinkende Raupe zu bergen, wobei er eine Seilwinde an einem Hochspannungsmast befestigte, der daraufhin bei der Rettungsaktion beschädigt wurde und hierdurch ein Schaden entstand, der erheblich über dem Wert des geretteten Baufahrzeugs lag. Das BAG führte hier richtig aus, dass auch bei Ermangelung eines objektiven betrieblichen Interesses die Rettungstätigkeit aus Sicht des Arbeitnehmers im Sinne des Arbeitgebers erfolgte, womit sie auch als betrieblich veranlasst angesehen werden könne. Ergänzend und zur weiteren Abgrenzung betrieblicher Tätigkeit s. auch *Otto/Schwarze*, Die Haftung des Arbeitnehmers, Rn. 140 ff. und MünchArb/*Blomeyer*, § 59, Rn. 38 f.

Wunsch nach einem Arbeitsgesetzbuch in den Köpfen bestehen, die Hoffnung auf die Verwirklichung dieses Gedankens – so wird man wohl redlicherweise eingestehen müssen – kann aber getrost zu Grabe getragen werden.

Ungeachtet der Schaffung eines weiteren Gefährdungshaftungstatbestandes im Bereich der Arbeitnehmer- / Arbeitgeberhaftung bleibt abzuwarten, wie die zukünftige Entwicklung des Zurechnungs- und Haftungssystems des deutschen Privatrechts verlaufen wird. Am Fall der Eigenschadensproblematik ist deutlich geworden, dass der Haftungsgrund in Risikozurechnungserwägungen zu erblicken ist, wobei die Parallelen zur Gefährdungshaftung unübersichtlich sind. Bis dato gilt im deutschen bürgerlichen Recht nahezu uneingeschränkt das Verschuldensprinzip. Gefährdungshaftungstatbestände bedürfen aufgrund des Enumerationsprinzips einer ausdrücklichen Anordnung im Gesetz. Wie die obigen Ausführungen gezeigt haben, besteht dieses strenge Anordnungsgebot nicht in allen Rechtssystemen. Bspw. steht den Gerichten in Frankreich oder Österreich ein weitaus größerer Spielraum zu, Gefährdungshaftungstatbestände im Wege richterlicher Rechtsfortbildung einzuführen. Dies ist den deutschen Gerichten derzeit verwehrt. Die fortlaufenden Erweiterungen und Ergänzungen des Bürgerlichen Gesetzbuches um weitere verschuldensunabhängige Haftungsnormen stellen eine allgemeinen Entwicklung dar, die in Zukunft eher noch zunehmen wird. Bedingt ist diese Entwicklung durch die Veränderung der gesellschaftlichen, technischen und wirtschaftlichen Gegebenheiten im Vergleich zu den bei Entstehungszeit des BGB vorherrschenden Umständen.

Der Bereich der Arbeitgeberhaftung hat gezeigt, dass diesen Fallgestaltungen nicht mittels des Verschuldensprinzips beizukommen ist. Momentan ist das bürgerliche Recht von der Einführung einer gefährdungshaftungsrechtlichen Generalklausel noch weit entfernt, diese grundlegende Änderung müsste zudem der Gesetzgeber mittels einer massiven und umfangreichen Reform vornehmen. Als abschließender Ausblick soll hier jedoch die Frage in den Raum gestellt werden, ob nicht eine generelle Ausdehnung von verschuldensunabhängigen Haftungsformen und eine Zurückdrängung des Verschuldensprinzips Ausdruck eines modernen Haftungsrechts sind und den zukünftigen auftretenden Fallkonstellationen besser gerecht werden mögen. Allerdings kann diese Frage nur aufgeworfen und nicht beantwortet werden, müsste hierfür doch die Betrachtung der Entwicklung sämtlicher zivilrechtlichen Rechtsgebiete erfolgen, um das Ergebnis nicht alleine auf rein arbeitsrechtliche Erwägungen zu stützen.

Um den Bogen zurück zum innerbetrieblichen Schadensausgleich zu schlagen, so kann jedoch festgehalten werden, dass das Verschuldensprinzip zumindest hier versagt. Sieht man einen Ausgleich des geschädigten Arbeitnehmers aus den genannten Gründen für billig, gerecht und überdies aus verfassungsrechtlich Vorgaben für geschuldet an, so muss das Recht dann auch Grundlagen schaffen, damit ein solcher Ausgleich methodisch korrekt und in Einklang mit den Zurechnungsprinzipien des BGB erfolgen kann. Die derzeitige Rechtspraxis mag zwar mittlerweile das Resultat gefestigter bundesarbeitsgerichtlicher Rechtsprechung sein, was aber nicht dazu führt, dass die „mehrfach" analoge Anwendung des § 670 BGB vor jeglicher Kritik gefeit ist, sondern stellt vielmehr ein Konstrukt dar, das als Ausfluss einer Billigkeits- und Beliebigkeitsjurisprudenz anzusehen ist. Eine solche ist – so sehr man ihr auch im Ergebnis zustimmen mag – kein wünschenswertes Ziel eines modernen Rechtssystems. Dies gilt es *de lege feranda* alsbald zu ändern – der Gesetzgeber ist hier in der Pflicht!

D. Schlussthesen der Untersuchung

I. Sozialrechtlicher Teil: Verfassungsmäßigkeit des Schmerzensgeldausschlusses

1. Die Unfallversicherung in ihrer derzeitigen Form gewährt unstreitig kein Schmerzensgeld, keinen schmerzensgeldähnlichen Anspruch oder eine andere Kompensation für immaterielle Schäden.
2. Die die Unfallversicherung tragenden Prinzipien und Gründe sind das Liquiditäts-, das Betriebsfriedens- und das Finanzierungsargument, wobei das Gewicht und die Bedeutung dieser Argumente stark variieren.
3. Dem Beschluss des BVerfG aus dem Jahre 1972 zur Verfassungsmäßigkeit der gesetzlichen Unfallversicherung ist im Rahmen der damaligen Rechtslage zuzustimmen; ein die bestehende Ungleichbehandlung zwischen Arbeitnehmern und sonstigen Geschädigten rechtfertigender Grund lag im Jahr 1972 noch vor.
4. Unter Berücksichtigung der derzeitigen Rechtslage ist der Ausschluss von Schmerzensgeld durch die Unfallversicherung jedoch im Hinblick auf Art. 3 GG nicht mehr verfassungskonform. Gründe hierfür sind insbesondere der Anstieg der Schmerzensgeldsummen in den letzten Jahren sowie die Änderung des Charakters der Schmerzensgeldansprüche in Folge des 2. SchadRÄndG.
5. Das System der gesetzlichen Unfallversicherung sollte dennoch aufgrund der dargestellten Vorzüge des geltenden Systems nach Reformierung mittels einer der aufgezeigten Varianten in seiner Gesamtheit beibehalten werden.

II. Arbeitsrechtlicher Teil: Herleitung der Haftung bei Eigenschäden des Arbeitnehmers

1. Das Privatrecht kennt eine Vielzahl von Zurechnungsprinzipien, die nahezu allesamt auch im deutschen bürgerlichen Recht in verschieden starker Ausprägung vertreten sind.
2. Das Verschuldensprinzip beherrscht das deutsche Bürgerliche Recht nach wie vor. Es basiert auf deutscher Rechtstradition bedingt durch die wirtschaftlichen Gegebenheiten des 19. Jahrhunderts. Parallele Entwicklungen gibt es auch außerhalb Deutschlands in anderen Rechtsordnungen, wie rechtsvergleichende Untersuchungen zeigen.
3. Das Enumerationsprinzip für die Gefährdungshaftung gilt auch heutzutage im Bürgerlichen Recht noch uneingeschränkt.

4. Auch die arbeitsrechtlichen Besonderheiten vermögen für den Bereich des Arbeitsrechts kein Abweichen vom Enumerationsprinzip zu rechtfertigen.
5. Eine Einstandspflicht des Arbeitgebers in Form einer verschuldensunabhängigen Haftung ist aus wirtschaftlichen und sozialen Gründen notwendig und kann sich darüber hinaus bei einem Vergleich zur Arbeitnehmerhaftung auch auf verfassungsrechtliche Vorgaben stützen.
6. Alle entwickelten Lösungsansätze zur Konstruktion einer verschuldensunabhängigen Arbeitgeberhaftung weisen methodische Schwächen auf.
7. Im Rahmen der derzeitigen Rechtslage ist ohne Tätigwerden des Gesetzgebers der Weg der höchstrichterlichen Rechtsprechung mittels analoger Anwendung der Aufwendungsersatzvorschrift des § 670 BGB einen Ersatzanspruch zu konstruieren, vorzugswürdig. Hierbei ist allerdings zu beachten, dass die Aufwendungsersatzlösung als Aufhänger für Risikozurechnungserwägungen zu verstehen ist, die die Anwendung des § 670 BGB maßgeblich prägen.
8. Der Gesetzgeber ist aufgefordert, einen Ersatzanspruch für verschuldensunabhängig entstandene Arbeitnehmereigenschäden gesetzlich zu normieren, wobei dies entweder mittels Schaffung eines einheitlichen Arbeitsgesetzbuches oder in Form eines weiteren Gefährdungshaftungstatbestandes geschehen kann.
9. Die verschuldensunabhängige Haftung des Arbeitgebers ist nur unter bestimmten Voraussetzungen dispositiv. Grundsätzlich ist sie zum Schutz des Arbeitnehmers einseitig zwingend. Die Parallelen zwischen beschränkter Arbeitnehmerhaftung und der Arbeitnehmereigenschadensproblematik sind auch bei der Frage der Dispositivität zu beachten – eine Gleichbehandlung beider Konstellationen ist auch hier zwingend.

Teil E: Tabellarischer Anhang

Schema 1: Jahresverbraucherpreisindex

1965	33,7	1992	86.9
1966	34,8	1993	90,0
1967	35,5	1994	92,4
1968	36,1	1995	93,9
1969	36,7	1996	95,3
1970	38,0	1997	97,1
1971	40,0	1998	98,0
		1999	98,6
		2000	100,0
		2001	102,0
1989	78,5	2002	103,4
1990	80,6	2003	104,4
1991	83,6	2004	105,8 (Wert für das 1. Halbjahr)

Quelle: Statistisches Bundesamt; Palandt/Brudermüller, BGB, § 1376, Rn. 30.

Schema 2: Formel zur Umrechnung der DM – Beträge in Euro – Beträge im Jahr 2004

$$\frac{\left(\dfrac{\text{Schmerzensgeldbetrag in DM}}{\text{Jahresverbraucherpreisindex des entsprechenden Jahres}} * \text{Jahresverbraucherpreisindex des Jahres 2004}\right)}{2} = \text{Schmerzensgeldbetrag in Euro, umgerechnet auf das Jahr 2004}$$

Anmerkung: Zur besseren Vergleichbarkeit wird der Euro im Verhältnis zur DM nicht mit dem exakten Wert von 1 € = 1,95583 DM umgerechnet, sondern in dem Verhältnis 1 € = 2 DM.

Tabelle 1 a: Verlust / Amputation eines Fingers				
Gericht	Aktenzeichen	Datum	Schmerzensgeld-summe in DM	Nummer bei Hacks, 7. Aufl.
LG Fulda	10 U 1691/68	16.12.1969	2.800,-	267
OLG Nürnberg	4 U 178/68	10.06.1970	3.000,-	280

Tabelle 2 a: Schwere Beinverletzung Unterschenkel mit Amputation und Folgeverletzungen				
Gericht	Aktenzeichen	Datum	Schmerzensgeld-summe in DM	Nummer bei Hacks, 7. Aufl.
LG Berlin	17 O 249/69	22.01.1970	23.000,-	600
OLG München	10 U 2275/68	27.06.1969	24.000,-	605
LG Berlin	17 O 482/69	15.11.1971	25.000,-	614
LG Bückeburg	1 O 74/68	11.07.1968	30.000,-	625
OLG Celle	5 U 37/68	29.05.1961	35.000,-	631

Tabelle 3 a: Einseitiger Verlust des Augenlichtes / Erblindung				
Gericht	Aktenzeichen	Datum	Schmerzensgeld-summe in DM	Nummer bei Hacks, 7. Aufl.
LG Traunstein	2 O 228/69	15.01.1970	6.000,-	410
LG Lübeck	2 O 163/66	03.12.1969	7.500,-	427
LG Hamburg	77 O 646/68	22.12.1969	10.000,-	476
LG Köln	15 O 421/68	10.03.1969	12.000,-	517
OLG Frankfurt a.M.	7 U 31/70	11.11.1970	15.000,-	548

Tabelle 4 a: Querschnittslähmung				
Gericht	Aktenzeichen	Datum	Schmerzensgeld-summe in DM	Nummer bei Hacks, 7. Aufl.
OLG München	10 U 1691/68	16.12.1969	40.000,-	637
OLG Nürnberg	4 U 19/68	22.05.1968	100.000,-	652 a
LG Traunstein	2 O 52/70	30.04.1970	120.000,-	653

Schmerzensgeldsummen bis zum Jahr 1970, umgerechnet auf das Jahr 2004

Tabelle 1 b: Verlust eines Fingers			
Gericht	Jahr der Entscheidung	Schmerzensgeldsumme in DM	Umgerechnet in Euro auf das Jahr 2004
LG Fulda	1969	2.800,-	4.036,-
OLG Nürnberg	1970	3.000,-	4.180,-
Durchschnittswert in Euro umgerechnet auf das Jahr 2004:			4.108,-

Tabelle 2 b: Schwere Beinverletzung Unterschenkel mit Amputation und Folgeverletzungen			
Gericht	Jahr der Entscheidung	Schmerzensgeldsumme in DM	Umgerechnet in Euro auf das Jahr 2004
LG Berlin	1970	23.000,-	32.018,-
OLG München	1969	24.000,-	34.594,-
LG Berlin	1971	25.000,-	33.063,-
LG Bückeburg	1968	30.000,-	43.961,-
OLG Celle	1969	35.000,-	50.500,-
Durchschnittswert in Euro umgerechnet auf das Jahr 2004:			38.845,-

Tabelle 3 b: Einseitiger Verlust des Augenlichts / Erblindung			
Gericht	Jahr der Entscheidung	Schmerzensgeldsumme in DM	Umgerechnet in Euro auf das Jahr 2004
LG Traunstein	1970	6.000,-	8.353,-
LG Lübeck	1969	7.500,-	10.811,-
LG Hamburg	1969	10.000,-	14.414,-
LG Köln	1969	12.000,-	17.297,-
OLG Frankfurt a.M.	1970	15.000,-	20.882,-
Durchschnittswert in Euro umgerechnet auf das Jahr 2004:			14.351,-

Tabelle 4 b: Querschnittslähmung			
Gericht	Jahr der Entscheidung	Schmerzensgeldsumme in DM	Umgerechnet in Euro auf das Jahr 2004
OLG München	1969	40.000,-	57.657,-
OLG Nürnberg	1968	100.000,-	146.537,-
LG Traunstein	1970	120.000,-	167.053,-
Durchschnittswert in Euro umgerechnet auf das Jahr 2004:			123.749,-

Tabelle 1 c: Verlust / Amputation eines Fingers				
Gericht	Aktenzeichen	Datum	Schmerzensgeld-summe in €	Nummer bei Hacks, 22. Aufl.
OLG Köln	5 U 183/94	18.12.1995	6.000,-	1647
LG Kiel	17 O 54/01	22.08.2001	6.250,-	1669
OLG Düsseldorf	22 U 17/99	23.07.1999	7.500,-	1781
OLG Stuttgart	4 U 106/99	01.09.1999	9.000,-	1880

Tabelle 2 c: Schwere Beinverletzung Unterschenkel mit Amputation und Folgeverletzungen				
Gericht	Aktenzeichen	Datum	Schmerzensgeld-summe in €	Nummer bei Hacks, 22. Aufl.
OLG Hamm	13 U 136/98	19.11.2001	40.000,-	2705
LG Landshut	41 O 1980/01	11.10.2001	40.000,-	2710
OLG Hamm	27 U 113/01	12.03.2002	40.000,-	2713
LG Nürnberg-Fürth	8 O 2881/00	11.04.2001	60.000,-	2786
OLG Frankfurt a.M.	19 U 168/99	22.03.2000	75.000,-	2821

Tabelle 3 c: Einseitiger Verlust des Augenlichtes / Erblindung				
Gericht	Aktenzeichen	Datum	Schmerzensgeld-summe in €	Nummer bei Hacks, 22. Aufl.
OLG Stuttgart	10 U 210/92	06.07.1993	30.000,-	2609
OLG Düsseldorf	1 U 139/89	12.11.1990	35.000,-	2650
LG Stade	6 O 370/00	02.03.2001	37.500,-	2675
LG Zweibrücken	2 O 269/88	10.10.1989	40.000,-	2698

Tabelle 4 c: Querschnittslähmung				
Gericht	Aktenzeichen	Datum	Schmerzensgeld-summe in €	Nummer bei Hacks, 22. Aufl.
OLG Celle	1 U 36/94	18.12.1995	125.000,-	2874
OLG Frankfurt a.M.	19 U 183/90	16.10.1991	175.000,-	2906
OLG Köln	3 U 164/94	17.03.1995	175.000,-	2909
OLG Hamm	27 U 198/01	16.04.2002	200.000,-	2917
OLG Nürnberg	6 U 1812/00	27.04.2001	200.000,-	2918
LG Koblenz	2 O 155/98	31.07.1998	250.000,-	2921
LG Wiesbaden	2 O 185/94	24.11.1994	250.000,-	2923
OLG Köln	7 O 141/95	25.01.1996	250.000,-	2927

Schmerzensgeldsummen der jüngeren Jahre umgerechnet auf das Jahr 2004

Tabelle 1 d: Verlust / Amputation eines Fingers			
Gericht	Jahr der Entscheidung	Schmerzensgeldsumme in €	Umgerechnet auf das Jahr 2004 in €
OLG Köln	1995	6.000,-	6.760,-
LG Kiel	2001	6.250,-	6.483,-
OLG Düsseldorf	1999	7.500,-	8.048,-
OLG Stuttgart	1999	9.000,-	9.657,-
Durchschnittswert in Euro umgerechnet auf das Jahr 2004:			7.737,-

Tabelle 2 d: Schwere Beinverletzung Unterschenkel mit Amputation und Folgeverletzungen			
Gericht	Jahr der Entscheidung	Schmerzensgeldsumme in €	Umgerechnet auf das Jahr 2004 in €
OLG Hamm	2001	40.000,-	41.490,-
LG Landshut	2001	40.000,-	41.490,-
OLG Hamm	2002	40.000,-	40.928,-
LG Nürnberg-Fürth	2001	60.000,-	62.235,-
OLG Frankfurt a.M.	2000	75.000,-	79.350,-
Durchschnittswert in Euro umgerechnet auf das Jahr 2004:			53.099,-

Tabelle 3 d: Einseitiger Verlust des Augenlichts / Erblindung			
Gericht	Jahr der Entscheidung	Schmerzensgeldsumme in €	Umgerechnet auf das Jahr 2004 in €
OLG Stuttgart	1993	30.000,-	35.267,-
OLG Düsseldorf	1990	35.000,-	45.943,-
LG Stade	2001	37.500,-	38.897,-
LG Zweibrücken	1989	40.000,-	53.911,-
Durchschnittswert in Euro umgerechnet auf das Jahr 2004:			43.505,-

Tabelle 4 d: Querschnittslähmung			
Gericht	Jahr der Entscheidung	Schmerzensgeldsumme in €	Umgerechnet auf das Jahr 2004 in €
OLG Celle	1995	125.000,-	140.841,-
OLG Frankfurt a.M.	1991	175.000,-	221.471,-
OLG Köln	1995	175.000,-	197.178,-
OLG Hamm	2002	200.000,-	204.642,-
OLG Nürnberg	2001	200.000,-	207.451,-
LG Koblenz	1998	250.000,-	269.898,-
LG Wiesbaden	1994	250.000,-	286.255,-
OLG Köln	1996	250.000,-	277.545,-
Durchschnittswert in Euro umgerechnet auf das Jahr 2004:			225.660,-

Tabelle 5: Vergleich der ermittelten Summen der Jahre um 1970 und aus jüngerer Zeit

Art der Verletzung	Durchschnittsschmerzensgeldsumme unter Zugrundelegung des Ausgangswertes um das Jahr 1970 in €	Durchschnittsschmerzensgeldsumme unter Zugrundelegung der aktuelleren Urteile in €	Veränderung
Verlust eines Fingers	4.108,-	7.737,-	+ 88, 3 %
Schwere Beinverletzung Unterschenkel mit Amputation und Folgeverletzungen	38.845,-	53.099,-	+ 36,7 %
Einseitiger Augenverlust / Erblindung	14.351,-	43.505,-	+ 203,2 %
Querschnittslähmung	123.749,-	225.660,-	+ 82,3 %

Tabelle 6: Höchste zugesprochene Schmerzensgelder in absoluten Zahlen

Bis zum Jahr 1970
DM 1 20.000,- vom LG Traunstein, 2 O 52/70, 30.04.1970, Hacks, 7. Aufl., Nr. 653 Entspräche im Jahr 2004: 167.053, – Euro (Verletzung eines 17jährigen Oberschülers mit totaler Querschnittslähmung als Folge, Inkontinenz, Lähmungen, Brüche, Gehirnerschütterung, Kopfverletzungen und weiterer Folgen)

Jüngster Höchstbetrag
Euro 500.000,- vom OLG Hamm, 3 U 156/00, 16.01.2002, VersR 2002, S. 1163, Hacks, 22. Aufl., Nr. 2934 Entspräche im Jahr 2004: 511.605, – Euro (Verletzung eines Säuglings durch einen schwerwiegenden Behandlungsfehler, der dazu führt, dass der Säugling auch in seiner späteren Entwicklung das Dasein in völliger Apathie führen wird)

Literaturverzeichnis

Achterberg, Norbert: Der Rechtsgrund der Haftungsbeschränkung und der Ersatzansprüche des Arbeitnehmers bei schadensgeneigter Arbeit, AcP 164 (1964), S. 14 – 49

Altemann, Kai: Die Arbeitnehmerhaftung im Vergleich, Potsdam 1994

–: Vorschlag für Neuregelungen zur Arbeitnehmerhaftung, AuA 1995, S. 269 – 272

Annuß, Georg: Die Haftung des Arbeitnehmers, Heidelberg 1998

Apathy, Peter/Riedler, Andreas: Bürgerliches Recht III, Schuldrecht Besonderer Teil, 2. Auflage, Wien – New York 2002

Bar, Christian von: Verkehrspflichten: Richterliche Gefahrsteuerungsgebote im deutschen Deliktsrecht, Köln 1980

Becker, Markus: Die Außenhaftung des Arbeitnehmers, Konstanz 1996

Becker-Schaffner, Reinhard: Aufwendungsersatz oder Aufopferungsanspruch bei schuldlos erlittenen Sachschäden des Arbeitnehmers?, BlStSozArbR 1972, S. 279 – 281

Bereiter-Hahn, Werner/Mehrtens, Gerhard: Gesetzliche Unfallversicherung, Siebtes Buch Sozialgesetzbuch, Kommentar, Loseblattwerk, Grundwerk: 5. Auflage, 1977, Stand: Erg.-Lfg. 2/05, April 2005, Berlin 2005

Bialas, Rolf: Zur Neuorganisation der gesetzlichen Unfallversicherung, SozSich 2005, S. 55 – 57

Bibliographisches Institut (Hrsg.): Meyers Enzyklopädisches Lexikon in 25 Bänden, 9. Auflage, Mannheim 1977

Blaschczok, Andreas: Gefährdungshaftung und Risikozuweisung, Köln 1993

Bley, Helmar/Kreikebohm, Ralf/Maschner, Andreas: Sozialrecht, 8. Auflage, Neuwied – Kriftel 2001

Blomeyer, Wolfgang: Der Eigenschaden des Arbeitnehmers, in: Festschrift für Otto Rudolf Kissel zum 65. Geburtstag, S. 77 – 95, München 1994

Boemke, Burkhard: Studienbuch Arbeitsrecht, 2. Auflage, München 2004

Boemke, Burkhard/Gründel, Mirko: Grundrechte im Arbeitsverhältnis, ZfA 2001, S. 245 – 280

Böhme, Emil: Zur Frage der Billigkeitshaftung des geschädigten Unzurechnungsfähigen nach §§ 254, 829 BGB, JR 1970, S. 339 – 341

Bogs, Harald: Ausgleich von Arbeitsunfallschäden im Sozialgesetzbuch VII, in: Festschrift für Wolfgang Gitter, S. 123 – 132, Wiesbaden 1995

Bollweg, Hans-Georg/Hellmann, Mathias: Das neue Schadensersatzrecht, Einführung – Texte – Materialien, Köln 2002

Brackmann, Kurt/Krasney, Otto Ernst/Burchhardt, Klaus/Wiester, Wolfgang: Handbuch der Sozialversicherung, Band 3, Gesetzliche Unfallversicherung SGB VII, Loseblattwerk, Grundwerk: 12. Auflage, Stand: Erg.-Lfg. 115, Januar 2002, Sankt Augustin 2002

Breuer, Joachim: Eine Privatisierung der gesetzlichen Unfallversicherung hätte fatale Folgen, SozSich 2003, S. 191 – 194

Brox, Hans/Rüthers, Bernd/Henssler, Martin: Arbeitsrecht, 16. Auflage, Stuttgart – Berlin – Köln 2004

Bruns, Alexander: Persönlichkeitsrechtsschutz und Pressefreiheit auf dem Marktplatz der Ideen, JZ 2005, S. 428 – 436

Bryde, Brun-Otto/Kleindiek, Ralf: Der allgemeine Gleichheitssatz, Jura 1999, S. 36 – 44

Bundesministerium der Justiz (Hrsg.): Referentenentwurf eines Gesetzes zur Änderung und Ergänzung schadensersatzrechtlicher Vorschriften, Bd. I (Wortlaut) und Bd. II (Begründung), Karlsruhe 1967

Burnham, William: Introduction to the law and legal System of the United States, Third Edition, Minnesota 2002

Busemann, Andreas: Die Haftung des Arbeitnehmers gegenüber Arbeitgeber und Dritten, Berlin 1999

Bydlinski, Franz: Juristische Methodenlehre und Rechtsbegriff, 2. Auflage, Wien – New York 1991

Canaris, Claus-Wilhelm: Risikohaftung bei schadensgeneigter Tätigkeit in fremden Interesse, RdA 1966, S. 41 – 51

–: Die Vertrauenshaftung im deutschen Privatrecht, München 1971

Chemnitz, Jürgen: Rechtsberatungsgesetz, Kommentar, 11. Auflage, Münster 2003

Clark, David S./Ansay, Tuğrul: Introduction to the law of the United States, Second Edition, Den Haag – London – New York 2002

Däubler, Wolfgang: Haftung im Arbeitsverhältnis – der geschädigte Arbeitnehmer, JuS 1986, S. 425 – 433

–: Die Auswirkungen der Schuldrechtsmodernisierung auf das Arbeitsrecht, NZA 2001, S. 1329 – 1337

–: Die Reform des Schadensersatzrechts, JuS 2002, S. 625 – 630

Deinert, Olaf: Mankohaftung, RdA 2000, S. 22 – 37

Denck, Johannes: Der Schutz des Arbeitnehmers vor der Außenhaftung, Heidelberg 1980

Deutsch, Erwin: Methode und Konzept der Gefährdungshaftung, VersR 1971, S. 1 – 6

–: Allgemeines Haftungsrecht, 2. Auflage, Köln 1996

Deutsch, Erwin/Ahrens, Hans-Jürgen: Deliktsrecht, Unerlaubte Handlungen – Schadensersatz – Schmerzensgeld, 4. Auflage, Köln – Berlin – Bonn 2002

Deutscher Industrie- und Handelskammertag (Hrsg.): Transparenz, Verlässlichkeit und Effizienz – Agenda für eine zukunftssichere Ausgestaltung der gesetzlichen Unfallversicherung in Deutschland, Bonn 2004 (zitiert: DIHK, Transparenz, Verlässlichkeit und Effizienz)

Dieterich, Thomas/Neef, Klaus/Schwab, Brent: Arbeitsrecht – Blattei, Systematische Darstellungen, Loseblattwerk, Stand: Erg.-Lfg. 134, November 2004, Heidelberg 2004

Dieterich, Thomas/Müller-Glöge, Rudi/Preis, Ulrich/Schaub, Günter: Erfurter Kommentar zum Arbeitsrecht, 5. Auflage, München 2005 (zitiert: Bearbeiter in ErfKomm)

Dieterich, Thomas: Die Arbeitsgerichte zwischen Bundesverfassungsgericht und Europäischem Gerichtshof, NZA 1996, S. 673 – 681

Dörner, Heinrich/Ebert, Ina/Eckert, Jörn/Hoeren, Thomas/Kemper, Rainer/Saenger, Ingo/Schulte-Nölke, Hans/Schulze, Reiner/Staudinger, Ansgar: Bürgerliches Gesetzbuch, Handkommentar, 4. Auflage, Baden – Baden 2005 (zitiert: Hk-BGB/Bearbeiter)

Dreier, Horst: Grundgesetz Kommentar, Band I, Art. 1 – 19, 2. Auflage, Tübingen 2004 (zitiert: Dreier/Bearbeiter, GG)

Dütz, Wilhelm: Arbeitsrecht, 9. Auflage, München 2004

Eckelmann, Hansgeorg: Schadensersatz bei Verletzung oder Tötung der Mutter wegen Beeinträchtigung oder Ausfalls in der Haushaltsführung und Kinderbetreuung im Zeichen der Gleichberechtigung, Bonn 1965

Ehrenzweig, Albert: Die Schuldfrage im Schadensersatzrecht, Wien 1936

Eichenhofer, Eberhard: Sozialrecht, 4. Auflage, Tübingen 2003

–: Sozialrecht, 5. Auflage, Tübingen 2004

Emmerich, Volker/Gerhardt, Walter/Grunsky, Wolfgang/Huhn, Diether/Schmidt, Eike/Tempel, Otto/Wolf, Manfred: Grundlagen des Vertrags- und Schuldrechts, Reihe Zivilrecht, Band 1, München 1974 (zitiert: Emmerich/Bearbeiter, Vertragsrecht)

Endlich, Günter: Der Kfz-Unfall des Arbeitnehmers: Die Behandlung des Vermögensschadens im Arbeits- und Steuerrecht, Stuttgart 1985

Erlenkämper, Arnold/Fichte, Wolfgang: Sozialrecht, 5. Auflage, Köln – Berlin – Bonn 2003

Esser, Josef/Schmidt, Eike: Schuldrecht, Band I, Allgemeiner Teil, Teilband I, Entstehung, Inhalt und Beendigung von Schuldverhältnissen, 8. Auflage, Heidelberg 1995

Esser, Josef: Hundert Jahre Gefährdungshaftung, Reichsverwaltungsblatt 1938, S. 999 – 1004

–: Wandlungen von Billigkeit und Billigkeitsrechtsprechung im modernen Privatrecht, in: Summum ius summa iniuria, S. 22 – 40, Tübingen 1963

–: Grundlagen und Entwicklung der Gefährdungshaftung, 2. Auflage, München 1969

Ferid, Murad/Sonnenberger, Hans Jürgen: Das Französische Zivilrecht, Band 2, Schuldrecht: Die einzelnen Schuldverhältnisse, 2. Auflage, Heidelberg 1986

Fikentscher, Wolfgang: Schuldrecht, 9. Auflage, Berlin – New York 1997

Fitz, Hanns: Risikozurechnung bei Tätigkeit in fremden Interesse, Berlin 1985

Fuchs, Maximilian: Die Legitimation der gesetzlichen Unfallversicherung, SGb 1995, S. 421 – 426

–: Deliktsrecht, 5. Auflage, Berlin – Heidelberg – New York 2004

–: Die Konformität des Unfallversicherungsmonopols mit dem Gemeinschaftsrecht, SGb 2005, S. 65 – 75

Gamillscheg, Franz: Mutterschutz und Sozialstaat, in: Festschrift für Erich Molitor, S. 57-82, München – Berlin 1962

Ghestin, Jacques/Goubeaux, Gilles: Droit civil – Introduction générale, Paris 1977

Gierke, Otto von: Der Entwurf eines Bürgerlichen Gesetzbuches und das Deutsche Recht, Berlin 1889

–: Die Wurzeln des Dienstvertrags, in: Festschrift für Heinrich Brunner zum 50jährigen Doktorjubiläum, S. 37 – 68, München – Leipzig 1914

–: Deutsches Privatrecht, Schuldrecht, Bd. 3, Leipzig – München 1917

Giesen, Dieter: Grundsätze der Konfliktlösung im Besonderen Schuldrecht – Das Recht der fremdnützigen Geschäftsführung, Jura 1996, S. 225 – 235

Gitter, Wolfgang: Schadensausgleich im Arbeitsunfallrecht, Tübingen 1969

–: Der Weg zur gesetzlichen Unfallversicherung aus rechtswissenschaftlicher Sicht, in: 100 Jahre gesetzliche Unfallversicherung, Würzburg 1985

Gitter, Wolfgang/Schmitt, Jochem: Sozialrecht, 5. Auflage, München 2001

Gitter, Wolfgang/Michalski, Lutz: Arbeitsrecht, 5. Auflage, Heidelberg 2002

Göthel, Stephan R.: Zu den Funktionen des Schmerzensgeldes im 19. Jahrhundert, AcP 205 (2005), S. 36 – 66

Gotthardt, Michael: Arbeitsrecht nach der Schuldrechtsreform, 2. Auflage, München 2003

Guimezanes, Nicole: Introduction au droit francais, Les systèmes juridiques des États européens, Baden Baden 1995

Hacks, Susanne/Ring, Ameli/Böhm, Peter: Schmerzensgeldbeträge, 22. Auflage, Bonn 2004

Hacks, Susanne: Schmerzensgeld-Beträge, 7. Auflage, München 1973

Haft, Fritjof: Strafrecht – Allgemeiner Teil, 9. Auflage, München 2004

Hanau, Peter: Objektive Elemente im Tatbestand der Willenserklärung, AcP 165 (1965), S. 220 – 284

–: Aktuelle Probleme des Schadensausgleichs im Arbeitsunfallrecht, ZfA 1970, S. 431 – 441

Hanau, Peter/Gamillscheg, Franz: Die Haftung des Arbeitnehmers, 2. Auflage, Karlsruhe 1974

Hasse, Johann Christian: Die Culpa des Römischen Rechts, Kiel 1815

Hattenhauer, Hans: Thibaut und Savigny – ihre programmatischen Schriften, München 1973

Hauck, Karl/Noftz, Wolfgang/Haines, Hartmut: Sozialgesetzbuch, Gesamtkommentar, SGB VII, Gesetzliche Unfallversicherung, 1. Band Loseblattwerk, Stand: Erg.-Lfg. 27, April 2005, Berlin 2005

Hay, Peter: Law of the United States, München 2002

Hehl, Susanne: Das Verhältnis von Verschuldens- und Gefährdungshaftung, Regensburg 2000

Henssler, Martin/Willemsen, Josef/Kalb, Heinz-Jürgen: Arbeitsrecht-Kommentar, Köln 2004 (zitiert: HWK-Bearbeiter)

Henssler, Martin: Arbeitsrecht und Schuldrechtsreform, RdA 2002, S. 129 – 140

Herrmann, Elke: Die Haftungsvoraussetzungen nach § 1004 BGB – Neuere Entwicklungen und Lösungsvorschlag, JuS 1994, S. 273 – 282

Holtmann, Uta: Arbeitsunfall und Haftungsrisiken, Berlin – München 1998

Honsell, Heinrich: Berliner Kommentar zum Versicherungsvertragsgesetz, Berlin – Heidelberg 1999 (zitiert: Honsell/Bearbeiter, VVG)

Horbach, Matthias: Die Haftung des Arbeitnehmers gegenüber dem Arbeitgeber, München 1996

Hoyningen-Huene, Gerrick Freiherr von: Die Billigkeit im Arbeitsrecht, München 1978

Hübner, Jürgen: Schadenszurechnung nach Risikosphären, Berlin 1974

Hübner, Ulrich/Constantinesco, Vlad: Einführung in das französische Recht, 4. Auflage, München 2001

Isele, Hellmut Georg: Die Haftung des Arbeitgebers für Sachschäden des Arbeitnehmers, JuS 1962, S. 184 – 188

Isensee, Josef/Kirchof, Paul: Handbuch des Staatsrechts, Band I, Grundlagen von Staat und Verfassung, Heidelberg 1987 (zitiert: Isensee/Kirchof/Bearbeiter, StaatsR-Hdb.)

Jarass, Hans Dieter/Pieroth, Bodo: Grundgesetz, Kommentar, 7. Auflage, München 2004

Jauernig, Othmar: Bürgerliches Gesetzbuch, 11. Auflage, München 2004 (zitiert: Jauernig/Bearbeiter, BGB)

Jhering, Rudolph von: Das Schuldmoment im Römischen Privatrecht, Vermischte Schriften Juristischen Inhalts, Leipzig 1879

Junker, Abbo: Grundkurs Arbeitsrecht, 4. Auflage, München 2004

Kater, Horst/Leube, Konrad: Gesetzliche Unfallversicherung, SGB VII, München 1997

Katzenmeier, Christian: Die Neuregelung des Anspruchs auf Schmerzensgeld, JZ 2002, S. 1029 – 1036

Kirchhof, Paul: Der Auftrag des Grundgesetzes an die rechtsprechende Gewalt, in: Festschrift der Juristischen Fakultät zur 600-Jahr-Feier der Ruprecht-Karls-Universität Heidelberg, S. 11 – 37, Heidelberg 1986

Klein, Rüdiger: Der arbeitsbedingte Sachschaden des Arbeitnehmers, BB 1963, S. 1488 – 1489

–: Arbeitsverhältnis und Schuldprinzip, BB 1964, S. 1086 – 1090

Koch, Klaus-Hugo: Der Eigenschaden des Arbeitnehmers, Königstein im Taunus 1982
Köbler, Gerhard: Zur Haftung des Arbeitgebers für Schäden des Arbeitnehmers, NJW 1969, S. 1413-1416
Köndgen, Johannes: Haftpflichtfunktionen und Immaterialschäden, Berlin 1976
Kötz, Hein: Haftung für besondere Gefahr, AcP 170 (1970), S. 1 – 41
–: Ziele des Haftungsrechts, in: Festschrift für Ernst Steindorff zum 70. Geburtstag, S. 643 – 666, Berlin 1990
–: Vertragsauslegung, in: Festschrift für Albrecht Zeuner zum 70. Geburtstag, S. 219 – 241, Tübingen 1994
Kötz, Hein/Wagner, Gerhard: Deliktsrecht, 9. Auflage, Neuwied – Kriftel 2001
Kohte, Hans Wolfhard: Arbeitnehmerhaftung und Arbeitgeberrisiko, Königstein im Taunus 1981
Koller, Ingo/Roth, Wulf-Henning/Morck, Wilfried: Handelsgesetzbuch, Kommentar, 5. Auflage, München 2005
Konzen, Horst: Aufopferung im Zivilrecht, Berlin 1969
Koziol, Helmut/Welser, Rudolf: Grundriss des bürgerlichen Rechts, 12. Auflage, Band 1, Allgemeiner Teil, Sachenrecht, Familienrecht, Wien 2002, Band 2, Schuldrecht Allgemeiner Teil, Schuldrecht Besonderer Teil, Erbrecht, Wien 2001
Kramer, Ernst: Vermögensrechtliche Aspekte der Treue- und Fürsorgepflicht, in: Treue- und Fürsorgepflicht im Arbeitsrecht, S. 107 – 135, Wien 1975
Krasney, Otto Ernst: Die gesetzliche Unfallversicherung und ihr Einfluß auf den Betriebsfrieden, AuR 2001, S. 423 – 428
Krause, Rüdiger: Geklärte und ungeklärte Probleme der Arbeitnehmerhaftung, NZA 2003, S. 577 – 586
Kropholler, Jan: Studienkommentar Bürgerliches Gesetzbuch, 5. Auflage, München 2002
Küchenhoff, Günther: Die Haftung des Arbeitgebers für Sachschäden des Arbeitnehmers im Betriebe bei gefährlicher Arbeit, in: Festschrift für Hermann Nottarp zum 75. Geburtstag, S. 153 – 172, Karlsruhe 1961
–: Aufwendung und Opfer im Arbeitsverhältnis, RdA 1963, S. 7 – 12
Kümmel, Wilhelm/Werhahn, Heinz/Ritter, Martin: Kommentar zum Beamtenversorgungsgesetz, BeamtVG, Band 3, §§ 30 – 46, Loseblattwerk, Grundwerk 1977, Stand: Erg.-Lfg. 69, Februar 2002, Hannover 2002
Lange, Knut Werner: Schutz des allgemeinen Persönlichkeitsrechts durch zivilrechtliche Prävention?, VersR 1999, S. 274 – 282
Larenz, Karl: Analoge Anwendung des BGB § 670 auf Schäden im Rahmen eines Dienst- oder Arbeitsverhältnisses, SAE 1962, S. 197-199
–: Die Schadenshaftung und das Wasserhaushaltsgesetz im System der zivilrechtlichen Haftungsgründe, VersR 1963, S. 593 – 605
–: Die Prinzipien der Schadenszurechnung, JuS 1965, S. 373 – 379

–: Lehrbuch des Schuldrechts, Erster Band, Allgemeiner Teil, 14. Auflage, München 1987

Larenz, Karl/Canaris, Claus-Wilhelm: Methodenlehre der Rechtswissenschaft, 3. Auflage, Berlin – Heidelberg – New York 1995

Lauterbach, Herbert/Watermann, Friedrich/Breuer, Joachim: Unfallversicherung, Sozialgesetzbuch VII, Kommentar, Band 2, Loseblattwerk, Grundwerk: 4. Auflage, Stand: Erg.-Lfg. 23, August 2004, Stuttgart 2004

Lepa, Manfred: Die Haftungsersetzung gem. §§ 636, 637 RVO in der Rspr. des BGHs, VersR 1985, S. 8 – 13

–: Auffälligkeiten des Haftpflichtprozesses in unserer Zeit, VersR 2001, S. 265 – 271

Lepa, Meike: Haftungsbeschränkungen bei Personenschäden nach dem Unfallversicherungsrecht, Berlin 2004

Lieb, Manfred: Dienstvertrag, in: Gutachten und Vorschläge zur Überarbeitung des Schuldrechts, Band III, S. 183 – 240, Köln 1983

–: Arbeitsrecht, 8. Auflage, Heidelberg 2004

Link, Peter/Kirtsche, Christine: Eine unendliche Geschichte, AuA 2004, Nr. 7, S. 18-21

Löhr, Egid von: Theorie der culpa, Band I und II, Gießen 1806 – 1808

Looschelders, Dirk: Schuldrecht Allgemeiner Teil, 2. Auflage, Köln – Berlin – München 2004

Loritz, Karl-Georg: Die Wiederbelebung der Privatautonomie im Arbeitsrecht, ZfA 2003, S. 629 – 653

Lorenz, Egon: Billigkeitshaftung und Haftpflichtversicherung, VersR 1980, S. 697 – 703

Matusche-Beckmann, Annemarie: Das Organisationsverschulden, Tübingen 2001

Maunz, Theodor/Dürig, Günter/Badura, Peter/Di Fabio, Udo/Herdegen, Matthias/Herzog, Roman et al.: Grundgesetz, Kommentar, Band I, Art. 1-5, Band II, Art. 6-16 a, Band III, Art. 17-27, Loseblattwerk, Grundwerk 4. Auflage 1976, Stand: Erg.-Lfg. 43, Februar 2004, München 2004 (zitiert: Maunz/Dürig/Bearbeiter, GG)

Maurer, Hartmut: Allgemeines Verwaltungsrecht, 14. Auflage, München 2002

Mayenburg, David von: Nur Bagatellen? – Einige Bemerkungen zur Einführung von Schmerzensgeld bei Gefährdungshaftung im Regierungsentwurf eines Zweiten Gesetzes zur Änderung schadensersatzrechtlicher Vorschriften, VersR 2002, S. 278 – 287

Mayer-Maly, Theo: Die Risikohaftung des Arbeitgebers für Eigenschäden des Arbeitnehmers, NZA 1991, Beilage Nr. 3, S. 5-16

Mazeaud, Henri/Mazeaud, Léon/Tunc, André: Responsibilité civile, sixième édition, Paris 1965

Mazeaud, Jean/Chabas, François/Mazeaud, Henri/Mazeuad, Léon: Introduction à l'étude du droit, onzième édition, Paris 1996

Medicus, Dieter: Schadensersatz und Billigkeit, VersR 1981, S. 593 – 603

–: Gefährdungshaftung im Zivilrecht, Jura 1996, S. 561-566

–: Schuldrecht II, Besonderer Teil, 11. Auflage, München 2003

Mommsen, Friedrich: Beyträge zum Obligationsrecht, Band 3, Braunschweig 1855

Muckel, Stefan: Sozialrecht, München 2003

Müller, Klaus: Der Anspruch auf Aufwendungsersatz im Rahmen von Schuldverhältnissen, JZ 1968, S. 769-776

Müller-Glöge, Rudi: Die Gefährdungshaftung des Arbeitgebers, in: Richterliches Arbeitsrecht, Festschrift für Thomas Dieterich zum 65. Geburtstag, S. 387 – 413, München 1999

Münch, Ingo von/Kunig, Philip: Grundgesetz-Kommentar, Band 1, Art. 1 – 19 GG, 5. Auflage, München 2000 (zitiert: von Münch/Kunig/Bearbeiter, GG)

Musielak, Hans-Joachim: Entgeltliche Geschäftsbesorgung, in: Gutachten und Vorschläge zur Überarbeitung des Schuldrechts, Band II, S. 1209 – 1316, Köln 1981

Nägele, Stefan: Probleme beim Einsatz von Dienstfahrzeugen, NZA 1997, S. 1196 – 1202

Niesel, Klaus: Kasseler Kommentar, Sozialversicherungsrecht, Band II, Loseblattwerk, Stand: Erg.-Lfg. 45, Dezember 2004, München 2004 (zitiert: Bearbeiter in KassKomm SozVersR)

Ogorek, Regina: Untersuchungen zur Entwicklung der Gefährdungshaftung im 19. Jahrhundert, Köln 1975

Otto, Hansjörg: Die Grundstrukturen des neuen Leistungsstörungsrechts, Jura 2002, S. 1 – 11

–: Neujustierung der Risikoverteilung bei der Arbeitnehmerhaftung, in: Festschrift 50 Jahre Bundesarbeitsgericht, S. 97 – 121, München 2004

Otto, Hansjörg/Schwarze, Roland: Die Haftung des Arbeitnehmers, 3. Auflage, Karlsruhe 1998

Otto, Harro: Grundkurs Strafrecht, Allgemeine Strafrechtslehre, 7. Auflage, Berlin 2004

Pabst, Bernhard: Europäische Kommission: BG-Monopol ist europakonform, BG 2005, S. 183 – 184

Palandt, Otto (Hrsgb.): Palandt – Bürgerliches Gesetzbuch, 64. Auflage, München 2005 (zitiert: Palandt/Bearbeiter, BGB)

–: Palandt – Bürgerliches Gesetzbuch, 60. Auflage, München 2001 (zitiert: Palandt/Bearbeiter, BGB, 60. Aufl.)

Pawlowski, Hans-Martin: Methodenlehre für Juristen, Theorie der Norm und des Gesetzes, 3. Auflage, Heidelberg 1999

Peifer, Karl Heinz: Neueste Entwicklung zu Fragen der Arbeitnehmerhaftung im Betrieb, ZfA 1996, S. 69 – 83

Petri, Bernd/Voelzke, Thomas/Wagner, Axel: Gesetzliche Unfallversicherung, Sozialgesetzbuch VII, Basiskommentar, Köln 1998

Picker, Eduard: Betriebsrisikolehre und Arbeitskampf, JZ 1979, S. 285 – 294

–: Die Anfechtung von Arbeitsverträgen, ZfA 1981, S. 1 –163

Preis, Ulrich: Grundfragen der Vertragsgestaltung im Arbeitsrecht, Neuwied – Kriftel – Berlin 1993

–: Arbeitsrecht, Praxis-Lehrbuch zum Individualarbeitsrecht, 2. Auflage, Köln 2003

–: Der Arbeitsvertrag, Handbuch der Vertragspraxis und –gestaltung, 2. Auflage, Köln 2005

Rabaa, Volker/Ebert, Franz: Zur Arbeitgeberhaftung für Unfallschäden auf Dienstfahrten des Arbeitnehmers mit eigenem PKW, BB 1978, S. 1171

Ramm, Thilo: Entwürfe zu einem Deutschen Arbeitsvertragsgesetz, Frankfurt a. M. 1992

Raulf, Markus: Die Haftung des Arbeitgebers für Schäden des Arbeitnehmers bei betrieblich veranlassten Fahrten mit dem Privat-PKW, Bonn 1999 (zitiert: Raulf, Arbeitgeberhaftung bei PKW-Schäden)

Rebmann, Kurt/Säcker, Franz-Jürgen/Rixecker, Roland: Münchener Kommentar zum Bürgerlichen Gesetzbuch, 4. Auflage, Band 1, Allgemeiner Teil, §§ 1 – 240, München 2001, Band 2a, Schuldrecht Allgemeiner Teil, §§ 241 – 432, München 2003, Band 3, Schuldrecht Besonderer Teil I, §§ 433 – 610, München 2004, Band 4, Schuldrecht Besonderer Teil II, §§ 611 – 704, München 2005, Band 5, Schuldrecht, Besonderer Teil III, §§ 705 – 853, München 2004, Sonderausgabe, Ergänzungsband zur 2. Auflage, Zivilrecht im Einigungsvertrag, München 1991 (zitiert: MüKo-Bearbeiter, BGB)

Reichold, Hermann: Geschäftsbesorgung im Arbeitsverhältnis, NZA 1994, S. 488 – 493

Reimann, Mathias: Einführung in das US-amerikanische Privatrecht, 2. Auflage, München 2004

Rein, Walter: Die Schmerzensgeldfrage bei Arbeitsunfällen, BB 1968, S. 44 – 47

Reinhardt, Uwe: Die dogmatische Begründung der Haftungsbeschränkung des Arbeitnehmers, Göttingen 1977

Richardi, Reinhard: Arbeitsrecht und Zivilrecht, ZfA 1974, S. 3 – 27

–: Ist es erforderlich, die Verteilung des Schadensrisikos bei unselbständiger Arbeit neu zu ordnen?, JZ 1986, S. 796 – 806

–: Der Arbeitsvertrag im Zivilrechtssystem, ZfA 1988, S. 221 – 255

–: Leistungsstörungen und Haftung im Arbeitsverhältnis nach dem Schuldrechtsmodernisierungsgesetz, NZA 2002, S. 1004 – 1012

Richardi, Reinhard/Wlotzke, Otfried: Münchener Handbuch zum Arbeitsrecht, Band 1, Individualarbeitsrecht I, 1. Auflage, München 1992 (zitiert: MünchArb-Bearbeiter/ 1. Aufl.)

–: Münchener Handbuch zum Arbeitsrecht, Band 1, Individualarbeitsrecht I, 2. Auflage, München 2000 (zitiert: MünchArb/Bearbeiter)

Rietschel, Georg: Sind Schmerzensgeldansprüche bei Arbeits- und Dienstunfällen ausgeschlossen?, JZ 1955, S. 35 – 37

Ring, Gerhard: Verschuldensunabhängige Arbeitgeberhaftung für betrieblich veranlasste Vermögensschäden des Arbeitnehmers, BuW 2004, S. 252 – 255

Rister-Mende, Sybille: Arbeitsunfälle und Berufskrankheiten im Jahr 2003, BG 2004, S. 231 – 235

Röhl, Klaus F.: Allgemeine Rechtslehre, 2. Auflage, Köln – Berlin – Bonn 2001

Rolfs, Christian: Studienkommentar Arbeitsrecht, München 2005

Sachs, Michael: Die Maßstäbe des allgemeinen Gleichheitssatzes – Willkürverbot und sogenannte neue Formel, JuS 1997, S. 124 – 130

–: Grundgesetz, Kommentar, 3. Auflage, München 2003

Sandmann, Bernd: Die Haftung von Arbeitnehmern, Geschäftsführern und leitenden Angestellten, Tübingen 2001

Schaub, Günter/Koch, Ulrich/Linck, Rüdiger: Arbeitsrechts-Handbuch, 11. Auflage, München 2005 (zitiert: Schaub/Bearbeiter, ArbR-Hdb.)

Schiefer, Bernd: Ausschluß und Grenzen der Arbeitgeberhaftung für unfallbedingte Schäden des Arbeitnehmers bei Dienstfahrten mit dem Privat-Pkw, NJW 1993, S. 966 – 970

Schiller, Ernst: Die Problematik des Schmerzensgeldausschlusses in der gesetzlichen Unfallversicherung, Würzburg 1975

Schlaich, Klaus/Korioth, Stefan: Das Bundesverfassungsgericht: Stellung, Verfahren, Entscheidungen, 6. Auflage, München 2004

Schlechtriem, Peter: Schuldrecht, Besonderer Teil, 6. Auflage, Tübingen 2003

Schmidt, Ingrid: Rede der neuen Präsidentin des BAG zur Amtseinführung, gehalten am 2.3.2005 in Erfurt, NZA 2005, S. 601 – 603

Schmidt, Karsten: Handelsrecht, 5. Auflage, Köln – Berlin – München 1999

Schmitt, Jochem: SGB VII, Gesetzliche Unfallversicherung, Kommentar, 2. Auflage, München 2004

Schreiber, Klaus: Aufwendungsersatzansprüche, Jura 1997, S. 442 – 443

Schütz, Erwin/Brockhaus, Robert/Cecior, Alfred/Schnellenbach, Helmut: Beamtenversorgungsgesetz, Kommentar, Heidelberg – Hamburg 1980

Schulin, Bertram: Handbuch des Sozialversicherungsrechts, Band 2, Unfallversicherungsrecht, München 1996 (zitiert: Schulin/Bearbeiter, Unfallversicherungsrecht)

Schulin, Bertram/Igl, Gerhard: Sozialrecht, 7. Auflage, Düsseldorf 2002

Schumacher, Heinz: Die vom Verschulden unabhängige Haftung des Arbeitgebers für arbeitsbedingte Sachschäden des Arbeitnehmers, Frankfurt a.M. 1975

Seewald, Otfried: Arbeitgeberhaftung trotz Unfallversicherungsrecht?, BG 1990, S. 146 – 160

Seidenfaden, Herbert: Konkreter Schadensersatz in der gesetzlichen Unfallversicherung?, BG 1960, S. 241 – 243

Sieg, Karl: Haftungsersetzung durch Versicherungsschutz?, ZHR 113 (1950), S. 95 – 118

–: Der Einfluß der Unfallversicherung auf Schadensersatzansprüche aus Anlaß eines Arbeitsunfalles, JZ 1960, S. 436 – 437

Slizyk, Andreas: Beck´sche Schmerzensgeld-Tabelle, 4. Auflage, München 2001

Söllner, Alfred/Waltermann, Raimund: Grundriss des Arbeitsrechts, 13. Auflage, München 2003

Soergel, Hans Theodor/Siebert, Werner: Bürgerliches Gesetzbuch mit Einführungsgesetz und Nebengesetzen, Band 4 / 1, Schuldrecht III / 1, §§ 516 – 651, 12. Auflage, Stuttgart – Berlin – Köln 1998 (zitiert: Soergel/Bearbeiter, BGB)

Stahlhacke, Eugen: Das Arbeitsrecht in der Gewerbeordnung, Neuwied – Berlin 1966

Staudinger, Julius von: Kommentar zum Bürgerlichen Gesetzbuch mit Einführungsgesetz und Nebengesetzen, 13. Auflage, Buch 2, Recht der Schuldverhältnisse, §§ 433 – 487, Neubearbeitung München 2004, Buch 2, Recht der Schuldverhältnisse, §§ 616 – 630, Neubearbeitung Berlin 2002 (zitiert: Staudinger/Bearbeiter, BGB)

Steffen, Erich: Das Schmerzensgeld im Wandel eines Jahrhunderts, VersR 2003, S. 201 – 206

Stollenwerk, Thomas: Mankohaftung – Sondergebiet oder Fallgruppe?, Köln 2002

Streinz, Rudolf/Ohler, Christoph: EUV / EGV – Vertrag über die Europäische Union und Vertrag zur Gründung der Europäischen Gemeinschaft, Kommentar, München 2003 (zitiert: Streinz/Bearbeiter, EGV)

Strickler, Hanspeter: Die Entwicklung der Gefährdungshaftung: Auf dem Weg zur Generalklausel?, Bern – Stuttgart 1983

Tamm, Adolf: Ist die Haftbefreiung des Unternehmers gemäß § 898 RVO heute noch vertretbar?, RdA 1960, S. 412 – 416

Taube, Stefan: Die Haftung des Arbeitnehmers nach der Schuldrechtsreform, Frankfurt a.M. 2005

Thüsing, Gregor: Das Arbeitsrecht der Zukunft? – Die deutsche Umsetzung der Anti-Diskriminierungsrichtlinie im internationalen Vergleich, NZA 2004, Sonderbeilage zu Heft 22, S. 1 – 36

–: Schadensersatz für Nichtvermögensschäden bei Vertragsbruch, VersR 2001, S. 285 – 297

–: Wertende Schadensberechnung, München 2001

Thüsing, Gregor/Fuhlrott, Michael: Zur Verfassungswidrigkeit des § 12 Abs. 1 S. 2 MitbestG, EWiR 2005, S. 317 – 318

Thüsing, Gregor/Leder, Tobias: Gestaltungsspielräume bei der Verwendung vorformulierter Arbeitsvertragsbedingungen – Allgemeine Grundsätze, BB 2005, S. 938 – 945

–: Gestaltungsspielräume bei der Verwendung vorformulierter Arbeitsvertragsbedingungen – Besondere Klauseln, BB 2005, S. 1563 – 1570

Treber, Jürgen: Arbeitsrechtliche Neuerungen durch das „Gesetz zur Änderung des Bürgerlichen Gesetzbuches und des Arbeitsgerichtsgesetzes“, NZA 1998, S. 856 – 863

Umbach, Dieter C./Clemens, Thomas: Grundgesetz, Mitarbeiterkommentar und Handbuch, Band I, Heidelberg 2002

Vahle, Jürgen: Anmerkung zum Urteil des OLG Zweibrücken vom 6. Mai 1997, DVP 1998, S. 308

Wagner, Eberhard: 100 Jahre Bürgerliches Gesetzbuch – Ein Überblick zu Entstehung, Grundlagen und Entwicklung des BGB, Jura 1999, S. 505 – 515

Wagner, Gerhard: Haftung und Versicherung als Instrumente der Techniksteuerung, VersR 1999, S. 1441 – 1453

–: Das Zweite Schadensrechtsänderungsgesetz, NJW 2002, S. 2049 – 2064

–: Das neue Schadensersatzrecht, Baden – Baden 2002

–: Zivilrechtliche Haftung für sexuelle Belästigung am Arbeitsplatz, in: Gedächtnisschrift für Meinhard Heinze, S. 969 – 984, München 2005

Walker, Wolf-Dietrich: Die eingeschränkte Haftung des Arbeitnehmers unter Berücksichtigung der Schuldrechtsmodernisierung, JuS 2002, S. 736 – 741

Waltermann, Raimund: Gesetzliche Unfallversicherung – Grundlagen, Entwicklung und neues SGB VII, Die BG 1997, S. 310 – 318

–: Der Arbeitsunfall im Bürgerlichen Recht, Arbeitsrecht und Sozialrecht, RdA 1998, S. 330 – 339

–: Auswirkungen des Sozialrechts, insbesondere des Unfallversicherungsrechts, auf die privatrechtliche Schadensersatzpflicht, in: Festschrift 50 Jahre Bundessozialgericht, S. 571 – 589, Köln 2004

–: Sozialrecht, 5. Auflage, Heidelberg 2005

–: Haftungsfreistellung bei Personenschäden, NJW 2004, S. 901 - 907

–: Risikozuweisung nach den Grundsätzen der beschränkten Arbeitnehmerhaftung, RdA 2005, S. 98 – 109

–: Neuordnung von Zuständigkeiten in der Gesetzlichen Unfallversicherung, SGb 2005, S. 257 – 260

Wander, Karl Friedrich W.: Deutsches Sprichwörter-Lexikon, Band IV, Leipzig 1873

Wannagat, Georg: Lehrbuch des Sozialversicherungsrechts, Band 1, Tübingen 1965

Wannagat, Georg/Eichenhofer, Eberhard/Wenner, Ulrich: Kommentar zum Recht des Sozialgesetzbuches, SGB VII, Gesetzliche Unfallversicherung, Loseblattwerk, Stand: Erg.-Lfg. 13 zu SGB VII, März 2005, Köln 2005

Westermann, Harm Peter: Erman – Bürgerliches Gesetzbuch, Handkommentar, Band I, §§ 1 – 811, Band II, §§ 812 – 2385, 11. Auflage, Köln 2004 (zitiert: Erman/Bearbeiter, BGB)

Wiedemann, Herbert: Die Bedeutung der culpa in contrahendo im Arbeitsvertragsrecht, in: Festschrift für Wilhelm Herschel zum 85. Geburtstag, S. 463 – 481, München 1982

Wind, Ferdinand/Schimana, Rudolf/Wichmann, Manfred/Langer, Karl-Ulrich: Öffentliches Dienstrecht, Das Beamten- und Arbeitsrecht für den öffentlichen Dienst, 5. Auflage, Stuttgart 2002

Wolf, Martin: Billigkeitshaftung statt überzogener elterlicher Aufsichtspflichten – ein erneutes Plä-doyer für die Anwendung des § 829 BGB aufgrund einer Haftpflichtversicherung, VersR 1998, S. 812 – 819

Wussow, Werner/Baur, Reinhard et al.: Unfallhaftpflichtrecht, 15. Auflage, Köln – Berlin – Bonn 2002

Zacharias, Franzjosef: Nochmals: Haftungsfreistellung bei Arbeitsunfällen, BB 2000, S. 2411 – 2412

Zachert, Ulrich-Christoph: Gefährdungshaftung und Haftung aus vermutetem Verschulden im deutschen und französischen Recht, Frankfurt a.M. – Berlin 1971

Zeytin, Zafer: Zur Problematik des Schmerzensgeldes: Feststellung und Ersatz des entschädigungspflichtigen immateriellen Schadens und die Doppelfunktion des Schmerzensgeldes, Berlin 2001

Ziegler, Georg: Der öffentlich-rechtliche und der arbeitsrechtliche Aufopferungsanspruch, Würzburg 1963

Zöllner, Wolfgang/Loritz, Karl-Georg: Arbeitsrecht, 5. Auflage, München 1998

Abkürzungen

Die verwendeten Abkürzungen sind aus sich selbst heraus verständlich bzw. entsprechen den üblichen Abkürzungen. Hierfür sei verwiesen auf folgendes Abkürzungsverzeichnis:

Kirchner, Hildebert/Butz, Cornelie: Abkürzungsverzeichnis der Rechtssprache, 5. Auflage, Berlin, New York 2003.

Schriften zum Arbeitsrecht und Wirtschaftsrecht

Herausgegeben von Abbo Junker

Band 1 Christoph-N. Lerche: Der Europäische Betriebsrat und der deutsche Wirtschaftsausschuß. Eine vergleichende Analyse der betrieblichen Mitwirkung der Arbeitnehmer vor dem Hintergrund der Globalisierung der Märkte. 1997.

Band 2 Christian Walter Mecke: Zur rechtlichen Verbindlichkeit kollektiver Vereinbarungen in England. 1997.

Band 3 Katja Francke: Die betriebliche Mitwirkung der Arbeitnehmer in Belgien. Unter Berücksichtigung vergleichender Aspekte zum deutschen Betriebsverfassungsrecht. 1997.

Band 4 Christian Schulze: Die Zulässigkeit einstweiliger Verfügungen gegen Betriebsänderungen. 1998.

Band 5 Stefan Miersch: Die Rechtsfolgen mitbestimmungswidriger Maßnahmen für das Arbeitsverhältnis. Eine zivilrechtsdogmatische Untersuchung. 1998.

Band 6 Heike Wegner: Internationaler Verbraucherschutz beim Abschluß von Timesharingverträgen: § 8 Teilzeitwohnrechtegesetz. 1998.

Band 7 Julia Wichmann: Dienstleistungsfreiheit und grenzüberschreitende Entsendung von Arbeitnehmern. 1998.

Band 8 Johann-Volker Peter: Société par actions simplifiée (S.A.S.). Die Vereinfachte Aktiengesellschaft in Frankreich, eine Rechtsform für die Kooperation von Unternehmen. 1999.

Band 9 Sylvia Schnelle: Der Europäische Betriebsrat in Spanien. Zugleich eine Einführung in das spanische Recht der Arbeitnehmervertretung. 1999.

Band 10 Viktoria Bornhagen: Die Zumutbarkeit als Rechtsgedanke im Arbeitsrecht. 1999.

Band 11 Thorsten Schacht: Der Übereilungsschutz beim arbeitsrechtlichen Aufhebungsvertrag. Arbeitnehmerschutz bereits de lege lata? 2000.

Band 12 Marcus Hellmann: Immobilienkauf nach spanischem Recht. 1999.

Band 13 Nicolaus Johannes Ehinger: Die juristischen Personen des öffentlichen Rechts als herrschende Unternehmen. 2000.

Band 14 Alexander Lentz: Das kollektive Arbeitsrecht der Republik Südafrika. Eine Untersuchung mit Bezügen zum deutschen Recht. 2000.

Band 15 Michaela Brunssen: Der Arbeitgeberverbandswechsel. Tarifrechtliche und arbeitskampfrechtliche Konsequenzen. 2000.

Band 16 Morten Petersenn: Das Recht des Grundstückskaufs in Südafrika. 2000.

Band 17 Stefan Krüger: Die umwandlungsrechtliche Haftungsregelung bei der Betriebsaufspaltung und ihre Analogiefähigkeit. 2001.

Band 18 Jürgen Kitzinger: Der GmbH-Geschäftsführer zwischen Arbeits- und Gesellschaftsrecht. Im Blickpunkt: Zuständigkeit der Arbeitsgerichte. 2001.

Band 19 Anja Ruge: Die Lohnersatzansprüche ehemaliger Zwangsarbeiter gegen deutsche Industrieunternehmen. 2001.

Band 20 Michael Knoll: Die Sozialauswahl im Arbeitsrecht. 2001.

Band 21 Britta Albrecht: Mediation im Arbeitsrecht. Individualarbeitsrecht und Betriebsverfassungsrecht. 2001.

Band 22 Annusch Barten: Das System der Arbeitnehmervertretung in Frankreich. 2001.

Band 23 Diane Westera: Der Wiedereinstellungsanspruch nach wirksamer Kündigung. 2001.

Band 24 Kristin Doerlich: Die Tariffähigkeit der Gewerkschaft. Eine Analyse der Mächtigkeitsrechtsprechung des Bundesarbeitsgerichts im Lichte neuerer Erfahrungen. 2002.

Band 25 Tina Witten: Vertragsgestaltung und Gesetzesbindung im Recht der Zeitarbeit. 2002.

Band 26 Martin Hellfeier: Die Leistungszeit im Arbeitsverhältnis. Eine Untersuchung zum Fixschuldcharakter der Arbeitspflicht und zu den Folgen ihrer Nichterfüllung. 2003.

Band 27 Almut Maulshagen: Betriebliche Arbeitskampfregelungen. 2003.

Band 28 Maren Band: Tarifkonkurrenz, Tarifpluralität und der Grundsatz der Tarifeinheit. 2003.

Band 29 Manuela Schulz: Der Bereitschaftsdienst in öffentlich-rechtlich organisierten Krankenhäusern. Eine rechtliche Bewertung. 2003.

Band 30 Felix Benedikt: Die Kürzung von Tariflöhnen zur Sanierung. Eine verfassungskonforme Auslegung des § 3 III TVG entsprechend § 626 BGB. 2003.

Band 31 Tim Kaden: Individuelle Bündnisse für Arbeit und Günstigkeitsprinzip. 2003.

Band 32 Simone Kreiling: Die Erstreckung betrieblicher und betriebsverfassungsrechtlicher Tarifnormen auf Außenseiter. 2004.

Band 33 Carsten Beck: Betriebliche Mitbestimmung und Kündigungsschutz. Die Funktionen betrieblicher Mitbestimmung im und deren Einfluß auf den Kündigungsschutz nach dem KSchG. 2004.

Band 34 Jost Eder: Die Regelungsabrede als Alternative zur Betriebsvereinbarung bei der Gestaltung materieller Arbeitsbedingungen. 2004.

Band 35 Christian Pfab: Wirkungsweise und Reichweite tarifvertraglicher Öffnungsklauseln. 2004.

Band 36 Julia Amlang: Die unternehmerische Entscheidungsfreiheit bei „betriebsbedingten Kündigungen" im europäischen Rechtsvergleich. Kündigung aus wirtschaftlichen Gründen in Deutschland, Frankreich, Spanien, Großbritannien und Schweden. 2005.

Band 37 Alida Milthaler: Das Fragerecht des Arbeitgebers nach den Vorstrafen des Bewerbers. 2006.

Band 38 Doreen Peter: Nebentätigkeiten von Arbeitnehmern. Interessenkollisionen von Arbeitgebern und Arbeitnehmern. 2006.

Band 39 Julia V. C. Bartlog: Das Verhältnis von Gesetz und Tarifvertrag. 2006.

Band 40 Michael Fuhlrott: Der geschädigte Arbeitnehmer. Zur Verfassungsmäßigkeit des Ausschlusses von Schmerzensgeld in der Unfallversicherung sowie zur Herleitung der Haftung bei Eigenschäden im Hinblick auf das Verschuldensprinzip. 2006.

www.peterlang.de

Peter Lang · Europäischer Verlag der Wissenschaften

Axel Busch

Eine ökonomische Analyse der gesetzlichen Unfallversicherung

Frankfurt am Main, Berlin, Bern, Bruxelles, New York, Oxford, Wien, 2005.
466 S., zahlr. Tab. und Graf.
Europäische Hochschulschriften: Reihe 5, Volks- und Betriebswirtschaft. Bd. 3144
ISBN 3-631-53994-0 · br. € 74.50*

Die gesetzliche Unfallversicherung (GUV) ist ein öffentlich-rechtliches Sozialversicherungssystem zur Verhütung und Absicherung arbeitsbedingter Gesundheitsrisiken und -schäden. Vor dem Hintergrund hoher Lohnnebenkosten in Deutschland wird die Monopolstellung der GUV auf dem Versicherungsmarkt durch Politik und Wirtschaftsverbände zunehmend kritisiert und die Einführung eines privaten Versicherungsmarktes zur Steigerung der Effizienz optional zur GUV erwogen. Diese Analyse untersucht ausgehend von den komplexen Wechselwirkungen zwischen Prävention und Versicherungsschutz die Fragestellung, ob durch Deregulierung höhere Effizienz auf dem Versicherungsmarkt insgesamt erreicht werden kann. Mögliche Informationsasymmetrien auf Versicherungsmärkten sowie Veränderungen der Transaktions- und Produktionskosten durch Änderung der Versicherungsmarktstruktur bilden dabei wesentliche Aspekte der Untersuchung.

Aus dem Inhalt: Ökonomische Bedeutung von Unfallversicherungssystemen · Präventions- und Versicherungsfunktion der GUV · Versicherungsschutz und Prävention unter dem Aspekt von öffentlichen Gütern und externen Effekten · Adverse Selektion und Moral Hazard in Unfallversicherungssystemen · Prävention und Transaktionskosten · Produktionskosten von öffentlichen und privaten Versicherungsmärkten

Frankfurt am Main · Berlin · Bern · Bruxelles · New York · Oxford · Wien
Auslieferung: Verlag Peter Lang AG
Moosstr. 1, CH-2542 Pieterlen
Telefax 00 41 (0) 32 / 376 17 27

*inklusive der in Deutschland gültigen Mehrwertsteuer
Preisänderungen vorbehalten

Homepage http://www.peterlang.de

FSC
www.fsc.org
MIX
Papier | Fördert gute Waldnutzung
FSC® C083411

Kolibri 360 GmbH
Ferdinand-Jühlke-Straße 7
99095 Erfurt, Deutschland
produktsicherheit@kolibri360.de

Druck:
CPI Druckdienstleistungen GmbH
im Auftrag der
Kolibri 360 GmbH
Ferdinand-Jühlke-Str. 7
99095 Erfurt